希腊原创文化研究

The Studies for the Original Greek Cultures

陈村富 著

人民出版社

国家社科基金后期资助项目
出版说明

后期资助项目是国家社科基金设立的一类重要项目，旨在鼓励广大社科研究者潜心治学，支持基础研究多出优秀成果。它是经过严格评审，从接近完成的科研成果中遴选立项的。为扩大后期资助项目的影响，更好地推动学术发展，促进成果转化，全国哲学社会科学工作办公室按照"统一设计、统一标识、统一版式、形成系列"的总体要求，组织出版国家社科基金后期资助项目成果。

全国哲学社会科学工作办公室

目　　录

凡　例 ……………………………………………………………… 1

缩　写 ……………………………………………………………… 2

序　言 ……………………………………………………………… 1

补　序 ……………………………………………………………… 4

第一章　有关原创文化的理论支撑和研究方法 ………………… 1

　　第一节　"文化""原创文化"探源 …………………………… 1

　　第二节　原创文化研究的独特视角和术语 ………………… 7

　　第三节　原创文化研究的关联学科 ………………………… 15

第二章　古代地中海世界语境中的希腊文化 …………………… 24

　　第一节　地中海世界与地中海文化 ………………………… 24

　　第二节　希腊文化成型阶段同东部地中海的关系 ………… 32

　　第三节　希腊化和罗马帝国时期的古代地中海文化 ……… 38

　　第四节　原创文化视角研究范例：古代地中海世界的刻印业和

　　　　　　图书馆 ………………………………………………… 44

第三章　古希腊人的文化创新 …………………………………… 52

　　第一节　淡出城邦政治的宗教 ……………………………… 52

　　第二节　文学与艺术 ………………………………………… 64

　　第三节　四大竞技会 ………………………………………… 95

　　第四节　学科形态的哲学与科学 …………………………… 109

　　第五节　城邦国家的民主体制与公民观念 ………………… 115

第四章　体现希腊原创性智慧的若干观念 ……………………… 124

　　第一节　神观与神学 ………………………………………… 125

第二节　Psyche(气息、生命、灵魂)的三个走向 ……………………… 133

第三节　mysteri(神秘的)与 Logos(语言与理性) mythos(虚构
　　　　的)与 alethes(真实的) ………………………………… 137

第四节　Physis(自然而然的)、Nomos(人为约定的)与 Coinonia
　　　　(社会共同体) …………………………………………… 146

第五节　Ananke(命运女神、命运、必然性)与自我选择 …………… 159

第六节　正义女神(Dike)与正义、公正、公平观念 ………………… 167

第五章　作为希腊原创文化核心的希腊哲学 ……………………… 177

第一节　文献、编纂、诠释与解读 …………………………………… 177

第二节　希腊哲学的二阶开端 ………………………………………… 187

第三节　"后巴门尼德"哲学的第一、二个走向与话语系统 ……… 192

第四节　后巴门尼德哲学的第三个走向:形而上学进路的话语
　　　　系统 …………………………………………………… 200

第五节　两套话语系统交错编织的亚里士多德《形而上学》……… 209

第六章　以 Being 为主的希腊哲学范畴 ………………………… 229

第一节　以往的研究和争论 …………………………………………… 229

第二节　希腊语系词 eimi 的语源史考察 …………………………… 233

第三节　巴门尼德:形而上学标志的三对范畴 …………………… 239

第四节　从"探源"转向"归宿"过程中 Being 之演化 …………… 248

第五节　"后亚里士多德"时期 Being 的遭遇 ……………………… 256

参考书目 ………………………………………………………………… 270
译名对照 ………………………………………………………………… 278
索　引 …………………………………………………………………… 290
附录　伪"修昔底德陷阱"考 ………………………………………… 293

凡　例

1. 本书采用修订版全四卷《希腊哲学史》(汪子嵩等著)的专业术语、人名、神名、地名中译。个别专业术语和译名加注做些变动。

2. 外文文献中,专著的注释格式为:作者、书名(中译文)、出版地、出版者、出版时间、页码。斜体为书名。

3. 柏拉图著作沿用国际通用的 Stephan 编目。

4. 亚里士多德著作沿用 1870 年 Bekker 的著作标准页。

5. 正文章、节按通例分三级标识,即章、节、小节,居中,黑体小节内若有分目用阿拉伯码 1,2,3 等。1.1;1.2,……指第一小节中之细目,其余类推。

6. 参考书目仅列举撰写中参阅过的本人购置、收藏的纸质图书,个别为海外拍摄或复印件。

7. 涉及汉语古籍时按中国惯例,仅注人名和篇名,如《庄子·秋水》篇。

8. 索引包括重要术语及西亚、埃及若干神名、地名和民族称号,按拉丁字母顺序排列。

9. 西亚、埃及古典语言,沿用拉丁化通例。

缩　　写

1. DK：Diels, Kranz 编《前苏格拉底残篇》, A 类为后人转述, 记载; B 类指残篇; C 类指疑伪传说。

2. DL：Diogenes Laertius, *Lives of Eminent Philosophers*, DL, 9, 54 指该书第 9 卷, 第 54 节。

3. Loeb：*Loeb Classical Library*(《路白古典丛书》)。

4. GEL：H. G. Liddel and R. Scott, *Greek-English Lexicon with a Revised Supplement*, 1996.

5. LD：*A Latin Dictionary*, Revised, Enlarged and In Great Part Rewriting by Charlton T Lewis, Oxford, 1989.

6. OCD：*The Oxford Classical Dictionary*; third Editeon, 1996.

7. CAH：*Cambrige Ancient History*(《剑桥古代史》)新版, 14 卷, 19 册。

8. Hdt.：*Herodotes Historia*(历史或称希波战争史), Hdt. 1. 56, 指第一卷第 56 节, 依此类推。

9. Thucy：Thucydides, *Peloponisian war*(《伯罗奔尼撒战争史》), Thucy, 1. 23, 指该书第 1 卷, 第 23 节, 依此类推。

10. 谢译本：谢德风译《伯罗奔尼撒战争史》商务印书馆 1960 年版。

11. LS：Long, A. A. and Sedley, D. N., *The Hellenistic Philosophers*, 2 Vols., Cambridge U.P. 1987(A. 郎格、D.N. 雪莱编:《希腊化时期哲学家资料选编》, 两卷本, 牛津大学出版社 1987 年版。)

12. Pau：Pausanias, *Description of Greece* (鲍桑尼亚:《希腊志》); Pau. 5, 8, 11 指该书第 5 卷, 第 8 章, 第 11 节。依此类推。

13. Xeno, Mem：Xenophon, *Memorabilia* (色诺芬:《回忆录》), Xeno, Mem, 1, 4, 17 指该书第 1 卷, 第 4 章, 第 17 节。

14.《马恩选集》:1995 年版《马克思恩格斯选集》。

15.《马恩文集》:2009 年版《马克思恩格斯文集》十集。

16. 十九大文件汇编:《中国共产党第 19 次全国代表大会文件汇编》。

序　言

2001 年,应同窗好友杨适教授之邀,同北京师范大学历史系前辈刘家和教授及香港学者一道共同发起成立"原创文化研究会",挂靠在"中华全国外国哲学史学会"之下,作为一个在民政部登记过的、有正式手续和活动内涵的专业研究会。2001 年 9 月、2003 年 8 月、2005 年 8 月、2007 年 8 月,分别在兰州、杭州、香港、西安召开过四次国际性研讨会。四次研讨会的主题依次为:原创文化研究的独特视角、方法和意义;希腊原创性智慧;希伯来原典所体现的原创性文化;中国古代原典所蕴含的原创性智慧。会后出版了四部会议论集及一些刊物文章。历经七年的探索,发起人和与会者有一个共同的体验,这就是必须在以往研究基础上提出一套比较完整的、有说服力的关于原创文化及其研究的视角、方法和专门概念,同时以中国、希腊、希伯来古代文化为范型,提供三部,至少一部运用原创文化研究方法所完成的"样品"。这个建议原先是我于 2007 年 8 月第四次原创文化研讨会上以《质疑·解惑:原创文化研究何以可能》的论文形式提出来的。2010 年 8 月 24 日续《希腊哲学史》第四卷发布会和希腊哲学研讨会后,原创文化研究会新老两代在北京海淀区召开了一个新老交接会和座谈会。会上又讨论了原创文化研究能否成立及今后的工作计划。《北京师范大学学报》以专题形式发表了这一组文章(2011 年 7 月第 4 期)。

本人于 2003 年在杭州召开的第二届全会前后就以希腊哲学为主写了几篇文章,研究以范畴、观念和思潮形式出现的希腊原创性智慧,并以"希腊原创文化研究"为名申报了教育部的项目。2008 年以《希腊原创文化研究论集》形式结题,之后作了修正和补充,并加上了"序言"和"参考书目"。不过在出版前的自我审核时,我胆怯了,自认为尚未成熟,决定留待《希腊哲学史》第四卷出版后再修改和充实。《希腊哲学史》第四卷和全四卷修订新版的全过程,为提升希腊原创文化的研究创造了条件,于是我于 2013 年第二次重拾旧稿。

本书本来于 2013 年秋冬就联系人民出版社哲学与社会编辑部准备出版,后因接连看到几篇短文讨伐"言必称希腊",感到有必要做些回应。至今中国古希腊研究依然薄弱,高校却没有一个为同行认可的古典系。古代印欧语系及其分支,亚非语系及其分支,至今也找不到一项被认同的中国学者的研究成果。除了赴海外攻读学位的难得的几位学生,学习过古代西亚楔形文字、古埃及象形文字和科普特语以及古希腊语和上古拉丁语、古典拉丁语外,国内根本就开设不出语源学课程。中国的大学图书馆乃至国家级图书馆博物馆至今似乎也没有一件希腊古文物或古文献,即使是临摹或影印的古希腊文献在 2010 年前我们也未曾找到。中国南宋时才知道有一个古希腊,明末徐光启、李之藻同耶稣会士合作才翻译了亚里士多德的《论天》和《物理学》(自然哲学)部分。20 世纪初中国才有几篇介绍希腊文化、希腊哲学的文章,三四十年代才有陈康、严群几位懂希腊文的研究和翻译名著的人才。迄今西方学者研究古希腊哲学的专著中,只有陈康著作入选“主要参考书目”。1952 年院系调整后至 1955 年仅有北京大学哲学系,1956 年中国人民大学设立哲学系,之后才有复旦大学、武汉大学、中山大学哲学系。1957 年至 1960 年高校停招研究生。1961 年恢复研究生制度后,当年才有北大一位希腊哲学研究生。第 2 位未满 3 年就因“文革”中断学习了。就是说,“文革”前连北大、社科院都没有一支专业研究希腊哲学的队伍。20 世纪 80 年代后期起陆续有少量从海外进修或攻读古典方向学位回归祖国的人才。不过充其量也就是几十人,研究力量薄弱,须好好爱护。《希腊原创文化研究》旨在从观念与思潮,语言与范畴,政制、伦理与习俗和社会风尚,以及体现希腊人精神诉求和文化特色的诗、史、剧与哲学、科学、医学、宗教等各个层面,揭示希腊人在吸取西亚和埃及文化基础上的独创及其对后人的影响。本书保持原创文化研究会原本的传统,重在正面论述,基本架构是:古代地中海世界关于所研对象(如竞技、游戏、智慧形态的知识等)的成就与资料——希腊人的独创——对后人的影响。在叙述过程中提供文献资料根据及后人的考证。所有论述概以哲学为主,但涉及“文化”所覆盖的各个门类和学科。对本人而言,这是不得已而为之的冒险,恳请各行专家同仁指正和谅解。

　　《希腊原创文化研究》是教育部和“985”二期“浙江大学基督教与跨文化研究中心”的一个项目。我本人于 2002 年右眼视网膜脱落未治愈而失明后,左眼矫正视力才 0.6—0.5。在 2010 年前靠基地办公室张苗凤帮忙,或是我口述,她打印;或是将我书写的文字输入电脑。2010 年我退职后“基督教与跨文化研究中心”仅有一个项目的经费,办公室不得不撤销。2010 年后我一个人奔波于校内外打印室和邮局之间,确保《希腊哲学史》修订工作和教育部重大项目如期完成之余,修改这本小书。老伴可怜我,毅然“重操旧业”,拣起过去学过的五笔字型打字,帮助我将希腊哲学与宗教的两大课题的文字以及其他文稿输入电脑。张苗凤获悉后主动帮忙,利用工作间隙帮我输入重写的部分修正稿，再从安吉老家发回来。原办公室任职的陈功同学，他所在新单位离我家仅三站路，经常来寒舍帮忙。2017—2018年在美期间我重写第三、五、六章，并修改其他章节。2019年我对全书作了充实、定稿工作，老伴帮忙输入电脑，儿子陈志平、陈辛锐帮忙排版，罗皓雪帮忙完成申报后期资助稿的最后一道工序。老伴督促我坚守撰写四卷《希腊哲学史》时的习惯，感谢她在撰写过程中的默默奉献。因此在这里仅作为2010年后在特殊困境下帮忙的每一个人一并表达真挚的谢意！本书缘起于2001—2007年的原创文化研究的四次研讨会，在此也向研究会发起者杨适教授及诸位同仁致谢！本人兑现当时的承诺，剖析一种文化类型，推动原创文化的研究，从这个意义上说，也算是聊以自慰。研究会的存在与活动需具备多项条件。原先样式的"原创文化研究会"完成了它的使命而终结了，但是七年共同研讨的成果却以其他形式，或是论文和专著，或是另一名称的机构存活了下来。文化史、文明史和古代文化间关系研究的深入证明，探讨文化间的相互关系，以及各个文化系自身的原创性的智慧是一项颇有意义的工作，它不仅启迪当今的文化建设，而且有助于从根本上破除一些陋习。因此，我坚信本书所体现的研究方法及其成果，多少总有些意思，对此我也就心满意足了。

续2010年出版《希腊哲学史》第四卷，2014年发行修订新版全四卷《希腊哲学史》后，人民出版社哲学与社会编辑部又接纳这一本照样无市场效益的小书。该说的话过去都说过了，此时无言胜有言。请允许我以"无言"形式倾诉发自内心真挚的谢意！

2019年4月

补　　序

　　《希腊原创文化研究》获准列为 2019 年国家社科基金后期资助重点项目,并列入人民出版社国家社科基金项目系列出版。遵照后期资助申报条例,申请人不得直接或间接地泄露申报人的信息,因此,不少该说的话,也只好略去,现以补序的方式,就著作本身做些说明。

　　一、本书同四卷本《希腊哲学史》的特殊关系

　　我受四卷本《希腊哲学史》编写组的委托主持修订工作的具体事务。这期间固然有别的工作或教学任务,但是脑子中的最大、最持久的兴奋点始终是这部著作。历经 30 年,难免有点新的认知,可惜我们无力再聚在一起商议修订之事。我个人不敢,也不愿自作主张作大的补充和修正。我曾想用"补正"方式,以个人名义提供些个人积累的资料和见解,为此还专门写过一个"补正"的纲要,征求意见,并在 2013 年 4 月古希腊研讨会上介绍过。该文发表于《外国哲学》第 28 辑(商务印书馆 2014 年版,第 78—95页:《新版〈希腊哲学史〉后继研究:〈补正〉方案简介》)。汪子嵩老师、师兄范明生、姚介厚都很大度,认为此举有助于提高多卷本水准,跟上学科发展形势。然而一旦动笔,我就感到对自己原来承担的部分好办,但涉及老师、师兄们执笔部分,未经充分讨论,集思广益,取得一致意见,也许一补正就补歪了。思来想去,最后决定,扩大希腊原创文化研究范围,将超出某学派的"大问题"编为第五、六章,同本书无直接关系的问题,有条件时另做专题撰稿,视个人精力,能写多少算多少。如今的方案是以希腊哲学为重点,讨论希腊原创文化。后两章代表我本人关于希腊哲学史的全局的新的思考。

　　由于这本小书与共同撰写的《希腊哲学史》有这层特殊关系,因此建议读者(也是审核者)结合四卷本《希腊哲学史》来阅读。本书多处注明参看修订版的页数,或卷、章、节,以免重复。这里主要论述若干新的想法,例如:希腊哲学的地中海文化语境;希腊哲学的二阶开端和三套话语系统;希腊哲学从探源——观照城邦和公民——到人生归宿的"三部曲";作为希腊文化核心的哲学同其他文化形式的关系;重新认识巴门尼德的 Being 与中文翻译;苏格拉底与柏拉图思想的划界;麦加拉学派的双重地位;亚里士多德形而上学的主题问题;《范畴篇》是亚里士多德哲学的诞生地(起点);从 to on(Being)到 to on hei on(Being as Being:形而上学形成的标志);作为求知迷

狂的 Philosophia(哲学)变成大一统的学科知识体系后,哲学的进化与退化;形而上学的先天不足与晚期希腊中 Being 的遭遇;从亚里士多德靠 Being 学说界定"神"到普罗提诺的 Being 破坏"太一";等等,所有这些对后来的哲学发生了重大影响,也为后来的奥古斯丁主义与托马斯·阿奎那神学、形而上学与反形而上学埋下了种子。从原创与传统、先人的思索和解题对后人提高理论思维能力的启迪考虑,本书关于希腊哲学的一系列新的想法也许有点意思。人们可以通过各种科技手段,查阅海内外一切信息资源,我的这些论述,特别是关于"修昔底德陷阱"的托古伪造的揭露,关于 Being 地位问题的历史的具体的分析,这些都是我个人的见解。

二、咨询专家、评审专家意见反馈后的修正和补充

2019 年 5 月 22 日填报上交的"国家社科基金后期资助项目"申请书之"七:下步计划"中列举了 6 项工作。根据咨询专家意见,同年 6—9 月撰写了《伪"修昔底德陷阱"考》。在申报书中说明了列为本书附录的两个理由。考虑到这个托名伪造的欺骗性、隐秘性和负面影响,所以先在《上海思想界》2019 第 12 期发表主体部分。刊物字数有限,略去注释部分,删去部分内容。这里全文发表并补充若干资料。2019 年 10 月收到立项的正式通知并转来五位评审专家的评审意见和修改建议。感谢咨询专家、评审专家和同行朋友的支持。

评审专家对申报初稿的修改提出了宝贵意见。根据"应加强古希腊神话、神学对哲学、社会观念和思潮影响的研究"的建议,本书在第三章"古希腊人的文化创新"第二节"文学与艺术"中专门扩充了"神话与传说"一小节,增补了从跨文化比较视角看,希腊与古代中国神话各自的特色的论述。关于希腊哲学与神学的问题,我在哲学形而上学论述中提出了"哲学化的宗教"与"宗教化的哲学",并就其中的哲学神学对后来的宗教神学(主要是基督教神学)的影响,在第六章第三节"从'探源'转向'归宿'过程中 Being 的演化";第四节"'后亚里士多德'时期 Being 的遭遇",以及第四章"体现希腊原创性智慧的若干观念"第一节"神观与神学"中分别作出阐述。评审专家提出的关于修辞学与演讲的影响问题,我在《伪"修昔底德陷阱"考》一文中,专门介绍了公元前 5 世纪后半叶的智者运动及苏格拉底及其学派对修昔底德历史观的影响,分析了《伯罗奔尼撒战争史》中几占四分之一的演讲和辩论同当时的修辞学与演讲潮流的关系。同时,在相关章节中增加了修辞与演讲对哲学理论思维、逻辑学、政治哲学及公民素质、公民政治生活、精神生活的影响。评审专家们还指出本书一些中文表述、断语及电脑打印中的差错,定稿时逐一加以更正。对诸位专家学者的严谨治学和学术造诣,

本人深表敬意。国家社科基金设置的"后期资助"为我这样的八旬老朽提供了方便。不像年轻时代,我们只有在著作已基本草就条件下才敢去申报,这样心里才有底气。拙著从撰写、修改到出版,几年中得到众多友人和单位的支持和帮忙,特别应该提及的是,国家社科基金、浙江大学各级科研主管部门,以及2021年春成为独立普通高校的浙大城市学院。在此表示衷心的感谢!本书最后定稿阶段,王晓朝教授和陈越骅教授帮我处理许多具体事务和索引的最后工序。中文系李咏吟教授帮我审核书中涉及文学艺术的部分。人民出版社哲学与社会编辑部主任方国根,从申报到出版,一如既往,予以热情支持,责任编辑武丛伟、钟金铃以其娴熟的业务技巧和希腊文化的造诣,高水准地处理了审核出版的许多具体问题,在此以一位老者身份向年轻人表示崇高的敬意!

2022 年 2 月

第一章 有关原创文化的理论 支撑和研究方法

原创文化研究不是文化学、文化哲学或文化史的学科分支,而是研究古代文化的一个新视角(New Perspective)和方法。据查 2017 年前国际上没有一个以原创文化研究命名的机构,也没有关于"原创文化研究"的专著。在国内也仅有序中提到的近十年的原创文化研究。关于原创文化的认定和研究方法,也有不同看法。① 学术研究史证明:一种新视野新方法,一门新的学科分支是否成立,是否得到认可必须在实际研究过程中取得令同行专家认可的成果,通过成果证明某个学科分支或某种研究方法、研究视角确有新意。否则,它必然被遗弃,或者因无新意、无根基而被永远遗弃;或者过若干年之后,后人吸取其合理成分,加以创新,提出新的概念。有鉴于此,我在进入希腊原创文化研究之前专设这一章,就原创文化研究支撑性理论和方法作些先行性阐述。

第一节 "文化""原创文化"探源

《文化理论文集》编者史切曼(I.Szeman)说:"'文化'(culture)是英语中最复杂难解的二、三个词之一,然而它又是公众言谈中最通用的一个词。"②可以说在汉语中"文化"同样也是一个使用频率最高却又有多重释义的词语。

英文 culture,其源是拉丁语 cultura,有一个演化过程。

当西赛罗用拉丁文 scientia 译希腊文 episteme 时,他心目中的"学科"或"科学"同希腊文原义是对应的。在西赛罗的心目中,episteme 或 scientia 不仅指关于天然生成的自然本体的知识,而且包括实践科学——政治学、伦

---

① 参见关于"原创文化"对话专题中四篇文章《"原创文化":质疑与解惑》(陈村富)、《对文化创造之源的关怀与探求——闲话原创文化研究》(杨适)、《文化的原创性叙事的智慧传统》(章雪富)、《十年探索路:原创文化研究的回顾与展望》(游斌)。《北京师范大学学报》2011 年第 4 期。

② Eds.by I.Szeman and T.Kaposy, *Cultural Theory*; *An Anthology* (文化理论文集), Blackwell, 2011, p7。

理学、理财学(economia)、心灵学科和实用学科(古代包括医学、音乐、修辞、演讲及各种工艺)的知识。但是到了近代,scientia 一般指自然学科。19 世纪上半叶,孔德在《实证哲学教程》的讲座中还称社会科学为"社会物理学",后来才改为"社会学"。斯宾塞加以扩充,建立了社会静力学与社会动力学。当时有所谓经济学、政治学、伦理学、社会学,唯独没有"文化学"或关于文化的学科。其原因是"文化"这个概念有一个演化的过程。英语 culture、意大利语 cultura 等都来自古典拉丁 cultura,原义指"田野""原野""耕作",与另一个词 agra 同义。"在田野里耕作"(拉丁文"agricultura",英文"agriculture")就是"农业"的意思。西塞罗在《图斯库兰的辩论》中正是这样对比的。他说土地不耕作,仅把种子撒在肥沃的土壤上,也是会歉收的。同样,心灵不予以培育,也是不会结果的,承担这个培育任务的就是哲学。因为"cultura autem animi philosophia est"(哲学就是灵性方面的培育,见第 2卷,第 13 节)。人的"精神",或者说"意识""认知机能",古代希腊、罗马统称"灵魂"或"心灵"(希腊文 pcyche,拉丁文 anima)。对心灵耕耘,从而提高人的精神方面的素质,这就是文化的本义。① 从西塞罗至文艺复兴时代,"文化"之义就是人的灵性的开发和培育。它比"教育"(希腊文 paideia,拉丁文 educatio,disciplina,eruditio) 含义还狭小。16—17 世纪开创的近代科学,主要指分门别类的具体学科。后人所指的精神层面、制度层面和物质层面的"文化"都已为各个具体学科所涵括。所以,直至 1871 年英国人类学家泰勒(Edward Taylor)在《原始文化》中才出现"文化学",而且给"文化"下了一个外延宽阔的定义。近代,"文化"主要由人类学者来研究。至今,关于"文化"的条目,《人类学百科全书》的条目比《大英百科全书》更充实。②19—20 世纪初,资本主义商品经济导致人的物质生活与精神生活的分裂。以法兰克福学派为代表的学者对现代社会与现代文化提出了尖锐的批评。关于文化的问题日趋引起人们的重视。在当今的经济全球化、文化多元化的时代,在世界性竞争的格局中,文化与经济、政治具有同等重要的地位。无论是"文明间冲突"还是"文化软实力",都说明当今世界中文化与文化研究、跨文化研究(cross-cultural studies) 或者说"文化间关系"(Intercultural relation) 研究的特殊地位。

　　用汉语"文化"译西文 cultura,culture,用"文明"译 civilization,非常贴

---

① L.D,p.488(请参阅缩写说明,下同)。

② 参见 H.James Birx,ed.,*Encyclopedia of Anthropology* (《人类学百科全书》),8 Vols,Sage Publication,2006,Item "*culture*" (Vol. 2, pp. 625 - 654);*Britannica*. Edition 1974,Item "*culture*" (Vol. 2,pp.782-785)。

切。上古西周春秋时代以"教化"和"礼乐"区分华夏与夷狄，这同西塞罗讲的"灵性培养"一致。借助电脑检索可以发现，古汉语中"文化"一词似乎出现于中古汉语即魏晋南北朝至隋唐时代。《南齐书》卷一本纪第一说齐王取代宋帝，"裁之以载风，绥之以文化"，已经把"文化"当作今日说的"软实力"，与"武风"之功能（裁之）相对应。用顾炎武的话说就是"古人之文化工也……三百篇之诗，有韵之文也。……君子知微知彰，知柔知刚，万丈之望，此所谓化工之文。……帝德广运，乃圣乃神，乃武乃文。"（《日知录》卷二十二）。当近代西方将"灵性培育"之"文化"，引向偏重科技理性和制造工艺时，隋唐中国将"文化"引向偏重统治技艺之"文武二班"："经纬两仪文化洽，削平万域武功成"（《旧唐书·卷三十·志第十》）；"文化武功，皇王之二柄"（《旧唐书·卷一百三十七·列传第八十七》）。梁启超了不起，他在《论自由》《科学精神与东西文化》《研究文化史的几个重要问题》中对"文化""文化史"做了专门考察，抛弃了传统的"文化武功"框架下的"文化"。他说："文化总理中含有文化种、文化果两大部门。文化种是创造活力，纯属自由意志的领域，……文化果是创造力的结晶，换句话说，是过去的'心能'，现在变为'环境化'。"本书后几章多次引用梁启超的"文化种""文化果"与"心能""环境化"（外化、物化之义）。这个见解比今日中西许多种"文化"研究专著和"文化"三层次等深刻、精辟，富有创意。

　　原创文化是一个新词。我们查阅了近几年世界各出版社所出版的图书，以及海外主要网站，发现学术界对"original culture"的理解和应用相去甚远。维基百科（The Free Encyclopedia）中："Acculturation"（一种文化之传入引起文化上的交融而产生的混成文化）条目中称本地区、本民族自生文化为"original culture"。当它同外来文化相遇时在心理层面和社会层面都会产生微妙的变化，可能有四种走向：同化（assimilation）、阻隔（separation，抵制外来文化，以便保护自己的文化）、整合（integration，二者相互吸收，创造新型文化）、边缘化（marginalization）。第一、二、四种往往发生在强势文化与弱势文化相遇时，或者是有活力的、先进文化与因各种原因失去活力的文化相遇时。第三种走向（整合）可能有三种情况：第一，两种文化的双文化混合（bicultural blending）；第二，依托"语境"（context）的双向文化变更（bicultural alternation），即变为第三种文化；第三，两种文化的消解（diminishment）。这些见解对于研究古今文化间关系，研究原创性智慧同其他文化相遇时的变化颇有启迪。这里，作者称任一民族自身语境下产生的文化为"原创文化"。

　　发表在《细胞生理学杂志》（*Journal of Cellular physiology*）的涉及认知

科学的论文提出了"original culture morphology"（原创文化形态学/原创文化语形学）的概念。作者根据大量实验数据证明，婴儿对母体文化（original culture）的感应比对后来接受的外来文化的感应快得多。这里作者将婴儿出生时所处母体文化称为 original culture。①

还有将美洲原居住民族的文化称为"原创文化"，制定"原创文化资源管理计划"（The Original Cultural Resource Management Plan）。这里"原创文化"相当于原生态文化。

总之，Original Culture 在目前的使用中，主要就是指本民族本地区土生土长的文化或人类出生所处的母体文化，或原生态文化。这是在研究文化或文化交流时用到的词汇，然而时至 2017 年却未发现有一个旨在研究 Original Culture 的专门机构。因此，在研究希腊原创文化时，确有必要首先阐明本书所用"原创文化"的含义。

一般说来，历史上任何一个民族或国家，只要它在历史上扮演过一定角色，留下过痕迹，都有其起始阶段的原创性文化或者说原创性智慧。所谓原创文化准确的英译就是 Original Culture，指的是作为"源头活水"的、标识某种文化区别于其他文化的独特的文化元素，或者说"文化基因"。例如高山生活诸民族、海洋地域民族，平原草原地域的游牧民族必然因生态环境、生活方式差异而产生不同信仰、宗教、神话、歌舞、艺术和社会群体结构方式。通过这些外化的形式，可以看到其精神性内涵，也就是"文化"之本义，即心灵培育方面的质素，用句哲学术语来说，就是"文化之为文化"（Being as Being）的"本是"。因此，作为"原创文化"必然拥有下列四个特征，或者说四个基本属性。

第一，原创文化与原创文化创生主体（民族、部落或国家）同步发展，而且是该文化原生主体进化的标尺。因此，原创文化存在的最深层的根基正是该文化原生主体的存在与发展。当代认知科学、脑科学，行为科学和梦的研究表明，早期人类与群居动物不同，有自我意识和原始思维的能力。人类在日常的社会生活中对"他者"（包括外间世界、别人、其他群体、神秘力量等）形成某种直观映像。由于人脑的特殊功能，同"直观映像"（intuitive）对应产生"对反直观映像"（counter intuitive）。例如，与现实"人"的直观映像对应的梦境"人"（灵魂、鬼）之间肯定存在对应关系，即梦游中的"人"或鬼魂有"人"的形象，人的智、情、欲，但是与真实"人"相匹配又有超凡的能力，如穿墙而过、飞越天堑等。人脑的这种特殊功能，就是认知神经心理学中的

---

① 参见 *Journal of Cellular Physiology*，Vol. 143，Feb.2005，pp196-203。

HADD(Hyperactive Agency Detection Device,超凡动力构想),即植根于人脑的这种超越的拟人化构想,运用心理学上的"想象""联想""虚拟化"能力,就会以为有一个神秘的超凡的、人一样的动者。① 脑科学和梦的研究证明,人脑能通过移情、嫁接、戏剧化而建构一幅幻境,一个超越肉体人的"鬼魂",或者是自然力拟人化的神秘力量世界。这种个体的体验和认知用文化传播学概念说就是像"病菌",很容易在同一群体的共同活动中获得认同,成为群体的"共同信念"。"直接互惠"与"间接互惠"理论证明,社群中共同活动(如狩猎)与共同生活的不断重复,使得个体对间接互惠的认识程度不断提高,感受到依靠社群的共同活动自己才能获利,自身的安全也才有保障。间接互惠的认知是社会进步、人的素养高低的标尺。在社会进化中,通过世代的习俗与教化,这种共同体的共同信仰和公共生活准则日趋成熟,作为"心灵的培育"的文化也就成形了。由于人类生存活动中"手"的解放,双手学会制造工具,创造符号或标记,人就有能力在居所(洞穴、掩蔽体),或死者葬地绘制图案,将人自身的想象、体验、信仰等外在化,形成人类文化史上最早的物质载体的"文化制品"。这样,与人类群体的生存环境一致的原创性文化也就形成了。它一定是自己族群生活的本真状态的映像,它不可能是舶来品。这也是文化之原创性的最深层的根源。

　　第二,原创文化一定是多元的,有多少不同部落民族或国家,就会有不同种类的原创文化,只是地位不同,影响不一。随着部落、民族或国家之间的融合,自然也就发生了文化间的复杂关系,如同前面提到的维基百科条目Acculturation 所说文化间相遇时的多种走向。

　　第三,原创文化作为"源头活水",必有其内在活力,同时它一定又是原始的,甚至是粗糙的,因而制约着文化的发展规律必然是取其精华、弃其糟粕。再优秀的文化也不可能全盘接受。只要社会在发展,任何文化就都是"当下的"文化,而不会是原样保留而起作用的既往的永恒不变的文化。只要作为文化主体(承载体)的这个国家发生与"他者"的交往关系,那么其文化也就不可能像某些人想象的、鼓吹的那样"一尘不染"。因此原创文化的原创性智慧始终存在于文化之流中。可以说不断创新正是原创文化的生命。因此"原创文化研究"的第一义是研究历史上某种文化形成期的智慧形态。其第二义,或引申义就是研究古今不断发生的或正在发生的文化进步中的原创性因素,从而启迪我们着手于新的创造。

---

① 参见 James A. Van Slyke,*The Cognitive Science of Religion*(《宗教认知学》),Ashgate,2011,pp. 31-34、124-126。

　　第四,文化之为心灵的培育,体现了人的精神的觉醒,原创文化之存在
与发展不是感觉和知觉的记忆和积累,不是经验层面上发生的心灵的培育,
而是如同黑格尔和雅斯庇尔斯所说的"精神的自觉",所以原创文化一定是
某种智慧形态。"智慧"在古代不同民族、不同文化系中可以有不同的形
态。希腊人的哲学和科学,犹太人的《圣经》,古印度人的吠陀经、佛经,古
代中国的天伦之道百家之言等都是智慧文献。亚里士多德、黑格尔和雅斯
庇尔斯从不同角度触及这个问题。亚里士多德《形而上学》开篇说,"求知
是人的本性",求知起于感觉,首先是视觉,由感觉到记忆、经验,只有靠人
的理性形成普遍命题,借此回答"为什么"之时才算智慧(sophia),这种知识
系统化就成为 episteme(学科知识)。亚氏在《动物志》《动物的行进》《动物
的运动》中深入考察了动物的"灵魂",动物有运动的机能、感觉的机能,许
多动物有记忆和经验,甚至有类似知识的辨别能力。但是唯有人才是有理
性的、会说话的动物。通过教育,调节灵魂的状态,使之自我觉醒,遵循德性
伦理,这样才成为"城邦动物"①,用现代语言说就是有了文化。但是亚里士
多德把技艺(techne)及其产物包括音乐、雕刻、绘画、工艺技术、修辞、医疗
术等看作知其然、不知其所以然的"技巧",而不算是理论形态的智慧,也不
属"必须如此作"的实践科学智慧。尽管这些属于"实用科学",却是"文
化"的不同形式,因此当我们谈到"希腊文化""希腊原创文化"时,必须记
着:古希腊无"文化"这个概念。"文化"的内涵和外延比希腊人说的智慧的
内涵和外延大得多。因此,本书所涉及范围,比哲学史大得多。第三章"古
希腊人的文化创新"的立论根据就在这里。

　　黑格尔的《精神现象学》实际上是研究人类意识的发展进程,精神阶段
相当于智慧形态文化阶段。精神现象学旨在描述意识如何在主客对立中摆
脱外在性和直接性,从而进入纯粹概念自身的过程。逻辑学才是摆脱了现
象形态,对纯粹概念作概念式把握的描述。雅斯庇尔斯摆脱了黑格尔的体
系的束缚,在《历史的起源和目标》和《智慧之路》中将精神的觉醒看作真实
的历史过程,提出人的意识成长的"四个历史阶段"的理论。第一阶段,即
"普罗米修斯时期",是属人类学会使用火的时期,这个时期人类开始使用
语言、制造工具。第二阶段形成人类共同体组织和规范的观念。第三个阶
段最为辉煌,以理性的反思为标志,形成对人自身、人的全体、人的局限的
"自我觉醒",他把公元前800—200年称为"轴心期",各种智慧形态的文

---

　　① 参见 Aristotle, *Ethica Nicomachea*, Book 6;汪子嵩等《希腊哲学史》第3卷,2014年版,第
494—502、844—850页。

献,如犹太的《圣经》,波斯的扎拉托斯特拉教,印度的奥义书、佛经,中国的诸子百家,希腊的哲学和科学,大体上都形成于这个时期,而且影响以后的人类历史。

上述三人的"共性"是,都研究人的认知的发展过程。人类认知过程的"智慧果",不管是物化的工具,或是文字载体的科学、宗教典籍、神话、史诗等,都是"文化"的原初形态,是原创文化研究的对象。但是,他们都把文字载体的智慧文献看作是该文化系的完备形态,因而理应是原创文化研究的主要对象。

上面我们基本上套用亚里士多德关于对象之"本是"及其一般属性是研究的首位的公式,论述了"文化"及"原创文化"之"本是"及其四个属性或者说特征。下面我们再从研究方法视角进一步揭示原创文化及其研究的特点。

第二节　原创文化研究的独特视角和术语

一、原创文化研究的独特视角

原创文化研究不属于以"-logy"为后缀的分析的演绎的"学科"。如 Theology(神学)、Psychology(心理学)、Biology(生物学)、Geology(地质学)、Ecology(生态学)、Cosmology(宇宙学)、Anthropology(人类学)等;也不属于记叙性的或描述性的,以-graphy 为后缀的学科,如历史文献学(Historiography),地理学(Geography)及编年史、博物志、方志、游记、传记等[①]。原创文化研究属于综合利用各学科知识的,跨学科性的,应用型的"研究",如埃及学、亚述学及当今的所谓"中国学",都是以"Studies"为命名。当今世界,以"Studies"为命名的此类"研究"有特殊地位。如"宗教学"(宗教研究 Religious Studies)、圣经学(圣经研究,Biblical Studies),古地中海世界研究(The Studies for Ancient Mediterranean World)。这类研究的特点,是综合利用各学科知识研究某一类现象或某个对象,而且它有许多鲜明的目标,或是探求建立一门交叉学科,或是服务于当下迫切的实际问题,如中东问题、远东安全问题、宗教冲突与暴恐问题等;或是随着研究的深入,开拓新的研究领域。原创文化研究就属于这一类。因而有必要从方法论角度阐明原创文

---

① 参见游斌:《十年探索路:原创文化研究的回顾与展望》,《北京师范大学学报》2011 年第4 期。

化研究中独特视角,或者说独特见解。这就是通常所说的"传统文化"中划分"源"与"流",区分作为"源头活水"的原创文化与根据历史活动主体的需要将某种文化成分加以定型、规范、推广,使之传承,凝固化为真正意义的"传统文化"。现今所说的"传统文化"(traditional culture),国内外通行指"当下"(present)以往直至上古、远古有迹可循的该民族、地区或国家的文化传承。可是海德格尔在考察欧洲基督教文化、希腊文化时发现"传统遮蔽本真","传统堵塞了通达源头的道路","传统甚至使这样的渊源被遗忘了"①。为了"解蔽"(aletheia),"求真",他要探源。沿着这条路他在希腊哲学研究、传统文化研究方面真的是发现了新天地。受他的启迪,后人也不时有所收获。在 2011 年起始的十年研究中,原创文化研究会诸位同仁均有获益。在通行的表述中可以将以往统称为"传统文化",但是从文化、文化史研究的方法论考虑则要作出"源"与"流"的划分,求本溯源,将研究引向纵深,开拓新领域,拓宽新视野。因为文化不是脱离社会生活,脱离经济、政治而孤立存在发展的。春秋战国时期的儒家和汉武帝董仲舒"罢黜百家,独尊儒术"后的走向,显然受历代封建王朝及其意识形态"精英"士大夫所左右。从"百家"之一走向"独尊",从学术形态的"儒家"走向权术性的"儒术",尽管不可能如统治者所愿加以改造,历史与文化也不可能从此受少数权势集团所控制,从而现实中真的就只有受独尊的儒术;但是不可否认,这里的确发生了如海德格尔所说的"传统"扭曲了"本真",否则五四运动、"打倒孔家店"、反帝反封建的民主革命以及几十年来对封建思想和旧文化的批判,就失去根基了。再把眼光投向海外,早期基督教如同恩格斯在《论原始基督教的历史》所说,它同现代共产主义运动"有些值得注意的共同点",恩格斯列举了六个共同点或相似处。与恩格斯大体同一时代的教会史专家厄内斯特·勒南甚至说:"如果你要知道最早的基督教会是什么样子,那就请你看看'国际工人协会'的一个地方支部。"②君士坦丁(公元 271/2—337 年)在争夺罗马帝国帝位时,抛弃以往的镇压基督徒的政策,承认和扶植基督教,吸纳大批基督徒入伍,他把本是北欧象征战斧和标枪的图案解释成象征耶稣基督的希腊文 X 和 P 的首位字母组成的十字,绣在战旗上,刻在士兵的盾牌上,谎称是因为在进军罗马的征途上透过云层看到太阳上有一个十字图案,通过随军牧师扩散,说是耶稣基督隐示靠这个图案你必将胜利

---

① [德]海德格尔:《存在与时间》,陈嘉映等译,生活·读书·新知三联书店 1987 年版,第 27 页。

② 《马克思恩格斯选集》,人民出版社 1995 年版,第 457、459 页。

(hoc signo victor eris)。从此大批基督兵为之卖命,于公元 312 年在台伯河的 Milvian 桥取得决定性胜利,进入罗马称帝。之后在 Milvian 竖立了战斧与长矛的十字纪念碑,并于公元 325 年促成和主持了尼西亚会议,统一了基督教义,然而他本人在公元 337 年逝世前才受洗入教,这也就是说由一个非基督徒的皇帝“主办”了基督教史上转折意义的、教父才有资格参加的宗教会议。神学家 Danicl Maguire 于 2008 年出版的《谁之教会》中说:“与其说君士坦丁皈依了基督教,不如说基督教皈依了君士坦丁。”①中世纪法兰克王朝继承了这个传统,至 11 世纪实现了欧洲的基督教化,同时基督教也在欧洲本土化了。从基督教文化考察,显然作为历史人物的创教人耶稣及其门徒的原创性文化同后来欧洲化了的皇权—教权结合的基督教文化发生了重大变化。因此,将传统文化区分出“源”与“流”,研究一种文化的变化是有其独特的意味的。

将以往人们笼统称呼的“传统文化”划分为原创文化与传统文化两个部分或两个阶段,这是原创文化研究的一个重要观点、重要视角。它的意义有二:

其一,深化文化和文化史研究。以往的通史研究,例如新版 14 卷 19 册的《剑桥古代史》,其中有部分章节阐述某一历史时期某一民族、地域的文化。从行文中可以看出,撰稿人仅介绍其文化而不区分传承的、外来的,抑或是原创性的。国别史的研究,例如赫梯史、亚述史、古巴比伦史、古希腊史,通常是将文化当作其历史的一个侧面,置于其他章节之后加以介绍,其中着墨较多的是这个地域的“主人”,在王朝更替中文化间的相互影响和吸收。这就为一些人借希腊文化受西亚、埃及文化影响而否定其有别于他者的原创提供了可乘之机。如果古希腊史、哲学史、文学史的研究者综合利用古人类学、语源学、神话学、生态文化及比较文化研究的成果,阐明古希腊人吸取外来文化基础上的新创,明确断言哪些成分、元素来自西亚或埃及,哪些是自己注入的原创,而这种原创性智慧随着时间的推移,历史的积累、充实和完善,成了古代其他民族或国家所没有的独创;而且这种原创文化对后来的文化又产生了深远的影响,以至即使一个时期发生了历史的中断,但是终究会以某种方式被重新发现,那么,后人无论是有意抹杀或是有意夸大、作伪,也就不可能有市场。这种着眼于原创性智慧的追索,不仅对希腊文化研究,而且对我国上古时期文化的研究,对任何一个民族、国家的创始期文化的研究都有同样的意义。这是开阔视野,引入新的研究方法、新的学科知

---

①　Alice Beck Kehoe, *Militant Christianity*(《好战的基督教》),Macmillan,2012,pp.8-9。

识提升关于文化研究的一个重要方面。特别是对中国境内民族文化研究，原创文化研究的理论和方法有其特殊的意义。尽管他们受周边强势文化的影响，但是任何民族或部落的祖先，都同样拥有卡西尔所说的"第三信号系统"，都有当代认知科学、脑科学、神经心理学、行为科学所揭示的生理机能和创造能力，都有能力创建同其生存环境相适应的生态文化。显然这对于我国境内少数民族文化研究，对于整理民族文化遗产都是颇有启迪的。

其二，对于如何继承文化遗产，建构当今世界文化和中国文化有新的启示。作为原创文化，尽管有其原始、粗陋、幼稚的一面，但它毕竟是"源头活水"，犹如"源"字所示，从岩洞里流出的泉水，清澈纯真。无论是印度、希伯来为代表的宗教—神启型的，中国孔孟为代表的伦常—说教型的，希腊为代表的学科—对话型的，它们都比较贴近人类孩童时期的纯真的心灵，即文化的本义，以及尚未被破坏而失衡的原初自然生态。一种文化一旦由外力（权力与利益）加以改造、定型，使之沿着"施力者"所欲求的方向走，那么的确可能像海德格尔所说的传统扭曲甚至遮盖了原创。本来法兰西、德意志、意大利是公元9—10世纪法兰克王朝解体后的三个国家，而英吉利也是在罗马帝国瓦解后经过本土民族和外来民族融合，英法百年战争而形成的后起国家。一旦有所需求，德国（甚至大哲学家黑格尔）就鼓吹日耳曼民族优异论；英国以贵族的豪气自夸；法国人攀缘同法兰克王朝的特殊关系，高扬"高卢雄鸡"精神；涣散的意大利以古罗马为荣，还用"地中海生态"辩解自己的自由精神。我们区分原创文化与传统文化，而且还将原创文化与该地域历史文化遗迹相区分，这样还可以澄清文化史研究中若干混乱，分清哪些是现存国家的原创性文化和传统文化；哪些是现今这个国家领土范围内的古代文化遗迹。翻阅近些年的出版物可以发现已经有类似《古今埃及》的著作，区分历史各个时期埃及地域的民族主体（现今的埃及同公元8世纪伊斯兰统治期之前有重大差异）。2014年牛津大学出版社出版了西亚史（特别是赫梯史）研究知名学者 Trevor Bryce 的《古代叙利亚三千年史》（*Ancient Syria : A Three Thousand Year History*）。封面页介绍说："叙利亚总是中近东政治上最麻烦的、最具爆炸性的地区。本书超越当下的麻烦追述这一地区三千年发生的故事。"这本书以现今的叙利亚地域为本位，介绍这个地区自青铜时代有文字符号记载以来的民族、城市、国家的兴衰。这个地区在早期青铜器时代属阿卡德（Akkad）萨拉贡（Sargon，约公元前2334—前2279年）和乌尔第三王朝（约公元前2112—前2004年）统治区。青铜器中期是亚述古王朝（约公元前2000—前1735年）、马里（约公元前1810—前1762年）、古巴比伦（约公元前1894—前1595年）、早赫梯（约公元前17—

前 12 世纪早期）交叉统治区。青铜器晚期是赫梯、米坦尼（Mitanni）、埃及新王朝（公元前 1550—前 1069 年）及中亚述帝国（公元前 14 世纪早期至935 年）统治区。铁器时代是新亚述帝国（公元前 934—前 610 年）、埃及第三过渡期（公元前 1069—前 664 年），以色列扫罗、大卫、所罗门统治区。公元前 7 世纪以降陆续为新巴比伦（公元前 626—前 639 年）、波斯的居鲁士、岗比亚、大流士、晚期埃及（公元前 664—前 332 年），马其顿的亚历山大（公元前 332—前 323 年），希腊化时代的塞琉古王朝（公元前 305—前 64 年），罗马帝国（公元前 27—公元后 337 年）及之后的东罗马帝国（公元 247—前651 年）统治区。直至公元前 661 年大马士革成为伊斯兰 Umayyad 时期帝国首都，之后的叙利亚才是伊斯兰国家。① 19 世纪 P.Akkarmans 和 G.Schwartz 之后才成为一个独立国家。因此叙利亚的传统文化可以追溯到公元 7世纪成为伊斯兰世界部分后的文化。至于《古代叙利亚》所叙述的三千年只能算活跃在东部地中海的上述 10 多个民族和国家在这块土地上留下的遗迹。倘若作者不是以叙利亚为叙述对象，而是以整个西亚甚至古代东部地中海为叙述对象，叙述方式和意义又是另一番景象了。显然，原创文化划界理论和方法对文化史研究还是有新意的。

　　原创文化与传统文化的划界对当今中国文化研究及现代中国文化建构也有不可忽略的意义。作为经济、政治、文化、社会、生态五大建设之一的现代中国文化建设，当然要以中国这一广阔地域以往的文化为根基。原创文化研究主张区分原创与传统，重点放在上古原创性智慧上。春秋战国，百家争鸣，留下了大量文字载体的文献资料。它从各个侧面展示了华夏各族人民的精神诉求，思想观念及其"外化""物化"的典章制度、物质文明载体。无论从哲学、文艺、历史、政治、伦理、教育等哪个学科视角去考察，都能找到许多对当代文化建设富有启迪的成分。秦汉以降就不同了。秦朝还不懂统一的中央王朝需有统一的意识形态支撑。西汉经过"八王之乱"和"文景之治"至汉武帝极盛时代，体悟到极盛时代需有统一的政治伦理规范和思想观念。于是才有"罢黜百家，独尊儒术"。百家争鸣语境下的儒家学说被扭曲为以"三纲五常"为核心的"儒术"。但是老庄的形而上的哲理与民间流行的黄老思想和经纬观念根深蒂固，两汉时代实际上还未能统一思想，所以魏晋南北朝又有类似春秋战国时期的"百家争鸣"。至隋唐盛世，中国才确立儒释道合一，以儒为主的传统思想。宋明时代确立了以程朱理学、王阳明

---

　　① 　这里采用 Trevor Bryce 撰《古叙利亚三千年史》（*Ancient Syria: A Three Thousand year History*，Oxford，2014）一书附录的年表。

"心学"为核心的、制度化了的,同封建农业经济、宗族观念、政治体制相适应的,完备的礼教规范。其性质就是封建社会的意识形态。五四运动和中国共产党的反帝反封建纲领,矛头所向是这套封建礼教和政治经济制度。原创文化研究方法主张回到原创时期的百家经典,以此为主,结合后来传承中合理的精华的成分,从中吸取对建构当代中国先进文化有价值的成分,融入现代先进文化的建设中。这种研究指向,研究精神和方法无疑是符合全球化现代化处境下文化研究的方向的。

二、原创文化研究所使用的特殊含义术语

原创文化研究形成了自己的若干特殊含义的概念。哲学史和学科发展史证明,专业学科术语大都起于日常词汇,如"本原"起源于"开端""首位"(arche),"本体"源自系词"是"(eimi)。即使是新创的范畴也同语词密不可分。原创文化研究,不是一门分支学科,所用词语均非新造(但不排除以后会造出新词),而是赋予特殊含义。为便于读者理解本书中的论点,概述如下:

1. 文化(cultura,culture):本义是"灵性的培育",核心是人的素质、人的涵养、人的精神境界。这同亚里士多德所说德性伦理是实践理性的自觉的选择、是心灵通过教化(paedeo)处于良好状态这一见解相一致。在人类历史上宗教有灵性培育的功能,但是它以信仰为核心,崇拜超世的神秘力量,所以又有扭曲文化的负面功能。近代科技理性若脱离文化的本义,不以人的素养的提高、人类社会的进步为目的,那么它就偏离了文化的本义。不能因为赌博、嫖娼、贩毒吸毒使用了新工具、新技艺因而就有什么"赌博文化""嫖娼文化""毒品文化"。什么"厕所文化""烟草文化""咖啡文化""茶文化"……其实都有为利所驱,把"文化"庸俗化、商业化的因素。黑格尔、马克思关于内容与形式的论述适用于研究文化内涵与文化表现形式的关系。文化以人文学科(哲学和文学艺术)为直接表现形式。若以政治形式体现,则受政治权力制约;以经济形式表现,则受经济利益限制,如此等等。

2. 原创文化(original culture):指历史上部落、民族或国家形成时期,植根于自身而成长的,该文化系区别于他种文化的独特成分。任一民族国家都有它自身的原创性文化。作为民族史、区域史、国别史研究,少不了研究它自身创造的文化以及外来文化的影响和二者交融下的演变。作为专业性原创文化研究,我们主要研究历史上发生过的影响至今的,对未来文化建设影响较大的几种文化,如中国文化、希腊文化、希伯来文化、印度文化等。原创文化研究独特的视角、独特的研究方法就是区分"源"与"流",重在"源"及"源"与"流"的承继、弘扬与扭曲,从而为当代文化研究,文化建设提供有益的借鉴。

3. 传统文化(traditional culture):历史上国家政权形成后,根据经济、政治权益需要建构自己的相适应的意识形态时,对以往之文化加以取舍、切割,有意识地利用或膨胀某一方面,使之成为一种思潮、风尚、习俗、律法,成为一种制度、体制的精神性力量和社群共同生活准则、伦理规范、教育范本,这种意识形态化的文化称为传统文化。因此,现代人"立法""立言"时,对自己民族国家以往的文化,应取分析批判的态度,注重文化源头的原典,对作为"文化流"的传统文化,应否定其为旧制度、旧礼教辩护的一面,弘扬其合理成分的一面。1956年冯友兰提出的"抽象继承法"至今在理论上还是个困扰哲学界的难题。在对待传统文化的扬弃与承继的实践方面,仍不失为杰出的创见;在理论层面,有深入讨论的学术价值。

4. 原创性智慧:认知主体离开当下的感知对象、创造符号,使用语言或图像,将人脑中想象的抽象化的映像外化为对象时的"智慧果"称之为原创性智慧。原创性智慧是原创文化的构成要素。所谓"文化基因"只是隐喻性词语,无法像生命科学那样作出科学的、可供检验的描述。"原创性智慧"也许可以看作是"文化基因",如基督教文化及其典籍中唯一神信仰,神与人通过先知而立约,后又以"人子"身份立新约,神是唯一本体但以父、子、灵三重位格出现等,就是基督教文化所特有的"文化基因"。犹太教终止于前两项(唯一神信仰,通过先知而立约),基督教又发展出新约与三一真神,道成肉身,但是在旧约中已有天父圣灵和弥赛亚(神之子,救世主)的预告。伊斯兰教以"真主"为唯一神,但人神非立约关系。佛教崇拜非位格神,以灵修境界划分为佛—菩萨—罗汉三重。华夏民族在文化创始阶段不走二重化的超世间信仰之路,而是探求现实人的处世法则。原始宗教却走民间信仰之路,把自然现象人格化,神灵以佑人、害人为核心,还可以把凡人神圣化成神灵或是祖宗神,或是把精忠、正义人格等世俗伦理神化。至于希腊文化中的原创性智慧,后面几章有专门论述。总之,本书所讲的,作为原创文化术语的原创性智慧就是"文化基因"之义。文化是一个不断创新的过程,唯有创新才有生命力。古今文化中不断注入创新的元素,而且对该文化的传承和发展发生过影响者,也都是原创性智慧,或者说是原创性文化的第二含义。例如,东汉至魏晋时期道教的兴起,魏晋南北朝的玄学(崇无论与贵有论)及佛教传入后中古汉语的标志性的发展,佛教之中国化及唐宋时期儒释道的合流,宋明理学与王阳明心学,明清时期的启蒙思潮等,以及文学艺术方面的诸多创新,也都是原创性智慧。任何一种有活力的传承中的文化,必定是不断创新的文化。原创文化研究的宗旨就是"研古启今",激活人们的创新冲动,提供创新之质料。

5. 智慧文献。指以文字为载体的原创性智慧果。2001 年以来关于原创文化的四次研讨会中,与会者普遍认可雅斯贝尔斯关于轴心期(公元前 800—前 200 年)中国、印度、希伯来、波斯、希腊等不同形态的文献是原创文化研究的主要对象。但是,雅斯贝尔斯的"四个历史阶段"的理论形成于 20世纪三四十年代。许多考古发掘资料是在这之后发现的,或者是已经发现但对它的研究是在之后。例如,西亚乌比特时期(Ubid 约公元前 4300—前3500 年)苏美尔的非塞姆语的泥板文书和石刻铭文;公元前 3000 年左右阿卡德的塞姆语的楔形文字;公元前 2000 年古巴伦王国时期所收藏的神殿文书、法令、叙事文学、学习课本和印章,以及 109 行的类似希腊赫西俄德《工作与时日》的一年农事记述;公元前 9 世纪左右亚述古都的王宫文库(其中有宗教、文学作品、天文、医学和辞典)。所有这些,以及中国殷周时期的甲骨文、易经、礼乐、诗经等,雅斯贝尔斯都不知道或并无研究。他以人的自我"觉醒"为标志,将所谓"轴心期"之前文献都排除在外。而我们认为这些都是以文字符号为载体的智慧文献,是理性思维能力的成就。原创文化研究既反对"西方中心论",也反对民族自恋主义,而且认为宗教、文艺、哲学都是原创性智慧形态,但是雅斯贝尔斯骨子里还是西方中心主义。他说:"虽然中国、印度与西方三者的发展在历史上是平行的、健全的,但是却由此给人们一个错觉,以为三者是同等地位的。其实不是如此,……唯有在西方哲学中我们才能找到清晰的精神特征、准确的问题意识、科学的指向、透彻的讨论、成熟稳定的思想,所有这些对于我们是不可缺失的。"[①]雅斯贝尔斯深受黑格尔《精神现象学》和精神三形态中哲学是中心这一哲学体系的影响。这些都是原创文化研究所否定的。

6. 文化种与文化果。这是梁启超的卓越创见,我们予以采纳,并加以发挥。自 19 世纪中叶以来,关于文化的研究,同宗教和人类学的研究一样,深受孔德、斯宾塞实证主义思潮的影响,鄙视哲学形而上学的研究,认为那是无意义的问题,他们对"文化"的"本是"或"本质"(essence)只是作经验式的描述。后来在结构主义思潮影响下,"文化"三个层面(精神、制度、物质)说法为人们所接受。对"文化"的这个诠释方向导致"文化"与"文明"的混用。本来,以拉丁文 civitas 为中心的词义是指"公民实体""公民权利""民事""礼仪""文职",[②]。它是文艺复兴后城市、市民兴起而流行的一个词,

---

① Karl Jaspers, *Way to Wisdom*(《智慧之路》), Trans., by Raph Manheim, Yale U.P, 1959, pp. 191–192。

② L.D, pp.346–347.

英文 civilization 的词源。正如在生产力两大要素(人＋生产工具)中,生产工具是生产力发展水平的标尺一样,社会进步水准是以"文化"的外化的社会制度和组织,以及物化的技艺产品为标尺,说明这个社会的文明程度的高低。所以"文化"与"文明"二者间,"文化"是"里","文明"是"表"的表现。我们讲到社会时可以说"这个社会文明程度高",讲到个体的内在的精神层面时说"这个人文化程度高""素质高"。"文化种"与"文化果"则区分了精神性与物质性二者的本质区别。文化种指存在于人脑中的精神活动、创造活力,纯属自由意志的领域,这里无禁区,任由个人发挥其能量。如果几乎所有的理论、学说、学科都是西方学者创造的,而我们只会写"某人思想研究""学说介绍",那么你永远是跟随在后,谈不上什么"话语权"。在这里论禁区、搞限制,危害无穷。但是当心灵中某种创见、观点外化为作品,公之于世时,就成了"文化的智慧果",那就要接受社会的检验,"他者"的评议。在这个领域,就要遵纪守法,考虑社会效果,要对自己的"智慧果"负责,包括法律上的责任。这里没有绝对的无约束、无边际的"自由"。我们接受"文化种"与"文化果"两概念,旨在通过原创文化的研究激活人们的创造,同时意识到"文化人"的社会责任心。

以上是本书后几章中经常出现的术语,也是希腊原创文化研究中具有特殊含义的概念。其他许多概念,包括哲学上的范畴、学说,从原创文化研究角度去考查,会有新的认知。这种认知成果的陈述或界定,也就深化了这些概念、范畴和理论。对此,在有关章节中再详述。

第三节　原创文化研究的关联学科

从研究方法考察,原创文化研究是利用多学科的知识,研究历史上主要文化系形成时期各自的特色及其对后来文化的影响。大凡以学科会聚研究某个重大课题或新生领域,都必须抓住学科会聚的三要素:中心项、关联域及新的质素的发现。本书的中心项就是古希腊的原创文化。关联域就是同公元前9—前4世纪希腊独特文化形成有关的生态、社会和语境,因而必须大略知晓古代文化研究的成果,以便于客观地、有史实根据地阐明哪些是古希腊文化的独创,落脚点就是形成学术研究史上的新的质素。自从1982年着手参加撰写四卷本《希腊哲学史》以来,希腊、西亚、埃及的社会、历史、文化状况都由本人承担。出于研究的需要不得不客串相关学科,学习相邻学科专家的成果。现就本书后几章研究中会涉及的相关领域概述如下:

一、关于文化与人类学的相关理论

在人文学科形成史上，古希腊最早获得学科形态资格的是亚里士多德正式命名的《政治学》和伦理学，经济学当时只是从属于城邦政治的家政管理。近代资本主义经济关系带来经济学的繁荣。但是"文化"至今也未能形成普遍认可的"文化学"（culturology）或"文化哲学"。目前比较认同的是各种文化研究或"文化理论"。同原创文化研究关系密切的是生态文化、人类学及文化研究、跨文化研究理论。2006 年首版的十卷本《人类学百科全书》（H. James Birx 主编，Sage Publication 出版）内容庞杂。几乎包括人类与社会进化、人种学、人体科学、语言、文化的所有内容，同生理学科、心理学科、医学卫生、考古学科等也多有重叠。爱德华·泰勒（Edward Taylor, 1832—1917 年）的两部标志性大作就是《原始文化》（1871 年）和《人类学：人和文明研究引论》（1881 年）。可以说，文化是人类学的核心和灵魂，舍此就仅剩下个"人"的躯壳，人和人种的肉体的成长史。人和环境的关系，也仅剩下类似于动物和环境的关系，人的进化也越不过动物的进化，人的教育和训练也不过是动物式的驯化和牧养。由于心理学刚起步，关于认知科学和人脑的研究，当时还未触及。20 世纪末以来才有认知科学与人类早期文化形态的著述。① 关于语言和宗教的起源的研究的代表作，麦克斯·缪勒（Max Muler, 1823—1900 年）的《宗教学导论》（1870 年）、《宗教的起源与发展》（1878 年）也是大体同一时期才发表。因而，尽管泰勒已提出了"文化学"，文化的进步与分类、文化的传播和"文化遗留"（Cultural Survival），但是他对"文化"的本义（essence, 本是）只能从概念的外延方面下一个诠释定义："文化，或文明，就其广泛的民族学意义来说，是包括全部的知识、信仰、艺术、道德、法律、风俗，以及作为社会成员的人所掌握和接受的任何其他的才能和习惯的复合体。"②关于文化研究的学术史，2012 年 Alessandro Arcangeli 的《文化研究史概论》作了扼要的概括。该书第一章概述 21 世纪和 20 世纪中叶以来学术界对"文化""文化史"的定义及其同社会学、人类学、历史文献学的关系的研究概况。

---

① 关于早期人类的认知及"神秘力量"情景和信念的形成，海外学者的研究成果参见 James A. Van Slyke, *The Cognitive Science of Religion*, Ashgate, 2011; David Lewis-Williams, *Conceiving God: The Cognitive Origin and Evolution of Religion*, London, Thames Hudson Ltd. 2010; Loannis Tsoukalas, *Conceiving God: A Thesis on the Origin of Human Religiosity*, London: Cambridge Scholar Publishing, 2010。

② ［英］爱德华·泰勒：《原始文化：神话、哲学、宗教、语言、艺术和习俗发展之研究》，连树声译，广西师范大学出版社 2005 年版，第 1 页。

第二章介绍19世纪中叶以降关于文化研究的代表人物和研究趋向："当代关于文化的历史研究之源至少可以追溯到维柯。19世纪后期和20世纪早期,特别是在德语区出现了关于文化史的新的理论观察。……20世纪后半叶的语言转向对文化研究这个领域发生了重大影响"。

　　第三章说明文化研究方法和进路同心灵、观念、概念研究的密切的彼此之间的交错关系,作者特别介绍了福柯和库恩的研究样式。第四章探讨文化和文化史研究领域在当代的扩展,除了传统的文化研究领域外,当代突出了女性和两性的问题,以医疗、卫生、保健为标志的对人的肉体的重视,人对自然的态度的变化,传播媒体尤其是图书、网络地位的提升,消费尤其是休闲和旅游在全球的拓展等,这五个方面的研究构成了当今文化史研究的新领域,从而又形成了关于文化研究的新的进路和视角。① 可以说,2001年大陆和香港学者开创的,欧美学者来华参与的原创文化研究也是当代文化研究所开拓的一个新领域,所显示的一种研究古代文化的视角、切入点。同时,原创文化研究也注重利用当代文化研究,尤其是跨文化研究的若干成果。同希腊原创文化研究关系密切者主要是生态文化、生态解释学(Ecological Hermeneuics)、文化记忆与早期文明、文化进化的种系发生学以及文化传播和文化沉积的理论。本书不固守于某一著作之言,我认为,法国启蒙学者爱尔维修提出的人是环境和教育的产物;马克思在《费尔巴哈论纲》第二条中提出的人是环境和教育的产物,而环境和教育是由人的实践活动改造的,这是生态文化学的两条基本原理。在早期社会,生态环境往往起支配作用。山区、水边、草原的社群,受环境制约形成不同的信仰、习俗和社会组织。埃及学荣休教授 Jan Assmann 的《文化记忆和早期文明》,Ruth Mace 等编辑的《文化差异的进化:种系发生学研究进路》有助于我们理解后来东部地中海文化和希腊文化的关系。本书注释中提到的,几部关于"文化理论""文化多元主义""文化传播学"和跨文化研究的著作,②拓宽了我们考察古希腊文化

---

① Alessandro Arcangeli, *Cultural History*:*A Concise Introduction*(《文化史概论》),Routledge,2012,p.29。

② 参见 Eds.by David G.Horell(2010),*Ecological Hermeneutics*:*Biblical*,*Historical and Theological Perspective*(《生态解释学:圣经的,历史的,神学的视野》),London,New york:T & T Clark International,2010;Jan Assmann,*Cultural Memory and Early Civilization*:*Writing*,*Remembrance*,*and Political Imagination*(《文化记忆与早期文明:书写、记忆物与政治映像》),J.Cambridge U.P,2011;Eds.by Ruth Mace,Clare J.Halden,*The Evolution of Cultural Diversity*:*A Phylogenetic Approach*(《文化分支的进化:群系发生学研究进路》),London:UCL Press,2005;Michael Murphy,*Multiculturalism*:*A Critical Introduction*(《文化多元论导论》),London & New York,Routledge,2012;Eds. by Imer Szeman and Timothy Kaposy,*Cultural Theory*:*An Anthology*(《文化理论文集》),USA & UK.Blackwell,2011。

的视野。原创文化研究从归属上说属于文化研究范畴,因而它同文化诸学科和理论的关系密切,经常需要借助于文化领域的研究成果。

二、考古学与历史文献学

原创文化研究属于古代文化研究的范畴,也是古代文化研究的一个新的视角。它既考虑古代(特别是东部地中海世界)各地域、各部落、民族、国家之间文化的相互影响,又特别关注其自身(如西亚、埃及、希腊等)的独创,尽其所能确定构成其文化差异的特色。它不仅关注各个文化系的原创性智慧,而且追溯其所创之"源"。在"源"和"创"之中寻求该种系文化的原创之内在活力。例如,唯有希腊形成了系统化的、符号化的哲学和科学,其内在的活力就是把"求智"(对智慧的迷狂)看作人的本性,看作四种迷狂中最高的追求;其外在的条件就是希腊宗教淡出,城邦公民的政治生活与精神生活的成熟。为什么雅典成了古典时代希腊文化,乃至地中海文化的中心?根本原因就是这两大条件最为完备。这种对"古"的探讨,就转化为启示"今"之创的智慧源泉。无疑这对当代中国和当代世界的文化建设提供了思考问题的"素材",使得原创文化研究与当今文化研究处于"对话"的两极,彼此激发,相互促进。因此,作为"文化记忆"的古代文物、文献就成了原创文化研究赖以成立的根基。其具体形态就是两类:一是考古发掘的文物、遗迹及其解读;二是有文字载体以来的历史文献(Historigraphy)的收集、整理、勘误、汇编和注释。二者归一,就是两个词:text(文本)和 context(或 contexture,语境,关联域)。

就本书所涉及的地中海文化圈和其中的希腊文化而言,20 世纪下半叶以来上述两个方面都有了高水准的、信赖度高的资料。例如扩编为 14 卷19 册的新版《剑桥古代史》的全景式的古代历史线索的综述;D.T.Pott 主编的两卷本《古代近东考古学导读》(*A Companion to the Archaeology of the Ancient Near East*, Blackwell, 2012)。这是该出版社已出版的 39 部"Blackwell 古代世界导读"之一,这些导读都是邀请该领域高水平的专家学者撰稿的汇编。两卷大部头的考古学导读汇编了共 60 位学者的涉及六个领域的考古成果介绍和分析。本书后面几章多有引用。《米索不达米亚抗魔力礼仪汇编》(*Corpus of Misopotamian Anti-Witcheaft Rituals*, Leiden.Boston:Brill,2011)大开本 482 页加楔形文字影印件 133 页,汇聚了迄今已读解的上古时代苏美尔—阿卡德语泥板文书遗篇和今译,这是上古时代以原始宗教为核心的文化的重要文献依据。在近 200 年的考古研究基础上形成了考古思想和真伪鉴定的成果,如 Bruce G.Trigger 的《考古思想史》(2006 年修

订第二版 *A History of Archaeological Thought*，Second Edition，Cambridge. U. P）。此外如《剑桥考古学史导读》《伪考古案例》《考古学伦理：关于考古实践的哲学视评》等也很有新意。20 世纪后半叶以来，还出版了《世界古代铭文百科》《古代自然科学百科》《古代神名百科》《古代地中海世界百科》等。在史类学科研究方面，不仅出版了第二章要谈到的多部地中海世界史，而且就城邦、货币、农业、贸易、奴隶、妇女、城邦生活等出版了一批专门史。所有这些为我们的希腊原创文化研究提供了丰富的、可靠的资料。从原创文化研究角度，如何利用这些资料？从这些史料中可以读出哪些新的信息？这是我们考虑的重点。

三、语言、语源研究的有关知识

以汉语为母语的中国读者比较难理解"语言是存在之家"。在印欧语系中系词（希腊语 eimi，拉丁语 esse，德语 sein，英语 be 等）受哲学思维方式和范畴演变的影响，形成了本体（ousia）化的"这个"，即一切属性的承担者（载体）、能动的致动者。在上古人类进化中，"人类社群"与动物群体的分野同动物之声与人类语言的分野二者是一致的。唯人类有日趋完善、发达的第三信号系统。原始人群正是依靠生存活动中形成的语言—符号系统互相传递信息，沟通"我"与"他者"的协同关系，从而构成生产、生存赖以成立的、以血缘关系为纽带的社群。换言之，这个小群体（如氏族、胞族、部落）作为一个 ousia（本体、实体、存在者），他们的一切关系，一切属性及彼此间交往而形成的共同体认同以及心理上的领悟、意象、心智能力等都寓于他们所操行的语言符号中。懂得他们的语言—符号，也就看懂了这一个群体。这是许多在南美或非洲从事原始宗教考察者的体验。所以说，语言是这个民族、部落、氏族的存在（本是）之家园。麦克斯·缪勒在印度考察中得出语言与宗教是造就一个民族的两大基本要素；宗教比语言更具凝聚力，但是语言又是宗教的符号载体，宗教通过语言符号的谱系传承下来。爱德华·泰勒在《原始文化》中根据他在南美洲的多年的考察，发现蒙昧时代的原始人具有高度的语言才能。用当代的生态语言（Ecological Language）的概念说，就是语言是生态的模拟。① 关于语言的特征，以及诗性语言和哲学语言的关系，维柯在《新科学》中做了至今仍不失其地位的论述。在文字形成之

① 参见 Mark Garner，*Language：An Ecological View*（《生态学审视下的语言》），Berlin. Bruxelles，New York：Peter Lang Publishers，2004，第 2 章，第 28—33 页；第 7 章"语言生态学理论"。

后,以文字为载体的资料提供了大量资源①,其中,尤其是雅斯庇尔斯关于公元前 8—前 2 世纪标志人类精神觉醒的"第一轴心期"的诊断。本书第五、六章关于希腊语系词与哲学范畴的研究,就是在有关语言史、语源学与语言理论,特别是认知语言学(Cognitive Linguistics)基础上,结合近些年关于 Being 及其中译的争论而作的阐述。通过这些阐述,证明原创文化研究和语言学科的密切关系,以及语言与哲学的特殊关系。由于专业的关系,本书主要是结合希腊哲学来研究希腊原创文化。本书第六章以希腊系词 eimi 及希腊哲学范畴 ousia(本是,本体)的形成和演进为主,说明希腊哲学的独创,其源可以说是两个"引擎",一是历史语言学所阐明的语言(主要是语用)的动力,二是希腊哲学产生之后哲学思维和"智慧迷狂"的推力。

由于语言、语源同原始宗教、神话同步发展,相互促进,所以原创文化研究会交叉使用相关资料。例如本书第四章中关于希腊的神灵观念及 psyche(Anima,灵魂)的哲学、宗教和心理学的三个走向的研究,第二章中关于地中海世界的宗教与神灵观念,以及巫术与魔力等都引用了当代认知科学的成果②。所有这些在正文中加脚注说明,同时在附录的参考书目中,也会列出其中比较重要的书目。

四、同认知科学、宗教与神话的关系

2007 年,剑桥大学出版社出版了 Zhanna Reznikava 著《动物智力:从个体到社会认知》(*Animal Intelligence:From Individual to Social Cognition*)。作者借助实验和野外观察,研究了蚂蚁、昆虫、鸟类、鲸鱼、海豚、灵长类动物的

---

① 关于语言学及其分支,关于东部地中海世界同希腊语言、文学相关的资料,本书多有涉及。所引资料参见新版《剑桥古代史》第 1 卷第 1 分册第 4 章"The Evidence of Language"(语言之佐证)中第 1 节"language and History"(语言与历史);第 1 卷第 2 分册第 27 章第 1 节"The Problem of Indo-Europeans"(印欧语民族的问题),第 2 节"The Earliest Unknown Indo-Europeans"(最早的印欧语),第 3 节"Archaeological Evidence of Early Indo-European Immigration"(早期印欧民族迁延的考古证据)。

② 关于语言理论、语源学(Etymology)、语言史、语言哲学的研究,近二三十年有多项成果、多部著作。也有不少汉语名著,如海德格尔:《在通往语言的途中》,布龙菲尔德:《语言论》。还有中国学者涂纪亮、车铭洲、徐友渔、屈国平等的一些专著。本书往后会引用其中一些论断。同本书关系密切的,我引用的是:Ed.by E.Evans and M.Green, *Cognitive Linguistics:An Introduction*(《认知语言学导论》),Edinburgh U.P,2006.。本书虽叫"导论",却有 830 页;这是两位作者多年研究语言与认知的总汇性著作;Ed.by B.D.Joseph and R.D.Janda, *The Handbook of Historical Linguistics*(《历史语言手册》),Blackwell Publishing,2005.这是 Blackwall 已出版的 19 部语言手册之一,第 881 页,属 26 位英美学者(其中两位在澳大利亚、新西兰)撰稿的论集。该书以印欧语系、亚非语系为主,研究古今语形、语义、语音、语法、语用的演进,是我们研究哲学范畴、哲学叙述方式以及"思"与"诗"的重要参考书。

行为、反应能力、鉴别能力及动物语言信息的交流。侧重介绍了以往惯于否认的关于动物的智力、信息交流能力和初级语言。动物的这些记忆、经验、感知、判断和交流,说明动物除了习以为常的本能外,有惊人的智力,以及通过训练而获得的交际能力和群体观念。该书第 29 章第 3 节"语言"列举了评价动物语言技巧的八个标准(第 327—329 页);第 31 章"解读动物信号",其中第 1 节介绍"蜜蜂的振翅舞蹈语言"(第 343—346 页);第 2 节"蚂蚁'语言'的评价"(第 355—357 页);第 33 章"动物不同类型的社群体系",其中第 2 节"动物共同体的社会性水准"(第 369—371 页);第 37 章"TOM论"(Theory of Mind,心智论缩写)是全书最后一章,TOM 是动物智力研究中一个理论,指的是依赖于语言能力的特殊认知潜能。高级动物有一定的鉴别能力、选择智力,他"知道"另一动物的大小、方位、景况,也"知道"另一动物处于同一景况时的意图。这部著作是关于动物智力研究的力著。作者同时也指出,"实验和观察证明,这些低水平的语言能力同人类语言、智慧和文化存在本质的差别";"不要期待在非人类的种属中能发现关于复杂群体和智力层次的 Linor Correlation"(亲族协作或亲族关照)(第 411 页)①。

　　20 世纪后几十年学术界关于动物智力和语言的研究有各种见解。该书在大量实验和观察基础上所作的结论迄今是比较可靠的。它充分肯定了动物,特别是高级动物的智力、语言、交际和群体生活,同时又指出,动物仅此而已。什么动物也有文化,有理性,有社会性交往等是过头话,无根据。世纪之交以来神经科学、心理学和脑科学的发展证明,大脑的前额同语言和思维,特别是抽象思维的关系,颞颥叶同形象思维、做梦的关系,而动物恰恰不具备这个生理基础。在认知科学、神经科学、古人类学和进化论成就的基础上,21 世纪以宗教认知学为代表,对原始社会宗教与神灵观念的形成有了比以往任何时候都更具科学水准的解释。本人在《陌生国度里的神人相遇:宗教与当代中国社会关系研究》第二章中做了详细的介绍。Pascal Boyer(2010 年)撰《宗教之解释:宗教思想进化之源》;E.Thomas Lason 撰《反思宗教:认知与文化之关联》;Whitehause 和 McCauley 合编的《心灵与宗教:宗教性的心理学和认知学基础》;Ioannis Tsoukalas 著《造神:论人类宗教情怀的起源》;James A.Van Slyke 著《宗教认知学》等一批著作和论文汇编关于神灵观念和宗教起源的研究为我们关于原创文化的研究,又提供了认知科学、宗教与神话学的相关资源。前面讲到的不同纲目、种属的动物,具

---

① 以上介绍均见 Zhanna Reznikova,*Animal Intelligence:From Individual to Social Cognition*(《动物智力:从个体到社会认知》),Cambridge U.P.,2007。

有其本体(ousia)而必然具有的自生性功能(Genetic Function)。它可分两种：一是本性性功能，如鸟能飞，鱼能在水中游；二是习得性功能。前者是通常所说的动物的本能，如前面提到的蜜蜂、蚂蚁、"语言"与交流；而后者是动物出生后"母亲""父亲"教给它捕食、隐藏、合围、侦察能力；特别是人类驯化而形成的能力。前者不具文化的萌芽，而后者则说明，动物特别是高级动物已有"通过交际而获得的交际能力和群体观念"。从文化生成史角度考察，我们可以隐约看出，自生性功能Ⅱ即习得性功能及生理基础同原创性文化的关系。人类独有的"文化"，一定是这种习得性功能和生理基础(机制)发展而发生的质的飞跃。这个"质的飞跃"就是社群性的生活和制造工具。二者推动大脑和整个神经系统、有机体结构和功能的进化。其标志就是意识和自我意识，"他者"和"自我"观念的形成。其心理学方面的标志就是在感觉、知觉、联想、记忆基础上想象(imagination)的形成，因而人类有关"他者"的表象，于是就有"文化"的生理基础和机能了。研究表明初始阶段，神灵观念首先是自然力的神秘化，而后是社会力量的神秘化。新石器时代后期至青铜器阶段，家庭、私有制、阶级和国家逐步形成的阶段，社会力量的外化所占的比例日趋占主导地位。人类起始阶段的文化，以生态文化及相关的神灵体系和宗教为主。大体上同山区、平原(草原)、水边三种形态相关，形成了三种类型的神灵体系和宗教观念，由此又派生出后来的三种类型的神话和传说。所以，原创文化在初始阶段一定是与不同生态环境、不同类型神灵体系、宗教礼仪、神话传说相关的原始部落或早期民族的不同文化，而后才有民族或国家融合过程中形成的该地区特有的文化。例如，萨满教存在于山林和草原地区，海神阿瑞斯、波赛冬、马祖崇拜及龙王、河神、海妖必是水边民族的信仰。与这些相关的神话、传说、颂词、祭文等就是该部落或民族最早的信仰。随着社会力量的神秘化，就有祖先崇拜、偶像崇拜，而且原来的自然力神秘化取得了社会属性，如雷神普遍成为战神。太阳神获得光明、聪慧的象征。火神赫准司托斯又有了冶炼之神的属性。阿耳忒墨又有了司农的属性。西亚，巴尔干的酒精到了希腊又获得了四大迷狂之一的"酒神精神"巴克斯的功能。私有制、阶级、国家形成后，巴比伦的马尔杜克、古埃及时期上埃及的普塔神(Ptah)、中埃及的蒙特神(Mont)、底比斯的阿蒙神(Amun)，下埃及的阿吞神(Aton)陆续成为主神。希腊旧神体系的宙斯也成了奥林波斯新神体系之主神，从而又产生了以主神为核心的新的神话、传说和教义、教仪。所以宗教与神话通常都是文化的最初形态。孔孟的伦常之道和诸子百家、希腊的哲学与科学产生之后才有原创文化的第二、第三形态。后面有关章节中我们再具体论述。

　　本人多次说过，人类认识的根本矛盾是认识使命的无限性与认识者所处条件的局限性及个体身心的有限性的矛盾。这也是本人从事希腊哲学研究的感受。如今更是步入险境。古稀之年却硬要去碰这么大的课题，"头破血流"在所难免。作完原创文化的一般性叙述后，我们先冒险进入古希腊文化形成时期的古代地中海世界语境。

第二章　古代地中海世界语境
中的希腊文化

"西方""西方文化"是后来形成的。古希腊文化属于古代东部地中海文化。研究古希腊文化,首先要有"史"的观念,如实地把它看作古代地中海世界的部分,而不是"以今断古",把它说成是今日的"西方文化"。唯有从古地中海世界语境的视角出发,既看到它受西亚和古埃及的影响,又看到它的独创的原创性智慧,才符合实际。

第一节　地中海世界与地中海文化

关于古代地中海世界和"地中海文化""地中海语境"或"地中海文化圈"的形成,本人在《地中海文化圈概念的界定及其学术意义》(《中国社会科学》2007 年第 1 期)中做了比较系统的论述。关于地中海文化的研究,另一篇《西亚—环地中海文化圈研究:"雅典与耶路撒冷"问题的新观察》(香港:第三届原创文化国际学术研讨会论文,2005 年 8 月 16—18 日),也有以两希文化关系为中心的评介。关于晚期希腊哲学与希腊化时期地中海世界的关系,在《希腊哲学史》第四卷绪论第一、二节中有详细介绍。这里,仅以希腊原创文化研究为中心,从这个视角说明希腊文化同东部地中海世界(主要是西亚和古埃及)的关系。

根据当代的研究,地球的形成有 45 亿年,20 亿年起有生命现象。6 亿年前寒武纪(Cambrian)还未有复杂生命的化石。地球的五分之四年代是在有化石记载之前。从寒武纪开始,生物的进化加快,而且也复杂化了。古代地中海世界形成于第三纪中新世(Miocene)、上新世(Pliocene)、第四纪(Quaternary)①。20 世纪法国学者费尔南·布罗代尔(Fermond Braudel)说:"古老的地中海比现在要大得多,第三纪激烈而频繁的褶皱运动使地中海的面积大幅萎缩。阿尔卑斯、亚平宁、巴尔干、扎罗斯、高加索等所有这些山

---

① 参见 CAH., Vol. 1, Port Ⅰ, Ch. 2 作者 K.W.Butzer 的介绍。

脉都是从地中海里冒出来的"①。

在环地中海世界,最早形成可居住条件的是地中海东部幼发拉底河、底格里斯河流域。这片地方是后冰河期(Last Glaciation,公元前2—前1万年),由亚美尼亚山脉、高加索、伊朗高原的冰雪融化而成的两河冲积平原。操亚非语的伽南—腓尼基人称之为Asia(亚洲)。希腊人称之为Anatolia(太阳升起的地方)②。这说明希腊人早就知道东边有这片地域,但不知当地人如何称呼。希腊人后来知道Asia以东还有大片领土,所以又称这一带为Asia Minor(小亚细亚)。这片地方以两河流域为主,希腊人称之为Mesopotamia(希腊文介词mesos"之间"+potamos"河流"构成,中译"米索不达米亚")。1492年大航海时代起,人们知道地球是圆的,亚洲很大很大,所以称这片为"西亚",相应地有"东亚""东南亚""中亚""远东"等称呼。公元前9千纪,欧洲还是冰河期后期。后来才有以地中海西部西班牙、法国为主的当地土人及之后从高加索向周边迁居的雅利安人。"欧洲"(Europe)的称呼和范围是逐步形成的。在希腊神话和荷马史诗中,Europe指宙斯藏匿欧罗巴(Europa)公主的太阳西落的地方。希罗多德的《希波战争史》中多次用"欧洲"指除希腊之外,色雷斯、斯奇提亚以北这大片地域。所以文中常有这样的词和句子:"波斯人认为除了希腊和欧洲之外的亚细亚地方都是他们的属地"(Hdt,1,4);薛西斯在黑海地峡架桥,"通过欧洲到希腊"(Hdt,7,7,另参见4,42;4,198;7,8;9,14)罗马人把宙斯改造为丘比特,认为阿尔卑斯山是丘比特藏匿腓尼基公主Europa的地方。直至法兰克王朝打通了阿尔卑斯山两侧,基督教逐步统治这片地区时代才出现用Europe(欧洲)称呼这一大片地方③。公元11—12世纪,欧洲还被称为"野蛮的欧洲"④。文艺复兴时期,资本主义新型经济关系形成,此时的欧洲超越亚非各大洲,从此才有所谓先进的欧洲和"西方文化"。在古代世界,影响后来世界文明的地区主要是三个文化圈:以长江—黄河为中心的华夏文化;以印度河—恒河为中心的,同为雅利安一支的印欧语系的印度文化;以环地中海为中心,以东部地中海世界为主的地中海世界文化。在上古至古代,甚至晚

① 费尔南·布罗代尔:《地中海考古:史前史古代史》,蒋明炜等译,社会科学文献出版社2005年版,第3—4页。

② OCT,p.81,pp.190-191.

③ OCT,Item"Europe",p.574.

④ 参见Peter Rietbergen,*Europe:A Cultural History*(《文化史》),Prologue:"Old Europe,New Europe,Old borders,New borders"(旧欧洲与新欧洲,旧边界与新边界),Second Edition,Routledge,2006;Pieter Rossi Ed.,*The Boundaries of Europe:Fron the Fall of the Ancient world to the Age of Decolonization*(《欧洲的边界:从古代世界衰落至去殖民化时代》),De Gruyter,2015。

古时代,那时的文化区,不是以世界五大洲划界。若要以后来的"洲"划界,那么亚洲倒是最先进,至少两个半文化圈都在亚洲地界。然而,学问人不是狭隘的民族主义者、"洲际主义者",他们遵循严肃的科学原则,进行历史的客观的考察。

从已发掘并被考古学界认同的文物看,东部地中海世界的小亚地区,早在公元前 5000 年就已进入有文字符号的文明社会。乌巴德(Ubaid)时期,即公元前 5000—前 4000 年,在两河流域的南部、北部,伊朗高原西南低地(即现土耳其东部、伊拉克、叙利亚)就出现了农业、动物牧养定居点,晚期已有寺庙及社群组织的部落和家庭,而家庭的出现意味着原始社群的分化和财富的不均。乌鲁克(Unuk)时期(公元前 4000—前 3100 年)开始出现城市和国家及周围的许多村庄。晚期有卫城的城墙、神庙和公共活动场所。Ubaid 时期的彩陶被各种式样线条式的容器所代替,那里还发现有携带武器者。这个阶段已是父权制时代。詹德特·纳什(Jamdet Nasr)时期(公元前 3100—前 2900 年)史上称之为 200 年过渡期,其标志是多色陶器。接着是早王国时期(Early Dynastic,公元前 2900—前 2350 年),这时出现众多城邦国家,都有卫城。还有王朝世袭统治,各城邦有相似的文化、宗教和语言,使用的是苏美尔语。前面第一章第三节提到的《米索不达米亚抗魔力礼仪汇编》汇集了苏美尔语和已出土的楔形文字。城邦的主庙献给城邦保护神,也就是主神,其他是小神小庙。

阿卡德时期(Akkad,公元前 2350—前 2100 年)萨尔页(Sargon)统一了米索不达米亚两河流域各城邦,开始出现帝国,建都在阿卡德。泥板楔形文字说明从苏美尔语过渡到阿卡德语。阿卡德时期萨拉贡帝国无名称。后期被以米索不达米亚神自居的 Naram-Sin 所灭。接着扎格罗斯山民 Gutian(野蛮人)进入两河流域,又成为分散的王国,直到公元前 2100 年左右由乌尔(Ur)第三王朝统一。①

同我们中国地理条件不同,西亚两河流域没有像我国燕山山脉、祁连山脉的天然屏障(之后又沿途修筑了长城人工阻隔)。所以从高加索南下的雅利安人,伊朗高原和扎罗斯山来的亚非语系人很容易随生活条件改变而进入两河流域。这些部落和民族大体上都是游牧民族,占领相对固定地盘后部分向定居点和种植业转化,或是兼营种植,养活日益增加的人口。随着部落与民族的融合,逐渐形成几个大的部族及其所组成的国家。这样,从公

① 西亚地区的详尽分期年表见 CAH, Vol. 1, Part 2, pp.997-1001; Vol. 2, pp.820-821。上述分期依 1930 年史学家和考古学家商定的大体一致日期。细目上至今有分歧。

元前 2 千纪开始,这个地区陆续崛起几个交叉统治西亚的帝国,其中主要有巴比伦、赫梯、亚述。同时也出现某个较小地区强大的王国,如吕底亚(Lydia)、米地亚(Media)、腓尼基(Phoenecia)。同属亚非语系的民族即闪族(又译塞姆族)以色列,就是在这个周边帝国、列强争夺中独立生存下来的民族,其中一支就是犹太人。①

公元前 2000 年开始的这段历史有众多史料和发掘文物。我们偏重文化做个简介。

公元前 1894 年左右,闪族中一支即阿摩尼人(Amorites)在两河流域中下流的巴比伦尼亚建国。第六代王汉谟拉比(Hammurabi,约公元前 1792—前 1750 年在位),统一了苏美尔阿卡德地区,还灭了西北方的玛利王国,建立了中央集权的王朝,史称巴比伦第一王朝,即古巴比伦。1901—1902 年,法国考古队发现了汉谟拉比法典石柱,经整理有 282 条。② 第一王朝于公元前 1600 年左右被赫梯(Hittite)所灭。而后有公元前 1595—前 1518 年的第二王朝;公元前 1518—前 1204 年第三王朝;公元前 1165—前 689 年的第四王朝,以及后来迦勒底人建立的新巴比伦(公元前 630—前 539 年),最后于公元前 539—前 538 年亡于波斯居鲁士。③ 巴比伦的辉煌的文化成就是地中海文化圈的重要资源。埃及、希伯来、希腊都有它的影子。巴比伦最早建立了图书馆。它的天文、历法、计数、占卜、星相学等成了地中海世界的共同资源。往后我们要提到 2017 年出版的《希腊前之哲学:巴比伦哲学》,做些评论。

赫梯位于小亚东部,幼发拉底河与哈吕斯河(Halys,今土耳其境内)、黑海和西利西亚之间。公元前 1400 年左右赫梯侵入东南方的利比亚,往西发展到小亚西岸,同古希腊的迈锡尼王朝竞争。公元前 12 世纪初,赫梯开始衰落,公元前 700 年灭亡。

---

① 顺便说一句至今我国还有不少人误以为,以色列是"西方人"是西方一个民族的分支。其实,以色列的祖先同属亚非语民族,即"闪族"或译"塞姆语族",属操亚非语分支伽南—腓尼基语民族。三个一神教(犹太教、基督教、伊斯兰教)都出自东部地中海的亚非语系民族。基督教后来欧洲化、"西化"了。

② 详见 Mark Van De Mieroop,*King Hammurabi of Babylon*,Blackwell Publishing,2005。法典分目见第 101—102 页。

③ 史料见 CAH, Vol. 1, Part 2, Ch. 19, §4"Agate 王朝下的 Babilonia:苏美尔与阿卡德":Ch. 22, §5"Amorite 的入侵";CAH, Vol. 2, Part 1, Ch. 1, §6"汉谟拉比征服北部及东阿摩尼城邦的衰落",Ch. 5:"汉谟拉比及其王朝的终结";Part 2, Ch. 18"亚述与巴比伦(1370—1300B.C)";§3"巴比伦尼亚的亚述人";Ch. 3, "1200—1000B.C.的亚述与巴比伦尼亚";Vol. 3, Part 1, Ch. 7"巴比伦尼亚(1000—747—625BC)";Ch. 28"巴比伦文化"。

　　亚述位于底格里斯河中游,公元前 2500 年左右兴起,以亚非语系的胡里特人为主。公元前 21 世纪建国,公元前 19 世纪末扩张到地中海沿岸,之后被另一支胡里特人米丹尼所吞没,史称古亚述。公元前 1400—前 1070 年亚述复兴,称霸两河流域的西利西亚地区,史称亚述帝国。公元前 13 世纪扩展到整个安纳托利亚,并击败了赫梯帝国。公元前 11 世纪亚述帝国衰落。公元前 9—前 8 世纪又建立起横跨乌拉尔图(Urartu)和南高加索的新亚述帝国,南临波斯湾,东接伊朗高原,西南同埃及接壤。公元前 619 年被新巴比伦和米地亚(Media)所灭。亚述所创建的骑兵战术、作战队列和战车,在它的扩张中起了重要作用,首都 Ashur 的神庙、宫殿及其建筑、艺术等成了环地中海的重要文化资源。亚述还有一个历史功绩就是历来重视王宫图书馆的建设。①

　　在地中海文化圈中另外两个重要角色是腓尼基和埃及,腓尼基地处西亚海陆交通要道,最早的居民是胡里特人。公元前 3 千纪闪族人进入后与之混居,形成城邦。腓尼基从公元前 2 千纪以来虽然一直受埃及、赫梯、亚述、新巴比伦及后来波斯的侵略或控制,但是在经济上他们以海为生,从事海上贸易和殖民活动,在小亚细亚、塞浦路斯、爱琴海南岸建立了许多据点,这同公元前 6—前 5 世纪雅典的活动地域大体相近。公元前 10 世纪南方城邦推罗控制全境,向地中海西部扩展,沿马耳他岛推进,直到今日的西非。公元前 9 世纪,腓尼基人在北非建立了迦太基城(Gaghage)。可以说腓尼基人在沟通西亚与环地中海的关系上起了重要作用。它还是后来同罗马先后三次打了 118 年的布匿战争的一方。

　　埃及有自己独特的历史。古埃及人可能是东非和西亚不同种族的混合,属于哈米特—塞姆语系(Hamita-Semite)。在旧石器与中石器时代(公元前 5 千纪以前),这里居住的是以尼罗河谷为主的当地土人。新石器时代陆续有西亚塞姆语(闪语)人进入,可能是通过现叙利亚、黎巴嫩海滨进入埃及。公元前 3 千纪左右埃及出现了同米索不达米亚相同的圆柱印章。公元前 280 年左右,埃及祭司曼涅托斯(Manethos)用希腊文写了一编年史,仅留下片段。他将埃及历史分为 30 个王朝,直到公元前 343 年。后人都采用这一说法。根据史料,公元前 3500 年左右,埃及出现了类似城邦的"洲"(Spt),上埃及和下埃及共有 40 个左右,史称"前王朝时期"。Spt 向中央集权的奴隶制帝国过渡,史称"早王朝时代",这个阶段延续到公元前 27 世纪上半叶。以后的历史分为几个阶段:

---

　　①　参见 CAH,Vol. 3,Part 2,Ch. 26"Assyrian Civilization"(亚述文明)。

古王国时期(约公元前 2686—前 2181 年,第 3—6 王朝);

第一过渡期(公元前 2181—前 2055 年,第 7—11 王朝初);

中王国时期(公元前 2055—前 1650 年,第 11—14 王朝);

第二过渡期(公元前 1650—前 1550 年,第 15—17 王朝);

新王国时期(公元前 1550—前 1069 年,第 18—20 王朝);

第三过渡期(公元前 1069—前 664 年,第 21—25 王朝);

后期埃及(公元前 664—前 332 年,第 26—30 王朝,包括公元前 525—前 404 年,公元前 343—前 332 年波斯统治时期);

马其顿托勒密王朝(公元前 332—前 30 年);

罗马统治时期(公元前 30—公元后 311 年)①。

从这几个阶段的历史看,埃及与西亚和希腊的联系日趋密切。新王国时期国力强盛时,曾经与亚述、叙利亚争夺并控制西亚通道。第十八王朝的图特摩斯一世扩张到西亚的两河流域,建立了庞大的埃及帝国。图特摩斯三世发动了三次叙利亚战争。有意思的是,正是这 500 年的扩张与融合,特别是族外婚,埃及人逐步成为亚非混血系统,在文化上也融入东部地中海文化。后来波斯、马其顿、罗马的统治加剧了这个大融合过程。它有埃及上古文化的遗迹,同时又同西亚环地中海分不开,日趋融入环地中海文化圈。

20 世纪后半叶的研究表明,克里特以及希腊东部沿海本来就是西亚新月形雨水线地区农业文化的延伸,这一地带东起约旦河谷和安那托利亚,西至扎格罗斯山。公元前 7000 年—前 6000 年开始向印度河、恒河、伊朗、阿富汗、北非及爱琴海域扩展。公元前 6 千纪左右,克里特岛有西亚移民。出土文物、线形文字 A 属于西亚的语系,至今还无法读解。公元前 2000 年—前 1840 年印欧语系的雅利安人中的一支亚该亚人进入伯罗奔尼撒半岛,建立了以迈锡尼地区为主的迈锡尼文明,这才是真正的希腊人的创造。第一代希腊人即亚该亚人,在大致同一期间进入克里特半岛。二次大战后文特里斯(Ventris)读解了线形文字 B,证明是希腊人的文字。亚该亚人所创立的迈锡尼文明总的说还是属于西亚—埃及的文化传统,虽然也有自己的新创。构成希腊文化,乃至希腊社会特色的是公元前 9—前 8 世纪开始的城邦制时代。古典时代希腊取代了西亚和埃及的地位,标志着从此环地中海文化圈的中心西移希腊。罗马可以说是自觉地把脸往地中海东部贴。罗马诗人维吉尔接受过往的传说,说是特洛伊陷落后,由英雄 Aeneas 率领残部

① 这里采用《古埃及导读》所附年表。CAH. VOl. 1, Part 2, pp. 994 - 996; Vol. 2, Part 1, pp. 818-819,以及第 3 卷 3 个分册都附有详尽年表。

逃亡到拉丁姆平原,同当地拉丁语族人相融合,成为后来罗马人的祖先。双方就名称、服饰、语言等发生了争执,代表特洛伊一方的 Juno 女神同意停止同丘比特的争论,"拉丁人不改变他们的名称成为特洛伊人,也不改变自己的服饰和语言。他们的国家就叫 Latium(拉丁姆)"①。这一神话故事正好说明西亚和罗马的关系。罗马代表特洛伊报复了希腊,公元前 146 年正式灭了它。同时罗马也体现了西亚、希腊、拉丁文化的大融合,将这一广大地区融为一体。经过三次马其顿战争(公元前 214—前 205 年;公元前 201—前 197 年;公元前 171—前 168 年),三次布匿战争(公元前 264—前 241 年;公元前 218—前 201 年;公元前 149—前 146 年)及叙利亚战争(公元前 192—188 年),加上后来恺撒、屋大维的征战,地中海成了罗马帝国的内湖。

公元前 332 年—前 30 年的"希腊化"以及罗马帝国扩张的极限(地中海成为其"内湖")标志着环地中海世界及古代地中海文化圈的极盛时代。雅典极盛时代的重心、②希腊时期亚历山大关注的重点③、罗马"前三雄"和"后三雄"扩张的重点地域④等三大件史实证明,东部地中海(或称"地中海东部")仍然是整个环地中海世界最发达、地位最为显著的地区,而希腊、罗马虽地处欧洲地区,但是它的经济、政治和文化从属于地中海世界、地中海语境或者说地中海文化圈,而不是近代欧洲新型经济关系形成后才有的"欧洲文化"或"西方文化"。

当代语源学、神话学、古人类学、生态文化及跨文化研究的成果,使得从

---

① 参见 Virgil(Poblius Vergilius Maro):*Aeneid*,第 1 卷及第 12 卷的结局。引文见 Loeb 古典丛书(拉—英)第 64 号 Virgil,Ⅱ,第 12 卷第 823—844 行。罗马的起源,自古有三种说法:一为希腊人所建城邦,二为 Etruscan 人所建城邦,三是由特洛伊的 Aeneas 和拉丁姆平原的 Romulus 这两位神祠血统的英雄相结合而建。公元前 3 世纪后,罗马接受第三种说法:"罗马人决定成为特洛伊人,他们知道这样会获得其他拉丁村落的支持。"(CAH,VOL.7,Part 2,Ch.3"罗马的起源",引文见第 61 页)

② 公元前 490—前 449 年的希波战争,以希腊联军主要是雅典—斯巴达联盟的胜利而告终。雅典借希波战争中结成的"提洛联盟"对内控制各加盟城邦,对外扩张势力,它的主要势力范围和重点还是黑海—爱琴海—塞浦路斯—埃及—北非至南意大利和西西里岛。当时的地中海西部仅马赛利亚(今日马赛)及西班牙个别地区。

③ 公元前 334 年马其顿的亚历山大开始进军西亚。公元前 332 年进军埃及、叙利亚、腓尼基。公元前 330 年灭了波斯,之后远征现阿富汗、印度。公元前 327 年秋进入印度。公元前 325 年 8 月回到波斯弯。公元前 323 年 6 月病逝。他生前所建的,以亚历山大命名的十多个城邦,都在亚洲和埃及。之后发生的托勒密、塞琉古、安提柯三国鼎立格局也是在希腊马其顿本土和西亚、北非上演。

④ 公元前 168 年马其顿成为罗马行省。公元前 146 年希腊正式成为罗马行省。公元前 30 年屋大维灭托勒密王朝,翌年将埃及变为罗马行省,标志着希腊化历史阶段的终结。罗马帝国正是在承继亚历山大大帝业基础上向西扩张,之后征服高卢和英吉利。它的活动路线图证明地中海世界,主要是东部地中海在古代的地位。

事古代地中海世界研究的历史学、考古学、文化史、地质史、人类学史等各领域学者一致认识到,必须把古代地中海世界看作一个整体来研究其间的差异和演化。其标志就是在众多分立的地中海研究学会基础上,2000 年美国哥伦比亚大学成立的多学科参与的"古代地中海研究中心",以及翌年 3 月召开的"地中海世界国际研讨会"和会议论集《反思地中海》。21 世纪初以来,陆续发表了地中海世界研究的下列代表著作和资料汇编:

1.《剑桥古代史》:原作者、书名、出版社、版本、年代见本书后面的参考书目,共 14 卷 19 册,从 1970 年起,至 2005 年陆续出齐,其中每卷都有该历史阶段地域或国家、民族的科技文化及传播。

2. Robin W.Wink 和 P.Marttern Parks 著《古代地中海世界:从青铜器时代到公元 600 年》,2004 年牛津大学出版社出版。

3. Susan Pollock 著《古代地中海》,1999 年剑桥大学出版社出版,2000、2001 年再版,其中介绍了地中海世界的考古发掘和学术研究史。

4. Jonathan M.Goloden:《古代伽南和以色列:一个新的视角》,这是 2004 年起,牛津大学出版社组织的《理解古代文明》五部丛书之一,有助于理解古代希伯来文化与整个东部地中海世界的关系。

5. James Whitley:《古希腊考古学》,这是"剑桥世界考古丛书"(共 14 部)之一。

6. Francesca Rochberg:《米索不达米亚文化中关于占卜、星相学、天文学的著述》这是剑桥大学出版社 2004 年出版的研究这个领域的专著。

7. B.B.Price 编:《古代经济思想:证据与模式》,其中,特别是最后一篇《欧洲的形成与地中海的地位》更值得一读,这是斯坦福大学 2005 年出版的。

8. Kelly Bulkeley 编:《宗教与心灵科学新导:灵魂、生命与大脑》。其中引用了上古时代地中海世界许多史料。

9. Barrette & Stanley Spaeth 编:《剑桥古代地中海宗教导读》,这是 2013 年出版的宗教与神学系列丛书之一。第一编第一部分分别介绍了埃及、米索不达米亚、叙利亚—伽南、以色列、安纳托利亚、伊朗、希腊、罗马、早期基督教。第二部分则分专题讨论以上 9 个国家、地区诸宗教关于暴力、身份、肉体、性别等的见解。值得注意的是,编者将伊朗、希腊、罗马都归入地中海世界,可见应该用古代地中海世界观念研究古代希腊、罗马,这已为众多学者所认同。

10. E.A.Wallis Budge:《亚述国王编年纪:楔形文字原典及其翻译和解读》。作者是大英博物馆古埃及、古亚述主管人(1894—1924 年在位),1902

年首先在馆内印行。2005 年由 Kegan Paul 公开发表。2009 年由 Routledge 出版集团出版,2014 年出版平装本。本书收录了公元前 2000 年—前 860 年,以在位国王为编年纪的楔形文字原典,音译和英译,并附有长篇导言和注释,是一部宝贵的原始文献。

　　11. Daniel C. Snell 主编的《古代近东导读》,是 Blackwell 出版集团出版的"古代世界系列导读"之一,2005 年出版。内分概貌、研究方法、经济与社会、文化、古代近东遗产五大部分,30 位作者撰稿,共 32 篇。

　　12. Charles Freeman 著《古代地中海世界文明:埃及、希腊与罗马》,本书为牛津大学出版社 2014 年出版的第三版,前两版分别于 1996、2004 年出版,全书图文并茂,共 759 页(含 70 页的年表和索引)。

　　13. Trevor Bryce 著《古代叙利亚三千年史》,2014 年由牛津大学出版社出版。作者是古代西亚领域知名学者,关于赫梯和古叙利亚有专门研究。

　　以上 13 部著作原文全称和版本、出版社见书后参考书目。

第二节　希腊文化成型阶段同东部地中海的关系

　　马克思在《资本论》第一卷第二编谈到研究商品与资本关系的方法论问题时说:"人体解剖是猿体解剖的钥匙"。马克思对英国这个"现代人体"的深入观察和剖析,使他深刻认识到商品—货币—资本的逻辑与历史发展的一致性关系;认识到简单商品生产中就存在高级商品生产(即现代资本主义生产)的一切矛盾的萌芽。马克思从"资本"追究到它的前身"货币"再追溯到源头"商品",商品这个最常见、最普通的"细胞"中就存在商品的两重性(价值与使用价值、抽象劳动与具体劳动)。商品是用于交换,在交换中实现其价值与使用价值。商品只有进入市场,通过交换实现其目的。商品卖不出去,或竞争不过对手,危机就发生了。一旦出现了"货币"这个一般价值形态的符号化,商品生产者就更加难以预料自己生产的商品的命运。假若货币转化为资本,而资本的三种形态转化为三种资本(生产资本、商业资本、货币资本),而货币资本又产生虚拟资本时,现代社会的经济危机就不可避免了。马克思同时又指出历史上遗物的认识论意义:"动物遗骸的结构对于认识已经绝迹的动物的机体有重要的意义,劳动资料的遗骸对于判断已经消亡的社会经济形态也有同样重要的意义。"①

　　这个一般科学方法论对文化与文化史的研究,原创文化与传统文化的

――――――――

① 《马克思恩格斯全集》第 23 卷,人民出版社 1972 年版,第 204 页。

研究同样适用。只有对当下某种文化进行深入观察和研究,才能认识到哪些成分是传统文化的影响,哪些成分是外来文化的成分,哪些是全球化、现代化时代全人类的共识和行为准则,哪些是适应当代社会发展,该国、该民族自己的新创。同时对历史上留下来的"文本",哪怕是几篇文献、几件物化产品或精神产品的深入的认识,对还原古代文化也有重要的认识上的意义。关于希腊原创文化与西亚、埃及为主的东部地中海世界文化的关系也需要这种研究方法。古代各民族都有自己的竞技,自己的雕塑、壁画、歌舞、传说,但是唯有希腊自公元前776年起有每四年一届的奥林匹克赛会和另外三个赛会;唯有希腊有独具一格的神话、悲剧、喜剧。古代民族都把智慧列为人人追求的美德,但是唯有古希腊才把求知看作四大"迷狂"之首,才有分门别类的、系统化的、讲究论证的哲学和具体学科。古代都建立了王国或帝国,但是建立以公民身份为主体的,实行民主制度的城邦国家,这是古希腊的独创。如此等等的认知,都是建立在对城邦制时代文化的深入解剖的基础上,然后上溯至上古时代希腊、西亚、埃及做文化的对比研究,才能确定哪些成分是外来的影响和吸收,哪些是希腊的原创。在这个研究基础上,划清了同否定西亚对希腊文化影响的"欧洲中心论"(如黑格尔)的界线;[1]又清算了借西亚、埃及之影响而否定希腊文化的,以《伪考》为代表的错误。

　　研究方法制约叙述方法,但是叙述方法有其自身的特点,它是借助于语言的 logos,把研究成果按照认知规律有序地向"他者"传达。这一节中我们先叙述西亚、埃及文化对希腊文化形成的影响。下节中我们以"希腊化"和罗马帝国时期的"地中海世界""地中海语境"为中心,说明成型后的希腊文化与地中海域其他文化的交互作用。在下一章(第三章)中,我们专门讨论体现希腊原创文化的哲学、科学、文学艺术、宗教神话、政治体制及四大竞技会。第四章中讨论希腊原创文化和精神诉求的七个观念和思潮。第五章开始专门讨论哲学上的原创性智慧。现在我们先讨论西亚、埃及对希腊文化形成阶段的影响。

　　人类最初的"生产活动"也就是生存活动。最初的文化形态就是同生态密切相关的"生态文化"。人类群体在共同的生存活动中形成定型的"习俗""规则"或者称"习惯性规则""规则性习俗"。最初的习俗和规则同采集、狩猎这两种最基本的生产活动相关联。人类在反复的、成年累月的活动

---

[1]　黑格尔在《哲学史讲演录》中把哲学史看作"绝对观念"自我认识的历史,不必追溯到东方和埃及,它就在"希腊人自己的范围里面"(第一卷,北京大学哲学系外国哲学史教研室译,生活·读书·新知三联书店1956年版,第158页)。

中形成的这些习俗和规则代替了从高级动物那里延续下来的本能。"按习俗和规则"组织采集、狩猎和产品分配,凝聚群体生活,这在人脑中的沉积或痕迹,就是最初形态的文化。亚里士多德说:"ethica(伦理)起源于'习俗'、'习惯',由'习惯'这个词略加改动而成人伦。"① 从动物的 arete("好",依本性而成的气质、性格、功能)到人的 arete(品质、德性)就是灵魂(psyche)状况的改进。人的灵魂靠修行(phronesis,practic)使之处于优良状态。② 所以,人类最初级的、起始阶段的文化形态,就是维系群体社会活动的规则性的习俗。它是粗俗的,然而是取代动物本能的后天习得的心灵培育的成果。这正是"文化"本义的体现,是"文化"与"驯化"的区别。这里还不具有任何宗教的因素。为了便于寻踪和记忆,早期人类学会作些记号(符号)以免迷路,以便相互配合和交流。对所猎取的动物,采集的果实也用图像和个数来记忆和交流。这就是最初的艺术的萌芽。这种身心活动的长期积累,认知神经系统日趋进化,由感觉、知觉而产生联想和想象等较高一级的心理,这时认识的二重化发生了,有了脱离当下实物的存在于脑中的表象,而且可将表象嫁接、移情、放大,这样人类超越了高级动物,有了做梦的能力。随着梦境,产生了恐惧和困惑,并探求外在于我的"他者"。由于人脑前额的同步进化,人的抽象思维能力形成了。一旦人脑有上述想象、移情、重构的能力,将自然力设想为同人一样,却又有超人的能力,就再自然不过了。于是神灵观念应运而生,原始宗教在旧石器中期阶段形成了。③ 以原始宗教为中心的造型、祭仪、歌舞、颂词、传说等文化形态形成了。迄今发掘的考古文物,以及 19 世纪以来拉美等地实地的考察证明,到史前这个阶段为止,全球各地文化形态大致相近。往后的发展就彼此拉开距离了。

　　华夏大地由于地理条件和人为因素,逐步形成游牧区与农耕区的自然界线,形成两种类型的文化。农耕的特点就是不分贫富都需依附固定地域的土地,其发展的趋向就是殷周时代以降的农耕文化与宗法制度、宗族观念以及以孝为中心的伦理观念。西亚和地中海东部沿岸不同。在那里,东西南北都没有天然屏障,是亚非语系为主、各种土语和印欧语混杂地区。当人类从狩猎与采集转向畜牧与农耕和定居为主的时候,操不同语言、持不同神灵信仰的不同部族陆续拥向这个新月形雨水带。在这里成就了史上其他地

---

① Aristotle, *Nicomachea*, 1103a14—25.

② Aristotle, *Nicomachea*, 第 6 卷第 5—7,10 章。

③ 关于早期神灵观念和宗教形成的宗教认知学分析和资料,参见本人专著《陌生国度里的"神"人相遇:宗教与当代中国社会》第二章第一节。

区未曾有过的部族大融合和文化大汇合。① 在两河流域中心带形成的称雄一时的王国，一旦被新王国取代，就将这里形成的先进文化带往周边，而进入中心地取而代之的新王朝，又吸取了前人留下的成果，这样最后于公元前3—1千纪，陆续形成了阿摩尼人、胡里特人、卡西特人（kassite）、迦勒底人、赫梯人等为主的几个大王朝和帝国的文化。其中最具代表性的就是巴比伦和亚述，以及公元前1千纪崛起的波斯和在列强的缝隙中生存和成长的犹太国和希伯来文化。

当古埃及王国中心从尼罗河上游的上埃及，逐步转移到中王国、新王国时期的中埃及、下埃及时，这个地域的主人和语言也随之改变了。前王国时期主要是上埃及和土著居民的Coptie语、Sahidic方言。从古王国（约公元前2686—前2181年）到中王国时期（公元前2055—前1650年），陆续有操闪语的西亚人进入，形成几种语言混合的科普特语（Copit）。② 新王国时期（公元前1550—前1069年），即第18—20王朝，征战叙利亚，建立了横跨北非—西亚的大帝国。经过这400年的融合，古埃及已经融入东部地中海世界文化。后来波斯的大流士、马其顿的亚历山大、罗马的恺撒都忘不了埃及新王朝时期开辟的这个跨海通道。

希腊的祖先、印欧语支的亚该亚人进入欧亚非交界这个无名半岛，出现在东部地中海这个历史舞台时，埃及正处于中王国到新王国的过渡期。在西亚正是赫梯崛起，亚述从公元前21世纪建国至公元前1400—前1070年称霸两河流域时期。同时还有米丹尼、吕底亚、米地亚、腓尼基等后来在希罗多德《历史》中提到的强国。也许正因为西亚诸国称雄，从高加索南下的亚该亚人不敢进入西亚，而是折向西跨海峡直奔肥沃之平地，即后来命名的伯罗奔尼撒半岛。当他们在此定居时，克里特岛和爱琴海沿岸多是西亚移民和当地土著居民即皮拉斯基人。亚该亚人吸收西亚、埃及文化，创造了迈锡尼文明，包括克里特第二期文明。从米利都、以弗所（爱菲斯）的神话和习俗以及《荷马史诗》所描述的语境看，大体上还未突破西亚和埃及的架构。其中虽有自己生存环境下的创建和改动，但是总的说是当时西亚、埃及

---

① 关于西亚—埃及（东部地中海）的民族、文化融合过程和特点，参见 Norman Yoffre, *Myths of the Archaic State : Evolution of Earliest Cities , State and Civilization*（《上古国家之神秘：最早城邦、国家与文明的进化》）Cambridge, 2001 年出版。该书重点分析了两河流域和尼罗河谷各民族国家和文化的融合。

② 在整个 Hamita-Semite 语（中译"合米特—塞姆语、闪族语"）或 Afro-Asian 语（亚非语）中有五个分支。北非、埃及一带原初主要是古埃及语、北非土语（Barber）、古希特语（Gushitic）、豪撒语（Hausa，苏丹一带黑人土语）。塞姆语即闪语在西亚一带，包括古阿卡德语、伽南语、古叙利亚语等。

文化的延伸,证据如下:

生产、生活用具,作战用的战车、标枪、刀矛、弓箭等大体上都是西亚,主要是亚述发明的。据赫梯史专家 Trevor Bryce 的《特洛伊人及其邻居》(*The Trojan and Their Neighbours*, Routledge, 2006)考证,特洛伊城实际上是公元前 9、10 世纪之间被邻居赫梯帝国毁掉的,而不是荷马史诗说的,公元前 1025 年左右被希腊人打败而毁掉的。荷马史诗是在前人的几个传说版本基础上,由盲诗人荷马定型,于公元前 7 世纪雅典僭主庇西斯特拉图时代成为文字载体的史诗。其中所用航行知识、船具、兵器同赫梯、亚述同一个类型。公元前 5 世纪三层桨和舰队及海战,那是希腊人的独创(注:三层桨可能是腓尼基人先发明的)。

希腊神人体系的神祇大都可以在西亚和埃及找到他的原型。酒神狄奥尼索斯来于弗里吉亚和色雷斯。农田和丰收女神得墨忒耳(Demeter)起于小亚,流行于爱菲斯。阿耳忒弥斯(Artemis)来于吕西亚(Lycian)的狩猎女神,后来在希腊半岛的非希腊语民族中流行。希腊最受尊重的雅典娜,原是利比亚的 Tritonis 湖畔的神祇。希罗多德说,希腊人称为雅典娜。柏拉图说是埃及的女神(Neith),取道尼罗河渡海到希腊。[①] 克里特岛的山峰女神取材于苏美尔的女山神。希罗多德甚至夸口,可以为希腊每位神祇找到其外来名称。[②]

希腊的创世神谱深受西亚苏美尔、阿卡德创世神的影响。早在苏美尔、阿卡德时期就有创世神话,说是天神"恩利尔"(苏美尔语,Enlil)或"伊利尔"(阿卡德语,Ellil)与地神"恩基"(苏美尔语,Enki)或"俄阿"(阿卡德语,Ea)交配创造天地万物,取地神之液造人。[③]《圣经·旧约》开篇《创世记》也是在犹太民族关于神创天地万物和男女的传说基础上成为文字的。希腊本土当地土族居民皮拉斯基人也有自己祖先来源的系谱。[④] 在这个语境下,亚该亚人形成了几个"神谱",流传下来的就是赫西俄德的《神谱》。之所以这个版本的"神谱"会流传下来,可能是亚该亚族希腊人随着时间的

---

① Plato, Timasus, 21E; Hdt, 4, 180; 参见王晓朝《希腊宗教概论》,上海人民出版社 1997 年版,第 88 页。

② 希罗多德说:"可以说几乎所有神的名字都是从埃及传入希腊的,我的研究证明它们完全是起源于异族人那里的"(Hdt, 2, 50)。

③ 参见以色列学者 Wayne Horowitz 论文《古代两河流域创造论中的有生命、无生命及其成分》,见第二届国际原创文化研讨会论集《希腊原创性智慧》,社会科学文献出版社 2005 年版,第 303—322 页。

④ 参见汪子嵩等《希腊哲学史》,第一卷绪论第四节"从神话到哲学"介绍的几种世界起源的传说。

推移,人类认识能力的提高,已经逐步感受到原先的几种版本过于离奇,所以赫西俄德说,他要"道出诸神真相",缪斯女神"吩咐我歌颂永生快乐的诸神的种族"。① 寰宇(cosmos)本来是不分日夜、天地的混沌体,这是东部地中海世界的普遍观念。《旧约·创世记》说是上帝(天主)创世的头两天分天地日夜,造天空和大地、白天和黑夜。赫西俄德说,这不是真相。"混沌",本来就是最先产生的神,叫 Chaos(用现代术语说是神的外化,泛神论式的"混沌之神"与混沌状一体)。赫西俄德不是说它是创世之始,是开端,而是说"最先产生的是 Chaos(混沌)"。他只追溯五代神的系谱,并没有说Chaos 就是始神。

就像当代的学生流行到欧美留学一样,上古时代至古典时代的希腊人热衷到巴比伦、埃及留学,甚至像德谟克利特变卖家产出境学习。所有的早期哲学家、自然科学家都很熟悉西亚、埃及的天文、数学、医学和手工制品。跨文化研究证明,后起民族在文化上总是先接受周边先进地区的文化成果,在这个基础上再创超越前者的文化。"现代人体"的解剖有助于我们理解早期希腊与西亚、埃及及文化上的关系。欧巴德时期(公元前 4300—前3500 年)苏美尔就出现了非闪语的文字,已有出土的泥板文书和石刻铭文。公元前 3000 年左右出现了闪语的阿卡德楔形文字。公元前 2000 年左右古巴比伦就用这种闪语记录历史,叙述文学和史诗,还创建了后面还要提到的历史上最早的图书馆。在天文学方面,汉谟拉比时代就使用了太阳历,能辨别恒星与行星,测量星座,确定闰月。在数学方面,创造了十进位和六十进位,能解三个未知数的方程式。关于城市建筑,希罗多德描述说:"这座城市的幅员有这么大,而它的气派也是我们所知道的任何其他城市所难以相比的。"②公元前 7 世纪亚述新帝国时期,铁器已经广泛运用于农业和战争,出现了铁剑、铁锄、铁锹、战车、重装兵、攻城部队和撞城槌。公元前 2000 年左右,亚述和腓尼基商人就在小亚细亚沿岸建立商业据点。腓尼基人在迈锡尼时代就到达希腊本土。希罗多德《历史》开篇(第 1 卷第 1 节)就说,特洛伊战争以前,腓尼基人就运载着埃及和亚述的货物在希腊许多地方登陆。希腊神话中的"卡德摩斯建城",讲的就是腓尼基王子卡德摩斯在中希腊的彼俄提亚定居建底比斯城并带来腓尼基文字。腓尼基的玻璃业、榨油业、纺织业、造船业在古代地中海世界最为先进,而且发明了双层桨。希腊后来在公元前 480 年的萨拉米海战中加以改进,并发明三层桨。希腊在爱琴海西

---

① Hesiod, *Theogony*, pp.26–27、30–34.

② Hdt,1,第 178,179–200 页都是关于巴比伦的介绍。

岸后来建立的 12 个城邦本属西亚地域。考古发掘证明米利都、萨莫斯等大量引用了赫梯人的建筑（巨石柱基的园柱结构）。

　　埃及的天文学、数学，希腊人是相当熟悉的。希罗多德说，埃及人"第一个想出用太阳历计时的办法，并且将一年分成 12 个部分"（Hdt. 1，4）。埃及人的测量技术和计算方法，后来在希腊人那里发扬光大。公元前 16—前 11 世纪埃及就有相当发达的手工作坊，出现了脚踏风箱熔炉，卧室织机和立式织机，而且发明了着色玻璃。有的手工作坊人数达 150 人之多。因此，在研究希腊的原创文化时，必须同时研究西亚、埃及对希腊的影响。

第三节　希腊化和罗马帝国时期的古代地中海文化

　　古代地中海世界有两个小民族格外引人注目，这就是以色列和希腊。往后我们在两希文化交汇时还要提到。现代人种学和人类学也难以解释，这两个小民族为什么聪慧、能干。在地中海世界众多民族、人种不断融合，众多国家和文化连续消融在新生主人及其文化中的时候，这两个民族创立了两种类型的文化，成了古代地中海世界最具影响力的代表。公元前 11 世纪左右，另一支印欧语民族多立斯人进入希腊半岛时，他们以其游牧民族的"蛮劲"毁掉了亚该亚人创立的迈锡尼文明，致使希腊社会进入所谓三四百年的"黑暗期"①。被赶到阿堤卡和沿海诸岛的亚该亚人以海为生，这时他们发现原来不屑一顾的阿堤卡丘陵地是块宝地。那里的泥土是天然的制陶优质品，石头是上乘的花岗岩，挖下去还有纯度高于波斯的银矿。满山遍野的野葡萄酿成酒，装入自制陶罐，运往地中海各地，广受欢迎。以劳力温矿为代表的银币成了地中海世界最有信誉的一般等价物。开放型的海洋商业经济铸造了新型的雅典人，"三一区"（平原、山地、海洋）形式的社会组织取代了血缘关系为基础的四大部落制。新型经济关系和社会组织、生活方式的改变，推动雅典经由公元前 8—前 6 世纪的几次改革，逐步完善了城邦民主制度。同经济、政治、社会组织和生活方式改变相适应，在文化上以亚该

---

　　①　对于史家说的"黑暗期"（dark age）应有全面的分析，被毁掉的是以迈锡尼为主的建筑、居住点和当时流行的雕塑式样，简言之，主要是"物化"（或"外化"）的"文物"。精神层面的许多神话、原始宗教以及社会组织形式、生活方式是在继承中改造。多立斯人也不得不去适应半岛的新的生存环境，在吸收亚该亚人的文化中提升自己，而被多立斯人赶到阿堤卡和沿海岛屿的多该亚人也完成了新的转型，因而才有可能在这时形成伊奥尼亚、多立斯、埃俄利亚三个民族、三种希腊同根的方言和文字。荷马史诗正是在"黑暗期"中流行、成熟的。

亚民族为主的伊奥尼亚人创造了标志希腊特色的新型文化。地中海文化的中心从西亚转移到以雅典为代表的希腊。时间段包括希腊古典时期和马其顿亚历山大开始的希腊化时期。终止于公元前30年屋大维灭埃及、翌年变埃及为罗马行省。从历史分期看,希腊化终结了。但是从文化形态上判断,不过是希腊化的延续,特别是哲学,只是加了个"罗马元素"而已。因此,我们有证据,将希腊古典时代至罗马帝国时期的地中海文化称为"以希腊文化为主的古代地中海文化"。从原创文化研究视角考察希腊文化,它有下列几个原创性智慧的创造:

公元前8—前6世纪,在宗教、文学艺术、哲学科学、竞技、政制等五个关键性领域,形成既不同于迈锡尼文明,更不同于西亚和埃及的文化创新。公元前490—前449年希波战争中,希腊得胜标志着希腊在地中海世界地位的认可。希腊的胜利不仅仅是军事上的胜利,它的海战策略与三层桨舰艇,重装兵装备,马拉松战役、温泉关战役和普拉蒂亚战役中的精神等①是希腊经济、政治体制、文化和精神的胜利的体现。说明东部地中海文化中心转移到希腊后,希腊全面超越了西亚和埃及。早期,他们被西亚移民看作"野蛮人",如今翻了个,他用 Barbarian,即只会发出"叭叭叫"的野蛮人称呼他们。

以往的历史是,从定居点发展到城市与周边村落,然后转化为王国(诸侯国、公国)和帝国。像腓尼基也有过海上贸易和据点,不过那只是个"码头""货物中转站"。希腊不同。从公元前9世纪末开始,希腊本土从定居点转化为城邦后,城邦的人口发展到一定程度就发生生存危机,解决办法是由城邦安排,或由城邦中勇于开拓者或受排挤者和"犯人"带头,异地建立殖民城邦。公元前8—前6世纪,他们在环地中海世界建立了140多个殖民城邦②。这些殖民城邦以爱琴海东岸(即西亚沿海)为主,扩展到黑海、埃及、北非现摩洛哥、突尼斯、阿尔及利亚以及南意大利西西里岛,直至现今的西班牙和法国马赛尼亚(马塞)等地中海沿岸。像米利都、萨莫斯、叙拉古等强势城邦,它们又按自己的模式建立二级移民城邦。本节开首说过,"人体解剖是猿体解剖的钥匙。"15世纪大航海运动以来,西班牙、葡萄牙、荷

---

① 见希罗多德《历史》中关于公元前490年马拉松战役(6,102—117);公元前480年的温泉关战役(7,173—232),公元前480年萨拉米海战(8,34—95),公元前479年关于普拉蒂亚决战的记述(9,10—64)。

② 参见新版《剑桥古代史》第3卷,第3分册,第37章附录:"公元前800—前500年建立的希腊殖民城邦目录",包括开拓者(母邦)、建立年代、考古资料及参阅地图等(见第160—162页)。

兰、法国、英国陆续在非洲、南美、大洋洲、亚洲建立的殖民地及之后的"英联邦"就是仿造古希腊的殖民活动。所不同的是,古代殖民的基本原因是母邦人口生存的限制①。共同点是,殖民运动是将母国的经济关系、政治制度、价值观念、语言文字都移植到殖民地。古代希腊的特点是有一套严格程序:先由母邦作出移民的决定,选择地点,选择领导人,求得阿波罗的神谕,依规履行仪式,征集殖民者(即参与者,早期比较严格,后来城邦中受排挤或落选的"强人",敢于开拓者都可充当骨干)。到达殖民地后,先建立居民点和卫城,解决同本地人的关系,然后建城邦保护神神庙,分土地,建城邦机构②。由此可以看出,它同西亚诸国的移民及近代移民的差异。从爱琴海东岸米利都等12个城邦(原来也是殖民城邦,后发展为母邦)、南意大利和西西里岛诸殖民城邦及北非居勒尼的地位可以看出,希腊人把自己创造的经济关系、政治制度、宗教信仰、风俗观念、法规和语言等都搬到殖民城邦去,这样就形成希腊社会和文化的"一级辐射"。环地中海都有希腊本土的"复制品",这些"复制品"又产生"二级辐射",向周边扩大影响。殖民城邦起到了扩大希腊影响的整体效应,等于是环地中海的"示范点"。环地中海各地、各民族、各国家首先感受到的是"物化"方面的,可以触摸和视听(visual)的方面,然后就是深一层次的思想、观念、思潮和信仰。颇像19世纪末的中国,首先是看到、触摸到这些"洋货",然后有"洋人"的形象,最后领略"洋人"的"文化",特别是精神方面和人的素质方面的内涵③。希腊人在整个地中海世界的"经营"和影响,为下面谈到的"希腊化"打下了坚实的基础。

　　"希腊化"时期地中海世界文化的大融合,以及斯多亚学派为代表的"世界公民"观念,为后来的"两希文化"交融和基督教扩张创造了条件。

---

①　参见马克思的《强迫移民》:"在古代国家,在希腊和罗马,采取周期性地建立殖民地形式的强迫移民形成了社会制度的一个固定的环节。那些国家的整个制度都是建立在人口数量的一定的限度上的,超过这个限度,古代文明就有毁灭的危险。"(《马克思全集》第11卷,1995年版,第661页)《剑桥古代史》认为,殖民运动的基本的积极的原因是人口过剩,此外还有市场的扩大和穷人寻找生计等(CAH,Vol.3,3,p.157,159)。

②　参见CAH,VoL.3,Part 3,Ch,37,§10,"The Process of Foundation"(建城程序)(pp.143-152);并参见修昔底德关于斯巴达建赫拉克利亚城的介绍(《伯罗奔尼撒战争史》,谢译本,1961年版,第245页)。

③　本书仅从原创文化视角研讨希腊的城邦制和殖民城邦在文化创新和传播上的独创性,而不是论述希腊历史或哲学。序中已说过,原创文化研究有强烈现实感。它关注、思考历史上任何原创性智慧对当代文化研究,对我国文化建设和交流、传播的启示。当今世界,谁都不可能在异地建立"殖民城邦",中国的社会性质和目标也决定了自己不以此为目标。但是"文化软实力"的影响依存于"示范"和整体效应,这个规律性的原则不变。

公元前 4 世纪后半叶发生的,以伊苏克拉底和德谟斯梯尼为代表的大辩论,以及公元前 4 世纪末斯多亚学派提出的"世界公民"观念,代表了希腊城邦政制危机时代希腊关于未来走向的探索。以往有一种说法,伊苏克拉底代表出卖希腊的卖国投降路线,其实这是用现代的价值观念去评析古希腊。城邦小国的弱点就是难以抵抗强国、大国的入侵挑战。同以色列所走的道路不同,希腊用城邦联盟抵抗波斯。伯罗奔尼撒战争之后,雅典、斯巴达两败俱伤。公元前 4 世纪的第二次雅典联盟、底比斯联盟、科林斯联盟、斯巴达联盟,已经出现了寻找波斯支持或结盟的现象。城邦内部出现两极分化,希腊走向了雇佣兵制度。当时有波斯、西亚人到希腊当兵,也有希腊人做波斯的雇佣兵,甚至连色诺芬也当过波斯的雇佣兵。正是因为联邦制拯救不了希腊,所以才寻找外来的"盟主",统摄全希腊,伊苏克拉底主张迎候马其顿腓力二世为盟主,德谟斯梯尼主张拥戴波斯大流士二世为盟主,借以牵制日益强盛的马其顿。两人的分歧的要核在于拥护谁为盟主,而不是中国人理解的爱国与卖国。须知,马其顿统一希腊,城邦政制并没有改变,其"统一"实质上不是取代城邦,而且统一城邦间关系,结束希腊城邦间结盟关系而造成的分裂和内战。这个现象说明公元前 4 世纪后半叶的希腊人都在寻找未来走向。后来的事实证明,希腊人还是选择了老祖宗 Hellen 的外甥马其顿。因为它保留了历史上城邦制的传统,内部事务自行决定;又适应潮流,由马其顿亚历山大及其继承者统管城邦间事务和对外关系,结束了近一个世纪的城邦间结盟与战争。波斯的军事集权制毕竟同希腊传统格格不入。这不是单纯的逻辑推论。请参见《远征记》中作者色诺芬自己的体验。

公元前 4 世纪希腊社会这个走向在哲学上的反映就是斯多亚学派提出的"世界公民"观念。希腊哲学体现的新观念思潮与突破狭隘的犹太教义的耶稣的"新信息"相一致。这是晚期希腊和罗马帝国时期社会发展的主流。这是关于希腊原创文化研究中要把握的要点。掌握这个走向、这个发展趋势,我们才能对"希腊化"的实质和历史地位有一个准确的评价,拓展研究的新视野。这样,我们才能突破原来一些陈旧见解,认识"希腊化"。

黑格尔是第一个有历史感的哲学家。① 他的《历史哲学讲演录》将历史上的伟大人物(如亚历山大、拿破仑)和历史事件看作是"绝对观念"操纵下完成"世界精神"伟业的工具。马克思、恩格斯认为黑格尔比前人高明得

---

① 参见黑格尔:《历史哲学讲演录》、列宁《哲学笔记》中关于该书的的摘要和评注,恩格斯《费尔巴哈与德国古典哲学的终结》第四章论唯物史观的发现及黑格尔的功绩。

多。马克思把"世界精神"还原为社会内在规律支配的自然过程。社会发展到一定阶段,会出现某一种历史需求,就一定有历史任务的承担者,至于是谁? 做得如何? 那是历史的偶然性。伟大人物个人的性格、爱好、水平为历史增添了各种偶然事件,使得历史充满神奇的色彩①。西亚、埃及、希腊是当时伟人们陆续登场的最佳历史舞台。在马其顿的亚历山大出生之前,早已联成一体。前人已开演过多次"历史剧"。波斯用武力征服希腊,希腊当然可仿效。时间也为新人登场创造了机会。古典时代极盛时期的雅典已经是地中海世界舞台的中心。希腊各城邦,地中海各地商人、求学者、"文人"云集雅典。以雅典为中心的希腊哲学,最先成为地中海世界文化现象。小苏格拉底学派之一的中心就在北非的居勒尼。公元前 4 世纪后期的斯多亚和伊壁鸠鲁学派代表人物,其中就有塞浦路斯或西亚人。文化上的交融在所谓"希腊化"之前早已开始了。西亚、埃及人创立的文化也早已为希腊人所熟知。剩下的问题是,以什么方式打破政治权力、国家之间的人为障碍。恰巧在这个历史时期,西亚、埃及古王国、帝国已经衰落,希腊本土的强者雅典、斯巴达、科林斯、底比斯等也已"日薄西山",唯有周边的马其顿蒸蒸日上。以往的历史也已向亚历山大传授了"强者"的扩张经历。作为亚里士多德的弟子,他也具备了"文明人"的素质,熟知希腊的学识。公元前 338 年克洛尼亚(Chaeronea)决战时年仅 18 岁的亚历山大,率领全军彻底摧毁了雅典、底比斯、彼俄提亚联盟,也已初试锋芒,人们也认可了他的才能。经过几年的历练,他也摸透了希腊人的脾气,熟悉了希腊城邦的优劣。他以宙斯、阿蒙神之子,英雄阿伽门农、波斯大流士自居,说明他已意识到他的历史活动舞台是整个地中海东部世界。从萨拉贡、汉谟拉比、图特摩斯至大流士及雅典斯巴达诸伟人,谁都不会把自己看作又是异族、异国最高神的儿子,异族异国国王式人物。亚历山大作到了。横扫西亚、埃及,进军印度河是他的伟迹,然而深层次的伟业是"希腊化"。在希腊化的主观动机后面的客观效应是推动希腊文化"外溢"和西亚、埃及文化的"反哺"。"外溢"与"反哺"的综合效应就是地中海世界文化的交融,人们观念的更新。正因为如此,才有斯多亚代表的"世界公民"观念和突破犹太教狭隘的民族界线的、开放性的基督教。本人的这一理论上的分析和结论,可以用"希腊化"过程及之后的历史事件来验证。我们从马其顿的亚历山大说起。

---

① 普列汉诺夫的《论个人在历史上的作用》是迄今为止,关于历史必然性与个人的作用,关于历史舞台与"演员"的最为精彩、科学的论著。古今中外,任何伟人,都只能在历史提供的舞台上充当人类精神觉醒标志("世界精神")的历史剧的一个角色,哪怕是"超人"式的主角。

亚历山大东征所到之处，第一件事就是仿造雅典，在埃及、西亚，直至今日中亚、巴基斯坦建立一批批城市和据点。Polis 原来有双重含义，一是相对于 Kome（village，乡村、村落）的城市，二是早期国家或政治体制意义上的"城邦国家"。公元前 4 世纪，即希腊古典时代后期，城邦政制衰落了，但是作为社会组织和经济范畴意义上的、城乡差别意义上的 polis，恰恰相反有了重大发展。《希腊哲学史》第四卷"绪论"第二节第四小节"地中海世界的文化交融"，运用原始资料和当代研究成果，作了详尽论述："希腊化时代在许多方面是希腊城邦戏剧性增长的最重要时刻。从地域上说，几百个新城市拔地而起，从地中海沿岸直到现在阿富汗和巴基斯坦。城市的大小在希腊化时期也增加了。古典时代最大的城市莫过于雅典和叙拉古……增至25 万人为限。但是，许多希腊化时期的城市大得多，如安提柯和底格里斯河的塞流古城都达到 50 万人。埃及的亚历山大里亚甚至到达 100 万人"；"最值得一书的是，通用语言是古典时代雅典的阿堤卡方言的少许的变形"，"希腊化世界的通用语言在所有希腊城市中通行"。[1]　环绕城市的城墙、标志性市场、戏台、运动场、长廊、喷泉、议事会，以及相应的官员的设置如市场监视员（agoranomos）、体育场主管（gymnasiarchos）、街道主管（amphodarchai）、城市守卫（astynomoi）等都以雅典为典范。同时，吸取希腊本土以往城邦间纷争的教训，亚历山大及其下属还制定了规范城市与个人、城邦与城邦之间的条例。《希腊哲学史》第四卷绪论第二节，第二、四小节提供了原始资料和近现代研究成果。请予参见，这里不再重述[2]。

亚历山大建立的城邦到底有多少，说法不一，留有历史痕迹者有十多个。《牛津古典辞典》（第三版）"亚历山大"条目下介绍了六个（见第 61—62 页）。塞琉古、托勒密王朝继续在西亚和埃及推行希腊化，使希腊语像大英帝国时的英语一样，成为可以接受的通用语言，以致后来的《圣经·新约》也用希腊语撰写。源自西亚以色列的新约，竟然不再用希伯来语，而是用希腊语，这个事件本身说明希腊化时期文化的融会。东方各种秘仪、巫术、星相学、天象学以及波斯教、诺斯底也传至希腊本土城邦和殖民城邦。希腊本土的公民和各种职业者，都可以到西亚、埃及以至更远的地方活动，建立自己的新基地。正是在这个背景下，才有以地中海广阔天地为活动场所的晚期希腊的伊壁鸠鲁、斯多亚、后期逍遥学派、新毕达哥拉斯学派、中晚

---

①　引文见安得烈—爱尔斯金主编《希腊化世界导读》，第 196 页。

②　参见汪子嵩等：《希腊哲学史》第四卷，修订新版，第 23—31、32—33、41—46 页（关于"希腊化"来历的解释）。特别是参见 Richard Billaws，"Cities"，*A Companion to The Hellenistic World*（《希腊化世界导读》），Ed.by Andrew ErsKine，Blackwell Publishing，2005，p.19。

期的柏拉图学园和新柏拉图主义[①];也才有突破学派、学园的小圈子,让哲学进入史学、医学、政治学,而且综合哲学、史学、语言学、修辞学、文艺学的成果形成公元前 4 世纪至罗马帝国时期的词源学(etymologyca)、辞语编纂学(lexicography)、言论集、意见集(doxagraphy)、各家见解合编(synagoge)、述要(placita)、摘编(eclogae)、汇编(stromateis)、师承录(diadoxe)、传记(biography)。[②]

罗马帝国时期,从文化上说只是希腊化的延续,只不过加了些"罗马元素",最突出的表现(现象)就是晚期希腊哲学。所谓增添些"罗马元素",不仅是指增添些新的内容,如路克莱修与伊壁鸠鲁的差异,晚期斯多亚、中晚期柏拉图主义的差异,更重要的是罗马文化的主流("主导思想")是取各家之所长,综合成一个新学说,其代表就是西塞罗。正因为如此,所以罗马时期在文化领域相当宽容,允许东方各种思潮、宗教进入罗马本土,这样,客观上的效果就是地中海世界文化上的大融汇。

希腊原创文化研究的先决条件就是首先弄清这个地中海文化圈的大背景。在这个语境中,分析希腊人继承了什么、创新了什么,从中找到研究当代文化、研究传统与创造的启迪,并以史为鉴,清除一些奇谈怪论和认识障碍。

第四节　原创文化视角研究范例:古代地中海世界的刻印业和图书馆

在古代诸文化系中,发明和使用文字,以石头、甲骨、胶泥、竹木为质料刻写文字,这是普遍的。但是建立宫廷或民间图书馆,却是地中海世界独特现象。后人比较熟悉的是古希腊柏拉图、亚里士多德等诸学派图书储藏及

---

① 详细资料参见汪子嵩等:《希腊哲学史》第四卷每一编开题章节关于各代表人物的介绍。例如,伊壁鸠鲁(公元前341—前270年)出生于小亚西岸,是当地农村教师。到雅典服兵役两年后回到小亚的科洛丰,在这 10 年中研究各派学说,创自己的原子论哲学。在小亚西北的兰普萨库斯(Lampsacus)5 年(公元前310—前305)中收徒授业,之后才到雅典建立"学园"。他打破学派传统,开门讲授。听课者有来自地中海各地的求学者,有妇女、释放奴隶。该学派代表人物之一是吕底亚(今土耳其南部)的城市奥依诺安达的弟欧根尼(注:非撰写《哲学家的生平与著作》的第欧根尼·拉尔修。不过,他也是一个伊壁鸠鲁学派的崇拜者、推行者),这是个仿造希腊城市,建有公共设施、供水系统、市场、浴池、城墙,有市政管理,议事会的繁华城市。这位富有的第欧根尼将伊壁鸠鲁铭文刻在约长 80 米、高 3 米的石壁长廊上,以供后人学习、铭记。

② 参见汪子嵩等:《希腊哲学史》第四卷绪论第四节"晚古希腊哲学的史料",第 57—66 页。

向各地求学者开放的亚历山大里亚图书馆,误以为是希腊独特现象。岂不知它源于古巴比伦和亚述,历经一千多年的传承与创新。今人研究和分析这个过程有助于启迪当今处理文化的传承与创新,以及正确看待吸收外来文化的问题。本文先客观叙述这个演化过程。

图书馆是图书的集成,而图书又是以文字为载体。所以,首先我们要研究西亚文字的形成。现代符号学、语源学、认知科学以及人种发展与个体成长一致性关系等研究,使现代人有条件在考古发掘的"实是"基础上,对文字、语言(包括语音、语义、语法、语源)的形成有了比较可靠的知识。如前所述,人类在日常的生产、生活活动和社群交往中逐步形成群体的习惯性规则,取代动物的本能。人类初始阶段犹如孩童,靠感知神经系统和形象思维,依自然物、自然现象的形与声,创造简单的符号(记号,Symbol,sign),借以传递信息和交流。这就是第二信号系统,人类原初状的"艺术"。原始人类在这些社会性活动中碰到一个难题,即如何表达和传递这些记号的意思,于是,无论是远古时代的中国、埃及和西亚,大体上一致都产生了象形文字,意味着第三信号系统的萌芽。以后就发生了意象和音节、拼音两个发展方向。中文和印欧语系分别代表两个走向。远古西亚的发掘,提供了古文字发展的线索。考古发掘证明,西亚最早形成的文字是两河流域上游苏美尔地区的泥板文书,这些文字符号雕塑成楔子状,故取名"楔形文字"(cuneiform)。每个符号表示一个完整的字。这个符号与"字"的一致建立在视听表象与自然物一致的基础上。如第一个字像一条河,表示"水"。如"脚"就有足的象征符号。脚可能是站立不动,也可能是正在走,于是就在"脚"基础上附加"站住"与"行走"的符号,近代研究证明苏美尔泥板文书属亚非语前身,"站住"读音为"gin","走"音为"du"。之后,又根据这种自然物与符号所指延伸为表示抽象的含义,如住所(til)引申为"生活"。"弓"与"箭"两图案合成为动词"射箭"。在表述动词和抽象物时用字符搭建字链或"字组"(即几个字合为一体,表示一个意思,另一种字组合又表示另一个复杂的或抽象的意思)。到了阿卡德时期(公元前2350—前2100年)就依"字链"或"组合字",分别取一个音或符号,组建一个新字表示更多更复杂的意思。这样,按音节组合的拼音字就出现了。近代研究断定阿卡德文字属于亚非语支。古赫梯印欧语也是按这一字符组合、字符链走向拼音字。阿卡德时期由于当地条件限制,仍用胶泥制成泥板,在泥板上刻印楔形文字符号,这种楔形文字逐步远离自然物图像,以至后人难以理解为什么希腊语Uronos指称"天",Gaia叫"地"。由于两河流域和地中海沿岸有多个民族、国家同时存在或相继成为支配该地区的强势国家;由于不同国家或民族在不同生存环境下形成语音的差异,因而在楔形文字符号和符号解读时出现了差异;就像今日各地方言陈述同一件事时的语言差异一样,而这种差异在符号及指称上却又有其共同性规则,因而最早的"翻译"就出现了,可以用一种语言替换成另一种语言来陈述同一个"故事""事件"。

一旦发生以文字陈述或记载某种故事、事件或国王的敕令或祭司传达的神谕时,最初的铭文、文书、神话就形成了。此时就有了各种记述的泥板文书,例如巴比伦的神话史诗 Enuma elis(英译 Babylonian Creation Myth,即巴比伦创世神话)共 900 行,还附有 200 行背诵主神 Marduk(马尔杜克)50个名字(相当于 50 种功能、神功、管辖或护佑范围),占了近 6 个楔形文字泥板。

这些"文本"积累多了,巴比伦就建立了专门制作泥板、刻字、分类收藏和供人使用的机构,场所。这就是史上最早的图书馆。同中国古时的"史官"不同,它所收藏的门类很广,使用者起初是朝廷和祭司部门,不久就扩展至一般"文人"。到了亚述帝国,还有私人的图书馆,下面就引证相关资料介绍这个发展过程。

源自东部地中海的刻印业和图书馆是古代地中海文化的重要元素,也是地中海文化西移希腊后希腊文字、希腊的刻印、书写和图书馆的源泉。2012 年 Blackwell 出版社出版了 D.T.Potts 主编的两大卷《古代近东考古学导读》(以下简称《导读》),按地域分期综合介绍了 19 世纪以来的考古发掘及其研究成果,分别由 58 位学者撰稿。《古代文物、临摹与收藏》一文专门介绍近东地区文字载体的刻印与馆藏。考古发掘证明公元前 4 千纪晚期在乌鲁克(Uruk)就出现了楔形文字符号(《导读》,上卷,第 29 页),公元前 3千纪的苏美尔—阿卡德文化中出现了受过专门训练的泥板文书刻写人。苏美尔地区叫 dub-sar。培训铭刻技艺的场所叫 E.Dub.Ba.A。阿卡德地区叫Bit tuppi。公元前 3—前 2 千纪的古巴比伦王国,在未有纸张的古代,所谓"书写员"(Scribe)就是在石料或胶泥制板上刻写,这些刻写人都受过记号、文字、音节和语法四种符号的训练,许多人还受过苏美尔、阿卡德双语训练,而且还掌握当地方言。其中出类拔萃者从事文本的刻写。在文本的内容方面,古巴比伦、亚述时期主要是王朝的敕令、律法、记事以及宗教神话性的征兆、神迹、神话传说,后来才有韵文、格言和对话。其成员地位不一,有的人成了宫廷的"文本"长官,执掌刻印和组织收藏的权力。在古巴比伦后期还刻印和翻译前人的文本。例如古巴比伦就临摹了阿卡德王室的雕刻(《导读》,上卷,第 30 页)。公元前 2 千纪晚期出现了标准版史诗,从这时起,刻印文本附有"落款"(kolophon,出版标志),即在刻印正文后附上刻印人、时间、地点。公元前 1 千纪巴比伦和亚述王室开始收藏这些"文本",这样,图书馆就产生了。起初是王室的图书馆,"前 1 千纪亚述和巴比伦国王建立了大规模的图书馆。在 Ninrud 和 Nineveh 发现了其中的一部分。"(《导读》,上卷,第 30 页)由于这个时期的刻印文本都有落款,因而从地下发掘文物中,人们知道亚述国王萨拉贡二世(Sargon 721—705BC)和 Sennacherib(704—681BC)时,从事泥板文书刻印和收藏的 Nabu-zugup-Kenu 是位杰出代表,许多文本的 colophon 落款署的就是他的名字。他还到各城市去征集原始文献以便首都 Nineveh 王室图书馆复制。《剑桥古代史》新版第三分册第 26 章"亚述文明"第 9 节"图书馆"有专门介绍。发掘文物中有一件亚述国王 Ashurbaniba(668—627BC)的信件,指令管辖巴比伦地区的官员收集可能找到的所有文本。由于 Nabu 的崇高地位,他成了图书刻印业保护神,在 Borsippa,Ashur,Calah 都发现 Nabu 神庙和图书馆。从地下发掘看,在公元前 1 千纪亚述时期,不仅有王室图书馆,还有寺庙的、大户人家的图书馆。

同属地中海东部文化的埃及历史很悠久。按当代科技的测定,约公元前 4 千纪末塞斯(Thoth)发明了文字,因而被后人称为"文字神"。柏拉图在《斐德罗》中说,塞斯向国王萨姆斯(Thamus)报告了他的发明,以及文字的功能,可是国王却持否定的态度,认为由于有了文字记载,人们就懒得用心记忆了,而且文字记述到处流传,若受曲解,无法为已辩明,还不如没有文字好(标准页 274C—275E)。柏拉图的说法是否确切无法考证,但有一点可以肯定,埃及的文字的确发生了从早王国时期(约公元前 3100—前 2686 年)发明象形文字到中王国时期(约公元前 2050—前 1650 年)的成熟完美的象形文字书写的演进。而 Thoth 一直是全埃及的一个颇受敬仰的重要神祇。他是发明文字、书写和人类不同语言的女神,日神 La 的副手,有月亮女神之称。她观察和记录世上所发生的一切,每天早上向日神 La 报告。Seshat 女神则负责记录与保存,因而 Seshat 成了图书守护神,与 Thoth 相搭配。当希腊人研究埃及神话时,就将 Thoth 当作希腊人的赫尔墨斯。[1]

古希腊人受西亚与埃及的影响,在公元前 9 世纪—前 4 世纪城邦制形成和古典时代创造了自己独特的书写与图书馆。埃及人发明的纸草文书为公元前 7 世纪开始的书写文字开创了广阔的前景。公元前 7 世纪末雅典僭主庇西斯特拉图时期,将口传的荷马史诗规范化形成书写文本。哲学学派形成后,米利都、爱非斯和南意大利克洛同学派出现了以始祖为主的学说的记载。到了公元前 5 世纪,以三种方言,特别是伊奥尼亚方言为主,形成了

---

[1]　参见 Geraldine Pinch,*Egyptian mythology*,Oxford,2002,pp.209-210,190-191。

后来几乎所有文献共同的书写文字载体——阿堤卡方言和文体。公元前 4 世纪由于快速的书写产生了小写字母的希腊文,之后又形成了通用的标音符号。至此,在书写刻印和收藏方面形成了希腊人的两个特点。其一是文本内容划分为 mythos,logos,historia 三类。以形象、想象和激情为认知条件的 mythos(艺术虚构),包括宗教符号、诗歌、史诗、悲剧和雕刻等;以知识形态和认知理论为工具的 Logos 包括哲学和学科知识;以传说、记事为主按历时性展开者叫"编年"(chronicle),由"编年"又产生了经过人的理性审核的,真实可靠的 historia,后来称之为历史。晚期希腊和罗马时期三者交叉,形成原子论捍卫者卢克莱修《物性论》的哲学诗,史论结合的各种《哲学家意见集成》《哲学家的生平与著作》《希腊罗马名人传》,还有博物志与方志。其二是从学派的图书馆发展到跨学派的、开放性的图书馆。晚期希腊最有名的就是西亚的帕伽马图书馆和地处埃及的亚历山大里亚图书馆。由于希腊化时期战乱的影响,帕伽马断缺芦苇纸草,逐步衰落了。相反,在埃及由于托勒密一、二、三世的提倡,由于亚历山大里亚属当时地中海世界的经济、文化中心,而且是希伯来与希腊文化的交汇处,因而亚历山大里亚成了晚期希腊至罗马帝国时期地中海世界的文本复制和图书收藏中心,人们可以在图书馆提供的食宿和工作条件下,从事复制文本或研究。卡利马库(Calli-machus)编纂了图书藏书目录,计 120 册。馆中储藏了希腊文各类著作,传说多达 70 万卷纸草(详见《希腊哲学史》第四卷第 54 页及注 1、注 2)。可惜,由于多年战乱和政权更迭,西亚和埃及许多文献丢失了,希腊文古代文献尽管也散失了许多,但是代表性的成果,如柏拉图、亚里士多德、希罗多德、修昔底德、普罗提诺、普罗塔克、鲍桑尼亚、斯特拉波、普林尼、伽仑等的哲学、历史、博物志、地方志和医学等著作大部分保存了下来,文学艺术类如荷马史诗、神谱、哀歌、宴会诗和悲剧、喜剧也留传下来相当部分。路白希英和拉英古典丛书,20 世纪末已出版了 476 册,目前还在增补(例如"前苏格拉底",共 10 卷),有的出了新译本。经过几百年的考证和研究,除了个别疑伪或存有争议外,绝大部分已被确证。应该说,如今,反映古代世界长江—黄河文化圈、印度河—恒河文化圈、地中海文化圈的原典及后人的整理、训诂、诠释,已经为当今世界古代文化研究的突破提供了可靠的文本条件。在中国走向世界、世界走向中国的今天,我们有条件以跨文化的视野,以学者应有的学术涵养和心态,以古代三种类型文化互为参照,站在当前世界文化建构的高地,去研究古代地中海世界文化。原创文化研究的目标是两个:一是弄清文化史上原创与传统、源与流的关系;全面评价传统文化;二是以史为鉴,在文化建设中开阔视野,排除干扰。以古地中海世界刻印业和

图书馆为范例,谈三点体会:

第一,历史上任何民族或部族都有它自己的原创性智慧。因为,只要进化到人,就意味着开始脱离动物的本能,按人类这个群体形成的习惯性规则活动,这就意味 cultura 即"对灵性的培育"产生了。尽管是初级的、原始的,然而却是"文化"的起点。它标志着"文化"与"驯化"的本质区别:前者是人靠自己的社会活动,不断积累而形成的习惯性规则在人脑中的反映,"痕迹","沉淀";后者是人对动物的重复性的训练而留下的条件反射。"为有源头活水来"。"源头"意味着纯真,对象之本真、本是。追溯此对象(希腊文 to no,英文 being)之源,就不会被后来的眼花缭乱的变化和派生物所迷惑。例如,这里说的"文化",当今有各种名目的,冠之于"文化"的东西,凡无助于人类精神、心灵之培育者,或不以此为目的者,就谈不上什么"文化""文化交流",只是借此而推销产品谋利而已。人类之所以不断进化,就是因为社会生产、生活、社交等实践中"灵性"不断得到培育,懂得如何待人接物,处理"自我"与"他者"之关系。尽管这是个曲折和复杂的过程,然而总趋向是进化、是受教化。借助先进技艺、科技产品,吃喝嫖赌、敛财贪腐、盗抢拐骗、吸毒贩毒等,决不会因为他"文雅地"用现代科技骗财、贩毒而增进人类的文化、个人的修养、社会的文明。从苏美尔经阿卡德至巴比伦,迄今所获得的可解读的、已解蔽的泥板文书,可以比较清晰地看出文字、语言、文字载体的"文本"的进化过程,所以,以西亚文字为典范的研究就有其"解剖麻雀"的意义。

第二,文化上的相互吸收,与政治上的权益得失和易位、经济生活上的转型不同,它是作用于心灵,使得受培育了的心灵变得更聪慧。因此,文化上的相互吸收和交流显得自然而然,没有现代人那么多框框。远古、上古时代,没有后人想象的"爱国"与"卖国",大民族主义与狭隘民族主义及"领土""领海"的界线。在荷马史诗中,希腊的阿波罗和海神波赛冬,战神阿瑞斯都站在特洛伊一方,帮他们打希腊联军。马克思、恩格斯和现代学者的研究,一致认为现代的国家、民族概念是中世纪时代形成的,而领土概念是16—18 世纪才逐步确定的。从刻印业和图书馆的进化过程,可以启迪当代人如何正确处理文化间关系。拒斥外来文化,诬蔑研究他国文化者是什么"西化""洋奴",其实是愚蠢可笑的。我在一篇文章中说过。舞狮是中华优秀传统文化,如今全球各地华人都在延续和弘扬。然而中国并未产狮子,据考证东汉张骞出使西域时引进过狮子,但未存活下来。按有的人看法,张骞属"崇洋媚外"。中国竟然盛行舞狮,彻头彻尾被"洋化"了。这里的关键是善于吸收外来文化,立足于创新。

第三,关于吸收外来文化与创新自己文化的关系。跨文化研究和文化史已分别从理论和史实上证明,两种或两种以上文化相遇时有三个走向:一是拒斥外来,搞文化自恋;二是贬低、否定自己,美化他者,全盘接受(这才是真正的"奴化");三是相互吸收,融合。这里有三种可能:一是类似"中学为体,西学为用",吸取器物方面东西;二是混合型的并存,几种成分都有;三是兼容并蓄,加以消化,构造适应新时代的新型文化,以往诸文化仅是其构成元素。用学术语言说是不可还原,不可简约为各成分之混合。我们主张第三个走向中的这条道路,反对前两个走向,警戒第三个走向中的前两种可能。第三个走向中的第三个可行道路是立足于创造适应时代的有生命力的新型文化。因而,它能正确处理传统与外来成分的关系。它不会因以本民族的语言、文字为载体,继承其优秀文化成分而受传统的束缚,与传统划不清界线,纠缠不清(例如当今条件下讲的爱国、孝敬父母);也不会因接收外来成分而限制自己,丢弃其创新。相反,正如古代亚述、希腊及希腊化时期的托勒密二世、三世,正因为它大胆吸收前人成果,所以"青出于蓝而胜于蓝"。同别的部族一样,希腊祖先也是先有口语,后有书写文字的。亚该亚人、多立斯人经过了一番曲折的艰难过程,才受腓尼基文字启发,逐步从线形文字 B 过渡到三个民族文字,最后形成通用的,以阿堤卡方言为主的文字。古典时代后期(即公元前 4 世纪)才有大写、小写和各种拼音标音方法。新约时代的圣经希腊文还注入了希伯来文化成分。原创文化研究,并不是仅关注古代各文化系形成时期的原创性智慧;恰恰相反,它更关注人类文化发展过程中,各国、各民族如何在吸收传统与外来成分中的创新。就像前面提到的舞狮,就颇有启迪当代中国人的意义。非洲盛产狮子,却无舞狮之类的文化形式;中国不产狮子(不知何时有云南边界的狮子),却有经久不衰,风行全球的舞狮。可见文化层面上的东西并不与生态一一对称。哲学史研究的生命力恰恰在于不断揭示历时性中的不间断的新创。

我认为东部地中海世界的刻印业和图书馆,可以作为一个原创文化研究的范例。原创文化研究重视任一文化系中的原创性智慧,同时注重探究继承与创新、"本来"与"外来"的关系。认为"源"与"流"、"本来"与"外来"、创新与继承是制约文化发展史、文化交流史的三对基本矛盾。原创文化研究的要旨是:将传统文化划分为"源"与"流",侧重研究"源"。在本土文化与外来文化关系中,关注其互动关系,侧重研究在互动中自己的创新与反哺(其典型就是古典希腊及希腊化时的反哺)。在继承与创新中,认为唯有创新,传承才有生命力。其典型就是本书第五、六章论述的希腊哲学。概而言之,原创文化包括两个方面,一是"源头活水"之源;二是文化传承与文化间互动中的创新,即原创性智慧。所研究的对象还是同一个希腊文化,但是观察的视角(perspective)不同,侧重点不同,思路不同,因而达到深化原来的研究成果。归结到一点,就是为了我们今日的中国特色社会主义先进文化建设及当今世界先进文化建设。本书可以说是"解剖麻雀",以古希腊哲学为案例,研究古希腊文化中的原创性智慧。

第三章　古希腊人的文化创新

在这章中,我们将全面阐明希腊文化中各个方面的原创性智慧果。从下章开始我们就转向哲学。

第一节　淡出城邦政治的宗教

希腊文中没有"宗教",仅有神话、史诗、秘仪、神谕等具体形态的,涉及神灵崇拜的词语。"宗教"一词是西塞罗时代罗马才有的。后人受其影响,用 religare 标准(特别是后来的基督教)去审视古希腊,所以近代相当多学者认为"希腊无宗教"。按近代"宗教"一词的标准,考察古代社会,人们发现,两个古代文明创新者中国与希腊皆无此标准的宗教。这个现象恰好说明,中国和希腊原创性智慧的特点。

有趣的是,人们都承认"原始宗教"。按"原始宗教"标准:从 19 世纪的泰勒、缪勒、摩尔根起又都认为中国、希腊有原始宗教。摩尔根在《古代社会》中还大量引证了古希腊的资料。这些引证材料,几乎都出自神话和史诗,少量出自两大秘仪。于是又有一种见解,除了来自埃及的"奥菲斯"(又译"俄耳甫斯",Orphis)教外,希腊只有以神话和史诗为载体的准宗教[1]。

这就涉及一个问题:何谓"宗教",宗教之为宗教的 essence(本质)是什么? 本人在教育部重大项目结题后的专著《陌生国度里的"神"人相遇:宗教与当代中国社会关系研究》中,专门探讨了宗教与神灵观念的起源,宗教的本质,以及宗教本质固有属性与功能的动态的统一。在那里,我从理论上

---

[1]　2013 年出版的《剑桥古代地中海诸宗教导读》(*The Cambridge Companion to Ancient Mediteranean Religions*, *Ed.by Barbette Stanley Spæth*)第一部分第七章"希腊",作者抛开关于希腊"宗教"的争论,把宗教定义为"具有文化特征的,同超自然的动者(神祇、英雄、精灵等)有内在关系的信仰与活动"(p. 136)。Blackwell 出版集团出版的《希腊宗教导读》(*A Companion to Greek Religion*, *Ed.by Daniel Ogden*, 2007)导言中称之为"特殊含义上的宗教"。牛津大学出版社于 2015 年也出版了 708 页的大部头《牛津古希腊宗教手册》(*The Oxford Handbook of Ancient Greek Religion*, *Ed. By Esther Edimow and Julia Kindt*, Oxford, 2017),分 9 个部分阐述体现在神话、史诗、悲剧、庙宇、崇拜仪式、秘仪、家庭与城邦中的宗教意识。

论述了"宗教之为宗教"的三大要素：共同的超世间的信仰，以教仪、教规或教义等为中介的神人关系，以共同信仰和神人关系为基础的俗世性的组织或机构。远古时代的原始宗教就具备这三大构件，尽管还很粗陋。古代西亚和埃及已经具备阶级与国家形成期和形成后的共同信仰、礼仪、教规及俗世性祭司和神庙组织。公元前 8—前 2 世纪，以犹太教和佛教为代表，标志着向具备教义经典的宗教转化。相反，在古希腊那里，原始宗教面对新型的城邦制和新型意识形态（哲学）的产生，走向了另一条道路。其标志是：第一，以自然力量神秘化为主向社会性力量神秘化过渡，表现为杂多神灵的"旧神体系"向"神人同形同性"的奥林波斯十二主神转型。第二，西亚、埃及式的祭司集团的职能被分解为两部分。游吟诗人编撰神话和史诗，塑造神灵的神迹和神人关系。城邦林立的政治体制挤压祭司们的权力扩张，削弱了祭司借神灵代言人资格干预政治、窃取政治地位的力量，最后为人类思想解放和理性思维能力的发展、哲学和科学的形成扫清了障碍。下面我们就从原创文化研究视角做些论述。

一、上古时代希腊地域的宗教与西亚埃及同类型，与欧洲大陆无承继关系

宗教的第一要素就是社群共同的超世间信仰。个人信鬼神，不成为宗教。从远古、上古至古典时代的希腊，都存在对超世间的神秘力量的信仰。世界上首部《希腊史》的作者格罗特，以公元前 776 年有正式记载的奥林匹克赛会为信史的起点。[①] 这同城邦制形成的年代大体一致。19 世纪后半叶以来，考古学陆续发现了公元前 2 千纪亚该亚人进入希腊后的线形文字 B（Linar B）泥板文书（米诺斯有 700 多块，派罗斯先后有 600、400 多块），而且于 1952 年被文特里斯（Michael Vuntris，1922—1956 年）解读。因而有的史家以此为信史的起点。不过毕竟资料有限，而且中间又有几百年的中断（所谓"黑暗时期"），因此，通常还是称公元前 2 千纪—前 900 年"荷马史诗"所描述的时代为"上古时期"（也是青铜器时代）。这之前，上溯至西亚移民进入，并与当地居民混居为"远古时期"。从宗教的神观和神人关系考察，这一阶段的宗教基本上与古代西亚、埃及同一个类型。克里特出土的线形文字 B 提到雅典娜、波赛冬、阿瑞斯及许多谷物女神。派罗斯提到最多

---

① J.M.Mitchell 和 M.O.B.Caspari 将格罗特的 12 卷提炼成一大卷《希腊史》：George Grote, *A History of Greece: From the Times of Solon to* 403 *B. C.*, Routledge, 2001。全书附有 Paul Cartledge 写的导论以及根据后格罗特发现的史料所作的修正和补充。一卷本从有史料根据的阿提卡开篇。

的是海神,宙斯是次要地位神祇①。所有这些地母神、女蛇神及克里特的洞穴祭拜、山峰祭拜、墓穴祭拜和迈锡尼的大树祭拜,墓穴与神庙,还有出土陶器图如"公牛献祭图"和祭品(公牛角、双面斧、公羊)等同西亚、埃及相通,那里都出现过。相反同当时的欧洲(中欧、西欧、北欧)毫无关系。宗教文化中这一现象恰好证明古代希腊属东部地中海文化圈,这里是青铜时代,而西欧、中欧、北欧是新石器时代。远古希腊进入新石器时代,欧洲广大地域还是中石器时代。

　　远古时代、上古时代的神祇和祭仪,以自然力的神化为主,同当时当地的生存环境、生活方式休戚相关。当时的希腊人的神灵也离不开他们的生存环境,当然也有自己的新创。即使是同样的人面狮身,《俄狄浦斯》出现的人面狮身也不同于埃及。同西亚的巴比伦创世说、以色列的创世说比较,也可以看出其共性和特性。例如,希腊本土原居民(皮拉斯基人)的创世说,以海洋生活为语境。大意是,欧利诺墨(Eurynome)从"混沌"(chaos)生,但找不到立足地,于是画出天空和大海,在浪花上起舞。向南舞去,就出现南风,留下许多东西。在急流旋转中抓住北风(Boreas),手中搓动造出大蛇(Ophion)。女神狂舞,Ophion 盘绕其上,女神变成一只鸽子,浪上筑窝,生下"宇宙卵",裂成两半,万物生。欧律诺墨带着大蛇到奥林波斯山安家。大蛇妄称自己就是创世主,欧律诺墨生气,踢掉她的牙,掉落大地,成为皮拉斯基人的祖先②。大蛇被罚入洞穴,从此蛇类以洞穴为家。现代认知科学揭示,人脑中的颞叶是想象、做梦、情感和语言区域。海边生活的族群,见到骤起的龙卷风一过,掉下许多东西。海上波浪花纹起伏像大蛇伏在其上。这种自然的直观形象,经过颞叶的放大、移情、嫁接和虚幻化、神秘化,就成为上述神话的元素。它同前面提到的巴比伦的马尔杜克创世不同,那里是万物从咸水、淡水和云雾中生,颇像是波斯湾景象的虚幻化、神化。

　　"黑夜"和冥府早已出现在西亚和埃及,但是阿里斯多芬喜剧《鸟》记述的创世却很独特:太初只有混沌(Chaos)、黑暗地带(Erebus)和冥府,尚无大地(Gaia)。黑夜生风蛋,又生爱情女神(Eros)。Eros 与 Chaos 交合生"我

---

① 参见"ChapterV:The Evidence of The Tablets § 5"Mycenaean Religion",John Chadwick:*Documents in Mycenaean Greek*(《迈锡尼时期希腊文献》),Second Edition,Cambridge U.P.1973,pp.125-129。*Documents in Mycenaean Greek*(《迈锡尼时期希腊文献》)一书第一版于1956年由 M.Ventris 和 John Chadwick 合作出版。1956年 Ventris 不幸车祸身亡。1973年由 John Chadwick 修订,发行第二版(剑桥大学出版社)。

② 母系社会阶段形成的女神(地母神、始祖神)等受植物、动物中雌雄同体自身繁殖的影响,原始人以为女神可以自身繁殖神的后代。

们"，并带来光明，尔后才有天地、海洋和天神（Uronos）。"所以，我们比所有的天神要早得多"。人类的生成还早于天神。也许是阿里斯多芬时代他的设想，却反映了希腊对西亚、埃及的超越，也许同公元前5世纪中叶智者运动时代的人文主义思潮相关，人类竟然比天神还早"出生"。

二、城邦制时代主神体系所包含的文化创新

公元前9—前8世纪初形成的《荷马史诗》和赫西俄德《神谱》《天工农时》，可以说是远古社会、上古社会原始宗教和神灵观念的总结，又是城邦制时代宗教与神灵观念的开端。从宗教史角度看，可以说是原始宗教向三大教（佛教、基督教、伊斯兰教）发展的过渡型宗教。从原创文化研究视角看，克里特—迈锡尼文明及其内涵之一的宗教可以归入西亚—埃及原始宗教范畴，公元前8世纪城邦制以来，已经是以社会性力量神秘化为主的过渡型宗教了。

赫西俄德的《神谱》记述了从创世神"混沌"开始的五代神的衍生谱系。古代各地区各部族交融时，发生了众多神灵名称和功用的重叠与冲突。信仰人群多而强势者，或传说、编造好的"文本"，自然就处于强势地位。从《神谱》篇首看，在赫西俄德之前已有不少人试图厘清一个系谱。但赫西俄德不满意，他借缪斯之神谕，宣称他说的是"神谱"的"真相"。那么，"真相"是什么呢？第一，Chaos固然是"创世神"，但还不是太初的开端。这说明他已超出原始宗教通神者们的时空观念。赫西俄德认为Chaos也是被创生的，他是人们所知的神谱的第一代而已。"混沌"之前有个终极的、自身非生成的开端，这既是以后的哲学探索的开端的萌芽，如亚里士多德的"不动的第一推动者"，柏拉图的最高的"善"，普拉提诺的"太一"；也是后来的理性化世界性宗教的超时空的创世神的观念的萌芽。第二，西亚、埃及和上古、远古希腊神灵基本上是自然力的神秘化，赫西俄德把社会性力量的Eros（爱欲）外化为Chaos生大地该亚（Gaia）和地府塔塔罗斯（Tartarus）的第四位神灵。前希腊的皮拉斯基人的创世神欧律诺墨自己就是女神，可是出生后无生存处所。赫西俄德为Chaos所生的该亚和塔塔洛斯安排了大地与冥府两个住所，然后与爱情交配生黑域神（Erebus）、以太、白昼、天空。"以后Eros又不经交欢而生高山、森林女神（Numphus）、蓬托斯（Pontus，海洋）"。恩格斯在《反杜林论》第三编最后一章谈到宗教的产生时说，开始，人们是把自然力神秘化，不久，社会力量也以同样的方式被神秘化了，而且成了支配性力量。《神谱》有一段记述可以看作典范："夜神仇克斯生了可恨的厄运之神、黑色的横死之神和死神，她还生下了睡神和梦呓神族。尽管没有和

谁结婚,黑暗的夜神还生了诽谤之神、痛苦的悲哀之神,……可怕的夜神还生有折磨凡人的涅墨西斯,继之,生了欺骗女神、友爱女神、可恨的年龄女神和不饶人的不和女神。恶意的不和女神生了痛苦的劳役之神、遗忘之神、饥荒之神、多泪的忧伤之神、争斗之神、战斗之神、谋杀之神、屠戮之神、争吵之神、谎言之神、争端之神、违法之神和毁灭之神,所有这些神灵本性一样。"①这里,作者为各种人性丑行、社会恶习,找出一个对应的神灵。这是西亚、埃及所没有的。可以说,是当时希腊社会与人的真实写照。赫西俄德这里说的光明之神灵与黑夜神灵两个系谱,预示之后出现的善恶二元的宗教起源说。

荷马史诗是以特洛伊争端为中心的神话、传奇的综合。以文字为载体的、流传下来的《荷马史诗》起于公元前6世纪雅典庇西斯特拉图僭主时代。当代学者多数认为荷马其人及史诗早于赫西俄德。我认为从《劳作与时日》和《神谱》内容看,可能是赫氏早于荷马。希罗多德把赫西俄德置于荷马之前可能有他的依据。他说:"赫西俄德与荷马时代比我的时代不会早过四百年;是他们把诸神的家世教给希腊人,把它们的一些名字、尊荣和技艺教给所有的人并且说出了它们的外形。"(Hdt.2.5)从"文本"内容的逻辑顺序看,《神谱》所记的神迹在前。荷马史诗的内容在后。《神谱》面向过去,《伊利亚特》《奥德赛》继往开来。《神谱》以"当下"(公元前8世纪左右)人们的体验改写神灵遗迹。后来的诗人、悲剧、喜剧作者,晚期希腊作者,基本上继承赫西俄德和荷马不断"改写""重塑"神灵的观念。

爱琴海两岸,崛起的希腊同现今土耳其境内爱琴海岸的小国特洛伊发生过纠纷,这是史实。可能有过冲突,希腊人占了上风,但是特洛伊不是于公元前11世纪被希腊人毁掉。根据当代赫梯史专家T.Trace的考证,特洛伊是公元前900多年被强国赫梯毁掉,现已发掘到旧址底层②。希腊亚该亚人正是在这场斗争中逐步认识到希腊地域三个部落族群,是一个来自共同祖先的希腊民族。史诗以传统上的传说为主,围绕这场战争展开。同希罗多德《历史》比较,史诗是神灵导演的神—人联手争战。因而对神灵的描述以及神人关系占有重要地位。正是通过这一方面的分析,我们可以看出,公元前9—8世纪,即从口头吟诵到成书这一时期,希腊人的神灵观念和宗教情怀。从原创文化研究视角考察,希腊城邦制时代在人类宗教史上和宗教文化方面,希腊人实现了新的突破,起点就是荷马史诗,其次就是《神谱》。

---

① Hessod,*Theogony*,第210—230行。

② 参见 Treror Brace,*The Kingdom of the Hittites*,New Edition,Oxford,2005,Chapter 13。

　　古巴比伦和古埃及已经从杂多神灵体系向主神教转换。主神教并不是希腊人的创造。巴比伦的马尔杜克，古埃及相继形成的主神普塔神（Puta）、蒙特神（Mont）、阿蒙神（Amun）、阿吞神（Aton），都是主神。以荷马史诗为标志形成的，以宙斯为首的十二主神体系的特点不是主神体系，而是赋予十二主神体系以"神人同性同形"形式。原始社会阶段的神灵，大体上都是自然力的神化、拟人化。西亚、埃及的主神都起于自然力量的神秘化。埃及早王国时期的主神普塔，原是上埃及的部落神、图腾神。中埃及底比斯势力上升，取得全埃及统治地位后的主神蒙特，原是旧王国时期埃及南部的猎犬神（Falcon God），后又同上埃及的太阳神 La 匹配后形成的。阿蒙神又是底比斯地区另一神祇。阿蒙神原是月亮神（Khons）之父。新王国时期的阿吞是新王国时期喜克索斯（Hykson，闪族一支）的太阳神的化身。这些自然力的化身赋予"人"的样式。之所以叫"拟人化"，就是把自然力想象为像人一样的动者。希腊十二主神的特点是按当时城邦公民的式样和人性描画神，"拟人化"体现为与人同形同性。希腊人中有盗窃、欺骗、拐骗民女、恶作剧等，诸神甚至众神之首宙斯也一样。这样随着城邦时代希腊社会、希腊人的进步，以十二主神为主的神灵的人的属性、社会功能也不断跟进。下面我们就以荷马史诗和神谱为起点，综合后来希罗多德和柏拉图、悲剧喜剧作者，晚期希腊阿波罗多罗（Apollodorus）、阿波罗尼乌斯（Apollonius）、狄奥多罗（Diodorus）、鲍桑尼亚（Bausanias）等的论述，阐明希腊城邦制时代，新神体系所体现的希腊人的精神诉求，以及在宗教文化领域如何告别古代西亚与埃及。

　　1. 宙斯：在荷马、赫西俄德那里，宙斯已成十二主神之主。各部落为了部族生存发展都把自己的祖先说成是神性的血统，是宙斯与先人相交的半人半神人物。如宙斯与阿历克涅墨（Alecneme）生赫拉克莱斯（Heracles），与丽达（Leda）生海伦，与丹诺（Danae）生柏修斯（Perseus）（雅典祖先），与欧罗巴（Europa）生米诺斯。这样，原始社会杂婚制、群婚制留下的陋习有了新的存在的借口，同时对偶婚姻制度在神圣家族也得到了回应。赫拉是宙斯的合法的、正式的妻子。赫拉的嫉妒有了合理的解释。在城邦制和哲学的影响下，宙斯又有唯一神的萌芽。埃斯库罗斯的悲剧《乞援者》说，宙斯是"拥有一切力量的"，"造就一切的"，是"万物之因"（Cause of All）；"宙斯是以太，大地，天空"，"是一切，是比这些还要高的东西"[①]。晚期希腊的鲍桑尼亚显然已经从哲学那里学习到自然时间先后与逻辑秩序先后的区别，

――――――――――

　　① 见 Loeb 丛书 146 号 Aeschylus（埃斯库罗斯），第二卷，新编目，残篇 107。

以及哲学上 Being 作为"存在""实是"的意义。他说:"Dodona 的女祭司唱道:'宙斯过去存在,现在存在,将来也存在。'噢,伟大的宙斯!"①这同柏拉图说的,宙斯是"开端、中间、终点"如出一辙(Law,715E)。

2. 赫拉(Hera)是从杂婚制、群婚制向对偶婚姻过渡的产物。赫拉原先是流行于萨莫斯、阿戈斯和迈锡尼一带的女神。同谷物女神不同,她是生育女神。可能是月亮盈亏与女性月经周期类似,因而原始人祈求赫拉保佑女性怀孕。在杂婚、群婚制阶段,赫拉最后才成为宙斯妻子。宙斯也是从"乱伦"中成为众神之首后,独霸赫拉,众神才认可她为"王后""众神之母"。显然这是主神阶段父权制时代的"神圣家族",需要有一位"女主人"。这位"女主人"落在谁身上,这就要看各地、各部族女神中谁更有"魅力"了。大地之母、谷物女神、畜牧女神缺乏"人性""爱欲""美感",而赫拉的起点就是生育女神,又是人之生育守护者,女性的维护者。所以在神灵世界中挑选一个"后宫主人",赫拉就成了对偶婚姻,一夫一妻制的首倡者、维护者了。

3. 关于阿波罗与酒神狄奥尼索斯。格思里在《希腊人和他们的神》中说,"阿波罗是希腊精神的具体体现"。尼采把阿波罗和酒神狄奥尼索斯看作希腊人两种追求的代表。然而在线形文字 B 中根本没有阿波罗,其原型可能起于西亚小国吕基亚(Lycia,Lykia)②。在特洛伊战争中,阿波罗支持特洛伊一方。另一种说法是起于马其顿的 Bara 山,意为"天空大神"。"光芒四射的 Apollo",在《神谱》那里是个弓箭手(第 918 行),还同斯巴达王子搞同性恋。在《伊利亚特》中,他成了太阳神、光明神、射神。在十二主神中,阿波罗掌管光明、青春、医药、音乐、诗歌。他的最主要的职能是代表宙斯宣诏神旨,所以他又是最有灵验的预言神。德尔斐神庙后来成了阿波罗的神居所,成了全希腊人的信仰中心。在城邦林立和城邦纷争中,他不偏袒任一方。他告诫希腊人"认识你自己","过犹不及",因而他又是城邦间关系准则的制定者。难怪希腊人在殖民运动中,都以阿波罗为城邦的保护神。

如果说阿波罗是光明、智慧、节制的代表,狄奥尼索斯则是激情、迷狂、豪放甚至放荡的精神的化身。狄奥尼索斯外号叫 Baccus(巴克库斯),是"酒神"的意思。西亚、希腊的酿酒原料是葡萄,不像我国上古时代以谷物为酿酒原料。葡萄最早在里海南岸。斯基提亚和色雷斯开始用葡萄酿酒,以后传至希腊。希腊,特别是阿提卡盛产葡萄,而且又有天然的上等土质,

---

① 　Paul.10,12,10(鲍桑尼亚《希腊志》,第 10 卷,第 12 章,第 10 节)。(注:以下用缩写)

② 　位于小亚卡利亚(Caria)与旁菲里亚(Pamphylia)之间的一个山区小国。Hdt.(1,173)记述不确切。现代考证是来自古赫梯的 Lukka 部落(见 OCD,pp.894—895)。

适宜制陶。这样,葡萄酒成了以雅典为主的希腊人的主要出口商品。葡萄酒的生产地位和酒的效应,促使希腊人格外崇拜酒神。"酒性发作"时,人的精神处于亢奋状态。弗洛伊德在《禁忌与节日》中就从心理分析(精神分析)角度,以古希腊为例,说明人类正是借节日狂欢之际宣泄心里的压抑;以节庆方式调节常规和理性压抑下的非理性的、习俗认可的一时性越轨行为。酒神和酒神节正好起到这种调节作用。《希腊哲学史》第一卷中介绍了希腊人以巴克库斯群体狂欢的资料。① 酒神精神适应了希腊城邦制时代的精神诉求,所以广泛流行。公元前 5 世纪取代了十二主神中赫斯提亚(Hestia)的地位,成了十二主神之一。在柏拉图的《会饮篇》中,酒神精神成了四个合理的"迷狂"(mania)之一。

4. 雅典娜与阿耳忒弥斯(Artemis)和得墨忒耳(Demeter)原先都是来自西亚的母神。线形文字 B 中已有雅典娜。希罗多德(4,189)、阿波罗尼亚(第四卷,3310 行)、阿波罗多洛(3,12,3)、鲍桑尼亚(9,33,5)都说雅典娜来自西亚的利比亚。柏拉图说是雅典人对埃及赛提卡(Saitic)的 Neith 女神十分崇敬,因而来到雅典,所以雅典人称之为雅典娜。随着雅典的强大,城邦民主制的完善、公民的政治生活与精神生活的提升,雅典娜逐步褪去原始宗教的女神形象和女战神色彩,变成了雅典城邦的象征②。

阿耳忒弥斯原来是狩猎女神。在吕基亚是地母神,野生动物保护神。荷马把她描述成有众多侍女随从的少女,旺盛生命力的象征。颇有意思的是,当希腊社会出现历史上第一次城乡分离时,她成了卫城外乡村的女神,始终保留"乡土"本色,在爱琴海东岸的以弗所(爱菲斯,赫拉克利特的故乡)备受崇敬。她同得墨忒耳这位谷物女神基本上处于同等地位。不同的是,得墨忒耳在原始宗教中是地母神。在赫西俄德的《劳作与时日》中同农业挂钩,成了谷物女神。可能是大地与地府的关系,她同地府的来往多于天庭。在农耕为主的地区有"财产之源"的意味,因而又有"财富"神(类似中国的财神)的意思。

这是希腊人改造西亚地母神、谷物女神、狩猎女神的成功典范,赋予了神新的功能。

5. 旧质料塑造的新神:赫淮斯托斯、阿佛洛狄忒、赫耳墨斯。

自然力神化后不久就出现了社会力量的神秘化。赫淮斯托斯、阿佛洛

---

① 详见汪子嵩《希腊哲学史》第一卷,第四编"爱利亚学派",第六章"色诺芬尼"第 2 节,人民出版社 2014 年版,第 461—462 页。

② 参见 Robert Parker, *Athenal Myth &Festivals*(《雅典的神话与节日庆典》),Oxford,2011,Chapter 4,5。

忒特和赫耳墨斯,可以说是唯一神出现前社会力量神秘化的典范。希腊城邦社会的进步,促进了冶炼业、建筑业(尤其是城市与神庙的建筑)、雕刻业、车船制造业的发展。就像我国古代木工业的进步把鲁班神秘化,明清时钟表业发展将"洋人"利玛窦当作钟表神一样,希腊社会需要塑造一个"冶炼—建筑师"。这样,来自西亚利姆诺岛的火山,吕基亚的天然气的火神,受到希腊人的青睐。当河神要淹死远征特洛伊的阿喀琉斯时,赫拉请来发端于西亚的火神,用烈火烤干河水(见《伊利亚特》21,328、382 行)。他被宙斯罚入大海时,为海神造装饰品。回到奥林波斯山后为宙斯建宫殿、权杖、神盾、太阳车。这样,西亚的火神赫准斯托斯成了希腊的冶炼神、建筑神,可以说是用旧质料锻造的新神。

　　希腊原始宗教中本来就有个爱神埃罗斯,她是一切爱的力量的象征。对偶婚制的形成带来对单一女性的外貌美、情欲与占有的追求。克洛诺斯(Chronos)割下其父乌剌诺斯(Uronos)的生殖器,扔到大海后,从浪花中产生了美女神阿佛洛狄忒(Aphrodite)。同以往的大地母神的成因全然不同,阿佛洛狄忒的出场就颇为浪漫,用情欲、异性的追求、外貌美的倾慕构建了这么一个美女的诞生。她是纯粹社会性力量的神秘化。罗马时代的维纳斯就是希腊的阿佛洛狄忒。到了近代,如同恩格斯所说,情爱成了一个永恒的主题。这是从宗教与神话中诞生,走出宗教禁区,进入希腊—文艺复兴—当代文艺的指向。从原始宗教经主神教发展到理性化了的佛教、犹太教、基督教时,爱情这个主题就淡出了宗教,它同宗教提倡的超世俗的精神追求格格不入。希腊人把宗教主题诗化、艺术化,为爱情主题指出了新出路。

　　赫尔墨斯是十二主神中的小字辈神。可以说是纯希腊品种。北希腊一个部落以石堆、石牌为路标,转译为"界石""界碑"的指路神。《神谱》(第938 行)说是宙斯和迈亚在北希腊阿卡狄亚的居勒涅(Cyllene)山洞中生。他的神迹是后人逐步追加的。他出生后被放在风车上,遇风即长。刚会翻身就外出冒险,盗走阿波罗的牛群,藏于居勒涅山洞中,并用两只牛的肠作七弦琴。牛肉分成十二份,自己仅食一份。阿波罗寻到山洞后上告宙斯。宙斯警告他不许盗窃,尊重别人财产(注:上古时代的宙斯,是个惯盗,无视别人财产)。赫氏同阿波罗搞了笔交易:以七弦琴换牛群,以牧笛换牧牛的金杖。他与宙斯的机智对答,深得宙斯的欣赏。宙斯把制定协约、传递旨意、保护道路和行人安全的职责交给他。他在十二主神中地位不高,但精明能干,颇像后来的新贵族、政界商界精英。他还是市场神、商业神、指路神、释义神,因而成了"解释学"(Hermeneutic)的词源。在奥林波斯十二主神中,可以说赫尔墨斯从名字到神迹是纯希腊的,是希腊城邦制和工商贸易繁荣下,以私有财产为基础,讲究协约、交换、信息、畅通、释义的产物。它已经褪去了原始宗教的自然力神化的色彩。

综合十二主神的"神迹"、功能和人神关系,显然作为宗教核心的神灵观念,从来源上说有西亚和埃及的相近或类型的神灵和奇迹。但是,神圣家族本来就是世俗家族的神化。随着世俗社会的变化,希腊社会形成了西亚和埃及从未有过的工商贸易经济和城邦制度,而人又是教育和环境的产物(当然,环境和教育又随人的实践而改变),因而以社会力量和城邦"人"的神化为途径而形成的神灵世界自然也就是希腊式的,不可能是西亚、埃及的复制品。

三、缺失宗教教义载体的希腊宗教

雅斯庇尔斯发现,公元前8—前2世纪,世界上几个地区同时形成了以文字为载体的"文本"——印度的佛经、吠陀经,中国的孔孟老庄学说,波斯的扎拉托斯特拉,希伯来的旧约,希腊的哲学与自然科学。它标志着人类精神的觉醒,对世界文化发生了深刻而广泛的影响。雅氏称之为"轴心期"。本人在原创文化研究的有关论文及专著中做了评价,既肯定"轴心期"理论的意义,又论证其不足,不赞成过分夸大它的意义。我认为公元后2—8世纪,佛教东传中国和东南亚,基督教西进古罗马和法兰克王朝,伊斯兰教在公元前7—前8世纪一百年迅速占领中东、北非、中亚宗教市场,从而形成影响至今的世界三大教的局面。如果用轴心期概念,可以说这八百年是"第二轴心期"[1]。

就古代地中海世界而言,这几百年以色列形成了犹太教经典,即后来的《旧约》的原型。伊朗高原形成了波斯教经典。神灵的至上权威在教义经典中找到适合内容的形式。然而在大致同一时期的这600年,希腊正好是城邦制从形成到衰落时期(公元前146年正式成为罗马的一个行省)。受西亚、埃及影响的希腊并没有形成犹太教、佛教类型的教义经典,仅有不占主流的、影响很有限的奥尔菲秘仪,有"奥尔菲教"教义经典。宗教之为宗教,它的建构必须具备本节开头提到的三大要件,缺一不可。这三大要件的内容,要求相适应的形式,这就是把这三大构件结合在一起的教义经典。黑格尔、马克思、恩格斯深刻揭示了内容与形式的关系:内容决定形式,不同的内容要求相适应的一定形式;形式不是外在的,形式影响内容;外在的形式,

---

[1]　详见陈村富论文《古今地中海世界与世界文明格局的演变》,苏智良、陈恒主编:《欧洲历史与世界文明讲演录》,商务印书馆2013年版,第202—244页。

只能是在一定条件下才有其存在的依托。外在的形式束缚内容,要么被内容所遗弃,要么给内容带来灾难,促使原来内容的"死亡"。黑格尔说,"绝对观念"经历了艺术、宗教、哲学三种认识自己的形式,最后找到了最适合表述和认识自己的形式,这就是纯概念及其逻辑推演。以艺术、宗教来表现哲学(概念范畴),等于为纯概念穿上一套不合身的服饰。所以"绝对概念"抛弃艺术和宗教,找到了认识自己、表现自己的最终形式——哲学。黑格尔在美学、宗教、哲学史这三大系列的讲演录中阐述了一个深刻的、合理的思想:艺术、宗教、哲学各有其自己的存在方式、表述方式。同犹太教、佛教等相反,城邦制时代的希腊人以神话、史诗、悲喜剧等为宗教载体。同不可动摇的经文相反,文学艺术是最讲个性、创新、时代性的,最终给宗教带来灾难。宗教内容与载体处于尖锐矛盾之中。宗教崇敬的神灵和神人关系要求稳定性、恒久性、绝对性;文艺作品追求个性、即时性、创新性。为了吸引听众,游吟诗人不断制造新的神话故事的情节。可以说,有多少"说书人",就有多少种神话故事。适应新人、新时尚的神迹(如前面提到的十二主神中的新神、新事),又不断成为后人编剧、编撰神谱和神话故事的资源。那些不入流的神灵,就逐步退居次要地位,甚至变形了。如赫卡忒(Hecate),《神谱》说是"宙斯最尊重的女神","她在大地、天空和海洋中拥有自己的一份",她有能力帮你比赛得胜,畜牧兴旺(第405—453行)。到了公元前5世纪,她在诗人、剧作家那里成为司幽灵女神、冥府鬼魂总管。在琉善那里成了带着恶犬在十字路口游荡的凶神恶煞的女神,令人恐惧不安。罗得岛的阿波罗尼亚(Apolonias)说,阿尔戈斯取金羊毛的路上都要祭祀她(第三卷,第1194—1224行)。希腊人为神灵缝制了一套不合身的服饰,宗教内容必须在自身中才能找到合身的服饰。同样,对哲学来说,宗教形式也不合身。所以希腊人很快找到了哲学的形式,从内容到形式,彻底清算原始宗教。

四、被城邦国家边缘化了的祭司集团

从克里特出土的"公牛献祭图"和"仪仗队图"(祭仪进行图[①])看,祭仪主持人(祭司)尚有相当威信。公元前11世纪进入希腊半岛的游牧民族多立斯人,是历史上拥有军事实力的落后民族打败文明程度高而军事实力差的先进民族的范例。处于原始社会后期军事部落制的多立斯游牧民族,他们从高加索山地经巴尔干直奔希腊半岛。他们看到迈锡尼高大的狮子门、

---

① 见 James Whitley,*The Archaeology of Ancient Greek*,Cambridge,U.P.2021。

圆形墓,克里特的建筑和墓穴,以为那是无比高大、力大无边的巨人所造。所以,在《神谱》和《奥德赛》中出现了迈锡尼和线形文字 B 中没有的,大地女神该亚所生的"怪胎":"提坦"和"巨灵"(Gigantes),如独眼巨人Cyclopes;该亚与乌拉诺斯所生的三个巨人儿子:Cottaus, Briareus, Gyges,各有 50 个头,100 条臂膀。多立斯人又恐惧又敌视这些"妖怪物"。大概与此有关,亚该亚人建筑的居所、墓穴和雕刻都被毁掉了。亚该亚人大都分别逃到海岛和海边山地,其中之一就是阿堤卡山地和山地小平原。从亚里士多德《雅典政制》《政治学》和公元前 5 世纪的史料,以及普卢塔克的柏修斯传记可以看出,大逃亡时原始部落被打乱,祭司势力也削弱了。阿堤卡的十个部落很大程度上是重组的。特别是公元前509 年克利斯提尼改革中实行的"三一区",用行政区域划分取代了血缘关系的部落划分。生产方式和生活方式的改变,带来社会分层和社会关系中人的地位的变化。依附于原来部族关系的上层包括祭司,在新的社会关系中被边缘化。从事工商贸易、热心城邦建制的"新人"地位上升。他们是赫尔墨斯、阿波罗、雅典娜、阿弗洛狄忒新神、新神迹的创造者。特别是像赫尔墨斯,地位不高,却精明能干;不识游牧却是能工巧匠;不依附于土地,却善于开拓,为凡人开路、护航;虽有偷盗旧俗,却不贪心,仅取 1/12 祭品,还善于交易,制定契约、协定,确保商贸畅通。他分明是新型工商奴隶主的化身,不是西亚、埃及的舶来神,而是新型社会关系异化而成的十二主神之一,活跃于全希腊。原始社会和西亚、埃及创造的祭司集团几近"无事可干"。"祭司"沦落为"看庙人","神的侍奉者"。它不像巴比伦和埃及,有强大的势力,可以借神干预政治。城邦建设、神庙选址、开拓移民,基本上都是议事会和长老院、执政官决定,祭司配合问神,选取吉日,预卜凶吉。所以,虽有一定神职地位,但干预政治、窃取政权之路,几乎全被堵塞了。即使是斯巴达、科林斯等有名的贵族制城邦,史上也无类似埃及的祭司主政记载。在希腊的信仰中心——德尔斐神庙,祭司皮狄卡也只是神谕的传达者。普卢塔克说德尔斐神谕之所以灵验,因为他们/她们超脱城邦,他们在各地有自己的"信息情报员"。从希罗多德的《希波战争史》看,祭司集团受贿是常有的事。西亚的吕底亚国王克洛伊索斯(Croesus),为了拉上希腊结盟抵抗波斯,用大量黄金制品贿赂德尔斐祭司。失败被俘后,他把战火引向希腊,说是德尔斐神谕叫他攻打波斯(见第一卷第 87、90 节)。追索到他的始祖居革士(Cyges)就是靠大量奉献,借神谕而篡国的(见第一卷第 14 节)。斯巴达也曾后悔,受德尔斐假神谕之骗(第五卷第 63、91 节)。这说明希腊城邦制时代的祭司集团被边缘化,也腐化了。

在宗教三要素中,以群体共同信仰为核心,以教规、祭仪、教义等为人神中介而结成的俗世间组织或机构,往往是神人关系、宗教与社会关系的矛盾的主导方面。在宗教组织内,它有借神之名、以神之口编造神谕,操控信仰群体的威严和功能。在宗教与社会的关系中,它又是矛盾一方的当事人。所以,无论是古代的祭司集团,抑或世界性宗教形成后的教会与僧侣集团,都拥有神权和部分政权性的权威。唯有古希腊,祭司地位大大削弱了。这就为哲学的产生创造了有利条件。从史上第一个学派开始,"爱智者"(智慧狂迷者)就可以自由探讨神是什么,可以像色诺芬尼及之后的剧作家们,尖锐地批判赫西俄德和荷马的"神人同形同性"说。

从原创文化研究视角看古希腊宗教,可以得出如下结论:远古、上古时代的希腊宗教同地中海东部古代西亚、埃及同一类型,同欧洲大陆无任何联系。它不是后来才出现的"欧洲文化""西方文化",但也不能说是西亚、埃及的复制。上古时代它深受其影响,又有当时生存环境下的创新。公元前8世纪以降,城邦制时代的宗教是希腊人、希腊精神的一个侧面的神化。其特点是:第一,神灵观念方面形成了以"十二主神"为主的"神人同形同性"论,色诺芬尼仅看到同形及"同性"方面的人伦行为(偷盗、欺诈、奸淫),他不了解"同性"的方面是由城邦人的现实社会关系决定的。费尔巴哈所说的"宗教是人的本质的异化",说的也只是生物学、人类学意义上的人的"类的普遍性"。第二,同犹太教、佛教不同,宗教方面的神观和神人关系以史诗、神话、传说故事为载体。宗教的内容以不合身的文艺为形式。第三,祭司集团被城邦政制边缘化。这三个特点结合在一起,为哲学和科学在希腊诞生创造了有利条件。希腊哲学解构了原始宗教,同时又为高级宗教(基督教)的形成与传播创造了条件。从原创文化方面分析,正是在希腊,首次展现了宗教、艺术、哲学三者的关系。

第二节　文学与艺术

古人类学、语源学、认知科学及19世纪以来泰勒、缪勒等在南美洲的考察证明,人类初期的语言能力是在生产和生活的社会活动中,与思维和情感机能同步进化的。动物智力与语言的研究证明,动物能依本能发出求爱、恐惧和传递信息的奇异声音。同类动物听到后会做出不同的回应。我们可以将动物语言分成两类,一类是诉求型,另一类是传递信息型。大雁的"人"字形、"一"字形飞行转换,"蚂蚁搬家"的"接头语",蜜蜂采蜜的信息传递,旨在传递信息,统一行动。早期原始人类从动物群体活动本能向社会性交往活动过渡时,间接互惠性和社会性分工同步进化。在狩猎、采集和氏族内分工时,个体意识到自身参与的这一围堵动物行为,虽不能直接获取猎物,但是能从共同活动中获取分得的食物;或者是在本群体的安危中,自身的本分工作共同维护了群体,因而也获得了自身的安全。人类进化中这种间接互惠的自我意识越高,人脑中颞叶的语言功能和前额的思维功能的"进化"也就越来越快,二者互动互进。这样,彼此需要交流的欲求也就越强烈,"用进废退"的进化律也就越得到彰显。最初只有单音节的语言,尔后才有双音节、多音节的唇齿音、舌音、颚音、鼻音。传递信息类重在表达一件事情(event)。在语言不发达的状况下,简单的"记号"起了重要的辅助作用。直至公元前8世纪,北希腊还有部落用石子摆设指明道路的走向。原始人最初的神一旦形成,人的恐惧与祈求就集中到人神关系上。氏族部落中的"通神者"引领众人庄严肃穆地祈神保佑,驱除邪恶。这样,同祭仪相关的倾诉欲求和愿望的"诗性语言"就伴随宗教祭仪相生了。这类语言逐步发展为诗与歌舞。信息语言则演化为后来语言中的"陈述句",而且是语法中的主要形态。自从原始人有了神秘"动者"观念后,传递关于神的听闻就带有"传说"的要素。同该氏族部落相关的神灵的传说越来越多,在梦的移情、放大、嫁接和虚幻化的助力下,这些传说就越来越神奇,加上宗教祭仪和通神者的参与,从传说中就出现了神话(mythos)。以神的衍化为中心,就形成了后来的《神谱》。以神话为内容、主要资料来源,以诗为形式,二者相结合就形成了"史诗"。以史诗为主要体裁,用表演的形式来展示神人关系(主要是神与英雄),就形成了悲剧。当戏剧的主题(神和英雄)取材枯竭,原生态的悲剧也就走向衰落,以现实问题和人为中心的喜剧登场,而且成为时髦了。这些神话、史诗、悲剧的内容以物化形式出现时,在技艺(techne)的参与下造型艺术(主要是雕刻)就形成了。神话、史诗、悲剧、雕刻是希腊文学艺术的四大品牌。本节中,我们拟从原创文化视角考察在文学艺术领域,古希腊同东部地中海世界有亲缘关系,却同后来称呼的"西欧""中欧""北欧"无承继关系。然而它又有不同于西亚、埃及的原创性智慧,而且在文学艺术史、文艺与社会的互动中有重要历史地位。从历史顺序和逻辑关系看,神话与传说在史诗、悲剧、雕刻之先,所以先说神话。

一、神话与传说

神话起于上古时代。由于古人的生存条件和生态环境,以及部落、城邦、地域的分离,所以上古的神话只有口传的、杂多的"文本"。大约公元前

7—前6世纪希腊才有文字载体的记述,尔后才有整合。有史可查的整理是斐瑞库得斯(Pherekydes)的十卷本,但都已佚失。《牛津古典辞典》(1996年,第三版,第1157页)有两个Pherekydes。Syros人Pherecydes,鼎盛年公元前544年,以希腊第一个散文作家闻名,主题是诸神的诞生和创世,认为Zas(即zeus,宙斯)是第一位神,与之共生的是时间之神(Chronos)和大地之神(Chthonie)即Gaia。相继有五代(或七代)神祇,代表宇宙生成次序。宙斯与大地还正式成婚。宙斯以绣有大地和海洋的长袍为礼服,预示凡人结婚的婚礼。他的关于灵魂不朽的见解,被师承作家们看作是毕泰戈拉的老师。另一个是雅典人的斐瑞库得斯。尤息比乌说他的鼎盛年是公元前456年,也是关于神的系谱的记述。两人著述都已失传,自古相混。究竟何时、何人将收集到的神话整理成册无从考证。迄今遗留下的著作仅有阿波罗多洛(Apollodorus)的九卷Bibliotheke(书集)。《牛津古典辞典》收集了八个同姓的阿波罗多洛。希腊神话的作者是第六个,即"雅典的阿波罗多洛",鼎盛年约公元前180—前160年。希腊后期积累了大量文字载体的文献。亚历山大里亚和帕伽马两大图书馆收集了大量资料。晚古希腊掀起了一股汇编、综述和注释原典的热潮,主要有前面提到的演讲与修辞(oratory 与 rhetoric)、词源学(etymologyca)、辞书编纂学(lexicography)、言论集,意见集(doxagrophy)、各家见解合编(synagoge)、要述(placita)、选编(eclogae)、汇编(stromateis)、编年(chronika)、师承关系录(diadoxa)、分类介绍图书文献(biblioteca)、传记(biography)、历史、纪事(historia)、人情风貌的描述(discription),方志(periegeseos)。阿波罗多洛就是 biblioteca 类代表人物之一。这类文本的特点就是按传承下来的文本,综合转述原典,而不像研究性论著,以发表自己观点为主。阿波罗多洛师从巴比伦的斯多亚学派的第欧根尼,并与亚历山大里亚的阿里斯达库(Aristarchus)合作收编文献。之后他赴帕伽马,晚年生活在雅典。最有影响的是他的编年纪事(Chroniche)和语源学。九卷 biblioteca,就是关于希腊神话的文本综述。路白古典丛书分两卷刊行了九卷的希英对照。中文有周作人1938年初译,1950年校正,1958年出版的阿波罗多洛的中译本。引言中大段引证了路白丛书英译者 J.G. Frazer 的评价。此外,罗得岛的阿波罗尼乌斯(Apollonius, Rodius)、阿赛奈乌斯(Athenaeus)、西库罗的狄奥多罗(Diodorus, Siculus)、亚历山大里亚的克莱门、波利比乌斯(Polybius)、鲍桑尼亚的《希腊志》等也都保存有希腊神话的若干原始资料。所有这些记载纷繁复杂。既有框架与梗概上的一致,也有许多枝叶般差异。德国的斯威布(Gustav Schwab,1792—1850年)加以整理编排。楚图南从英译本译为中文。1978年出版了修订本《希腊的神话和传说》。此外,近现代学者从不同视角出发发表了些新的研究成果。读者可以参看这些外文编著①。其中最具代表性的神话有下列几则:

1. 普罗米修斯与潘多拉匣子。

伊阿珀托士(Iapetus,提坦之一),为天神乌剌诺斯与地母该亚所生,被宙斯放逐。普罗米修斯是他的儿子。他比他的三个兄弟阿特拉斯、厄庇墨透斯、墨诺提俄斯机敏而聪慧。最初的人类被创生之后,他们不懂如何使用自己的四肢和灵性,也不懂如何辨别四季、建筑住屋,如同蚂蚁成堆聚集在没阳光的土洞里一样。善良而又能干的普罗米修斯见状,前来帮忙。教人类如何观察星辰、天象和计算;用文字符号交换思想;驾牲口、造船、航行和医药知识,而且学会预见未来和释梦,总之"一切生活的技艺和生活品"。但是宙斯拒绝给人类最后一物——火。机敏的普罗米修斯盗取火种,传给人类。宙斯知道后实施了双重的惩罚。一方面,他令火神赫淮斯托斯创造一个迷人的少女"潘多拉"(意为"有着一切天赋的女人"),命每一神灵都给她一件有害于人的"礼品",装在一个匣子里。厄庇墨透斯不听兄长普罗米修斯劝告,接收了赠礼。潘多拉突然打开被接收的礼匣,于是飞出一大群灾害,迅速地散布在地上。匣子底部深藏唯一美好的东西——希望(盼望)。潘多拉按宙斯命令,及时盖上,将匣子永久关闭;数不清的不同形式的悲惨充满大地、空中和海上,唯独没有"希望"。这事完成之后,宙斯转而向普罗米修斯复仇,将他交给赫淮斯托斯和外号叫"强力""暴力"的两个仆人,拖至斯奇提亚,用强固的铁链将他锁在高加索山的悬崖绝壁上;笔直地吊着,不能入睡,而且永不能弯曲他的双膝。宙斯还每天派一只鸷鹰去啄食他的肝脏。普罗米修斯大声悲吼,并呼叫着风、河川、太空和万物之母的大

---

① 2015 年,牛津大学出版社出版了第 10 版《(希腊)古典神话》(Mark P.O.Morford,Robert J. Lenardon,Michael Sham,*Classical Mythology*,International Tenth Edition,Oxford U.P.2015),大开本 806 页(索引除外),分四个部分介绍了希腊神话。第一部分"创世神话:诸神"(The Myths of Creation:The Gods);第二部分"希腊英雄故事"(The Greek Sagas);第三部分"罗马神话的希腊性"(The Nature of Roman Mythology);第四部分"古典神话的遗迹"(The Servial of Classical Mythology)。Roder D.Woodard 主编的《剑桥希腊神话导读》(Woodard, Roger D.(Ed):*The Cambridge Companion to Greek Mythology*,Cambridge,U.P.(2007 年)分三编,第一编是"渊源与解释",分别论述源自抒情诗、荷马、赫西俄德、悲剧、喜剧、柏拉图及希腊化时期神话文献的神话;第二编分别阐述神话与希腊宗教、文艺、语境、政治及荷马诗人奥维德(Ovid,公元前43—公元后约 17 年)的关系;第三编论述希腊神话对中世纪、文艺复兴、英美文学的影响。Gwendolyn Leick 编的《古代近东神话词典》(Leick,Gwendolyn:*A Dictionary of Ancient Near Easter Mythology*,Routledge,1991)取材也相当广泛。她收集了公元前 2800—前 300 年塞琉古王朝时的 100 多个神话(有的仅是"神迹")并提到同希腊的关系。

地,来为他的痛苦作证,但他的精神仍极坚强,从不屈服。希腊悲剧和马克思的博士论文赞扬的正是这种精神。

2. 宙斯和伊俄。

伊那科斯(Inachus)是古老王国珀拉斯戈斯的国王。他有一个美貌的女儿叫伊俄(Io或Ion),宙斯偶遇后顿发邪念,变成一个美男子去引诱她。最后她陷入宙斯布下的云雾之中。众神之母赫拉久已知晓丈夫的不忠。赫拉令百眼怪物阿尔哥(Argus)看守宙斯的这只小母牛。阿尔哥前后左右有百只眼,睡觉时轮流闭上两只眼,使得宙斯无法接近伊俄。小母牛到处逃难,即使回到家乡,父母也不认识其原形。宙斯无奈只好令赫尔墨斯吹奏其牧笛,让阿尔哥熟睡。此计不成后,赫尔墨斯用讲故事的办法,终于让他入睡,虽然杀死了百目怪物阿尔哥,但是赫拉很快用牛蝇叮得伊俄发狂乱跑。牛蝇追着叮咬,从斯基提亚、高加索直到埃及。在尼罗河岸,伊俄跪求赫拉饶命。宙斯向赫拉求情,在尼罗河让伊俄恢复美女原形,并与宙斯生下儿子厄帕福斯(Epaphos),并从埃塞俄比亚带回埃及,厄帕福斯娶孟菲斯为妻,生女儿利比亚。这就是这个地方后来命名为利比亚的来历。这则神话说明希腊神话同东部地中海的关系,同后来命名的欧洲无缘可寻。

3. 欧罗巴(Europa)与宙斯。

腓尼基国王的女儿欧罗巴做了一个奇异的梦:两块大陆变成两个妇人,正在争夺她,其中一个就是腓尼基所在地亚细亚,另一个是异国异地的样子。那个外乡人将她抱在怀里,并将她带走。次日,欧罗巴照样与一群女郎在岸边草地玩耍。为躲避赫拉,宙斯变为一只美丽的牡牛来到草地上。欧罗巴和她的女伴们夸赞牡牛的身体和温顺。牡牛逐渐靠近欧罗巴,欧罗巴先是瑟缩着后退。之后鼓起勇气靠近,将散放着香气的玫瑰花放在牛的嘴边。牡牛舐着花朵,开始温柔地拍着她的美丽的小手。渐渐地这牡牛使女郎更加着迷了。她甚至冒险去吻他的前额。欧罗巴招呼她的三个女伴,爬上这美丽牡牛的背并骑着它前行。但是,未等女友们爬上背,这牡牛就加速前进了,驮着欧罗巴飞驰过海面,次日晨到了克里特岛。惊恐的欧罗巴听到了爱神阿佛洛狄忒的话:"请息怒吧,欧罗巴,你被一个神祇带走。你命定要做不可征服的宙斯的人间的妻子。你的名字是不朽的,因为从此以后,收容你的这块大地将被称为Europe。"这就是"欧洲"的来历。

4. 卡德摩斯(Cadmus)建底比斯(忒拜)城。

卡德摩斯是欧罗巴的哥哥。腓尼基国王命他带人去寻找妹妹。"除非找到,否则不许回来"。卡德摩斯寻遍所到之处,均未找到。因为宙斯把欧罗巴转移藏到"太阳西落"的大山(指阿尔卑斯山)。卡德摩斯不敢回去。

因此,请求阿波罗赐给他神谕,告诉他应该在什么地方度过他的晚年。神谕说,你跟着一只牛犊走,在它躺下休息的草原建立名叫忒拜(Thebes,底比斯)的城邦。卡德摩斯在牛犊休息之处献祭之后叫仆从们去山泉取水。幽谷山泉洞头盘踞着一条毒龙,有三层利齿,三叉舌头,盘住仆人吸血。卡德摩斯等了许久,不觉生疑,找到洞口见到毒龙正在吸血,他身穿从狮子上剥下的狮皮,手持长矛、标枪,身佩宝剑,勇猛无比。杀死毒龙后,雅典娜命令他掀起泥土,播下毒龙的毒牙。一颗牙就是一个未来种族的种子。之后真的长出一整队的武士。相互厮杀后仅剩五人,卡德摩斯带着这五个武士,依神之命,建了忒邦城。

5. 彭透斯(Pentheus)与巴克科斯信徒。

彭透斯是卡德摩斯的五武士之一厄喀翁(Echion)的儿子,忒拜的国王。忒拜的许多男男女女都信奉酒神,奉行巴克科斯酒神节的礼仪,一种醉酒状态下的无拘束的呼喊与交欢。厄喀翁极端反对,称之为一群疯子的举止,酒神狄奥尼索斯是个大骗子。彭透斯下令全城搜捕狄奥尼索斯。但是仅仅捉到一个水手,水手讲述他的“经历”。彭透斯听得不耐烦,下令“抓住他”,“让他受千种苦刑,并将他拘押在地牢里”。但是,一只看不见的手将他放了。彭透斯的母亲和众姐妹也都是酒神的信徒,但是彭透斯一样抓捕,并将她们同其他信徒关押在一起。狄奥尼索斯用他的神迹让他/她们都逃离,而且由国王母亲和姐妹率领。他们在丛林中行奇迹。可是彭透斯更加仇恨他。狄奥尼索斯使用魔法,让他高挂在树枝上,又跌落在地上,遭众人痛骂,鞭打,撕成碎块。这就是狄奥尼索斯对于侮蔑他的神圣教仪的人的报复。这则神话说明,以教义或教仪为纽带而形成的信仰群体,有强大的内聚力,同时也就有同等程度的外斥力。二者相遇,互不相容时就可能形成宗教冲突。宗教史上一切宗教冲突,可以在这里找到先兆和萌芽。

6. 代达罗斯(Daedalus)与伊卡洛斯(Icarus)。

代达罗斯是神话中一位杰出的建筑师、雕刻家,但这个几近完美的艺人却自负又嫉妒有技艺才华的人。塔罗斯是他姐姐的儿子,才能超群。儿童时就发明陶工辘轳、锯子、旋转式车床。代达罗斯嫉妒他,将他推下卫城摔死。事发后逃亡克里特岛,为国王米诺斯造有名的迷宫,但始终不为米诺斯所信任。米诺斯封锁了地上、海上一切通道。代达罗斯突发奇想:我造一件飞鸟样器械,从天上飞出去。最后他不仅为自己,也为他儿子伊卡洛斯造了一个。子随父双双飞离了克里特。但是跟随在后的儿子比老子还自命不凡,要比父亲飞得更高。岂料过于接近太阳,烤化了他的人造羽翼,坠落大海丧命。代达罗斯谋害塔罗斯受到了报应,他伤心地飞往西西里,为那里的国王建造人工湖泊、存放珍宝的要塞、深幽的地洞,引来地下温泉,还扩充了阿佛洛狄忒神庙,奉献了一个制作精巧的黄金蜂房。后来他还办了一个传授技艺的学校,然而他一辈子生活在忧伤之中,客死西西里。巴比伦、埃及都有精巧的工匠之神。但是希腊神话塑造了这么一个技艺(techne)与德性(arete)冲突的典范。在人类初始阶段,人的智慧和技艺与原始人群的需求和本性一致。精制的石斧、弓箭、住所,既体现人的智慧,也体现人的 arete("好""善"之性)。但是人类堕变了。犹如另一则神话所说,黄金时代转向白银时代的"人性","粗野而傲慢,互相违戾",行为放肆。到了青铜器时代,"残忍而粗暴,习于战争,总是互相杀害",技艺造就了宽厚的坎肩、青铜的武器和披戴,但是人类离开了光明大道,"下降到地府的黑夜"。赫西俄德《劳作与时日》描绘的就是克里特—迈锡尼时代人的技艺与德性。这则神话寓意深远,是古希腊人超出西亚、埃及的创作。

7. 阿耳戈斯英雄们取金羊毛。

克瑞透斯(Cretheus)在中希腊忒萨利建伊俄尔科斯王国。幼子珀利阿斯篡夺兄长埃宋(Aeson)的王位。埃宋死后儿子伊阿宋(Iason)逃亡。半人半马的喀戎(Chiron)传授给许多英雄真本事。他收留并传教了伊阿宋20年。伊阿宋返回本土,欲夺回王位。珀利阿斯在市场巧遇穿着一只鞋的侄子伊阿宋,猛地想起神谕说的"提防一个穿着一只鞋的人"。叔叔答应奉还王位,条件是必须替他到高加索取回金羊毛。金羊毛是无价之宝,许多英雄和王子有去无回。珀利阿斯是以此刺激伊阿宋,心想他必定是一样的命运。上古时代英雄以勇敢为第一品德。伊阿宋欣然答应,邀请希腊众多英雄共同行动。雅典娜神指导下建筑了最精美耐用的可容五十名水手的大船,取名"阿耳戈"(Argos)。伊阿宋任总领。众英雄中有威力无比的,完成十二件苦力的赫拉克莱斯,远征特洛伊的阿喀琉斯的父亲,宙斯与凡人生的两个儿子奥尔菲教教主奥尔菲斯,波赛冬的儿子——后来建雅典城的忒修斯。他们刚出海,一阵暴风雨就把阿耳戈船吹到了爱琴海域的楞诺斯岛。这个岛清一色都是女人。因为她们的男人在外寻欢,之后全被为妻者所杀。女人们见到众多英雄,欲留住他们。赫拉克莱斯厌恶女人,因此就他不上岸,留船看守。眼见众英雄被美色所困,他破口大骂,逼迫他们快速离开此地。众英雄们到了黑海与爱琴海交界的欧律癸亚海岸。这里是长有六臂的巨人的乐土。一场拼搏取胜之后,他们为死者举行葬礼后继续航行,到了比堤尼亚,得到当地的密西亚人热情招待。但是赫拉克莱斯的挚友许拉斯(Hylas)打水时被水仙拉下水,赫拉克莱斯于是留下来寻找挚友,这样就少了两位英雄。

　　阿耳戈的英雄们次日早晨到了阿密科斯,这里的居民是柏布律西亚人。对于外地人他们有一个苛刻的法律:拳击不敌者死路一条。希腊最好的拳击手波吕丢刻斯(Polydeuces,海伦兄弟,勒达之子)应战。获胜之后他们到达了邻近金羊毛的地域。他们在比提尼亚的对岸抛锚,遇见被阿波罗惩罚住在这里的菲纽斯(Phineus)。他是腓尼基国王阿革诺耳(Agenor)的儿子,欧罗巴的兄弟。阿波罗让他晚年成为盲人,被人首鸟身的美人鸟所欺。只要他备好食物,美人鸟就飞来一扫而光。宙斯给的神谕是:他在玻瑞阿斯的儿子们和希腊水手到来时可以得救。菲纽斯获救后告诉他们如何撞岩,通过玛里安底尼(地狱的入口),到达科尔喀斯海岸就能看见不眠的巨龙看守着的金羊毛。欧克塞诺斯海湾的两座陡峻的岩石岛屿,悬浮在海上,时合时分。英雄们必须在分开时快速驶过,否则会被挤压成粉末。陀工提费斯跟着放出去的鸽子飞驶而过。之后他们又闯过几道关卡,路过囚禁普罗米修斯的高加索,终于到达目的地科尔喀斯。他们决定先去拜见科尔喀斯国王埃厄忒斯(Aeetes)。埃厄忒斯有两头神牛,长着铜蹄,鼻孔喷火焰。必须制服后用来耕田,播下毒牙,长出怪人后全部杀绝,才能允许去取金羊毛。伊阿宋必须同他一样,一天内制服神牛、耕作、播种、杀光怪人,一气呵成,否则一切俱毁。英雄们一筹莫展之际,科尔喀斯国王的小女儿美狄亚(Medea)爱慕伊阿宋,私下偷送魔药,传授驯服神牛并杀死毒牙人的办法。英雄们闯过了最后这一关,但是美狄亚为爱情通敌事件败露,连夜逃奔伊阿宋,并告诉他趁夜出行,她能用魔咒和迷药让看守的毒龙沉睡不醒,盗走金羊毛。

　　伊阿宋一行盗走了金羊毛,不料科尔喀斯儿子奉命赶上,布下天罗地网。情急中的美狄亚在爱情与亲情中最终做出痛苦的抉择,相约兄妹会面,让伊阿宋趁机杀了这位全军统帅。英雄们趁乱杀退了追敌。科尔喀斯国王气急败坏,倾巢出动,为儿子和部族人报仇,并索取叛女美狄亚。尽管赫拉保护了他们脱险,但阿波罗要惩罚英雄们和美狄亚:"你们不能逃避宙斯的愤怒,你们将漂流在海上。"阿耳戈船漂至埃及附近的芦苇丛和沙滩时烈日曝晒,众人饥渴难忍。正在他们等待死亡来临之际,当初留在中途的英雄赫拉克莱斯化装出现。引导他们离开死亡之地,回到克里特岛,再到伯罗奔尼撒半岛的伊齐那,胜利到达故乡伊俄尔科斯。

　　然而伊阿宋并没有得到王位。他与美狄亚生了三个儿子。忘恩负义的伊阿宋后来又爱上科林斯国王之女儿。美狄亚悲愤至极,用沾上毒药的服饰赠予新娘,毒死新娘和科林斯国王,杀死伊阿宋与她亲生的三个儿子,自己用魔法腾空而去。伊阿宋回家见到如此惨状,拔剑自刎。

　　取金羊毛的故事在希腊神话中独树一帜。同是英雄,但是同荷马史诗中的英雄观念不同。伊阿宋靠一个女人过了最后两关,还盗取了金羊毛。后来又背弃危难中拯救他的情人。而美狄亚为爱情叛离自己的国家,还设计杀死亲兄弟,最后落个悲惨结局。所以,后人有各种不同评论。

8. 阿耳忒弥斯(Artemis)的野猪。

卡吕冬王俄纽斯(Oeneus)丰收季节给众神献祭,却把狩猎女神阿耳忒弥斯忘了。女神决定报复,放出一只野猪,吃尽卡吕冬国王的一切食物,连枝带叶吞食所有的葡萄和橄榄,还把仓库和住房都夷为平地。国王儿子,英雄墨勒阿革洛斯(Meleageros)召集所有的猎人和猎犬及全希腊的英雄来追杀,却都败兴而归。阿耳卡狄亚的阿塔兰忒(Atalanta),自幼被遗弃于森林,由野熊哺乳长大。在男人看来她像女郎,在女的看来她像男人。她以狩猎为乐趣。她首先射中野猪。男人们觉得受辱,一拥而上,射杀受伤的野猪。最后论功行赏时,招来一场恶斗。阿耳忒弥斯用她的一只野猪,不仅毁了作物,还给众猎人、英雄带来一场厮杀。这场报复可谓歹毒,但从远古时代的神话创作考察,可见人类初始阶段的丰富的想象与创造,现代的许多电视剧自愧不如。

9. 丢卡利翁、坦塔罗斯、尼俄柏、萨尔摩纽斯。

希腊神话中有一批以渎神、慢神为主题的神话。丢卡利翁(Deucalion)类似《旧约·创世记》的诺亚一支。希腊的阿耳卡狄亚国王吕卡翁(Lycaon),不识宙斯真面目,不仅把他当作凡人中的骗子,还想趁他熟睡时杀掉他。宙斯决定除灭全部可耻的人类种族。虔诚的丢卡利翁带着妻子皮拉(Pyrrha)到高山之巅,存活下来,成了再生的人类的祖先。

坦塔罗斯(Tantalus)是神人交配的后裔,拥有世间各种物品,以他在亚洲和希腊的财富而著名。如果说奥林波斯圣山的神祇曾向一个人致敬,那就是他(楚图南译本,第134页)。他还有资格参加圣山上的饮宴,听神灵们言谈。但他以此为傲,忘乎所以,为所欲为,最后遭诸神惩罚,被打入地狱、捆绑在湖边。湖水齐腰,受尽饥渴之苦。因为他想低头喝水,湖水就自动退去;他想抬头吃果实,果树就自然抬高,让他吃不到。还有一块大石头悬挂在他的头上,永久威胁着他的安全。坦塔罗斯在地狱里永久遭受着这三种苦刑。

类似的神话还不少。忒拜女皇尼俄柏(Niobe),塔坦罗斯的女儿,因丈夫有把竖琴,演奏时石头都会自动结合,变成忒拜宫殿。她有14个子女,男女各一半。因为她自鸣得意,得罪神灵,击杀了她的全部子女。埃利斯的国王萨尔摩纽斯(Salmoneus)自比宙斯,要人们敬他如神,宙斯因一人之过,不仅击杀了他,而且灭了全城居民。

这些神话故事同耶和华惩罚造巴比塔与天比试的人类,击杀不敬的以色列人的后裔等如出一辙,但又增加了些人类疑神、慢神、造反的元素。所以后人可从虔诚与反抗神灵统治不同角度去引用这些神话。

10. 赫拉克莱斯的故事。

这是希腊神话中编造得最有特色的,反映希腊城邦制时代人的精神的神话。

赫拉克莱斯是宙斯与阿尔克墨涅(珀耳修斯的孙女)的儿子。赫拉因有这孩子前途无量的预言而记恨。阿尔克墨涅害怕受害,将孩子弃之于田野。雅典娜和赫拉路过时看见了,雅典娜劝赫拉给他喂奶。雅典娜捡回去,让阿尔克墨涅养育。赫拉知情后令两条毒蛇爬进摇篮咬死他,赫拉克莱斯惊醒,双手捏死两条毒蛇。众人惊喜,宙斯也高兴。赫拉克莱斯的养父安菲特律翁更为他配备各种武艺、文艺教师。18 岁的赫拉克莱斯开始独立生活。神灵化为两个妇人,给赫拉克莱斯提供"享受"和"艰苦奋斗"两条道路,他毫不迟疑选择了后者,从此走上了征途。他除掉了喀泰山上的凶猛的狮子,以龙尾代足的可怕的巨人。赫拉耍手腕,故意调换神人赫拉克莱斯与康人欧律斯透斯的地位,使赫拉克莱斯必须为欧律斯透斯(Eurystheus)做十件苦力。由于国王的刁难,将其中两件不算,所以实际上做了十二件苦力,这十二件苦力就是:

(1)取米涅墨亚狮子的毛皮。该狮子是巨人堤丰和巨蛇厄喀德所生,生活在伯罗奔尼撒大森林里,不为刀箭所伤,必须抱紧狮子,将它勒死,用它的爪剥其皮。

(2)杀戮凶猛而庞大的、有毒的九头蛇许德拉。用木棒打碎一个头,它长出两个,赫拉克莱斯用火烧死了刚长出的蛇头,然后一刀砍下不死的蛇头,用巨石压在上面,最后将毒蛇切成几段。

(3)生擒刻律涅亚山上赤牡鹿。

(4)毫无损伤地捕捉厄律曼托斯山里的野猪,正是这次他误伤了他的恩师半人半马的喀戎。

(5)一天内将奥革阿斯的牛栏打扫干净。这里养着三千匹牛,牛粪堆积如山。赫拉克莱斯引来河水,一天冲洗得干干净净,但是由于欧律斯透斯的借口,此次不算。

(6)赶走斯廷法斯湖的怪鸟。这怪鸟是长着铁质的双羽、利爪、尖嘴的食肉鸟,伤害了当地无数人畜。

(7)驯服克里特岛的海神令其发疯的牡牛,而且带回伯罗奔尼撒献给欧律斯透斯。赫拉克莱斯办到了,但是国王又把它放了。它更加发狂,跑遍拉科尼亚和阿耳卡狄亚,并通过海峡到阿堤卡的马拉松,后来被忒修斯完全制服。

(8)将食人肉的凶猛的狄俄墨得斯的牡马带到密刻奈来。后来传说马其顿亚历山大骑的一匹马就是它们的子孙。

(9)参加伊阿宋取金羊毛路上,夺取阿玛宗女人国女皇的腰带,献给欧律斯透斯。

(10)捕捉革律翁的牛群。巨人革律翁有一个牛群,由另一个巨人和双头狗看管。革律翁有三头六臂和三个身体、六只脚。此外还有三个巨人儿子帮忙。欧律斯透斯很坏,故意在赫拉克莱斯刚作完第九件事时就叫他立刻去做第十件。革律翁住在很远的厄律提亚岛,赫拉克莱斯远航,首先要过利比亚海岸,那里有大地该亚的儿子安泰俄斯(Antaius)。这巨人无论打斗得多累,或伤痕累累,只要一触到大地,他就恢复力量,谁都打不过他。赫拉克莱斯知道他的优势和弱点,所以他故意引诱安泰俄斯离开大地,趁他离开大地,立刻将他扼死。经过一片沙漠,阿波罗惊叹赫拉克莱斯的大无畏精神,给他一只金碗。坐在上面,片刻就到了革律翁那里。他先杀革律翁三个儿子,后棒打双头狗和看守巨人。赫拉来帮革律翁,但聪明的赫拉克莱斯箭射革律翁的要害——三个躯体的连接处,瞬间倒地而死,赫拉只好罢休。

由于十件事中两件不作数,所以赫拉克莱斯还得补作两件。第一件是杀看守者怪物百头巨龙拉冬,夺取金苹果。第二件是到地府去带来冥王哈得斯的狗头龙尾的看门狗柏洛斯。狗的嘴喷着毒液,毛用盘结着的无数毒蛇组成。赫拉克莱斯将它带到欧律斯透斯这里,国王又要他送回去,才算完成十二件苦力。赫拉克莱斯的出色表现终于得到了奥林波斯圣山众神,包括赫拉的认可,进入圣山众神之列。

(11)忒修斯(Thescus)。

埃勾斯(Aegeus)的妻子不会生育,然而他的兄弟有五十个儿子。他担心他的未来,于是去访珀罗普斯儿子庇透斯。庇透斯秘密将女儿埃特拉(Aethra)许配于他。埃勾斯在同埃特拉告别时将一把剑和鞋埋在一块大石板下。他告诉后妻,等孩子长大后能搬动大石板时,带着剑和鞋来找他。埃特拉果然得子,取名忒修斯。忒修斯长大后掀开大石板取出鞋和宝剑。忒修斯以赫拉克莱斯为榜样,他不走安全的水道,偏要走盗匪丛生的山路。路上,他除掉了两地盗匪后碰到第三个著名大盗斯喀戎,外地人路过,都要为他洗脚。洗后他就一脚将外地人踢入大海淹死,以此取乐。忒修斯制裁了他。最后的一个,也是最心狠的大盗是达玛斯忒斯,外号叫铁床匪。他有两张床,一长一短。抓住高个子,就让他睡上短床,砍去超出床的部位;反之,让睡长床，将其全身拉长致死。忒修斯捉到高个子大盗达玛斯忒斯，也用同样办法，令其睡上短床，撕碎其身体而死。忒修斯终于到了雅典，但是此时父亲已同逃往到雅典的美狄亚同居。美狄亚挑唆国王，说来者是危险的探子，设计在欢宴中将其击杀。但是埃勾斯从鞋子与宝剑中认出是亲儿子，最后赶走了美狄亚。

　　忒修斯为雅典做的第一件事就是诛杀埃勾斯弟弟的五十个企图篡位的儿子。他们四下埋伏，企图杀害国王和忒修斯，最后被忒修斯所杀。为了获得雅典人认可，他出外制服危害阿堤卡人的马拉松野牛，牵着它游街，然后宰杀。接着他又自愿充当"贡品"，同另外七男七女赴克里特的米诺斯王宫。因为米诺斯一个儿子在阿堤卡被害。大兵压境之下，雅典求和，每隔九年送七男七女作献祭贡品。这是第三次。对方来索取，忒修斯带着另外十三个人一起去。德尔斐的神谕告诉他，选择爱情女神作他的向导。果然应验了，他晋见米诺斯国王时，阿里阿德涅公主就迷上了他。她给忒修斯一个线球，一端拴在迷宫的出口，另一端一直绕到弥诺陶洛斯怪物处。公主还私下给忒修斯一把魔剑，用来刺杀这个怪物。忒修斯带着另外十三个人沿着线球，出了迷宫，公主同他们一起逃走。到了那克索斯的狄亚岛休息一个晚上。狄奥尼索斯显现，遵守命运女神规定，带走公主，作为他的妻子。忒修斯和他的朋友们悲痛地回雅典。他们在悲痛之余，竟然忘了升上白帆、换下黑帆。雅典国王埃勾斯在岸上迎候。当他看见黑帆时误以为忒修斯遇害了，悲痛中跳海自杀。后人为了纪念他，把这片大海叫爱琴海（Aegean）。

　　忒修斯接任国王后，展现了他的政治才能。他把散居在阿堤卡各村落的人聚集起来，成为一个像样的统一城邦。为了取得富人的支持，他自动限制国王的权力，答应制定一部宪法。除了作为战时的统帅，平时与公民平等。他创设了泛雅典娜节，还招募各地村民，给予公民权利。他把公民分为贵族、农民、艺匠（手工业者）三个等级，规定了各自的义务和权利。

　　忒修斯晚年，贵族首领墨涅斯透斯叛乱，纠集被忒修斯打败的人们夺取了王位。忒修斯离开雅典到斯库洛斯岛。那里有父亲留给他的大宗财产。但是该岛国王假借登山察看忒修斯父亲财产，将他推下悬崖致死。后来忒修斯的两个儿子夺回王位，雅典人举行隆重仪式，重新安葬了"这位给他们以自由和宪法，但为他的无知的同时代人所反对的英雄"。

　　从神话发展史的逻辑考察，可以说忒修斯的神话是希腊神话史中最后一则。依亚里士多德《雅典政制》和希罗多德、柏拉图等说法，雅典建城史中确有忒修斯其人。这个神话是将真人神化，编造故事。而这些故事的核心是为城邦立法，给公民以自由。尽管现存材料中，在建城和制定宪法后也有许多神话故事,然而都支离破碎,平庸乏味。这多少也说明,随着文明社会的发展,神话时代终结了。然而神话的魅力永远不会终结。现代人,以科技成就为依托编造的"星球大战""外星人",其实也就是新式神话。

马克思在1859年《〈政治经济学批判〉导言》中对希腊神话给予高度评价,说它"有永久魅力",对希腊文化、希腊人的精神塑造起到不可替代的作用①。马克思在柏林大学的博士学位论文中就引用了《被缚的普罗米修斯》,赞赏普罗米修斯的不屈的自由斗士精神。俄国文学评论家别林斯基(1811—1848年)以《被缚的普罗米修斯》为例,论述"有关神话的想法,并在神话的隐喻中预见到普遍内容"。他说:"光是这一部神话就足以成为发展伟大艺术性诗歌的源泉和土壤,而希腊人曾经有过许多这样的神话,这些神话相互间保持着生动的、有机的联系"②。"宙斯可以把他消灭,却不能够恫吓他,使他屈服。普罗米修斯那样高傲自负的坚定性,那种充满着对自己正义行为优点的自觉的自我牺牲精神,正是他关于宙斯权力终有一天要结束的预言的辩明";"普罗米修斯注定要开始一件伟大的事业,而不是在结束它;他不过是共同事业的赎罪的祭品"③。

希腊神话的研究促进了神话学的形成。当代人的视野,使他们既看到古代各种文本的神话的共性,也看到了各自的特色。由于历史的原因,中国古代神话近代才引起重视,诸如夸父追日、共工触天倾、嫦娥奔月、精卫填海、愚公移山,以及晚近以降形成的神话如牛郎织女等。以跨文化研究的视野同古希腊神话比较,可以看到不同民族、不同生存环境下神话的差异。严肃的科学态度是将文化(包括神话)看作人类共同财富,既不以反"西化"否定希腊,也不以虚无主义态度贬低自己民族的文化。从比较神话学和跨文化视角看,我们既看到古希腊神话的特色,同时从比较研究中也能更深刻地体会到中国古代神话的优势和特点。我们从上面列举的几则神话中就可以看出,中华民族祖先的这种不靠鬼神,敢于斗天、斗地、斗鬼神的不屈不挠的精神。神农靠尝百草而获得药方,而不是靠神赐予;愚公是因祖祖辈辈每天挖山而感动天帝。这是古希腊神话中所缺失的。那里大多是以神为主角。

---

① 《马克思恩格斯选集》,人民出版社1995年版,第28、29页:"希腊艺术的前提是希腊神话";"希腊神话不是希腊艺术的武库,而是它的土壤";"有粗野的儿童和早熟的儿童。古代民族中有许多是属于这一类的。希腊人是正常的儿童。"

② 陈洪文、水建馥选编:《古希腊三大悲剧家研究》,社会科学出版社1986年版,第179页。《选编》第一部分摘录了古今28位名人关于三大悲剧家的评述。第二部分辑录了10位近代学者的研究论著。该书对非文艺专业的人提供了入门向导,本书多有引用,行文中简称《三大悲剧家研究》。

③ 陈洪文、水建馥选编:《古希腊三大悲剧家研究》,社会科学出版社1986年版,第180页。

在中国神话的这种精神感召下,才有后来的万里长城。这种精神永存。我们肯定他族、他国古代、近代文化的精华,并不意味着就否定本国传统文化中之精华,反之亦然。

二、史 诗

古代各民族大体上都有关于自己民族的传说和史诗。从原创文化角度说,作为源头活水,都有其意义。它在自己的民族经久不衰,说明这个民族的自我意识的觉醒,神话和传说借传统凝聚和提升了一个民族的精神。在文字和书写形成之前,依托口头传说,它的意义和重要性可以从柏拉图关于埃及国王对文字发明的忧虑中看出①。他认为,有了文字,人们就懒得记忆,无视口传,而且文字无法传达人的情感,文字会造成误读。也许正是对使用文字的反对,致使埃及成了"早熟的儿童""夭折的儿童"。埃及迄今未发现文字载体的史诗。西亚的巴比伦有本书第二章提到的 Enumaelis 的创世神话,它相当于赫西俄德的《神谱》,而不是史诗。以色列的神谱加族谱,就是旧约的《士师纪》。巴比伦、亚述、埃及都有辉煌的战绩,特别是亚述帝国的扩张,埃及新王国时期的叙利亚战争。但是都未能诞生《伊利亚特》式的史诗。史诗是希腊的原创。对这个原创性文本的研究,本人仅以外行人身份说几句:

第一,从学术研究史考察,荷马史诗的研究和评价有一个过程。自1795 年沃尔夫发表《荷马史诗导论》以来,出现了所谓"荷马问题":荷马是否有其人?《史诗》是荷马一人所著,还是多人成果的总结?《伊利亚特》与《奥德赛》是否同属一作者? 此后出现两种倾向:一是利用若干新生学科的成就否定荷马史诗的存在与文学价值和社会影响;二是从维护荷马史诗的历史地位出发,忽视甚至否定近代新视野和新挑战的学术意义。此外,在学界之外,个别人借所谓"荷马问题"全盘否定荷马史诗,狂言史诗是后人的伪造。对此,我的看法是:其一,荷马史诗是文学作品。赫拉克利特、色诺芬尼、希罗多德、修昔底德、柏拉图、亚里士多德等几乎所有古人都肯定确有其人。后人可以质疑,但不宜无史料依据武断地否定其人、其诗。应尊重历代对原著的评价,特别是我国一些论著,一方面硬说传说中的伏羲氏、神农氏,甚至夸父,确有其人,某地还大肆宣扬伏羲氏就出生于该县;另一方面自己毫无研究却断言外国的许多古人和论著是"子虚乌有"。这种非学术性的狭隘民族主义,貌似爱国,实质误国、误人。其二,人类的认识有一个深化和

---

① Plato, *Phaedrus*, 274C–275E.

扩展的过程。借助新生学科或交叉学科的成就,研究传统学术,从总的趋向和实践看,是不可避免的,对传统学术的研究也是有贡献的。传统学术、学科研究者应拓宽视野,对其成果,不仅予以肯定,而且应予以吸收,扩展和深化自己的研究。海外有一批研究中国哲学史、思想史的华裔学者,自 20 世纪 80 年代以来陆续来大陆参加学术研讨。他们发表了不少有价值的学术成果。当时的中国大陆学者,如醉如痴。我本人是学习和研究西方哲学史,同时客串相关领域的,我们一看便知,这些人是吸取西方哲学中结构主义、解构主义、解释学、语言哲学等等的成就。与此同时,我们又应明确反对夸大现代一些学科研究方法的成果,否定几千年、几百年别人的研究成果。学术无国界。凡学术都是全球性的。中国学术界应有此胸怀,有此视野。在国际学术交流场合只有一个标准。对荷马史诗,以及一切学术,本人均持此立场。

第二,考古发掘及赫梯史、西亚史专家 Bryce 的研究证明,特洛伊毁于公元前 9 世纪前后的赫梯。[①] 发迹于现土耳其的古赫梯和赫梯帝国的历史 19 世纪后才有稍微清晰的认识。进入希腊半岛的亚该亚人经历几百年的融合与适应过程,逐步向外扩张,与同在爱琴海域的特洛伊王国发生纠纷,而且的确发生过一场战争。但是战争的结果是两败俱伤,而且也暴露了处于晚期部落制时代,还未有"希腊""希腊民族"统一名称时,这种松散联盟彼此猜疑、不服,甚至拆台的弱点。这个弱点集中反映在统帅阿伽门农与阿喀琉斯的关系上。希腊溃不成军,几乎遭到灭顶之灾。这段历史让希腊人刻骨铭心。修昔底德《伯罗奔尼撒战争史》第一卷开首说:"现在所称为希腊的国家,古时没有定居的人民,只有一系列的移民;当各部落经常受到那些比他们更为强大的侵略者压迫时,他们总是准备放弃自己的土地";"就是在特洛伊战争以后,希腊居民还是在迁动的状态中;在那里,经常有迁徙和再定居的事,因而没有和平发展的机会。"[②]很难设想,各部落会接受统一指挥,为阿伽门农部落卖命。这种创伤和惨败,在上古时代最好的解释就是得罪了神明,连自己信仰的阿波罗、战神阿瑞斯也帮助对方、惩罚自己。宙斯的天平也总是倾向对方,几度让特洛伊转危为安。眼看希腊一方胜利在望,宙斯却再度挑起战争,甚至允许诸神各帮一方,直接介入(见《伊利亚特》第 20 卷)。地上双方拼杀,血流成河,他却"高踞奥林波斯山顶听见呐

---

① 　见 Trevor Bryce:*The Kingdom of the Hittites*（*new edition*）(《赫梯王国》),Chapter 13。

② 　Thucy.1,2;1,13;中译文见谢德风《伯罗奔尼撒战争史》,商务印书馆 1960 年版,第 2、11 页。

喊,高兴得大笑不已"①(第389—390行)。这种解释类似耶和华对以色列人的惩罚。耶和华甚至让以色列两度亡国,先亡于巴比伦,后亡于波斯,目的是教训以色列人。公元前9世纪特洛伊消失了。荷马把希腊人的惨败和神明的惩罚当作唤醒希腊人,走向民族统一和强大的动力;又把特洛伊的消失归功于希腊,圆了希腊人的梦。几个因素结合在一起,经过艺术创作上的加工,奠定了《伊利亚特》的基调,赋予史诗永久魅力,还成了希腊人的"课本",这正是希腊人在精神层面高于西亚、埃及人的地方。这样,在古代地中海东部诸文明中,只有以色列和希腊"入选"雅斯庇尔斯的"轴心期"精神的觉醒,也就不足为奇了。

第三,荷马史诗所描写的时代正是希腊原始部落制向民族国家过渡,而特洛伊已进入古王国的时代。同原始社会初期、中期(即旧石器至新石器前期)不同,那时因人口稀少、自然资源多,从甲地迁到乙地相对说容易。但是在新石器至青铜器时代,由于各部落人口不断繁殖,加上气候变迁,各部落都往自然条件好的地方迁徙。这样,纠纷与战争成了常态。各部落大体上都实行军事民主制,推举最具战斗能力的人担任征战统领。因而"统领"获得英雄(Herios)称号,史称"英雄时代"。赫克托尔既非国王,也非王子;阿伽门农、阿喀琉斯、帕特罗克洛斯亦非国王或部落首领。但是,他们却是战争双方的主角。有的学者认为,《伊利亚特》的主题是三个:愤怒、神明、英雄②。我认为,《伊利亚特》和奥德赛的主题就是英雄,只是两部著作从两个侧面(战争,战后归里)表现英雄时代的精神。在荷马心目中,交战双方的将领都是英雄,都体现了高尚、勇敢、荣誉的品德,其中地位不高的帕特罗克洛斯是英雄的典范。他批评阿伽门农的能力与荣誉失衡,追求超出其能力的荣誉,不惜侮辱阿喀琉斯。阿喀琉斯也把荣誉看得高于崇高目标,置希腊联军接连败退于不顾(见第9卷),甚至"隔岸观火"。部下帕特罗克洛斯见此惨状,忍无可忍,劝阿喀琉斯出战,他还是不听。最后他穿上阿喀琉斯的甲胄替他出战,战死沙场(第16卷),而且是躲在浓雾中的阿波罗把他打成重伤,致使他不敌赫克托尔。这才唤醒阿喀琉斯披挂上阵,杀死赫克托尔。赫克托尔反复无常,勇猛有余,谋略不足,几度靠宙斯和阿波罗才捡回一条命。荷马史诗启示了后世,何谓"英雄"。亚里士多德在《尼各马可伦理学》中关于过度、适度与不足以及勇敢和鲁莽的区分的论述,第10—11

---

① Iliad,20,389-390.

② 参见程志敏:《荷马史诗导读》第4章"《伊利亚特》的多重主题",华东师范大学出版社2007年版。

卷关于实践理性与美德的分析,从理论上和伦理规范上界定了"英雄"。如今,从理论上应说清两个问题:其一,历史是一个自然而然的进化过程。英雄时代是历史上的进步,是从原始社会过渡到阶级与国家的中介。其二,必须历史地看待英雄史观,它同马克思、恩格斯所批评的同时代的英雄史观是不同的两回事。荷马时代,他们最需要的是,从观念上确定什么是英雄的理想标准。《伊利亚特》中多处以诗人自己的身份拷问阿伽门农、阿喀琉斯和赫克托尔等,把个人的荣誉(名声、威望、评价)放在首位,以至阿伽门农动用权力压制阿喀琉斯,违背了以能力和战功、以联军胜利为崇高目标而取得荣誉的准则。阿喀琉斯因个人受阿伽门农之侮而置联军生死于不顾。赫克托尔过于看重战功,不听劝阻,鲁莽从事,不听部下谏言。自己几度陷入危险境地却不知省悟,而且残忍无道,不尊重历来对战死英雄礼遇的习俗,激怒了神灵,最终给自己带来厄运。阿喀琉斯杀死了赫克托尔,一度以恶报恶,将其曝尸荒野,但最后礼遇其父亲,允许他为赫克托尔收尸。史诗中还多次以神明的愤怒,下级的指摘,战士的怨声,甚至大自然(河神因鲜血染红了河流)的发怒,启示后人。英雄奥德赛十年远征历经风险,家属未受到保护和尊重,求婚者明目张胆上门逼婚,还造谣生事,仅有个别"下人"维护英雄的家族。英雄命短且常遭不测。史诗中这些情节,催生了后来悲剧,同时唤起哲人思考"崇高""勇敢""义愤""荣誉"等的伦理准则。雅斯贝尔斯的"轴心"论,仅考虑"智慧文献"对后人的影响,其实史诗、悲剧等文艺作品对后人的影响并不亚于"智慧文献"(宗教经文和哲学,科学)。它不仅影响后来的文艺创作,而且也以"文化"("心灵的培育")的本义,教育了希腊人和后人。原创文化研究重视一切原创性元素,特别是重大成就的世代意义。荷马史诗所启示的英雄观念,后来在希波战争的马拉松战役、温泉关战役、萨拉米海战及公元前479年普拉狄亚决战的壮举中得到了大丰收。反之,我们从公元前431—前404年的伯罗奔尼撒战争中看到希腊人的确是堕落了。雅典统帅阿尔基比亚德两度背叛雅典,投降斯巴达,率军攻打雅典。雅典公民为了多一个Obel补贴,竟然把那些牛皮匠推上执政官的位置。这些"任性而保守的老头子"(亚里斯多芬,戏指雅典公民)听信一个谣言(不敬家神),竟把远征西西里的统帅阿尔基比亚德召回受审。古今中外,英雄和英雄观念,各国各民族都很珍重。无论是我国还是希腊,凡英雄事迹,都铭刻于心,视为典范。凡胆小鬼、懦夫、叛徒,皆不齿于人类。英雄观念与英雄史观是不同的两回事。后者指哲学上的历史观,即社会发展方向和动力是社会赖以存在的经济基础抑或是个别历史伟人。以崇高、勇敢、国家或民族荣誉为核心的英雄观念,是人类精神凝聚力,人类精神诉求的体现。我赞赏荷马史诗和中国类似的作品所体现的崇高精神的文化，其中包括后面说到的哲学科学智慧文献和人文精神。

三、悲剧与喜剧

在古希腊文化及其语言载体中，有三个重要词汇，这就是 noema，phronesis，poieo。noema 是以哲学和科学为形态的理性智慧，旨在追求"为什么""是什么""如何存在"，以追求纯知识为目标。慎思践行（Phronesis），不仅要"知"，而且要身体力行，后人译为"实践理性"，指伦理学、政治学、理财学，人们不仅要懂，还要践行。动词原生态（Poieo），中文有"作""造"的意思。古代希腊凡是自然而然形成的东西属于天生的（physis）；凡是人造的，属于"作"成的，属于"人工的制品"。人工制品从上古时代起就分两类：一类是供使用的物品，以实用为目的，例如荷马史诗及迈锡尼、克里特文明中就出现的人工建筑、兵器、船只等。这些都是人工的产品，以好用为目的，靠的是"技巧"（techne）。另一类就是精神产品，以"作""制作"（Poieo）为词源，意思是心灵的创作。写诗，中文称为"作诗"，颇为得体。poesis（poetry，making）就是诗歌。"诗人"为 poietes。这两类"制品"的共性是汉语中说的"心灵手巧"。不是所有人都能写诗、造船，它要有"技艺"这一条件，或说天赋、能力。但是二者又有显著不同，物化的实物（船、房子、神庙、服饰等）借助一双灵巧的手，要有"动手的技巧"，即"技术"，所以 techne 以后成了"技术"（technology）的词源。作为精神形态的 Poesis（poetry，诗）以语言、激情、意象为载体，是心灵的造作。柏拉图在《斐德罗篇》（*Phaedru*）谈到四种迷狂时，把诗看作是对"缪斯"的迷狂（mania）。反映到希腊诸神上，缪斯是司文艺女神。赫淮斯托斯是冶炼、制造技术之守护神，而造型艺术则是技巧与艺术的统一。雕刻则是二者统一的代表。雕刻是缪斯和赫淮斯托斯"联姻"的产物。

在古希腊，直至公元前 4 世纪后的晚期希腊，悲剧作家还称"悲剧诗人"。悲剧原本也属于诗，是荷马时代以后从"诗"中分化出来的。原初都属于 poetry 一类。原因有二：其一，史诗（包括其他宴会诗）和悲剧都以神、半人半神和英雄为主题，以"命运"为神、半神人和英雄的"死结"，以民间存在的各种版本的传说、神话为源泉；其二，史诗和悲剧都以印欧语系的音节为抑扬节奏，换言之，悲剧的剧本和说唱都以原本的诗为范本，所以属于诗。柏拉图在《伊翁》（Ion）中将诗与听众比作磁铁吸物。诗—咏诵—听众犹如磁铁，一环扣一环（533D—535C）。显然能否吸引听众，既取决于作品（诗），更取决于咏诵者。咏诵者须借语言和情感将诗内含的魅力表现得淋漓尽致。语言和激情相结合的"肢体语言"就蕴含"戏剧"的因素。可以说,戏剧起于诗的咏诵者。就像中国的"说书人",本身就带有表演的因素。咏诵者中,有的人擅长语言,有的擅长表演。历史不断重复,就必定有人侧重以"表演"的方式,展现英雄的命运,谴责神明靠狡诈和智慧作弄凡人。这样,原生态的"戏剧"就犹如胎儿孕育成形了。后人不知道这个孕育过程和代表人物。但是从逻辑上分析,这是从史诗中诞生"悲剧诗人"的必然过程。生活在公元前68—前8年的罗马诗人贺拉斯说:"据说悲剧这种类型早先没有,是忒斯庇斯发明的。他的悲剧在车上演出,演员们脸上涂了酒渣,边唱边演。"①显然,贺拉斯把酒神节上的表演(喜剧起源),嫁接到悲剧上来了。传说不是信史。有据可查的是亚里斯多芬在《蛙》中说到佛律尼科斯(公元前6世纪末)是悲剧创始人之一。那时的悲剧只有一个演员。在《鸟》中还把他比作蜜蜂。埃斯库罗斯(公元前525—前456)写的悲剧,起初也是一个演员,于公元前499年第一次参加悲剧比赛,15年后才首次获奖。这个时期悲剧已经成型,受雅典公民欢迎。之后改为两个演员。罗马帝国时代的菲洛斯特拉图(Philostratus,公元170—245年)在《阿波罗尼奥颂》中说:"埃斯库罗斯是一位悲剧作家,他发现悲剧艺术简单粗糙,还没有经过精心雕塑,他便压缩过于庞大的歌队,削减独唱的长度,创造出演员的对话。他一心一意使自己的词汇配得上悲剧创作;另一方面专心致志使悲剧艺术更能适应崇高的而不是卑下的主题。他发明了表现英雄形象的面具,并且让演员穿上厚底靴,使他们像英雄人物那样行走。他还首先设计了适合男女英雄人物穿着的服装。因此。雅典人认为他是悲剧之父"②。后起之秀索福克勒斯(约公元前495—前406年),亚里士多德在《诗学》中称之为"悲剧创作典范"。他创作的《俄狄浦斯》《安提贡涅》,堪称希腊悲剧经典。欧里庇得斯(公元前495—前406年)是公元前5世纪中叶"智者运动"的活跃人物,被称为"智者运动的诗人""舞台上的哲学家"。他留下的18个剧本大多体现了智者运动思潮的特征③。第欧根尼·拉尔修说,普罗泰戈拉的《论神》就是在他家宣读的④。正因为欧里庇得斯善于从哲学上观察雅典社会,拷问人生,因而他的悲剧突破了神灵、半人半神和英雄的主题,普通雅典公民的形象进入戏剧,从而出现了从悲剧到喜剧的转折。这种

①　陈洪文、水建馥选编:《三大悲剧家研究》,中国社会科学出版社1986年版,第38页。(附: p.88注中有说明)
②　陈洪文、水建馥选编:《三大悲剧家研究》,中国社会科学出版社1986年版,第36页。
③　参见汪子嵩等:《希腊哲学史》第2卷,人民出版社2018年版,第90—91页。
④　DL,9,54.

"悲剧"形式中的喜剧因素在雅典民主制巅峰期趋于完善。昆弟郎（Quinti-lanus，公元35—95年）说："旧喜剧产生过许多作家，数阿里斯多芬、欧波利斯和克拉提洛斯最为出色。"①

关于希腊悲剧和喜剧，国内外文学界已有众多研究和作品评介。本人牢记德尔斐神庙上阿波罗的警言"自知其无知"。这里仅从原创文化研究角度，谈谈悲喜剧为什么在古代众多文明中唯独出现于古希腊。我认为悲喜剧形成和繁荣有下列四重原因：

第一，文化史、宗教史、语源史等提供的资料证明，早期人类文明中首先成熟的文化形式，是同人的映像神经发育相关的指路性、提示性符号（绘画、雕刻的雏形）和宗教。起始的语言都是不发达的"诗性语言"，无所谓元音、辅音和语法。这就是说，各民族文化形成的起点是一样的。但是起源于认识符号的原生态艺术，在原始宗教产生后很快就成为倾诉人神关系、颂神、祈神以及表达神之威力和智慧的工具，与原始宗教同步发展。我在宗教类研究的另一部专著中论证过：宗教产生后一直存在两对基本矛盾，即宗教内神人关系的矛盾，宗教外宗教与所处社会的矛盾。祭司（通神者及之后出现的僧侣集团与教会）既是宗教三大构件之一，以及宗教内神人矛盾关系的主导方面；又是宗教与社会矛盾关系一方的代表。祭司集团若牢牢控制对神的诠释权和代言人的权力，祭司外的人（即使是该信仰群体的信徒），对神的"新说"也是违规的，不允许其存在和传播。当宗教与所处社会的方方面面，如国家权力、法规、习俗、哲学、科学理性等发生矛盾时，祭司集团则是宗教及其信仰的一方的代表。倘若处于强势地位，那么其他的神灵崇拜及本群体所信仰的神灵的异类传说，则一概受排斥、歧视，甚至镇压。

---

① 关于三大悲剧家的共同处和各自的特点：《悲剧家研究》选编提供了前人的各种评价。思想最解放、最突出者数欧里彼得斯："悲剧是富有智慧的，欧里彼得斯更是这方面的佼佼者"，"他和其他诗人称赞僭主政治是神圣的"（第16页）。僭主政治是对上古时代王政的挑战。王政趋于保守、反对改革，僭主在当时条件下起过进步作用。雅典、米利都、科林斯、叙拉古的僭主都支持诗歌、悲剧的发展。《希腊哲学史》第一卷绪论、修订版第39—40页有详细介绍。亚里士多德说："索福克勒斯按照人应当有的样子来描写，欧里庇得斯则按照人本来的样子来描写"（《诗学》De Poetics，第25章）。同荷马史诗不同，两人都以人为中心，以英雄为代表写剧本。不同的是索氏，追求人的理想范型；欧氏展示当时的雅典人的现状。正因为如此，阿里斯多芬等发现，喜剧更合适揭示当时的雅典人。狄翁比较三位悲剧家："他（指欧里庇得斯——引者注）是和埃斯库罗斯相反的，因而他最能表明公民和演说家的特质，又能给读者以极大的益处。"古罗马演说家和修辞学家昆弟郎说：欧里庇得斯的语言却更接近演说类型，充满警句，即使在哲学家从事研究的领域里，他也可以同哲学家媲美，他甚至可以和那些在法庭以攻击和辩护著称的演说家并驾齐驱。文艺复兴及当代的学者大体也持有同样看法。本书加这个长注，说明这个时期诗与思的良性互动关系。

这样受其制约的祭仪中的颂神、歌舞,以及造型艺术(神庙建筑、服饰、墓碑式样等)就都不许越雷池一步。其典型代表就是古埃及的古王国、中王国、新王国三时期的宗教信仰以及古代以色列的经典。《旧约》有《箴言》《雅歌》《诗篇》等为代表的圣经文学,然而它的核心是敬畏耶和华,并谴责以色列人背离人与神之"约"。所以宗教的至上地位必然堵塞文艺、哲学等其他意识形态。这也就是为什么古今宗教机构的领袖人物不可能成为荷马史诗、神话、悲剧的名家之原因(除非他心生叛逆)。

第二,前面两小节提到的史诗与神话业已证明,人是神的形状、品性的塑造者,而且还证明史诗、神话、传说中的神,半人半神者和英雄,后人可以进行再创造。克吕泰墨斯特拉伙同奸夫埃吉斯托斯杀害丈夫阿伽门农。儿子奥瑞斯忒斯和姐姐埃勒克特拉相认,并杀死母亲及其奸夫。这个故事可以在埃斯库罗斯的《奠酒人》、欧里庇得斯的《埃勒克特拉》中重新创造。一旦史诗中的题材和英雄传说,被运用三、四次,而又毫无新意,希腊悲剧也就走向衰落了。

第三,城邦制的发展带来了城邦公民的新需求。史诗的咏诵通常都在贵族的宴会上,普通公民无法分享。节日庆典的表演和剧场的演出有广阔的群众基础。戏剧作家同观众正好又有更多的交往和互动的机会。"悲剧之父"埃斯库罗斯亲自参加了希波战争中的马拉松战役、萨拉米海战,也可能参加了普拉狄亚的决战。这场延续几十年(公元前490—前449年)的战争以希腊的胜利告终。希腊人的这种与命运抗争、与强者拼搏的精神,希腊殖民的开拓精神,特别是雅典商队出没于整个地中海世界的冒险精神,这些活生生的素材成就了《被缚住的普罗米修斯》(埃斯库罗斯著),《俄狄浦斯》《安提戈涅》(索福克勒斯著)等一批名剧。德国启蒙时代剧作家、文艺评论家莱辛(1729—1781年)对比分析了希腊悲剧与罗马悲剧,认为罗马时代的悲剧,包括塞涅卡的改编和剧作,都显得平庸乏力,因为罗马人一生以斗兽场的格斗取乐:"罗马人在悲剧方面之所以停留在平庸的水平之下,其主要原因就在于格斗的把戏"(《三大悲剧家研究》,第108页)。俄国革命民主主义者、文学评论家别林斯基(1811—1848年)的洞察更为深刻。他说:"希腊悲剧的主人公不是人,而是事件;它的兴趣不是集中在个人的遭遇上,而是集中在通过其代表人物表现出来的民族的命运上。"(《三大悲剧家研究》,第174页)作者以《安提贡涅》为范例作了解读。安提贡涅维护自然法,其舅父克瑞翁国王维护国家法。两种对立的涉及民族与国家的观念的冲突导致英雄个人的悲剧。莱辛与别林斯基的分析有道理,但未触及深层的因素。德国作家、文艺理论家 F.施莱格尔(F.Schlegel,1772—1829年)在《旧文学和新文学史》中关于"第一时代与第二时代"的"中间地带对于诗歌最为有利",这一论断触及了深层因素。他认为上古时代为"第一时代",其神灵体系就是杂多神灵并立和争斗的"旧神体系"。城邦制形成时代为"第二时代"。第二时代崇尚新观念、新风尚、新神体系观念。在两个时代交界的荷马悲剧时代(即公元前8—前5世纪)激烈冲突,为史诗、神话、悲剧提供了源源不断的素材。施莱格尔首先分析埃斯库罗斯:"他的全部作品描写和悲叹的对象都是古老的神族和提坦神族的毁灭,反映他们的高贵的家族如何被一支更年轻、更狡猾、不那么高贵的家族战胜和排挤。……在他的笔下,从走向灭亡的世界的废墟中到处都有一支古老的巨大力量崛起,如在《普罗米修斯》里,这支力量仍然是勇敢而自由的,骨子里是不可战胜的。必须承认这种观点具有比诗和伦理道德更高的意义。"(《三大悲剧家研究》,第134页)"如果从根本上理解整个希腊诗歌的倾向及其主导思想,便会发现古代的诗歌处在野蛮自然力和上古泛神教的底层与开化民族带来的理性形成之间,在第一时代与第二时代之间,标志着从前者向后者的过渡……这种旧世界的分裂在埃斯库罗斯身上表现得最为明显。"(《三大悲剧家研究》,第135页)作者接着分析索福克勒斯:"同自然界的发展过程一样,在每一个思想的发展中总有一个繁荣时期,在语言和形式上都达到最完美的顶峰。索福克勒斯就是这一顶峰的标志,不只在悲剧方面,在希腊诗歌和思想修养上也是如此。……他的成就是最高峰,形式和风格最完美。他的作品的美反映了他的心灵美和内在和谐。"(《三大悲剧家研究》,第135—136页)作者接着提出一个观点,从"第一时代"过渡到"第二时代",正是"神界和英雄时代的高大形象……从这个最高的云端里逐渐下降……终于走到尽头。中间地带对诗歌最为有利。"作者举索福克勒斯悲剧中的众神和英雄为例,认为正是对所处的这个中间地带的把握,成就了他"达到了完美的境界"(《三大悲剧家研究》,第136页)。这个见解深刻有普遍性意义。公元14—17世纪即中世纪与近代的交界期,文艺复兴运动重演了类似的历史。

第四,同史诗、神话不同,悲喜剧处于公元前7世纪末哲学与科学产生之后。米利都学派三大代表人物,毕泰戈拉、赫拉克利特和色诺芬尼对荷马赫西俄德为代表的"神人同形同性"的冲击和批判,使得希腊城邦时代的公民有可能从旧的神灵观念和宗教的束缚中解放出来。索福克勒斯和欧里庇得斯剧作的高峰期正是"后爱利亚学派"至智者运动、柏拉图学派形成期,希腊哲学实现了从自然哲学到人与社会问题的转折。哲学带来的观念更新在悲剧上得到了充分的反响。且看索福克勒斯《安提戈涅》中歌队的唱词:"奇异的事情虽然多,却没有那一件比人更奇异。他能在狂暴的南风下渡过灰色的海,在汹涌的波浪间冒险航行。对那不朽不倦的大地——最高女

神,他也要去搅扰她。……人真是聪明无比。他用技巧制伏了居住在旷野
的猛兽,驯服了鬃毛蓬松的马。……他还学会了语言和像风一样快速的思
想,知道怎样养成社会生活的习性,……什么事情他都有办法对付,对未来
的事情也样样有办法……在技艺方面他的发明才能想不到那么高明,这种
才能有时让他走厄运,有时让他走好运。只要他尊重法令和他凭神发誓要
坚持的正义,他的城邦便能耸立起来;如果他胆大妄为,犯了罪行,他便要失
去城邦"①。这一大段合唱队的歌词,简直就像是公元前 5 世纪后半叶"智
者运动"中"智术之师"们的演讲。至于欧里庇得斯,可以说他是当时智者
运动在文学艺术方面的代表。他的悲剧的主题已经逐步转向当时的社会问
题。普通公民进入了他的悲剧的视野。阿里斯多芬在《蛙》中虚构了埃斯
库罗斯和欧里庇得斯的争辩。争辩中的欧里庇得斯说:"我在戏中,让妇
女、奴隶、主人、闺女、老太婆,大家都有话说","我是根据民主原则行事";
"我的确曾向他们(指观众——引者注)灌输过这样的智慧,把推理和思考
介绍到艺术里,因此他们现在能观察一切,辨别一切";"我们(指悲剧诗
人——引者注)很聪明,能够规劝人,把他们训练成为更好的公民。"②作为
喜剧,当然有夸张、虚构,但无太大的走样。后人也是这样评论的,甚至认为
他的悲剧已经预示了向喜剧的转化。喜剧的特点就是指向所处社会的问题
和代表人物。连伯里克利、苏格拉底都成了阿里斯多芬的讽刺对象。公元
前 5 世纪末—前 4 世纪城邦制危机时期,喜剧取代了悲剧的地位。公元前
4 世纪还出现了所谓新喜剧。喜剧的形成与流行,实际上是由于两大因素。
其一就是希腊社会与人的变化。以神、半神半人、英雄为中心的时代终结
了。现实社会问题和人的关系成为人们关注的焦点。希波战争是赤裸裸的
人的战争,同荷马史诗中的特洛伊战争全然两样。公元前 431—前 404 年
的伯罗奔尼撒战争,正如修昔底德所说更是人性丑恶一面的展示。"安全、
荣誉和自己的利益","弱者应当屈服于强者"取代了英雄时代观念③。雅

---

① Sophocles, *Antigone*,335-373(即,第一合唱歌),中译文见罗念生《悲剧二种》和张竹明译
文《古希腊悲剧喜剧全集》Vol.2,译林出版社 2007 年版,第 265—267 页。

② 阿里斯多芬:《蛙》第五场 870 行起,至第九场,第 1535 行。关于埃斯库罗斯与欧里彼得斯
的辩论。中译文见《古希腊悲剧喜剧全集》,第 7 集,张竹明译,第 88—147 页,译文同《三
大悲剧家研究》略有差异。

③ 参见修昔底德《伯罗奔尼撒战争史》,第 1 卷,第 76 节。公元前 432 年,斯巴达召开伯罗奔
尼撒联盟大会。雅典的使者在会上发言:"弱者应当屈服于强者,这乃是一个普遍的规则。
同时我们也认为我们有统治的资格。……现在你们考虑到自己的利益以后,就开始用'是
非''正义'等字眼来谈论了,……那些合乎人情享受权利的人,比为形势所迫而注意正义
的人更值得称赞"。(Thucy.1,76)

典血洗背叛的盟邦密提尼。公元前 435/434 年科西拉党争,民主派进入神庙,杀死寡头党人,还封堵神庙。伯里克利将雅典娜神像的黄金片也计入可用于战争的后备等,都没引来奥林波斯神灵的"愤怒"(《伊利亚特》的主题词),更没有神灵们的干预。喜剧兴起悲剧边缘化的第二个因素应归于古代史诗悲剧兴衰的内因。古希腊的悲剧牢牢地拴在神灵、半神半人、英雄上,悲剧背景的设计、歌队的运用、人物的厚靴与服饰都服从于塑造英雄高尚的目标。那么多的悲剧作家,而且先后几代人连索福克勒斯的孙子也是固守祖业①重塑荷马时代那些神灵争斗和英雄的命运。时代变了,观众的口味变了。欧里庇得斯不得不适应"智者运动"后公民观念和思潮的变化,回应当时社会的问题。施莱格尔说在欧里庇得斯身上,"我们已经看到了悲剧艺术衰落的最初迹象",这是对的。但是把悲剧衰落之罪过归咎于他,却是不公平的。歌德的秘书爱克曼(J.P.Erkerman)说,"歌德不赞成欧里庇得斯造成悲剧的衰亡",理由是"荷马史诗中的题材和希腊英雄传说大部分都已用过三四次了"②。造成希腊悲剧衰落的直接原因是古人固守悲剧的主题与形式。衰落的内涵是这种样式的悲剧。当悲剧主题和观照点转向爱情或家庭(家族)与国家的关系时,近代悲剧形成了。随着公元前 4 世纪城邦制的没落,马其顿统一了希腊。公元前 146 年希腊正式成为罗马的一个行省,希腊的喜剧也就走到了尽头。

　　古希腊的悲剧、喜剧终结了,但是它的历史地位是永存的。因为在公元前 8—前 2 世纪的所谓"轴心期",只有希腊出现过迄今都有魅力的悲喜剧。我国在同一时期是否有悲剧、喜剧,迄今也未有发现。古代西亚和埃及迄今也无新的发现。因此,从原创文化研究考虑,无疑应予以应有的地位。

四、雕刻与建筑

　　自人类定居生活以来,各地区、各民族就开始建定居点,部落神住进了神庙,随之有雕刻或雕塑。游牧民族处于不断迁徙之中,犹如希罗多德笔下的斯基提亚,一个"家"一匹马就能拉走,这种生产方式、生活方式走到尽头,也形成了固定的中心生活区,像后期的斯基提亚一样(参见 Hdt,4,46)。只要建立定居点,就必有中心与周边,必有不同的定居点建设。当国家和阶级形成时,凡以王国、帝国这样的世俗政权为中心者,王宫必是建筑的重点,其次是为之服务的神庙。凡以宗教,或者说"教权"为中心者,神殿成为中

---

①　参见《牛津古典辞典》,第三版条目 Sophocles 2。

②　参见《三大悲剧家研究》,第 136、139 页。

心。像古代以色列，耶和华神殿和耶路撒冷圣城是唯一的中心。即使是后来的大卫王，也不可逾越。后人雕刻的大卫像，如有名的意大利佛罗伦萨的供人敬仰的大卫像，他的逼真也是在于他对耶和华的崇敬的"本真"（作为国王威严源泉的耶和华的神性）。古希腊上古时代的建筑和雕刻的代表作，就是迈锡尼的尚存的遗迹，大体上与西亚和古埃及同类型。但是，经历近400年"黑暗时代"后开创的城邦制时代的雕刻和建筑，体现城邦公民的新型艺术与技巧。艺术史专业性的研究和评价，通常是以具体的某时、某地、某种雕刻为对象。原创文化研究首先是把这个时代的雕刻、制陶、绘画、建筑工艺等作为一个整体，审视体现在这类"外化"（"物化"）制品中的文化特色，它的传承与独创，以及对后来文化的影响。这样，当我们把古典时代（城邦形成和繁荣期）的物化形式的"艺术群"与西亚、埃及和之后的古罗马、中世纪比较时，我们就不难发现古典时代希腊在这个方面的特色了。

1988—1989年我在意大利那不勒斯大学哲学系期间，有幸于1989年3月在那不勒斯东方大学当地教师的帮忙和引领下，同北京语言学院两位任职教师一起，参观被维苏埃火山爆发覆盖住的古希腊、古罗马的这个Napoli城邦。当时仅有修女居住区一个入口。地下第一层就是罗马时代的城市建筑，街道、"市议厅"是石质版和石头建筑。再下一层就是希腊城邦，由石、土混成。街道连着广场（会场），那里就是公共活动中心。其余正在挖掘中。意大利朋友告诉我们，下面很难开发，无足够的支撑，可能导致大塌方。他建议我们去参观已挖掘开放的庞贝城和西西里的希腊城邦。当年6月我赴爱利亚学派所在地，8月又去了西西里的恩培多克勒故乡阿格里根特和叙拉古。2004年又专门去了古希腊本土。每到一个城邦，就是一个卫城，卫城里必有半圆开放式演戏场、公民大众聚会场、神庙。作为行政权力中心的机构很简单，不像西亚、埃及或古代中国，有一个显眼的"王宫"或"皇宫"。德尔斐神庙是全希腊的崇拜中心，位于山脚。沿神庙往上走，半山腰是座半圆形演戏场。再往山上走，山顶一片平地，修了个运动场。我特地沿跑道跑了一圈，一圈大约200米左右。

公元前5世纪初开始，面临强大帝国波斯的入侵，希腊人经历了一番存亡与否的考验。希罗多德说，要么献出"水与土"，沦为奴隶；要么就顽强抗敌，证明自己就是希腊这块土地的主人。以雅典和斯巴达为主力，经历了马拉松战役、温泉关战役、萨拉米海战、普拉蒂亚决战（公元前479年），希腊人取得了决定性胜利。希腊悲剧之父埃斯库罗斯首开先例，创作《波斯人》歌颂萨拉米海战中希腊人的胜利，佛律尼科斯的《米利都的陷落》演出时全场恸哭。希波战争题材立刻在造型艺术中得到回应。菲迪亚斯（Phidias，生卒年不详,鼎盛年约公元前 465—前 425 年)是雅典本地最有名的雕刻家。他的早期名作就是献给德尔菲的马拉松胜利纪念品(约公元前 465 年完成)。菲迪亚斯有意用公元前 490 年雅典人在马拉松战役中,以牺牲 192 人杀敌 6400 人为代价所缴获的波斯人的兵器为质料,熔化、锻造之后雕刻成献给德尔斐的这两个纪念品,以及高达 30 希腊尺的手持长矛与盾牌的雅典守护神雅典娜。公元前 446 年,伯里克利任执政官时,他委任菲迪亚斯和建筑师伊克汀努斯(Ictinus)负责建立雅典卫城上的巴特农神庙(Partheon)。英国爱丁堡大学和剑桥三一学院历史学教授米切尔·格林(Michael Grant)除了撰写古代以色列、古罗马史著作外,写过关于古代希腊的三部著作:《希腊的兴起》(1988 年)、《从亚历山大到克列俄帕达》(1983 年)、《古典希腊》(*The Classical Greeks*,1989 年)。《古典希腊》别开生面,他挑选了从三大悲剧家至伊苏克拉底、德谟斯梯尼、马其顿腓力二世为止,亚历山大统一希腊之前人文社科领域 37 位代表性人物,展现了古典时代人才辈出之际的希腊文明。其中第 15 章"伊克汀努斯与菲迪亚斯:巴特农神庙",以巴特农神庙为主,专门介绍了他们两人成就。全书中还附有现存的 50 件雕刻和铸币头像。[①] 从这些造型艺术和建筑中可以看出,这个时代的巴特农神庙、赫拉神庙、宙斯神庙已不是献祭中心,实际上成了文艺活动中心和竞技中心。神话和史诗中的人物雕塑,是以色彩和造型表现希波战争胜利后的希腊精神。同时出现了大批竞技会上得奖者的雕刻,如现存的梅隆(Mylon,鼎盛年约公元前 470—440 年)的"掷铁饼者"(Discobolus)(青铜雕刻);阿哥斯的波吕克利特(Polyclites),约公元前 440 年的青铜雕刻"投标枪的年轻人"(Doryphorus)(注:现存仅有罗马的大理石复制品)等。这些雕刻,体现了希腊人崇敬竞技的精神。在希波战争中由于物质条件的限制,还有用碑文和坟墓表示对英雄们的崇敬。希罗多德说,希腊联军为温泉关四千战士立碑,碑上的铭文是这样:"四千名伯罗奔尼撒人曾在这里对三百万敌军奋战",另一个是"过客啊,去告诉拉凯载孟人,我们遵从他们的命令长眠在此"(Hdt. 7,228,译文第 555—556 页)。在普拉蒂亚决战中全歼波斯陆军后,雅典、斯巴达、铁该亚等城邦各自修坟墓。斯巴达修三座坟,20—30 岁的牺牲者在第一座,包括国王波西多纽斯和几位大将;第二座是 30 岁以上;第三座是希洛人(奴隶身份战士)。雅典和铁该亚的方式是都埋在一起(见 Hdt.9,85)。这些碑文和坟墓之所以值得一提,因为无论是雅典还是

---

　　① 　参见 Michael Gront,*The Classical Greeks*(《古典希腊》),Palgrave,1989,pp.90-98,以及插在
　　　 第 178—179 页的 50 件文物。

斯巴达,都把统帅、将军与士兵葬在一起。

原创文化研究者,首先是把古希腊城邦制时代的雕刻与建筑,当作一个"群像",考察它们与史上另外两种类型(神权为中心,王权、皇权为中心)雕刻与建筑的差别。后来的罗马的雕刻与建筑沿袭了古希腊,把宙斯像变成丘比特,把阿佛洛狄忒变成维纳斯,如此等等。同时加上罗马元素的斗兽场,浴室和妓馆(庞贝城两处的墙上都画有此等图案,后人考证为罗马人常用的妓院)。到了中世纪,在大量吸收古希腊元素的同时,加上了自身特有的庄园、城堡和修道院。造型艺术方面用于表现耶稣基督神迹及其门徒。

作完这个全景式的透视之后,我们可以进一步考察希腊造型艺术及技艺产品。亚里士多德经常举雕刻和建筑为例,证明他的"四因论":石头、青铜不会自己变成雕像;砖块、木头也不会自己变成房子;这些仅仅是质料,需要有一个动力因,这就是雕刻师、建筑师。雕刻师、建筑师怎么懂得如何雕刻,如何建筑? 因为他们在"造作"(poieo)之前,心目中已有一个 eidos(理型,形状,相)。作为理论科学、实践科学研究对象的 eidos,亚里士多德多有论述。作为艺术作品对象的 eidos,亚里士多德在《形而上学》《物理学》中无进一步说明作为雕像、房子的 eidos 是什么,仅仅说过现实中的房子是可以住人、存物的遮避体。他在论述实用学科,如造船、建房、医学时,把艺术、修辞学也当作实用科学。亚里士多德的《诗学》,希腊文名称叫 poietike techne,即"作诗的技艺"。前面说过,当时的"诗"(poiesis)包括各种体裁的诗、神话、史诗、悲剧、喜剧和造型艺术(雕塑和绘画)。在亚里士多德的心目中,这门实用学科,其实就是研究创作抒情诗、田园诗、宴会诗、史诗、神话、悲剧、雕刻、绘画等的技艺的学问。按《形而上学》第一卷第一、二章关于感觉、记忆、经验、技艺(techne)的区别的论述,技工仅懂得某种物品如此做;技艺之师即"技师",懂得创作此类作品的原理(arche,principle)和成因(aitia)(981a24-b2)。诗学更高一层,它研究技师们所要掌握的原理、原因。同理论学科、实践学科的区别,仅在于它是实用方面的知识。"美学"是近代创造的术语,亚氏的《诗学》近似近代的美学,但又不全是后来意义上的美学。由于《诗学》仅留传下第一卷,第二卷已佚失。公元 6 世纪被译为叙利亚文,公元前 10 世纪译为阿拉伯文。现存最早抄本是公元前 11 世纪的拜占庭本,所以,现代人很难对全书作出准确的判断。不过,从现存的第一卷共 26 章中可以得出结论:亚氏所论述的 poiesis(诗)泛指上述所有艺术形式,《诗学》开篇,他就说:"我所说的 poiesis(poetry),不仅指一般意义上的'诗',而且指它所包括的各个属(species)及其各自的分目"(1447a10-11)。那么"诗"及其所属各类的共同本质(essence)是什么呢?

就是 mimesis，英译 imitation，中译摹仿。差别在于手段、对象和摹仿方式（1447a18）。当代人由于不理解希腊文中 mimesis（摹仿），误以为这不过是简单的自然主义美学。其实，在古希腊世界摹仿不等于临摹、仿效对象的可感的外表。在哲学史上，mimesis 就是一个涉及对象本质的反映。毕泰戈拉说：艺术是"对数的摹仿"。赫拉克利特说是摹仿"自然的和谐"（相反相成造成的和谐）。苏格拉底说，绘画、雕像不但摹仿美的形象，而且借形象摹仿人的情感、性格。柏拉图从他的相论（理念论）出发，认为，唯有 idea，eidos 是真实的存在，自然物与"真"和本真之"是"（Being）隔了一层，人造的"床"与自然物又隔了一层，而画中的"床"等于隔了三层。这是他从本体论、知识论出发而得出的结论。但是"诗"本来就不是对智慧的迷狂，而是源自缪斯的对美的迷狂，（见《会饮篇》《斐德罗篇》）。艺术的目的不是理论知识的教育，而是《伊翁》中所说的，像磁铁一样吸引观众听众，让人产生一种激情，以神灵和英雄为榜样，追求这种理想的性格和行动。亚里士多德所说的雕刻家、建筑师按心目中 eidos 雕刻和建筑。这里说的"形式"（eidos）不是感性世界所见所闻的可生灭的对象，而是源自柏拉图理念世界的那个本原性的 idea，eidos。本书后面第五、六章将予论述，它就是"是之所是"的那个 essence（本质）、ousia（本体）。熟知亚里士多德的本体论、形式与质料的理论，就不难理解，在亚氏那里，eidos（形式）指的就是决定"是"之所"是"的 essence（本质）、ousia（本体）。正是由于它，人才成为人，马才成为马，雕像才成雕像。"摹仿"就是艺术的共同的本质，即它的形式（eidos）的质的规定性。《诗学》中的这个关于艺术的 eidos 的定义，就是理念世界中的关于人的性格、情感、活动的"理型"，而不是感性世界中众多个人的映像。用我们现代的语言说就是：艺术是源自生活而高于生活的，对于人的理想情操、理想境界的塑造。《诗学》中提到荷马史诗中英雄人物阿伽门农、奥德修斯，神话中的神一般的英雄，三大悲剧家所塑造的典型，麦加拉、西西里、彼奥提亚各地的传奇人物，以及菲迪亚斯（Phidias）的雕刻。前面说过，希腊城邦时代占支配地位的神观是神人同形同性。亚里士多德说，雕塑就是借色彩、造型摹仿人的样式以及善良而高贵的性格和情感（1447a19，1448a1-5）。亚里士多德将艺术的本质定义为对人的外表、性格、感情、品德的摹仿，说明在希腊的哲学家中，实际上已把神灵的形和性看作是人的形和性的典型化。伯里克利委任雕刻师菲迪亚斯和建筑师伊克汀留斯（Ictinus）建造的巴特农神庙，以及菲迪亚斯先后主持修建的赫拉神庙和奥林匹克赛会所在地的宙斯大庙，已经褪去（至少是淡化）了神灵的色彩，不是传统的献祭中心，而是希腊古典时代繁荣期希腊人精神的象征。手持神盾和长矛的雅典娜雕像是战胜波斯入侵的"雅典精神"的符号。

那么这种摹仿人的形体、性格和精神的雕刻和建筑，以及其他创作技艺的"灵感""灵性"到底是什么呢？可惜《诗学》的第二卷早已佚失。按照亚里士多德的思路，第二卷一定会进一步讨论这个问题。亚里士多德在《形而上学》第一、六、七卷都说过，理论科学是沉思理性灵魂的活动，智慧（sophia）就是关于原理和原因的普遍性的知识。在《尼各马可伦理学》第六卷中，他专门研究指引城邦治理和城邦伦理的"灵魂"，是理性灵魂中 phronesis 即慎思践行的这部分。他在《论灵魂》第三卷即最后一卷中又专门讨论了"理性灵魂"分两部分，分别承担了哲学、具体科学和政治、伦理活动的功能。至于实用科学和实用技艺，他只是连带地说了几句。他常举医学、修辞学和造型艺术的"技艺"（techne）为例，认为实用科学涉及感性灵魂，也需要理性灵魂的参与。至于艺术，他认为既同认知功能的感觉、想象、理性有关，又同非认识功能的情感更不可分。他说音乐靠音调和节奏传神，同人的听觉器官关系密切。雕刻、绘画靠色彩和形状传神，同人的视觉器官不可分离。后人收集的《问题集》是散见各处的残篇，标准码为 859a1—967b25，达 108 个标准页（普林斯顿两卷本第二卷，第 1319—1527 页）。按所质疑的对象编者特地分为 34 卷，即 34 个分目。其中有相当部分同艺术有关，也有可能就是佚失的《诗学》第二卷内容，如 Bk. 7"同情感活动相关的问题"；Bk. 11"同声音相关的问题"（共 62 个）；Bk. 19"同音乐相关的问题"共 50 个。这 50 个问题很有意思，涉及创作者、歌唱、吹奏者，听众的不同感受和灵魂状态，悲剧中合唱队的效果等；Bk. 31"同眼睛和视觉相关的问题"（29 个）；Bk. 32"同耳朵和听觉相关的问题"。这是后人收集的，不一定都属于亚里士多德本人，仅供参考。综合这些材料，说明亚里士多德在思考艺术创作的生理机制和心理活动，用现代术语说就是形象思维方式的问题。20 世纪弗洛伊德关于梦与文艺创作关系的研究，脑科学关于不同区域、不同功能的研究等，使人们才逐步认识到，文学艺术活动与理性思维活动同大脑不同区域的关系。史类的研究、原创文化的研究涉及历史人物和成就的评价时，标准是当时条件下他提出了什么问题，认识到什么地步，对后人有何启示。由此，我们可以判断古希腊人对文艺创作活动的研究，已达到相当高的水平。

五、原创文化视野下的希腊文艺

再次重申，笔者不敢妄议希腊文艺，仅从原创文化研究角度反对两种极端，既不"崇洋媚外"，也反对全盘否定。我们的关注点是从希腊的原创性智慧中寻找若干启迪当代文艺创新的因素,以及若干古今关注的理论问题。

第一,文学艺术方面的创新与继承的关系。古希腊的确从西亚和埃及学习并吸收了好多宗教、神灵、神话的元素,但是不可否认确有自己的独创,二者并不存在非此即彼的对抗。一个善于学习和吸收"养料"的民族,更有条件成为一个善于创新的民族。历史是一面镜子。希腊从西亚和埃及学习和吸取了许多文化养料,海内外学术界从来不认为它就是西亚、埃及的"翻版""舶来品""二手货"。从前面谈到的宗教与文艺可以看出,它有自己的鲜明的独创。相反,古罗马(包括共和时期与帝国时期)的宗教、神话、史诗、悲剧乃至哲学,有许多是希腊文艺、哲学、宗教的翻版或模仿。维吉尔的史诗算是最有创意的作品,不过也得搭上特洛伊。至于罗马帝国时期的哲学,可以说是希腊几大派别的延续。不可否认,罗马人也有文艺、宗教、哲学上的新创,但大体上是在同一个"架构"内的更新与创造。史上留名的主要是它的法律。参观过维苏埃火山边庞贝遗迹者不难发现,那里的剧场、神庙是希腊式的。澡堂、妓院、古道是典型的罗马式的。

第二,文艺创新与人和社会环境的关系。从生态环境说,希腊与西亚、埃及大体上都是地中海东部沿海和平原、丘陵,仅有伊朗高原、上埃及和北希腊属于高山地带。半月形雨林带起自两河流域至希腊半岛。从生态环境说,宗教、神话、史诗等有更多通融点,利于互相吸收。构成希腊宗教和文艺特色的成因,从本原性因素说在于公元前 8 世纪开始的城邦及其相应的城邦公民。"城邦"(polis)的经济、政治体制和"城邦公民"(polites)是决定性因素。原创文化的研究有助于我们从理论和思想认识上清除"地理环境决定论""文化决定论",以及文化上的排外与奴化两个极端的影响。从古至今,每个大时代必然产生新型文化。新型文化一定是植根于该社会的经济、政治关系中。把古希腊文化看作是西亚、埃及的"舶来品""灌水货";把近代西方文化的根基说成是公元前 16—17 世纪天主教东传文献造就了伏尔泰、孟德斯鸠和莱布尼茨,是很可笑的。马克思在《资本论》中研究了资本运作的经济规律,同时揭示了近代西方文化的根源。他在《资本论》第一卷第二编"资本运动的总公式"中揭示了当代商品生产、商品交换是自由、平等、博爱的根源及其虚伪性。在扩大再生产中指出资本的每一个毛孔滴着工人的泪和血,同时又分析了"资本"的"伟大文明作用"。他在一个注中介绍当时的一篇报道:英国的资本家带着各种机器和工人到澳大利亚办厂,结果工人大都各自谋生去了。马克思说,这位资本家很聪明,什么都带了,就是忘了把英国的生产关系带到那里去。马克思处处从近代资本的经济关系出发,揭示近代文化的根源与地位,反对把文化看作独立于社会关系之外的唯心史观。

第三,当今世界对文艺界方面"明星"的待遇和"好运",愤愤不平。其实最深层的原因在于人们的物质生活与精神生活的两重性。这个矛盾在古希腊就已显露。亚里士多德关于"知识"的地位的排序是:第一哲学—第二哲学(关于自然包括天体的科学)—实践科学(政治学,伦理学,次为理财学)—实用科学(依序为诗学、修辞学、音域学、医学、建筑等工艺技术)。在这里,文学艺术属于"低档追求"门类。最高地位、最大幸福的享有者是为求知而求知的第一哲学。然而"纯思"仅为"分有"神的智慧的极少数人所有。"分有"实践智慧才能者比"第一哲学"和"第二哲学"(科学)的人多些,然而拥有治国才能者毕竟也是少数。拥有"缪斯"授予的诗艺才能者也是极少数。在这里,"诗"与"思"犹如奥林波斯之神,各司其职,不存在"非此即彼"的互不相容。"思"与"诗"的拥有者,各自为乐,无任何外在的政治和经济利益介入。谁也不是因政治或经济利益而为"思"、"诗"。他们都以各自的自愿选择为人生目标、最高价值、最高幸福。哲人宁愿变卖家产(如德谟克利特)"出国留学",宁愿为"求知""求真"而献身(如苏格拉底)。有的人不惜被变卖为奴而三赴叙拉古,试图实现自己的理想(柏拉图)。有的人不惜露宿街头,以回归自然为乐(犬儒学派);不惜牺牲商队的丰厚收益,四方求学(斯多亚创始人芝诺),如此等等。游吟诗人和悲喜剧创作者,论社会地位是下等的。色诺芬尼就像近代的"卖艺者""戏班子"。然而他们并无对身外之物(名利、地位)的追求,都觉得自己过着"神一般的生活"(亚里士多德语),犹如当代以学术、学科或文艺创作为第一生命者一样,不管有无"教授""院士""跨世纪人才""长江学者""功勋演员"……称号和待遇,都不为所动。社会上赋予的地位、评价和利益,往往是在其离世之后,或晚年"油尽灯灭"前夕。文学艺术创作者也如荷马和三大悲剧家一样。"哲人"(苏格拉底)和政治领袖(连任执政官的伯里克利),可以悠然自得地坐在观众席欣赏讽刺自己的阿里斯多芬的喜剧(《云》《鸟》)。处于这两个极端的最广大的人群无缘享有神明予以的特殊天赋,却代表人类本性固有的物质生活和精神生活的双重追求。人类社会越进步,"闲暇"机会和时空越多,越需要有某种东西填补生活的真空和人性固有的情感生活的追求。这样,"娱乐人生"和借节日、庆典的"放松""放纵"就越发有市场。这就是为什么在古希腊那里,一方面奉智慧的追求为最高的"迷狂";另一方面人们又是各种娱乐形式的"粉丝"。娱乐本身就是以情感人,而不是以理服人。希腊公民的素质不单是哲人、贤者教出来的,也是史诗、神话、戏剧和造型艺术染成的。最动情、形式最优美者往往有最高的群众基础。希腊历史没有为荷马、赫西俄德和游吟诗人设奖的记录或传说。为文艺作品设奖,而且分等,起于公元前 5 世纪的希腊悲剧时代,那时的"评奖"无所谓专家评议,而是以看戏人的观感为准。众人最爱看、场次最多者就成了一等奖。所以,当时的评奖通常反映社会和人的需求。在古希腊铭文、墓志铭和各种正式文本的残篇中,未能找到当时评奖中有什么舞弊、作假或政治介入的记录。马克思、黑格尔、维特根斯坦等从不同角度论证过,近代市场经济对文艺不利。马克思在《资本论》第一卷论述从工场手工业到机器大生产时还说,对利润的无限追求使得希腊人留传下来的 poeio 与 techne 分离了。资本家为了榨取更多利润,把源自艺术的"创作"从机器制造中排除了。机器成了面貌可憎的吸血器。技术产品中再也没有 poeio 的成分。事实上伯里克利开始实行看戏津贴,最后反倒伤害了希腊的文艺创作和观众的鉴赏能力。

第三节 四大竞技会

一、奥林匹克竞技会的形成及其所体现的希腊精神

上古资料显示,新石器时代后期至青铜器时代初期,世界各个文化带形成了神灵崇拜的祭坛或神庙,因而出现了以祭典为中心的娱乐活动,其内容的原生态是动物本性固有的"戏耍"(game)。动物发展史、动物智力发展史证明,至少在脊椎动物那里就有"戏耍"的萌芽。因此早期人类不论是以哪种文化为背景,都有"戏耍"的遗迹或神话传说。游牧民族比马术,水边民族比赛水上功夫。"以色列"(Israel)就是始祖雅各同天使摔跤,胜过天使而得的称号。希腊人的独创是固定地点举行的、周期性的多种竞技会,其典范就是每四年一次的奥林匹克竞技会。

奥林匹克竞技会的希腊原文拉丁化为 ho Olympikos agon,英译为 Olympic games。中文习惯译为"竞技会"或者"赛会"。"运动会"是近代的称号①。奥林

---

① 希腊文ἀγών,指 gathering,assembly(聚集,集会),特指聚在一起竞赛。ho olympikos agon,(the olympic games)特指全希腊的这个竞技会。在这个节日,除了体育项目比赛,希腊古典时代的诗人、修辞学家、智者也到这里比赛赋诗作乐、演说和辩论。以 techne(技艺)为特征的才能都可以在这里张扬(参见《希英大辞典》,第 18—19 页)。athleo(动词)、athlesis(名词、)athlos(形容词),指为奖品、为功劳而竞赛、竞争、打斗、拼杀的意思。可能是道德的,也可以指非道德,甚至是敌对的。希腊奥运不用这个词(参见《希英大辞典》,第 32—33 页)。以希腊文 gym 为词根的 gymnasma,gymnastikos,特指身体方面的锻炼、训练。以此为词源的英语的 gymnastics(体育、健身),gymnasium(体育馆),接近希腊文本义(参见《牛津古典辞典》,第 362 页)。

匹克竞技会所在地奥林匹亚(Olympia,形容词为 Olympic,中译为奥林匹克)在古希腊伯罗奔尼撒半岛的西北部丘陵地、山地的庇萨(Pisa)河边,临近亚得里亚海。在部落制后期的"王政时代",这里是埃利斯(Elis)、庇萨和阿卡狄亚(Arcadia)争夺的"风水宝地"。公元前 8—前 6 世纪城邦制形成阶段,奥林匹亚属于埃利斯城邦管辖。直到晚期希腊,这块圣地仍由埃利斯负责管理。

关于奥林匹克赛会,古代无独立成书的完整记载。现存资料中,最为完整的就是鲍桑尼亚(Pausanias)①的纪实《希腊志》。在他的 10 卷本《希腊志》中,奥林匹克竞技会所在城邦埃利斯占了两卷("Loeb 希英古典丛书"编为 Elis I,Elis II)。他在游历圣地时,不仅收集了当地许多神话传说,而且记录了大批赛会得主的碑文,作为史料是比较完整可靠的。除此之外,就是诗人品达的"奥林匹克颂"、狄奥多罗·西库卢斯(Diodorus Siculus)的《历史文献》(*Bibliothekes historikes*)、阿波罗多洛(Apolodorus)的《记述》(*Bibliotheke*)。根据这些资料,关于奥林匹克赛会的起源有下列几种传说:

传说一:宙斯之父、时间之神克洛诺斯(Cronos)从天神乌剌诺斯(Uranus)和地母该亚(Caea)处得知,他将被自己的一个儿子推翻。因此,克洛诺斯吞下了妻子瑞亚(Rhea)为他生的每一个孩子。瑞亚唯恐最小的儿子又为其父吞食,于是命令"库里特"们(Kuretes,卫士之意)将刚生下的宙斯藏于克里特岛伊达(Ida)山的狄特洞(Cave Dicte)之中。长大之后,宙斯在奥林匹亚同父亲克洛诺斯摔跤,赢了克洛诺斯,取得万神之主的地位。后人为了纪念宙斯,在此创立了竞技会,在"宙斯圣林"修建了宙斯庙。

传说二:宙斯与凡女生赫拉克莱斯,天后赫拉意欲除之。赫拉克莱斯在摇篮中掐死受赫拉指使欲加害他的两条毒蛇,长大后作完十二件苦力,并升格为神。之后他同 Paeonaeus,Epimedes,Iasius,Idas 从伊达来到奥林匹亚。赫拉克莱斯设了一个游戏,向他的四位同行人挑战,看谁跑得快,赢者授予一枝野生橄榄枝。赫拉克莱斯年长,因此有威望发起这个竞赛,并命名为奥林匹克竞赛。

传说三:希腊始祖希伦(Hellen)之后裔伯罗普斯(Pelops)是地狱之神坦塔罗斯之子,他从本土吕底亚(Lydia)到希腊一个半岛,这个半岛后来以他命名,称为伯罗奔尼撒半岛。半岛上的庇萨国王俄诺该诺斯是赛车能手,

---

① 希腊文献中出现过几个"Pausanias",这里提到的是出生于吕底亚、生活在公元 2 世纪、撰写了 *Description of Greek*(《希腊志》)的鲍桑尼亚。他一生在小亚细亚、巴勒斯坦、埃及、北非、希腊、意大利漫游,留下 10 卷希腊游记,"Loeb 希英古典丛书"分 5 卷出版,第 5 卷为英译者所著的希腊主要地区地图和说明,以及全书索引。

许下诺言,谁能胜过他,就把女儿嫁给谁,否则予以诛杀。伯罗普斯驾着海神波赛冬给他的战车来到庇萨河边同国王竞赛,赛程是横穿半岛,从庇萨到科林斯海峡。伯罗普斯最终获胜,后人为了纪念他,设立了奥林匹克赛会。

此外,荷马在《伊利亚特》第 23 卷描写阿喀琉斯在帕特罗克洛斯葬礼上,主持了马车、拳击、摔跤、赛跑、标枪、射箭等竞赛,竞赛者都是介于神人之间的英雄。神灵们还亲自干预竞赛,如阿波罗给马车赛领先者狄奥墨得斯(Diomedes)制造翻车事故,雅典娜暗助赛跑者奥德修斯,作弄领先的特拉蒙(Telamon)之子埃阿斯(Aias)等(Iliad,23,257-897)。

生活在公元 2 世纪的鲍桑尼亚(Pausanias)在《希腊志》(*Description of Grekes* 缩写为 Pau.,下同)第 5 卷第 7 章第 6 节至第 8 章第 3 节整合了上述神话传说,总结为:"宙斯在这里为争王位同克洛诺斯摔跤",并赢了他;"赫拉克莱斯发起这个竞赛";"伯罗普斯把竞技会变得更加繁华、隆重,伯罗普斯的儿子们将竞技会从埃利斯扩展到整个伯罗奔尼撒半岛"。

但是神话传说必须与史实区分开。这些神话故事是后人编撰的,不是公元前两千多年真实发生的事,不能作为历史的根据。鲍桑尼亚从《希腊志》第 5 卷第 8 章第 5 节开始叙述真实发生的历史,所用资料是他当时所看到的得胜者在宙斯庙的塑像和铭文:

起初仅有赛跑,埃利斯人 Coroebus 得胜。但是在奥林匹亚无他的塑像,他的坟墓在埃利斯边界。之后第 14 届赛会时增加了双程跑项目,庇萨的 Hypenus 得胜,奖品是一枝野生的橄榄枝。后一届由斯巴达人 Acanthus 获胜。在第 18 届赛会,他们才设立角力和摔跤。Lampis 获第 1 名,Eurybatus 得第 2 名。他们都是斯巴达人。在第 23 届赛会,人们恢复了拳击的奖励,胜者是 Smyrna 的 Onomastus。在第 25 届,人们认可了马车赛,底比斯人 Pagondas 被称为"马车赛的胜者"。在此后 8 届(即第 33 届),人们认可了男子角力(Pancration)和赛马。赛马获胜者是 Cramon 的 Crauxidas。角力的胜者是叙拉古的 Lygdamis,据说他力大无穷,像底比斯的勒拉克莱斯(第 5—8 节)。赛跑和摔跤向少年开放是第 37 届(第 8—9 节)。斯巴达人 Hipposthens 获摔跤奖,Elis 的 Polyneices 获赛跑奖(第 9 节)。在第 41 届,引入少年组拳击(第 9—10 节)。男子持盾赛跑于第 65 届得到赞赏,大概是由于军事训练之故(第 10 节)。有些项目后来取消,例如少年角力是第 38 届设立的,斯巴达人得胜,因埃利斯人反对而取消。

关于竞赛的次序,鲍桑尼亚说先是 Pentathlum(5 项全能,即铁饼、标枪、跳远、短跑、长跑),之后是马车赛,接着是其他项目,这是第 77 届确立的。以前竞赛在同一天举行,但是角力赛到日落还未结束,5 项赛也未完成,所以分开比赛,共 5 天,每年八九月举行(见《希腊志》第 5 卷第 9 章第 3 节)。关于赛会主席和裁判的人数及产生规则,据鲍桑尼亚记载,开始是设一位主席兼裁判,下届换人;第 50 届开始从埃利斯人中抽签产生两位;到第 95 届,有 9 个裁判,马车赛、5 项全能赛及其他各 3 个;第 96 届又加了一个;第 103 届由于伊利斯人分为 12 个支脉(tribes),因此各选一个,裁判达 12 人;后来由于埃利斯同阿卡狄亚打仗,失败后失去了部分领土,所以第 104 届时只有 8 个裁判;第 108 届又是 10 个(Pau.5,9,4)。

鲍桑尼亚是从出生地小亚细亚到希腊游历的。他说:"在希腊看到的很多,打听到的奇闻轶事也很多。可是,所见所闻再多,也多不过关于奥林匹克竞赛和厄琉息斯(Eleusinian)秘仪。"(Pau.5,10,1)在《希腊志》第 6 卷,即 Loeb 编目的 Elis Ⅱ,鲍桑尼亚介绍了奥林匹克得胜者的雕像。他说,并非所有的胜者都有雕像,"本书也不是奥林匹克赛会体育类胜者的记录,而只是这些雕像和捐赠者的说明"(Pau.6,1,1)。不过正是这些记述,留下了关于奥林匹克竞技会的宝贵资料。

在城邦制形成阶段和希腊古典时代(公元前 5 世纪—前 4 世纪末),除了本城邦的各种竞赛外,泛希腊性的体育竞技会还有德尔斐(Delphi)神庙的皮索赛会(Python games)、科林斯的科林斯海腰赛会①(Isthmian games)和奈米亚(Nemea)的赛会②。综合古希腊以奥林匹克竞技会为主的各个赛会的史料,我们可以得出下列结论:

第一,从跨文化的视野,从原创文化研究视角看,古代社会一般都有以庙会或祭典为中心的不同内容的竞赛。在民间也有幼童或成年人的各种游戏。但是像古希腊那样,从公元前 776 年开始就有周期性的、规范化的、泛希腊的、项目不断充实的竞技会,同时还有三个泛希腊的 Python,Isthmus 和 Nemea 竞技会,以及古典时代雅典、麦加拉、叙拉古等不少城邦举办的竞技会,从现有世界文明史资料看,唯有希腊一家。因此,从世界体育史和运动会史来看,用奥林匹克来命名四年一次的世界性运动会,是有充分根据的。

---

① 科林斯海腰赛会是纪念海神波赛冬的赛会,公元前 582 年被认定为泛希腊的赛会,每两年的 4 月或 5 月举行,由科林斯城邦主持,奖品起初是松木桂冠,而后改为当地一种叫 dry celery 植物织的桂冠,最有名的是马车赛和赛马。公元前 3 世纪增加了音乐赛(参见《牛津古典词典》,第 772 页)。由于科林斯是商业贸易重镇,所以这个赛会后来变得世俗化。

② Nemea 在希腊半岛西北部,后来被马其顿控制。传说由阿哥斯的 Adratus 所建。关于赛会的起源,一说是纪念儿童时代杀死毒蛇的奥弗尔忒斯(Opheltes),另一说法是赫拉克莱斯接受考验完成十二件苦力时在此杀死 Nemean 狮子。该赛会于公元前 573 年被公认为泛希腊节日之一,在每届奥林匹克赛会的第一、三年 7 月于宙斯圣所举办,起初由邻近的 Cleonae 管理,后由阿哥斯人主持。

这是古希腊民族文化的一大瑰宝,是希腊文化对当今世界文明的一大贡献。

第二,古希腊竞技会成风,说明古代希腊人在重视智慧(哲学、科学等)、艺术(雕刻、悲剧等)、城邦德性培育的同时,非常重视身心调适和健全体魄的训练。城邦制形成之后,希腊各城邦都将体育列入少年、青年教育课程。为了鼓励少年体育活动的开展,如上所述,第37、41届设立了少年组摔跤、赛马和拳击。希腊人借助宙斯、阿波罗、波赛冬诸神赋予体育竞赛神圣的性质,确保体育竞赛的公正原则,鼓励公民们积极进取,以自己的体力、毅力、耐力和敏捷取胜,从而提高自己所在城邦的影响力。所以奥运竞技会在公元前6世纪以前,无论是运动员、裁判员还是观众都有一种大家认同的希腊精神支柱,自觉遵守竞赛规则。

第三,希腊社会是由大小不等的本土一百多个城邦及一百四十多个殖民城邦组成的。其中最大的雅典和叙拉古,人口的总容量不超过五十万人(包括奴隶、异邦人等),有的小邦的容量不超过万人,越过此线就必须移民,所以城邦的成年男性公民至多不超过几万,少则几千人。他们既是城邦政治的参与者,又是战争中的主力,平时还是农业或手工生产、商业贸易的主人,因此,奥林匹克所设竞赛项目,多是从备战出发,如赛跑、马赛、战车、武装赛跑、摔跤、拳击、标枪等,而且赋予很高的荣誉。获胜者虽无重金奖赏,但授予神话传说中寓意无穷的野生橄榄枝编的花环。这些花环摆在宙斯的神坛上,传令官在神面前宣读获胜者名单及生年,由裁判员在这个庄严而又隆重的仪式上授予,之后唱诗班为之唱颂歌,或者是由诸如品达这样的诗人为之朗诵颂词,接着圣地所在地的埃利斯城邦为之举办盛宴,亲友们可以在宙斯圣园为之塑像。三次获胜者可以雕刻与其同等身材的雕像。鲍桑尼亚在《希腊志》第6卷中详细记载了他游历奥林匹克技场时所看到的近两百名得主的雕像。

第四,奥林匹克竞技会自诞生之日起就是泛希腊的。所有的希腊城邦,乃至殖民城邦,甚至外邦人都可以参加。其他几个赛会如Pytho,Isthmus、Nemea竞技会,也是对全希腊开放的。起初参赛者多为各城邦的武装部队的首领和战士,后来扩展到普通公民。凡有一技之长者,都可以在竞技会上大显身手。叙拉克僭主希隆(Hieron)是一位体育迷和运动健将,品达在第6首奥林匹克颂中热情歌颂了希隆及另一位获奖者Hagesias。马其顿国王腓力二世是奥运战车赛两次得主。尽管公元前338年马其顿统一希腊前,希腊人中有一派持强烈的反马其顿态度,但是被认作是希腊人祖先Hellen外甥的马其顿,一直在赛场上获平等待遇。鲍桑尼亚说马其顿的妇女还参加了竞赛,并获得桂冠(Pau.5,8,11)。公元前338年马其顿统一希腊后,政治体制有所变动,但是希腊的各种庙会、赛会依然如故。公元前 334 年亚历山大东征西亚,公元前 332 年进军埃及,公元前 330 年回师波斯,兵伐现今的阿富汗和印度河界。所到之处建立了一批以亚历山大命名的城市,而且仿造希腊城邦,建有市场、议事会、运动场、露天戏台,在地中海域开始了东西文化的大融合。公元前 323—前 30 年希腊化时期,托勒密、塞琉古、安提柯三国鼎立,大希腊世界的西亚、非洲和西部、北部地中海域国家都可以参加奥林匹克竞赛。鲍桑尼亚说:"紧挨着 Damiscus 雕像的是一尊无名雕像,那是 Lagus 之子托勒密(Ptolemy)奉献的。在铭文中,托勒密称自己是马其顿人,虽然他是埃及国王。"(Pau.6,2,1)安提柯王朝创始人 Antiochus 也是多项运动得主。鲍桑尼亚说:"Antiochus 的雕像是由 Lepret 本地人 Nicodamus 雕刻的。安提柯曾经赢得奥林匹克角力冠军,还两次获得 Isthmus 五项全能冠军,两次获得 Nemea 五项全能冠军。"(Pau.6,3,9)

由此观之,古希腊以奥林匹克赛会为主的竞技活动,有深厚的社会基础和深层的希腊文化的精神底蕴。除了在公元前 492—前 469 年希波战争危急关头停赛之外,赛会从未中断过,即使是希腊内部几次城邦联盟之间的战争时期,遇有赛会各方必须停战。竞技会也促进了希腊文化的发展,促进了城邦之间及城邦与外邦之间的交流。它所确定的竞赛项目和规则,以及竞技会的未成文的规则也为近代奥运会发扬光大。就这个意义而言,希腊奥林匹克赛会的精神是永存的。

二、希腊哲人对竞技会的反思

早期的奥林匹克赛会是以宙斯、阿波罗或波赛冬等神灵的庆典为中心,以神为中保,泛希腊各城邦、各民族共同参与的,一场关于人的体力、耐力、能力和意志的竞赛。如同品达所言,其胜负取决于四个因素(先天性才能、平时的训练、神的庇护、个人临场的发挥)(第 10 首,第 20—22 行)。赛会形成的时代属于荷马史诗所歌颂的英雄时代,勇敢为第一美德,荣誉为最高奖赏。公元前 8 世纪希腊历史开始进入城邦制时代。公元前 7 世纪末开始形成第一个哲学学派(米利都学派),接着出现了毕达哥拉斯学派和赫拉克利特。城邦政制与崇尚智慧标志着希腊人在社会生活领域和精神生活领域发生了重大的转向。围绕奥林匹克竞技会发生了一场延续几百年的关于德、智、体、美关系,人的身心培养,以及体育对城邦的关系的大辩论。一方是以品达为代表的颂诗,另一方是来自理智的批评。

品达(Pindar,约公元前 518—前 438 年)生于底比斯的名门贵族。罗马诗人昆梯良(Quintilian)说他是古希腊九大抒情诗人中最杰出的诗人,善于写各种格律的诗。于今留下的主要是 45 首献给泛希腊四个竞技会的胜者的颂诗。"Loeb，希英古典丛书"收录为两卷，其中奥林匹亚颂歌（Olympian Odes）14 首；Pythian Odes 颂歌 12 首；Nemean Odes 颂歌 11 首；Isthmian 颂歌 8 首，此外还有些残篇。可见在他那个时代，奥林匹克赛会、皮索赛会、奈米亚塞会和科林斯海腰赛会已经是全希腊认同的四个运动会。得奖者都有资格邀请到当时的大诗人品达为之写颂诗。正是通过这些颂诗，后人才得知有关这四个竞技会来历的神话传说、当时的社会风尚、获胜者的荣誉及对提升城邦地位的作用，以及决定竞技获胜的四个要素和偶然因素等。品达颂诗的特点是借颂人而颂神，即通过歌颂竞技得胜者而称颂胜者的祖先的功德，进而颂扬赋予家族和城邦地位、荣誉的神灵。他的颂诗无论长短，赞颂竞技者均仅占全诗的小部分，往往是个引子。可以说品达是传统的英雄时代荣誉观念的激情的维护者。与之相反，来自哲学的评论，却是对传统的挑战。

毕达哥拉斯（Pythagoras，又译毕泰戈拉）代表哲学与理性首先发难。他认为，奥林匹克竞技场上的运动员为荣誉而拼命，赛场外的小贩为金钱而叫卖，唯有坐在赛场上的观众，体现宙斯的意志和哲学的精神，理智地、公正地审视各位裁判和运动员，而且欣赏竞赛的乐趣。

希腊文献中提到的 Pythagoras 有好几个，鲍桑尼亚《希腊志》中也提到一个雕像家叫 Pythagoras。《希腊志》记载："在 Sostratus 雕像边是拳击手 Leontiscus 的雕像，他是西西里 Messene 本地人……这是由雷吉翁（南意大利——笔者注）人毕达哥拉斯雕刻的，他是以往最卓越的雕刻家之一。"（《希腊志》6,21,3）撰写《哲学家的生平和学说》的第欧根尼·拉尔修在该书第 8 卷详细介绍了哲学家、数学家 Pythagoras，为防止后人混淆，他特地介绍了四个叫 Pythagoras 的同时代人：

有四位大体同一时期，彼此相距不远的 Pythagoras 同姓人：（1）克洛同（Croton）人，僭主的师傅；（2）弗里乌人（Phlius），运动员，也有人说是教练；（3）扎肯索斯人（Zakynthios）人；（4）我们所说的这位……有人说，还有一位 Pythagoras，是雷吉翁人……此外还有一个萨莫斯雕刻家、一个蹩脚演说家、一个医生也叫 Pythagoras。狄奥尼修（Dionysius）说，还有一个写过多立斯族群史的人也叫 Pythagoras，埃拉托森尼（Eratosthenes）说，根据 Favorinus《杂史》第 8 卷，这位 Pythagoras 是个老练的拳击手，首位留着长头发、穿着紫袍参加第 48 届奥运会（公元前 588—584 年）的少年组，观众捧腹大笑，他被赶出少年组后立即参加了成年组，而且获胜了（第 8 卷第 46—47 节）。

我们这里所说的 Pythagoras，史书上通常写着"Pythagores, son of the

genengraver Mnesarchos"（指环雕刻匠涅萨尔科之子毕达哥拉斯或哲学家、数学家毕达哥拉斯）。他从未参加过奥林匹克竞技会，约出生于公元前580—570年。上面提到的留着长发、穿紫袍的拳击手得奖时，他还未出生。这位哲学家兼数学家的毕达哥拉斯的生平，我们在《希腊哲学史》第一卷做了详细论述。他所创立的团体是个宗教、哲学、政治、科学合一的群体。他最早从哲学（智慧学）的角度对奥林匹克竞技会的地位提出了挑战，认为追求智慧高于追求荣誉和金钱。第欧根尼·拉尔修说："当时Phlius的僭主勒翁（Leon）问他'你是谁呀？'毕达哥拉斯回答说'我是一位哲学家（爱智者）。'他把人生比作一个大竞技场，在那里，有些人是来争夺奖赏的；有些人带了货物来叫卖；而最好的人乃是有沉思，有明断能力的观众。同样，在人生中，有些人出于卑劣的天性，追求名和利，只有哲学家才寻求真理。"（《希腊哲学史》第一卷，第8节）

　　毕达哥拉斯很蔑视僭主，他大概是不满母邦萨莫斯的波吕克拉底（Polycrates）的专制统治才来到南意大利的克洛同（克罗顿，Croton）。当弗里乌僭主轻蔑地问他"你是谁呀？"的时候，他反唇相讥，反讽僭主勒翁不识智慧、只求名利，犹如竞技会场内外的运动员和小贩。他把追求智慧，探求学问的人看作高于僭主、运动员和小贩。这标志着在哲学产生之后，希腊人精神追求的转向。正因为如此，在希腊精神或者说希腊文化中，对后世影响最大、最有深远价值的是探求真理，追求科学与哲学知识的"Sophia"（智慧）和epistemē（学问、学科知识），以及以新的城邦治理智慧为基础的民主制度和德性伦理，而后才是艺术与体育。因此，哲学与科学产生之后，有一批哲人出面呼吁反省英雄时代的荣誉观，将竞技与智慧，体育与城邦的关系摆在恰当的位置。这方面，最具代表性的人物就是另一位诗人哲学家，爱利亚学派的先导色诺芬尼（Xenophanes）。

　　色诺芬尼是毕达哥拉斯同一时代人。他大胆挑战部落制时代形成的以荷马史诗为代表的神人同形同性观念，以及尚武精神和道德风尚，倡导精神性本体的、不动的、单一的神灵观念，崇尚智慧和城邦政制的新时代风尚。因此，他批判以颂神为宗旨，以荣誉为目标的过于激情的竞技风尚。这个思想集中体现在Diels和Kranz汇编的《前苏格拉底残篇》之中，现辑录并转译如下：

　　"如果一个人在奥林匹亚——宙斯的庙就在那里靠近庇萨河边——参加赛跑或五项竞赛得胜，或者在角力时得胜，或者在激烈的拳击中得胜，或者在那被称为全能竞赛的可怕的比赛中得胜，这个人便会在公民们眼中充满荣誉，会在竞技场上赢得显赫的地位，会被邀请参加城邦的盛筵，得到珍贵的奖品；如果他在驾车比赛中获胜，也会得到奖赏，然而他却没有像我那样值得受奖，因为我们的智慧优于人或马的体力。在这件事情上人们的意见混乱不堪，而重视体力甚于重视智慧是不公正的。因为纵然在人们中有一位优秀的拳击手，或者有人在五项竞赛或角力中获得冠军，或者赛跑得胜（赛跑比别的竞技更加重视敏捷），可是城邦却并不因此而治理得更好。当一个人在庇萨河边竞技得胜时，城邦得到的幸福是很少的，因为这并不能使城邦的库藏充盈。"（DK21B2）

这个见解，到了公元前5—前4世纪的希腊古典时代，成了希腊知识精英如哲学家柏拉图、亚里士多德，悲剧名家欧里庇得斯，演说家政论家伊索克拉底（Isocrates）等的共识。可是在普通公民大众中，颂扬宙斯、阿波罗、波赛冬诸神的体育竞技仍然蔚然成风，势不可挡，深入人心。弗洛伊德关于古代民族节日庆典和节目解禁的论述有一定道理。古今中外满足人们的激情，释放潜意识追求的狂热性活动，都有人性方面的心理根据。在公元前5—前4世纪的古典时代，体育竞技已出现偏离现象，竞技得胜成了有些人进入上层社会、猎取显赫地位的阶梯。更有甚者，竞技会上不时出现运动员违规，耍小动作赢得赛车、赛马和拳击的胜利的事件。裁判不公，观众偏激，贿赂裁判等时有发生。于是柏拉图、亚里士多德等谈到理想城邦与公民教育时，不时发出升华竞技精神，矫正竞技偏差的言论。

柏拉图没参加过奥林匹克竞技，更谈不上得奖。在柏拉图对话和书信（主要是史家认为可靠的第七封信）中，他在叙述自己的经历时，从未说过参加竞技会。在后人的记载中第欧根尼·拉尔修留下一段话。"他在摔跤手阿戈斯人 Ariston 指导下学习过体育，正是他为之取名 Plato，表征他的魁梧的身材……但是别人说是由于他的肩宽的身材，或前额宽阔，这是 Neanthes 说的。还有人说，他参加过科林斯海腰竞技会的摔跤，这是 Dicae-archus 在他的《生平传记》中记述的。"（第3卷第6节）希腊文中 Plato 是身材魁梧的意思。第欧根尼·拉尔修的《哲学家的生平和学说》共10卷，柏拉图占第3卷一卷，共109节。在第109节，作者提到还有4个叫 Plato 的人：罗得岛的一个哲学家，Panaeties 的学生；亚里士多德的一个学生；Prax-iphanes 的一个学生；滑稽剧作家。显然，在已知的古希腊的 Plato 同姓名中，没有奥林匹克赛会得奖者。相反，柏拉图对当时的竞技会是持批评态度的。他在《理想国》中谈到教育时说：

"音乐和体育这两种技艺在我看来是某位神赐予我们人类的，它们服务于人的高尚情操（to thymoeides，high-Spirited）原则和爱智原则，用恰当的紧张和松弛来调节这两个原则之间的关系，使之和谐，而不仅仅是为了人的灵魂和肉体,尽管附带地也有所顾及。"柏拉图批评当时的风尚:得胜的运动员沉浸于"叙拉古式的宴会"和"西西里式的菜肴","阿提卡肉馅饼",平时睡懒觉,甚至"弄个科林斯女郎来做情妇"(404A—E)。

柏拉图在《理想国》中提出了一个影响深远的重要思想,即音乐和体育对人的心灵的成长的关系。好的、健康的音乐和竞赛有助于净化灵魂,形成健全的审美观念,提升区分美丑、善恶的能力,从而从内心产生一种激情:追求智慧,弄清什么是本真(aletheia)意义上的美和善的理念(eidos)。这样长大成人后情感和欲望会自觉接受理性的指导。他强调音乐与体育应服从人的爱智原则和情感方面的高尚情操的原则,通过音乐与体育、紧张与松弛,调节人的身心,升华公民的灵性。他认为这是"一个教育和培养公民的大纲"(412A—B)。而且,"他们一定要具有保卫国家的智慧和能力,还要关心国家的利益"(412C),此外还要牢记:"世俗的金钱是罪恶之源,心灵深处的金钱是纯洁无瑕的至宝"(417A),在《法篇》中又说"最佳方式不是训诫,而是靠终生有形的实践"(719C)。柏拉图当然有他自己时代和个人观点的局限性,但是他对当时体育的弊端的诊断和治疗,对于治疗今日的运动员与教练员,还是不无裨益的。

苏格拉底和柏拉图针对当时世俗社会中将体育得胜看得重于武士的功业和哲人的实践智慧,发表了针锋相对的意见:

"奥林匹克赛会的胜者被人们认为是幸福的,但与我们说的卫士的幸福相比,他们的幸福微不足道。卫士们的胜利更加光荣"(465D—466A)。

"我应该得到某种奖励,我比奥林匹克赛会的胜利者更配得上这种待遇。无论是赛马,还是马车赛,这些人给你们城邦带来了表面上的成功,而我给你们带来的却是实际的成功"(申辩篇,36B—E)。

亚里士多德的见解基本上与苏格拉底、柏拉图一致,在《政治学》第8卷第4章谈到公民的教育时,他也认为"体育训练应列入教育"(1238B33),但是他批评斯巴达人过于重视身体强壮,施以儿童过度的训练,认为应该由轻到重,重视身心协调成长(1339A10—11)。在《尼各马可伦理学》中,他从德性伦理角度提出了类似当代职业伦理的,有关公正、荣誉、财富的见解,认为有三种"善"(好,arete),竞赛得胜,获得荣誉,还有财富,这些属于公民的"外在的善",应从属于更高一级的"内在的善",即心灵上的美德。而且他们都统摄于心智上的真、善、美。

柏拉图和亚里士多德都生活在城邦制的古典时代。他们从维护城邦政制和弘扬希腊人的精神和风尚出发,阐明各自的见解。他们对奥林匹克竞技会总的来说是抱着积极赞赏的态度。但是到了晚期希腊阶段,或者说希腊化时期（公元前323—前30年），虽然社会风尚未变，仍坚持4年一届竞技会，但是其热情已锐减。晚期希腊哲学不论是斯多亚学派、伊壁鸠鲁学派还是怀疑主义思潮，都以"不动心"或者是心灵的平静为人生的最高准则。这样，以人的激情为根基，以追求名誉为目标的竞技会自然不为哲学家们所器重。另一方面，由于公元前4世纪以后城邦制发生了危机，城邦自身的生存对某些小邦而言都成了问题，自然也失去了往日的热情。罗马共和时期和帝国早期，即公元前2世纪前，他们还参加奥林匹克赛会。公元325年尼西亚会议后基督教统一了教义，逐步取得精神领域的统治地位。公元392年罗马皇帝狄奥多西一世宣布基督教为罗马国教，公元393年罗马皇帝狄奥多修（Theodosius）一世（公元346—395年）下令废除奥林匹克赛会。狄奥多修一世的父亲本来是个恢复对英吉利统治的将军（公元367年），公元376年在迦太基被不明原因地处死。他儿子狄奥多修以东部罗马为基地，加入基督教，联合基督教取得大批教徒的支持，征服西部罗马，成为罗马皇帝，他是个虔诚的基督徒，在位期间签发过18个反异教条令。对希腊本土，他取消了每4年一届的奥运会，但是保持了希腊的神庙。奥运会被取缔，固然有其宗教的背景，但是导致奥运会衰落的根本原因是前面说过的希腊化时代城邦制衰落。公元前146年希腊被罗马正式消灭，改为行省。而罗马人自己崇尚的是体现尚武精神的斗兽场和奴隶的角斗。这不是昔日的公民之间的竞技，而是贵族与平民取乐的对象。狄奥多修二世之后，罗马人和罗马皇帝也不去恢复奥林匹克竞技会。这就说明，罗马公民和统治者对于希腊人创造的奥林匹克赛会已经失去了兴趣。他们需要的是从斗兽场取乐。因此，即使是反狄奥多修的一派上台，也不去恢复希腊人创造的竞技会。这同主张唯一真神的基督教没有根本冲突，因为当时的教父们已经从理论上解决了这个问题，这就是拉丁教父拉克唐修（Lactantius，公元240—320年）的名言"就Physis（本性，本原）而言只有一个神，但就nomos（风俗习惯，人为约定）而言，有不同民族认可的许多神"。当时的基督教把希腊神灵体系当作习俗，予以尊重。宗教信仰上的不同，不是奥林匹克赛会终结的主要原因。

奥林匹克赛会终结了，但是它所体现的精神是永存的。这就是体育以健身、调节身心关系，提升情操为目的，服务于高尚精神和智慧与理性两大原则。运动员靠平时训练，临阵发挥靠体力、耐力、智慧，还有神灵保佑。运动员以城邦的荣誉为上，野生橄榄枝编造的桂冠重于黄金编织的花环。

从人类精神发展的顺序看，总是感性的先于理性的，具体的先于抽象的；从文化或意识形态的形成看，沉思理性及其成果（哲学与科学），实践理性及其形态(政治学、伦理学、经济学)总是后于宗教、诗歌、艺术和竞技。因此,理性及其成果或形态成熟之后,必然挑起思与诗,理性与激情,哲学、科学与文艺、体育的"争吵",可以说这是个永恒的主题。古人的原创性智慧不可能成为永恒主题的现成答案,但是可以启迪后人的思维,因为历史是由无限地消失的"现在"(present)所构成,它是"现在"的沉积,活在今人的"话语世界"中,因而,凡是历史的,往往又是现实的。

三、古希腊竞技会的现代意义

现代奥运的人文精神植根于古希腊以奥林匹克赛会为代表的竞技会中,因此我们首先要从原创文化视角揭示作为"源头活水"的古希腊竞技会所蕴含的人文精神。

前面说过,上古文献和物器显示,古代各个文化域、各个民族都有不同形式的,以祭神和庆典为核心的庙会、节日、赛会或表演,其中少不了竞技比赛。例如游牧民族的赛马和摔跤,农耕文化地区的赛跑。之后出现同部落或民族生活相联系的射击、拳击、投掷和战车。顾拜旦之所以选择奥林匹克赛会(或称竞技会)作为近代世界性体育赛会的名称,根本原因就是古希腊的奥林匹克竞技会在古代具有典型性,而且具有更多更普遍的全球化的质素。正是古希腊人创造了固定地点举行的周期性的、规范化的多种竞技会,除了泛希腊性质的四个竞技会外,还有地方性赛会不下 20 个(详见《牛津古典辞典》1996 年修订版第 41—42 页 agon 条目)。

古代竞技会所留下的是刻有得奖者名字的一块青铜片。公元前 5 世纪埃利斯人,智者运动代表人物之一希比亚(Hippias),开始收集这些材料,撰写《奥林匹克胜者录》(Olympionikon Anagraphe),但已佚失。之后亚里士多德学派于公元前 330 年先后收集各城邦关于本邦得主的记载及奥林匹克会址上的雕像碑文,可惜仅留下 6 个残篇,普林斯顿大学出版的 2 卷本《亚里士多德全集》第 2 卷末附有亚氏残篇。之后有 5 人从事收集得胜者记录的工作。鲍桑尼亚的《希腊志》利用了这些记录。可惜原有的这些文献记录大都佚失,例如公元前 3 世纪居勒尼人(Eratosthenes),收集了大量物件和前人的记载,原书应不少于 2 卷,但仅剩 10 个短篇。罗得斯岛的 Castor 也仅留传下 20 则残篇。2007 年剑桥大学出版社出版了当年初刚完稿的,Paul Christesen 的《奥林匹克胜者录与希腊古代史》(Olympic Victor Lists and Ancient Greek History),全书 580 页,收集了古代留下的 25 位作者的著作残篇及四件近代出土的奥林匹克胜者目录,即 POxy Ⅱ,222;POxyXX Ⅲ 2381,共 85 行,以及 POxyX Ⅶ 2082 的 7 个残篇,POxy Ⅰ,12 的 6 个纸草卷共 200

行。作者分三类(胜者录,编年表,纪事)考证和分析这些资料的真伪和价值。这些资料以及品达的颂诗,鲍桑尼亚的《希腊志》,柏拉图、亚里士多德等哲学家们的评述,第欧根尼·拉尔修、普鲁塔克等的传记和史书中的有关论断,合起来就是古代有关4个竞技会文献的全部。评论古代竞技会,发掘启示后人的人文精神,应从这些史实出发,切忌按现代人的需要去重塑古代。

首先要看到古希腊的竞技会都带有强烈的原始宗教色彩("运动会"是近代的名称)。会址的选择、竞赛项目的选定、入场的仪式、赛会的庆宴、奖品的寓意,都蕴含着纪念某位神,或献祭神的特征。这同近代启蒙运动以来的人文主义,以及人文主义精神影响下的近代奥运是不同的,因而在弘扬人文奥运时必须注意到古代以神为本,以城邦为生活轴心的一面。希腊竞技会的人文精神主要在于,同古代其他民族的,以颂神为核心,以祭司集团为领袖的庙会、祭典不同,希腊人创造了周期性的,靠个人的体力、毅力、耐力和智慧,以及平常的训练(附带说一下,希腊人同时创立了 gymnasium,即训练场所,体育馆的前身),"战时"的发挥而取胜的各种竞技项目,同时制定了公平竞争的游戏规则。这样,在颂神的形式下,凸显了个人的地位;在重灵魂轻肉体的古代普遍风俗中,形成了独特的关注体魄健全、身心协调的社会风尚。这种遍地开花的泛希腊的竞技会及城邦独有的赛会,连年不断,优胜者可以平等地、自由地参加几个赛会。获胜者荣耀无比,诗人为之写颂诗,雕刻家由城邦或富有者出钱为之塑像,影响了古代的艺术和鉴赏,推动希腊的雕刻、诗歌、戏剧超越地中海域任何一个民族。竞赛之风还影响到哲学,推动哲学家之间的对话与论辩。苏格拉底出入体育训练场所,启发了柏拉图、亚里士多德二人先后在名为 Academia,Lycium(肉体训练场所)创立了"哲学训练"的学院。这样,以公元前5世纪的"古典时代"为标志,希腊的哲学、文艺、体育、教育发生了一个孕育近代人文精神的转向。哲学上的智者运动和苏格拉底导向,文学艺术上的三大悲剧家的剧作,雕刻家斐狄亚斯的杰作巴特农神庙和奥林匹克竞技场的宙斯庙,以雅典为代表的古代民主制,加上古典时代达到顶峰的、规范化的多样项目的竞技会等,都是这个时代的代表作。近代奥运会从形式上说是承继公元前776年开始的竞技会,从希腊人文精神而言,实际上主要承继古典时代的成就。

影响近代奥运的第二个要素是古希腊竞技会的开放性与创造者。奥林匹克赛会起初仅限于埃利斯人参加的赛跑,后来扩展到伯罗奔尼撒半岛乃至全希腊,包括小亚细亚西岸和南意大利、西西里等的殖民城邦。参赛人的资格也从贵族扩展到平民。竞赛项目不断增加。在时间方面,也由一天扩展为三、五天。第77届竞技会已经是希腊联军打败波斯之后,希腊进入古典时代盛期,竞技会也进入高峰,确定五天赛程,先是五项全能(Pentathlum),之后是马车赛及其他赛事。公元前332—前30年"希腊化时期",希腊人以开阔的胸怀,将竞技会推向西亚和埃及,希腊化世界的马其顿人、罗马人、拉斯特拉里亚人,以及当地能人都可参加。运动员可以参加几个运动会的项目。例如,马其顿血统的安提库斯(Antiochus)"曾经赢得奥林匹克角力冠军,还分别两次获得科林斯海峡五项全能冠军,及奈米亚五项全能冠军"(《希腊志》,6,3,9)。竞技会的开放性与创造性也提升了运动员与观众的精神境界。竞技会成了全希腊人的盛大集会。来自各地的观众对获胜者和未得冠军但是竭尽全力参与者都给予同样的尊重和鼓励。希腊人还创立了竞技会休战制度。公元前8世纪,斯巴达城邦立法的奠基人莱喀古士(Lycurgus)同伊菲托士(Iphitus)一起制定"Olympic Truce"(奥林匹克休战)章程(见亚里士多德残篇F533),确定赛会日期前一个月由传令官从埃利斯出发通知各城邦,赛会期间停止一切争战,确保赛会正常举行、运动员和观众通行安全。这个协议一直维持到古典时代后期,得到普遍的遵守。公元前431—前404年伯罗奔尼撒战争期间,斯巴达借口传令官未至,于公元前420年占领埃利斯城邦的列普累安(Lepreum),斯巴达被罚款2000米那,而且被禁止参赛和进入宙斯庙(见修昔底德《伯罗奔尼撒战争史》第5卷第4章)。其他泛希腊赛会也认同停战协议。公元前412年雅典同盟的开俄斯(Chios)城邦叛变,暗中与斯巴达议和,欲配合斯巴达及其盟国科林斯趁机消灭雅典在赫勒斯滂的海上势力。但是那时正是地峡赛会将要举行的时候,科林斯拒绝同他们一道启程,不愿破坏地峡节日的休战(Thucy.8,9-10)。生活在战争期间的雅典政治家、演说家吕西亚,目睹公元前404年战争结束后两败俱伤的城邦惨状,于公元前388年发表了慷慨激昂的"奥林匹克赛会的演说",陈述彼此争斗的危害,祝愿奥林匹克精神将全希腊联成一体,不辱祖先(见路白丛书,Lysias,第685—689页)。

近代奥运会继承和发扬了希腊传统的创造性与开放性,将奥运会扩展到全世界。在当代全球化与多元文化并存的时代,不同文化背景的民族所创造的竞赛都有机会取得国际社会的认同,成为奥运会的项目。全世界不同文化背景的民族和国家,都有资格获得举办权。因经济利益或因政治关系而分为不同集团或社群的人们,在体育竞赛领域可以超脱利害关系,定期举行一场全球性娱乐活动和文化交流,共同展现人类本性美好的一面。而且通过这种超政治、超经济利益的交流,增进相互了解,促进情感上的交融。全世界普遍支持的奥运事业,代表了全球化背景下人类求得和谐发展、共同繁荣、消除对立与纷争的普遍方向，因而它是有无限生命力和美好前景的。历史上的奥运会由于历史条件的变迁而中断。现代的奥运会可能中途会有曲折，但是它再也不会中断了。它代表并反映了人类的共同追求和社会发展的方向，深深地扎根于全球化时代各族人民的心中。

第四节　学科形态的哲学与科学

古代众多民族都崇尚智慧，将智慧列为人们追求的美德之一。希腊民族，主要是以亚该亚人为主体的伊奥尼亚人在公元前 8 世纪以降，逐步形成自己特有的"智慧观"，其特征有三：第一，以"智慧"（sophia）为人生第一追求，居四大迷狂（mania）之首；第二，创造了系统理论形态的、分门别类的哲学与科学；第三，讲究求得真知的途径（ho dos，道路、途径、方法），提倡通过平等对话探讨人们关注的问题。正是这三条对后来的哲学和科学产生了重大影响。

一、sophia 与 philosophia：兼论亚里士多德的一个失误

希腊文 sophia（σοφία）有手工技巧、治国能力、谙识超常事理，善解神谕等意思①。就此而言，古代不少民族都予倡导，不算希腊所特有。差别是早期希腊，sophia 的核心含义是指"治国理政"方面的超常能力和认知。这同古代地中海东部的演变密不可分。公元前 2000—前 3000 年，东部地中海世界，其中主要是西亚已相继出现过众多王国、帝国，除了相继出现或并立的巴比伦、赫梯、亚述及后起的波斯外，还有吕底亚、米地亚、腓尼基等几个强大的小国。其移民走向是从西亚，沿地中海域和巴尔干往西。最早是渡海到邻近的埃及和克里特岛，以及北非（腓尼基人于公元前 814 年就在北非建迦太基）。公元前 2000 年左右雅利安人中的一支亚该亚人越过巴尔干进入后来命名的希腊半岛，开创了陆路往西移民的先例。生活在意大利半岛的伊特拉里亚人（Etruscan）和拉丁民族也都是史上不明年代的西向移民。这些移民都发生在原始社会末期向王国政权过渡时期，旧的部落首领往往承担不了迁徙、定居点选择的历史使命。精明能干的"英才"起着决定移民与定居、生存与发展的重大作用。对寻找新居住区的部族而言，"领头羊"的判断、决策和治理，对部族的生存至关重要。所以在希腊，以城邦政治为 sophia 核心内容。希腊城邦制形成初期的"七贤"（seven sages）就是这

①　见 GEL，Item"sophia"，pp.1621-1622。

个类型的代表,米提尼(Mytylene)的 Pittacus,普里耶涅(Priene)的 Bias,雅典的梭伦,林迪(Lindian)的 leobulus,刻尼人(Chenian)Myson,拉西代蒙人 Chilon 以及米利都的泰勒士都是城邦创立或改制的"功勋"①。柏拉图、第欧根尼·拉尔修和普卢塔克的记载证明,初期的"智慧"(sophia)主要指治理城邦,或为城邦立法的政治智慧。"七贤"指的就是"由于政治上的智慧而获得荣誉的"②。泰勒士之所以被认作"七贤"之一,主要也是因为在对付波斯和吕底亚,维护城邦上的功劳。随着人类社会的发展、认识的深化,之后的 sophia 主要指认知上的超常智慧,拥有神灵们那样的洞察自然与人生的聪慧。然而,这个意义上的"智慧",古代中国、印度、西亚、埃及等许多民族都予推崇,也说不上是希腊人的智慧观的特色。构成希腊城邦制时代智慧观的标志是关于智慧的哲学解读和地位:智慧是关于对象"是什么","为什么"及如何存在的普遍性知识的追求,是人的最高美德,居于四大迷狂之首。它的存在形态就是哲学和分门别类的各个学科。Sophia 不像爬山、竞技会有一个终点。智慧就是从"自知其无知"出发,不断探究寰宇、社会、人自身的奥妙;不间断地求知,所探求的成果不过是新的探求的起点。一旦你认为达到终点,探求终结了,那么你的智慧也就终结了,从此不再拥有智慧了。这就是从泰勒士、巴门尼德开始,经过苏格拉底、柏拉图、亚里士多德,直至晚期希腊三大学派和新柏拉图主义等的共同追求、看法和结论。理论上成文的概述主要是苏格拉底的三大命题,柏拉图的《斐德罗篇》《会饮篇》和知识论的几个对话,以及亚里士多德《形而上学》。本人在以往的论文和合著中已有所论述,也介绍过有关资料③。希腊哲学上的智慧观有一个共同点,就是不为智慧设定一个服务对象、追求目标,用亚里士多德《形而上学》第一卷第一、二章的话说,就是"为求知而求知"。所求之知不是感性之知、经验之知,而是以沉思理性为工具所获得的,以全称判断命题

---

① 除人们熟知的梭伦和泰勒士外,"七贤"中 Pittacus 和 Chillo 可参见《牛津古典辞典》(p. 1187,p.322)。Pittocus(650—570BC),政治家,立法者,指挥过 Sigeum 反雅典战争,被选为 aisymnetes(注:早期城邦时代选定的合法的专制者,时间不等,以完成某一特定任务为限,见第 48 页 aisymnetes 条目)任期 10 年,为米提尼城邦立法,刻于雕木上。Cleobulus 等缺。Chilon,鼎盛年约公元前 556 年,斯巴达的 Ophor(监管官),维护莱喀古土的立法,监察国王按立法程序施政。他还曾协助西库翁城邦推翻了暴君,推动了后来的伯罗奔尼撒同盟的形成。死后被斯巴达人奉为英雄。他以自己的才智赢得了"七贤"之一的地位(第 322 页)。

② 见 Plato,*Protagorus*,343A;DL,1,41;Plutarch,*Solon*,§ 3。

③ 参见陈村富论文:Mania and Sophia,Mythos and Aletheis(《迷狂与智慧,虚构的与真的》),《世界哲学》2014 年第 1 期。此外参见汪子嵩等《希腊哲学史》第二卷,第 7 章第 3 节;第 17、19 章;第三卷,绪论,第 4 节;第 10、12 章。

出现的,经过论证而形成的学科知识(episteme)。"目的因"在亚里士多德那里有重要地位。他的动物学和政治学处处讲动物结构和机能的目的,城邦"共同体"的"最高目标和普遍利益"。但是,请注意,在求知问题上,他恰恰讲"为求知而求知",不为之设定一个"终极目的"。当代有的人不理解,把这个命题理解为鼓吹脱离政治,搞纯学术。其实,亚氏说的"为学术而学术"正是希腊型"智慧"的本质(essence,是之为是的本性)。智慧就是无终止地求知,就是对知识的"迷狂"(迷恋)。这正是 philos +sophia(哲学,Philosophia)的本真的写照。先辈贺麟于 1956 年说"宁可同老婆离婚,也不同黑格尔哲学离婚"。后来批判他"效忠黑格尔反动哲学",其实他所表达的就是这种对学术的"迷狂",恰恰是悟出了 sophia 的真谛,忠实于哲学本真的体现。西亚、埃及关于智慧的解读是,"敬畏神灵是最高的智慧";上古希腊认为,拥有某种灵巧、能力就是智慧。这是一种传统的智慧观。它为智慧设定一个固定的标准,如圣经《旧约·诗篇》,"敬畏耶和华就是最大的智慧";不懂或不愿敬畏耶和华就是无知,就是"缺失智慧",等于愚蠢。自从公元前 7 世纪以降,后来所称呼的"哲学"(注意:柏拉图以前无"哲学"这个称号)产生之后,延绵不断的哲人从哲学这个角度重新认识前人所说的智慧,思考怎样才算是"大智",才算拥有真正的智慧。米利都"三杰"把谙识万物生成的原理视作最高智慧;赫拉克利特说"博学并不能使人智慧,否则它就已经使赫西俄德、毕泰戈拉以及色诺芬尼和赫卡泰涅乌智慧了"(DK22B40),他以自己懂得"日和夜其实是一回事"为有真知。巴门尼德说:那些都不过是 doxa(个人意见、看法)而已。当巴门尼德自以为他深知"真知之路"时,高尔吉亚针锋相对地提出了三个相反命题。可是当高尔吉亚把先人从前门抬走时,抬他的人已经从后门进来了。苏格拉底以全新的视角,用对话与诘问的方式推翻以往的所有自以为真的答案。然而他自己却从不说出一个正面的答案。任何一场讨论的结果都是存疑,都是以无知为开端,以求知所得之疑难告终。他视死如归,坚持自己的求知之道。这就启示了柏拉图,反思泰勒士至苏格拉底的求知之路。他认为,智慧就体现在对知识的无限追求中。Philos(热爱,欲求)sophia,就是智慧的最高体现,所以,智慧就是一种超常的自我意识,意识到这是个求知的过程,而且为之而献身。这个过程的各个阶段所获得的知识,就是这个"产婆"的"智慧果"。这棵不断结出智慧果的,由人类求知本性而造就的智慧树,才是 sophia 之本质(essence),智慧的活的源泉,而且是永不枯竭的、越喷越大的源泉。据此,柏拉图把泰勒士以降的这个求知过程解读为 phileo(动词"热爱","追求")sophia 的过程,并为这个无休止的人们为之献身的过程取了个名称

philosophia(φιλοσοφία)，即后来说的"哲学"。

请注意，此时的柏拉图已经有"学科"的思想，他还提出有一门研究神灵的学问，叫"神学"（Theology）。他是史上最早提出"神学"的人。为什么柏拉图不认 philosophia 为一门学科，不为它取个学科的名称呢？这是个疑案。可能他未曾想过，更可能是他有自己的考虑。他认为 philosophia 不是一个学科。因为，凡学科都有一个固定的研究对象，人们去研究它是什么、为什么，如何存在，有何属性，同他者关系如何。然而 philosophia 没有个固定对象。它的存在方式，或者说生命力，就是不间断地、狂热地求知。古人追求寰宇万物是如何生成的，何者为本原，后人把兴味转向人与社会。不仅追问"是什么"，还关心"有什么用"，而且答案五花八门，真可谓 doxa（意见、见解、看法）。所以他说："这种对求知的迷狂（mania）就是 philosophia。"

由此观之，当亚里士多德把 philosophia 看作一门学科，而且还划分理论哲学与实践哲学，理论哲学又分第一、第二哲学时，他推进了哲学研究，同时又扭曲了哲学，使之偏离 philosophy 的本义了。他论证哲学就是最高智慧，就是智慧之本质的体现，沉思理性是最高的神思性理性，沉思生活是最幸福的生活，它不在乎"身外之物"。这可以说是把哲学之为智慧推向顶峰。同时，他为哲学圈定了对象，还着力于总结以往的哲学，建立一个百科全书式体系，以至于该学派的后继者觉得无大事可作，只能做些修补工作了。在这个意义上，显然他又偏离了 philosophia 的本义，似乎"智慧"就到此终止了，"智慧"之顶峰达到了。既然无"未知领域"可求，sophia 也就终止了。所以在这个意义上，亚里士多德又断送了哲学。总结希腊人的这场讨论，可以作这样一个概括：把 philosophia 当作一门"学科"，为之设定一个目标而去制定其一系列原理，在一个意义上可以成立，这就是把它看作是求知过程中的一个阶段性成果，而这一成果也只是新的求知的起点，否则，就可能偏离哲学之正道。近代的黑格尔，可以说是重演了这个历史。这是亚里士多德的一个大失误。黑格尔是近代的亚里士多德，又重犯了这个错误。海德格尔说，亚氏错将 sein 看作 das seinde，其实并未切中要害。正因为有第一个失误，将 philosophia 变成一个学科，所以必然把"是"之研究变成"此是"之研究。从原创文化视角研究"哲学"这一智慧果的演变，后人可以从中吸取如何理解"哲学"的经验教训。

二、分门别类的学科群

希腊语有一个演化过程。最早是伊奥尼亚、埃俄利亚和多立斯三个民族所拥有的"存在之家"的希腊口语和文字。三个民族"之所是"（本质与特征)体现在其语言之中。从伊奥尼亚语中产生了以雅典为中心的阿提卡语言,它以伊奥尼亚语为主,同时吸收了埃俄利亚语和多立斯语。涉及人的认知,阿提卡语中有下列几个词汇,以 gno 为词根的"知道""觉察到",相当于英语的 know。它既是英语 know 的词源,又是古代 gnostics(诺斯底准宗教)的名称来源。名词 gnosis 就是"知识"(knowledge)、研究(inquiry)的意思。古典时代多用于逻辑上的判断、辨别,法院上的审核①。第二个词是以 sa 为词根的 sapha,saphes,动词 saeo,侧重清楚、明白地辨认。动词 saphenizo 等于 make clear or plain(使之清楚明白)(GEL,p.1586)。拉丁语系的 sa,so 与之一致。现代语(如意大利语),so 等于 I know;sai 等于 you know;sa 等于 he knows。同一词根的阿提卡语 sophia(伊奥尼亚语 sophie),原初就是 clearing or skill in handicraft and art(手工和技艺方面的灵巧),谙识治国理政方面的道理和谋略(GEL,pp.1621-1622)。第三个词是 zeteo 相当于 search into(研究),探求,考察,考问,追究(GEL,p.756)。第四个词是哲学产生后形成的 nous,"努斯",相当于 mind(心灵),直观理性。还有一个 synesis(GEL,p.1712)由介词 syn(with)加系词形式,也有"知道""知识"的意思,后来柏拉图用于未成文的"认定"(decree)(《克拉底鲁》,412a)。亚里士多德用于"学科或艺术的分支"如音乐(《政治学》,1342b8)。这几个分有理性的词汇,正好说明"语言之家"的主人,在认知上的深化。

除了上述几个涉及认知深化的词语外,还有一个起初并不显眼的复合词(episteme)。词根(stemi)的动词、分词和名词都有"以某种材料、某种背景"为基质的意思(GEL,pp.1643-1644)。介词 epi 有英语 on,upon 的意思。Episteme 起初指 acquaintance with a matter,understanding,skill as in archery,professional skill(认识某物,理解体现在工艺品中的技艺或专门技术),其特点是出现于某种质料中。认出石碑、金属器上书写(graphy)的 epigraphy②。人们通过这些物件中的文字、符号、技艺而获得认识、理解。巴门尼德区分真理之路与意见之路,认为依靠 logos(言辞与理性)而获得的,对"实是""存在"(eon,ousia)的知识,就叫真知。依靠感觉只能获得因人而异的 doxa(意见、看法、见解),算不上"真知"。从此 episteme 获得哲学范畴"真知"的意思。柏拉图将 idea,eidos(相、理念、理型)的知识叫作 episteme,认为关于理念世界的认识叫 episteme。从此这个词成了认识论(知识论,epistemology)的词

---

① GEL,p.350,Item"gignosko";p.355,Item"gnosis".

② OCD 用了五页介绍希腊的 epigraphy(见第 539—543 页),古今辑录、收集的铭文文献,就列了一页半,共 39 项。关于公元前 720 年最早的两位铭文作者,见第 535 页。

源。亚里士多德在《形而上学》第一卷第一、二章中明确将超越感觉和经验的，以全称命题形式出现的普遍性知识叫 episteme。在第六卷的学科分类中明确称呼系统性的学科知识为 episteme。他认为，一个全称判断的知识算是 sophia，但构不成学科。唯有由一系列全称判断命题组成的，经过推理与证明的关于某个对象的系列知识才叫"学科"。他以认识对象为根据，将研究可感的有生灭的本体和永恒运动的无生灭的本体叫作"自然哲学"，其中包括动物学、植物学、天象学、天学。研究永恒不动的"推动者"的学科叫神学。以本体自身为研究对象就是第一哲学。处于第一、第二哲学之间的有数学、逻辑学和心理学。以第一哲学为理论指导，研究人和社会的学科叫实践科学，包括政治学、伦理学、理财学。以技艺和实用工艺为研究对象的学说叫实用科学，包括诗学、医学、音域学、修辞学和各种制造技术。他的学科门类在晚期希腊得到普遍认可，只是关于各学科的地位的看法不同而已。例如人生哲学（统称伦理学）在晚期处于核心地位。同时在晚期又形成了以"描述"（graphy）为核心的"地形地貌学"（topography），方志学、历史文献编纂学以及语言语法学等。罗马帝国时期的西塞罗用拉丁文 Scientia 对译 episteme。Scientia 成了近代"科学""学科"的词源。

在谈到希腊的学科分类中，我们注意到，在亚里士多德的学科体系中唯独没有历史学，尽管他及其弟子收集整理了类似《雅典政制》的编年。从亚氏的《动物志》看，也许亚里士多德把历史看作是"志"类的编年史。但是从《诗学》第九章讨论"诗"与"史"的区别时，他还是认可有一门历史学。不过从第 23 章看，他把"历史"仅仅看作是"以往一个时期的记述"（1459a22）。难怪在他的学科体系中，无"历史学"的地位。其实在希罗多德和修昔底德那里历史已经成为区别于编年史的学科了①。

"轴心期"形成的智慧文献都内含程度不等的哲学思想和某类科学思想。但是不可否认，都没有希腊这种影响至今的学科分类思想，也没有众多人都认同的学科分类。有的还加以符号化，例如欧几里得几何学。Loeb 丛书"数学"类全文收录而且译为英文。那时就形成了一个公理、定理、推理的大系统，而且有的加以符号化。显然，这是希腊的原创性智慧之一。

三、求知求真之道：质疑、论证与对话

古代轴心期存在三种类型的话语系统：

---

① 　参见笔者撰写的论文《伪"修昔底德陷阱"考》。

第一，佛教、犹太教、波斯教为代表的宗教教义文本，如佛经与旧约。神通过中介（先知、僧侣、通神者）向人启示，或与人立约。在这种话语系统中，人神之间存在不对称关系，二者的地位不可置换。一方是全知全能；另一方以敬畏之心聆听神启。对神之谕，可以诠释、领会，但不可不信、不可逾越、不可更改。所以，人之思是被禁锢的，是在一个圈定的框框内的"自由"，不可能出现"思想解放"。

第二，圣人教谕式的。高高在上者向学生、弟子、徒弟、下级"授业"，宣讲人生哲理，指导为人作事之道。在下的学生、弟子细心领悟，可以提问，也有对话，但彼此的地位不对等，不可置换、不可逾越。当然，弟子可以传承，因而转化为老师。

第三，平等对话式。学说、学派的创始人必须对自己之见解进行论证，以理服人。聆听者可以平等的立场质疑与对话。对话双方地位平等，听众可以质疑，可以持不同的、反对的意见，甚至自立门派、自创学说，与之竞争。其代表就是智者运动、苏格拉底、柏拉图与亚里士多德。后人根据《尼各马可伦理学》论友爱的论述，简化为"吾爱吾师，吾更爱真理"，代表这种话语系统的开放性与活力。斯多亚派创始人芝诺在雅典乃至大希腊聆听各大派讲座，最后自创门派毫无外力阻挡。我国春秋时代的"百家争鸣"大体上也属于这一类型，虽然存在的时间不长。

三种话语系统各有其历史地位，有它的存在根基，而且各有其适用范围。例如行政执法部门的思维方式必须遵循现行条例。我们不能要求他们按第三种话语办事。但是学术之道内在要求第三种话语系统。希腊哲学所体现的质疑与对话，自古至今，永存于学术之道中。本人坚持三种话语系统、三种思维模式的划界主张。与之相应的三种人群、三种社会活动应互相尊重，互相理解。作为学术圈一分子，首先做到"责己严"，尊重和理解"他者"；也希望别人理解学问人之间互相质疑、讨论、争辩，这正是学术人之学术生命。

第五节　城邦国家的民主体制与公民观念

民主制度和公民观念是古代东部地中海世界文化圈中的希腊人（主要是伊奥尼亚人）的创造。近代西欧、北美加以继承和发展，形成了植根于近代经济关系的体制和观念。原创文化研究的一个基本理论是区分"源"和"流"。"为有源头活水来"，侧重从源头活水中吸取养分，创造我们自己的先进文化。

一、以雅典为代表的城邦式民主制的形成

在新石器中后期,原始社会普遍出现了家庭和剩余产品的不同占有。由此引发氏族内部家族间因生产资料和社会地位不同的分化。资源雄厚,人多势众而又有才能出众的头领的家族在部落和部落联盟中雄踞主位。部落首领和机构的职能也逐步发生质的变化,转化为凌驾于部落组织之上的政治权力。后人称之为"国家"与阶级。这是理论上的抽象。一般存在于个别之中,并通过"个别"而存在。以希腊这个"个别"为例,开始是以部落为基础、为"外壳"的"王制"。特洛伊战争时迈锡尼时代的政制就是"王制"。阿伽门农仅仅是各个"王制"组织的部落联盟首领。早期西亚和埃及也是"王制"时代,不过,内容与形式发生了变化。二者分裂的表现是"新内容"利用"旧形式",在这个"躯壳"中滋长,俗话说"旧瓶装新酒",之后扔掉"旧瓶子",创造适应新内容的新形式。西亚、埃及的部落或部落联盟逐步演化为民族。在内部分化与外部冲突的过程中,比较强势的民族成了一个地区的统治者,其政制一般是"王国"。一个王国可能有几个民族,一个民族也可能存在于几个王国中。就是说"王制"时代,以部落为单位。"王国"时期,国家与部落可以分离了。王国之间的兼并产生了称霸一方的"帝国"。如西亚的几大帝国(赫梯、亚述、波斯)都统治周边几个民族。希腊诸民族所走过的道路略有差异。希腊地区也有过雅典帝国、马其顿帝国,可是所走之路与西亚、埃及及后起的罗马不同。希腊经过了一段城邦制时代才由于某个城邦的超强实力或城邦制没落而出现帝国。

当西亚、埃及从"王制"向王国、帝国过渡时,希腊却从迈锡尼—克里特时代的"王制"向城邦制过渡。其中缘故是公元前12—前11世纪,一支强大的同属雅利安种族的游牧民族从巴尔干进入希腊半岛。以迈锡尼王朝为主的亚该亚人敌不过野蛮而又强势的多立斯人,他们纷纷逃亡到沿海诸岛及多立斯人放弃的阿堤卡山区和小平原。留在当地的亚该亚人之后被同化,或像斯巴达,被征服后成了奴隶和"边民"。外逃的部落发生了微妙变化。原来的部落组织被打乱,带领逃亡者往往是"能人"。这些地区改变了他们原来的生活方式,走向了城邦制。多立斯人,进入先进地区之后,被先进地区的文化和社会组织所同化,也发生了向城邦制过渡(例如以多立斯人为主体的斯巴达)。新建居民点的城邦,则以雅典为典范。由于历史上只有雅典留下比较多的文字记载,下面就以雅典为主,说明构成希腊文化特征之一的民主制与公民观念。

根据1880年出土的亚里士多德《雅典政制》,参照他的《政治学》,希罗

多德和修昔底德的史学，智者运动、苏格拉底、柏拉图等有关记述，以及之后普鲁塔克的《伊翁》《塞修斯》《塞密斯托克利》《阿里斯忒得》《伯里克利》等传记，参照恩格斯的《家庭、私有制和国家的起源》中两篇关于雅典国家形成的论述以及当代的研究成果①，雅典体制的演化可以勾画出一条比较清晰的线索。

伊翁（Ion）率领亚该亚族部分人逃到阿堤卡山丘中的一个小平原，按传统建立雅典"王制"，分四个部落，形成一种新的松散的联合。"塞修斯（Theseus）在一个平等一致的基础上使他们统一起来"，"他以平等的条件召唤所有人"（残篇3，Theseus传，第26节）。虽然原住地的肥沃土地和草原丢失了，但是阿堤卡丘陵地却有丰富的葡萄、橄榄、花岗岩、天然优质陶土。后来还发现有大量纯度高的银矿，而且面向大海，便于发展酿酒、制陶、榨油、雕刻和海上贸易。这样，居民的经济关系、生活方式和社会结构发生了微妙的变化。迈锡尼时代遗留下来的以血缘关系为纽带，以"王者"和军事首领"巴息琉斯"（Basileus）为上层统治的王政逐步失去了根基。上层高贵出身的不少人，远不如从事手工业和海上贸易的平民富有、眼界开阔，适应新环境的能力更无法相比。新兴阶层活得逍遥自在，势力也越来越大。这样在权力分配上形成一股强大的呼声：按照正义女神（Dike）规定的公平原则重新分配官职，分享权力。按照亚里士多德《雅典政制》第41节的说法，雅典经历了11次的改革。塞修斯算是改制的开端。他在雅典娜神莅临的地方建立了王城，取名雅典。他在传统的部落王制之外设立了行政职能的执政官（archon）。这个以arche（开端、源头、首要）为词源的行政长官是应运而生的国家行政权力，它的出现限制和削弱了"王制"首领的权力。公元前683年左右，设置了九个执政官，行使工商贸易经济管理和城邦制初期的行政管理职能。公元前621年德拉古改制，进一步扩大执政官的权力，削弱"王者"和巴息琉斯的权力。公元前594年开始的梭伦改革，废除了本部

①　关于雅典民主制的形成，当代学者从各个视角考察其成因，可参见下列几部著作：R.Broker和S.Hodkinson编：《雅典之外，古希腊各种政制和共同体》（*Alternatives to Arthens：Varieties of Political Organization and Community in Ancient Greece*，Oxford U.P.，2002）。本书沿着亚里士多德学派收集的158个城邦的线索，考察雅典以外各种政制或共同体。编者在导言中说，目标还是从另一个角度说明雅典的抉择；雅典无愧为古代城邦民主体制的典范。R. Paker编《雅典的生活与节庆》（*Atenian Myths and Festival：Aglauros，Erechtheus，Prytaneia，Pananthenaia，Dionysia*，Oxford U.P.2011）。H.Bowden的《古典雅典与德尔斐神谕：占卜与民主》（*Classical Athens and the Delphic orcle；Division and Democracy*，Cambridge U.P.2005）都是研究雅典如何利用雅典本土传统上的神话与节日庆典，来凝聚内部力量；如何利用全希腊信仰中心德尔斐神庙的神谕来发展自己的舰队，强化自己在希腊中的地位。

落贫富分化中形成的债务奴,制定九个执政官的法律,按财产抽签选用官员,创立 400 人议会。有意思的是,还规定对城邦事务不关心者将丧失公民权,迫使普通公民参与城邦事务。从事工商贸易的富有的奴隶主进入上端权力层,这在当时是削弱传统部落血缘关系统治的进步措施。梭伦为雅典的城邦制和手工业、商业、贸易经济扫除了重要障碍。他打破部落的固定地域,分设海岸、平原、山区"三一区"和 12 个造船区。亚里士多德评论说:"在梭伦的宪法中,最具民主特色的大概有以下三点:第一,而且是最重要的是禁止以人身为担保的借贷;第二是任何人都有自愿替被害人要求赔偿的自由;第三是向陪审法庭申诉的权利,这一点便是群众力量的主要基础,因为人民有了投票权力,就'成为政制的主宰了'"①。

梭伦开启了民主制大门,从此再也关不回去,而只能越来越开放了。之后,雅典与斯巴达成了公元前 6 世纪"二强"之一。公元前 581 年左右,达马西阿斯(Damasias)任执政官时,改为 10 个执政官,"五个选自贵族,三个选自农民,两个选自手工业者",而且"执政官的权力很大"(《雅典政治》,第 13 节)。由于下层民众人数的优势和权力的失衡,之后几十年,雅典出现了穷富两派的党争和僭主专政(个别能人专权)。关于僭主庇西斯特拉图"他毫不弄乱先前已有的各种官职,也不改变任何法律。他根据既定的制度治理城邦,他的措施是贤明和巧妙的。"(Hdt. 1. 59)所以雅典继续保持发展的活力。

公元前 508 年克利斯梯尼改革取得了重大突破:第一,按行政区域划分为 10 个部落,"目的是使不同部落的成员混合起来,以便让更多的人可以参政","部落不分彼此","欲分彼此,实属徒然";第二,放宽限制,接受外族、外邦人员,尤其是外来工商人员申请公民权,即入籍;第三,议事会议员由 400 人改为 500 人,10 个区各 50 人;第四,将全部村社分为 30 个,城市、农村、沿海各 10 个,按抽签 10 个部落辖城市、农村、沿海各一个,这样,"部落"(tribe)仅剩下行政区域划分的名称;第五,实行贝壳流放制(Costrachimos)。由于下层民众已占绝对多数,而且还接纳新入籍者,还用流放制驱逐危害城邦者,从此雅典民主制趋于稳定。之后虽有反复,亦无大变。即使是公元前 5 世纪末有所谓"十将军委员会"和"三十僭主",民主制度和宪法也无人能废除。

民主制度的稳定,普通公民经济、政治地位的提高,促进了雅典经济的发展。这就为公元前 490—前 449 年希波战争中雅典逐步成为主力,并以

---

① Aristotle, *Athensium Respublica* § 9.

"提洛同盟"霸主自居奠定了基础。公元前 480 年雅典民主派首领塞米斯托克利(Themistocles)率领新组建的三层桨舰队在萨拉米海战中重创波斯舰队。翌年雅典斯巴达联军在普拉狄亚大败波斯陆军,从此希腊一方取得了决定性胜利。公元前 477 年阿里斯忒得(Aristides)抓住斯巴达主帅鲍桑尼阿(Bausania)失势之机,建立提洛同盟,又以"同盟"名义控制盟邦,用各加盟城邦的奉献重修雅典卫城。公元前 457 年又建立从雅典通往拜里厄斯海港(Peiraeus)的防卫走廊。从此雅典成了霸主。对内艾菲尔忒斯(Ephialdes)逐步剥夺元老院在萨拉米海战时一度重新得势的权力,对外与斯巴达抗衡。从此,雅典进入了伯里克利 30 年极盛期,同时也潜伏下两霸争雄的危机。这是历史上第一次以史实证明,民主制与帝国霸权可以共存。

伯里克利连任了 15 年(公元前 443—前 429 年)的首席执行官,然而他控制了雅典政坛 33 年(包括公元前 461—前 443 年)。33 年中他把民主制度推向高峰。他坚持并健全了雅典民主制,同时实施了下列新举措:第一,建立 600 人 10 个庭的陪审庭制度,每个庭 500 人,有投票权。开审前一天抽签决定由哪个庭审案,另 100 人作替补,确保开庭时有 500 人。陪审员实行补贴。这样任何涉案双方都难以事先贿赂或施加影响,那么多人投票,也难以贿赂。第二,公民可以抽签担任公职。这两条促使公民热衷于培育诉讼能力、语言表达能力及辩论技巧,促进了雅典的教育。第三,接纳希腊哲学各个学派云集于雅典,自由争论。阿拿克萨戈拉就是伯里克利的挚友和哲学老师。复兴伊奥尼亚哲学的代表人物阿凯劳斯,智者运动的领军人物普罗泰戈拉、高尔吉亚,扭转希腊哲学走向的苏格拉底及其后继者,史学创始人希罗多德和修昔底德等都是雅典学术圣坛上的活跃人物。第四,举办各种庙会、竞技会。除了传统已有的悲剧、喜剧比赛及全希腊的四个竞技会外,雅典还有宙斯、赫拉、阿波罗、雅典娜等的庙会,酒神节、丰收节和波赛冬海神节庆典。特别是全伊奥尼亚人都举行的阿帕图利亚祭,最后一天举行接纳适龄公民仪式。伯里克利将看戏当作公民教育和城邦凝聚力手段,特地实行看戏津贴①。

然而物极必反。伯里克利等民主派首领被繁荣和胜利冲昏了头脑,低估了斯巴达的骑兵和战车对阿堤卡平原的威胁。公元前 331 年开始的伯罗

---

① 参见《剑桥伯里克利时代的雅典历史和社会》第一篇"民主与帝国",第三篇"雅典经济",第四篇"雅典社会的福利",第五篇"艺术与建筑",第七篇"戏剧与民主"。

奔尼撒战争①,虽然海战有小胜,但是借盟邦科林斯之便,斯巴达强悍的陆
军三次直捣阿堤卡平原。逃入卫城内的公民寄宿在狭小的空间内。在缺
水、缺食物,而又拥挤不堪的情况下发生了史上罕见的瘟疫。公元前 430 年
伯里克利的两个儿子先后死于瘟疫。公元前 429 年伯里克利也死于瘟疫。
长期被压抑和盘剥的提洛同盟城邦分崩离析。即使雅典采取残酷手段杀害
密提尼城邦参与叛变的全部男性公民,变女性为奴,毁掉密提尼,依然挽救
不了失败的命运。战争以雅典的失败告终。斯巴达从此也一蹶不振。民主
制度的城邦衰落了,但是它的历史地位永存,毕竟是人类史上第一次民主制
度的实践。

二、公民观念及公民的政治生活、精神生活

“城邦”(polis)之主人叫公民(polistes)。亚里士多德在《政治学》中给
予一个简明的定义:“凡是有资格参与本城邦的司法事务和管理机构的人
就是城邦公民”(1275a23)。一般而论,城邦制时代(特别是民主体制)的公
民包含下列五个质素:

第一,他是按行政区域而不是按血缘关系划分的新型国家成员。

第二,年满 18 岁的男性,具备合格条件,履行一定手续,由城邦制国家
所认可。所以未成年人只是潜在公民。居住在本城邦受法律保护有一定权
利或职业者,即使很富有、很有名望,也不是该城邦公民。未在节日庆典,如
雅典的阿帕图利亚(Apaturia)祭,最后一天履行手续和仪式者也还不具备
公民资格。

---

① 关于伯罗奔尼撒战争原因,请参见《剑桥伯里克利时代导读》(*The Cambridge Campanion to
Age of Pericles*,Cambridge U.P.2007)。Pericle 最后一篇“雅典与斯巴达及伯罗奔尼撒战争
的到来”(Athens and Sparta and the Coming of the Peloponnsian War)。这篇是耶鲁大学 J.E.
Lendon 教授(《古典时代战争史》作者)所撰。他认为修昔底德站在雅典的立场的说法是
错误的。战争的深层原因在于希腊传承的文化和传统被破坏了。宙斯授予城邦以秩序,
Dike 女神维护城邦间秩序。梭伦和莱喀古士立法就已经按神意安排了两者间关系。二者
协调抵抗波斯确证了彼此间各自的地位和希腊城邦秩序。所以“斯巴达害怕雅典的势力
不是战争的终极原因。害怕仅是斯巴达方面的 by-product(次生原因,副产品)”(第 276
页)。文章最后列举了关于战争起因的各种意见的代表著作。同是 2007 年剑桥大学出版
社出版的《修昔底德与历史哲学的起源》(Shanske,Darien:*Thucydides and the Philodofical
Origin of History*,Cambridge U.P.2007)中,作者提出对战争原因的唯一的一段话(第一卷第
23 节)有几种不同的解读(第 38—40 页)。作者还在“附录一”中(第 155—168 页)做了详
细解释。本人于 2019 年 6—10 月撰写了两篇论文。《伪“修昔底德陷阱”考》发表在《上
海思想界》,2019 年第 12 期。另一篇书评发表在澳门大学《南国学术》2020 年秋季号。前
篇详细考证了所谓“陷阱论”与原文的出入,现附在本书之后。

第三，享有受城邦法律保护的平等的权利，或抽签，或轮流，或选举担任公职，参与公共事务，其特征是公职地位的可置换性，无世袭的不可易位的特权。凡不在其位者就是一个普通的公民。苏格拉底轮值时是陪审法庭主席，轮值过后就是一个同往常一样的哲人。即使在斯巴达、科林斯、底比斯等贵族政体，豪门世家的后裔也没有世袭权力的垄断权。元老院的权力也非世袭，而是定期更换 60 岁以上的权贵。

第四，凡公民应自觉遵守城邦法律，履行公民义务，甚至自备武装保卫城邦。演说家德谟斯梯尼在谈到 physis（因天然本性而成的）与 Nomos（人为约定的）关系时说，法律是神圣的、神赐的、人人平等的、普遍划一的，"是有意或无意的过错的矫正者，是城邦的契约。凡属于这个国家的人都应依此而生活"，无论是雅典城邦或是斯巴达，当时都是自备武装，都讲究守法，维护城邦的公共安全。

第五，城邦政制和公民观念的精神支柱。古希腊讲神灵观念，宙斯授予秩序和公正。阿波罗作为城邦守护神监察城邦和公民，维护城邦的名声、地位和安全，Dike 女神维护人间的公平与正义。柏拉图在《普罗泰戈拉》中讲了一个含有契约论萌芽的神话故事：从前人与动物一样赤身裸体，互相残杀，弱肉强食。宙斯命令普罗米修斯为各种动物装备一项"武器"。有的长蹄，有的长角，有的长羽毛和翅膀，有的会在水中游。凡弱者都被赋予多产或善于隐蔽的能力。临到人类出生时，各种武器都已分配完了。人类在互相残杀。为使他们一起生存，宙斯令普罗米修斯授予秩序和正义，而且特别吩咐，每人都有一份，让他们一起组成城邦，过城邦生活。所有的城邦遗迹中，阿波罗神庙都有显著地位。阿波罗神庙体现了该城邦的精神支柱和凝聚力。阿波罗之所以成为保护神，就是因为他维护宙斯和 Dike 所授予和维系的秩序与公正。阿波罗还是全希腊崇拜的德尔斐神庙之主。城邦制时代的阿波罗已不是上古神话和荷马史诗中的阿波罗。就像原始部落的图腾、古巴比伦的马尔杜克、埃及新王朝时的阿蒙神、以色列的耶和华，古希腊各城邦和公民需要有一个共同的神灵支柱。只是这个"神灵"的内涵与别的古代国家和民族不同，它把人人共有的秩序和公正奉为公民观念。为了秩序和公正，所有公民必须担任公职，参与公共事务。梭伦立法还规定不关心公务，不参与公共事务者取消公民资格。为了城邦秩序和公义，公民都必须守法，维护城邦安全。晚期希腊之所以衰落，正是由于公民和首领都已蜕变，城邦无法维护秩序和公正。这里就有一个问题值得研究：雅典的民主制到了伯里克利时代已非常完善。直至亚里士多德时代，《雅典政制》无甚变化。为什么从公元前 5—前 4 世纪，同样完善的制度却运转不灵了？关键就是"人"变了。首领和公民都蜕变了。

古希腊有过各种政体(制度)的城邦(参见亚里士多德《政治学》第二卷)。在人类历史上最具影响力的是以雅典为代表的民主制度。公元前430年冬伯里克利在阵亡战士葬礼上的演说,固然有修昔底德复述时的虚构成分和伯里克利本人的美化,但是作为一则史料,毕竟是那个时代的文本。引证如下,以做参考:"我所要说的,首先是我们曾经受到的考验的精神,我们的宪法和使我们伟大的生活方式……我们的制度之所以被称为民主政治,因为政权是在全体公民手中,而不是在少数人手中。解决私人争执的时候,每个人在法律上都是平等的;让一个人负担公职优先于别人的时候,所考虑的不是某一个特殊等级的成员,而是他们有的真正才能。任何人,只要他能够对国家有所贡献,绝对不会因为贫穷而在政治上埋没无闻。我们的政治生活是自由而公开的,我们彼此间的日常生活也是这样的。……在公共事务中,我们遵守法律,这是因为这种法律使我们心服。当我们的工作完毕的时候,我们可以享受各种娱乐,以提高我们的精神。整个一年之中,有各种定期赛会和祭祀。我们爱好美丽的东西,但是没有因此而至于奢侈;我们爱好智慧,但是没有因此而至于柔弱。我们把财富当作可以适当利用的东西,没有把它当作可以夸耀的东西。至于贫穷,谁也不必以自己的贫穷为耻;真正的耻辱是不择手段以避免贫穷。如果把一切都联合起来考虑的话,我可以断言,我们的城邦是全希腊的学校;我可以断言,我们每个公民,在许多生活方面,能够独立自主;并且在表现独立自主的时候,能够凸显其温文尔雅和多才多艺。……这就是这些人为它慷慨而战、慷慨而死的一个城邦。"(Thucy. 2, 38–40;谢译本, pp.129–131)

这是雅典人自己的说法。我们再看看斯巴达的盟友科林斯是怎么评论敌对双方的:公元前332年,即伯罗奔尼撒战争前夕,科林斯代表在同盟大会上劝说斯巴达与雅典开战。他说:"你们从来没有想过将来会和你们作战的雅典人是怎样一种人,他们和你们多么不同,实际上是完全不同。一个雅典人总是一个革新者,他敢于下决心,也敢于实现这个决心;而你们总是固守事情的原来情况,从来没有创造过新的观念。你们的行动常常在没有达到目的的时候停止了。……你们也想想这点吧,他们果断而你们迟疑,他们总在海外而你们总留在家乡;因为他们认为离开家乡越远所得越多,而你们却认为任何迁动都会发生危险。至于他们的身体,他们认为是为城邦而不是为自己使用的,每个人培养自己的智慧目的也是为城邦立功。作事如果成功了,他们认为和将来的事业相比,也算不了什么;如果没有成功,就将希望放在另一件事情上以弥补损失;所以他们的时间总是继续不断在危险中度过,他们宁愿艰苦劳动也不愿和平安宁。一言以蔽之,他们是生来不能自己享受安宁的生活,也不愿让别人享受安宁的生活,这就是反对你们的那个城邦的性格。"(Thucy. 1,70;谢译本,pp.49-50)科林斯是雅典的近邻。出阿堤卡经过科林斯海腰就到达伯罗奔尼撒半岛。科林斯的工商经济和农业都比较发达。他对两个"对头"的生活方式、价值观念和思维方式的观察是入木三分的。修昔底德自己在第一卷中说明,有的发言、辩论、演说是他在场听过的;有的是别人转述,然而他尽力核实,力求表述准确。同是historia(历史),他不赞成希罗多德把传说也当真。罗马时期的史家如波利比乌斯(Polybius,生于公元前208年左右)、李维等都赞赏修昔底德的历史观。

　　这一章中,我们从宗教、文学艺术、竞技会、学科形态的智慧观和求知之道,以及民主制度和公民观念等五个方面诠释了希腊城邦制时代的原创性智慧。它有继承和吸收西亚和埃及文化的成分,但是运用文化比较学方法和跨文化研究的视野,就不难发现上述五个方面确是它所特有的,是它的原创性文化成就。今人的研究不是去为古人辩护,崇拜古人,也不是去指摘、贬低古人。我们热爱并高度评价自己民族的优秀文化传统和源头,同时正如习近平总书记在全国文艺座谈会上所说,"必须认真学习借鉴世界各国人民创造的优秀文艺"。立足本来,吸收外来,创新未来。

　　前面三章论述了原创文化研究方法,希腊原创文化的形成语境和希腊文化的五个标志性特征。下面我们就侧重从哲学方面讨论这一方面的原创性智慧。

第四章　体现希腊原创性智慧的
若干观念

　　当我们综合利用文化史、哲学、伦理学、史学、文艺作品等考察历史上一个民族或国家的观念形态，以及以习俗和规则为载体的共同生活准则和价值取向标准时，不难发现古代都有类似今日所说的"意识形态""普遍观念"，以此作为该社会和群体的行为导向或生活准则。亚里士多德说的ethic 就是希腊人最初的习俗，即习惯性行为准则。随着城邦国家的形成，强制性的行为规范逐渐从习俗中分离出来，作为群体必须遵守的规定。谁违反，谁就要受惩罚。早期人类受生态环境的限制，大体上形成游牧、山区、水边三种生活样式的相关习俗。在部落、民族冲突和融合的过程中，法规的重要性远大于习俗。在习俗和法规形成和运行的过程中，作为群体凝聚力象征的宗教神灵观念，起到了规范群体与个人行为的关键作用。部落、民族或国家的首领毫无例外都要把自己说成是"神之子"或神授的代理人。这样，以宗教为载体的，以自我意识为心理机制的，表现为共同行为准则的观念（观念形态）就形成了。本书第一章说过，"文化"（cultura）的本义就是"心灵的培育"，心灵培育的成果就是待人接物各个方面的自我意识和行为指令，其中统摄性的就是观念。黑格尔在《精神现象学》中把观念（Idea）看作人类精神高级阶段的产物，是有一定道理的。他区分概念、范畴与观念，把"绝对观念"看作最高形态的精神的体现。

　　以宗教为支撑的观念，靠的是信仰。希腊城邦的经济、政治制度和哲学为人们的观念提供了深层的理性认识的基础。首先认识到"是如此""愿如此"，然后是"必须如此"。这样，在观念基础上又形成了社会思潮。观念和思潮意味着哲学和科学开始进入普通公民心中，成为他们的价值判断和人生追求。

　　在这一章中我们研究的重点是以哲学认知为基础，在城邦制时代流行的共同观念。第三章中我们讨论的是体现为各种形态的"文化"甚至是"物化""制度化"的文化。更深层次的"文化"就是凝聚灵性培育成果的观念。这些观念超出学派的范围，进入公民群体的内心，体现出希腊公民作为一个群体的素质、精神内涵。这正是希腊人引以为傲的，称呼异族人为"Barbarian"（只会发出叭叭叫的野蛮人）的资本。我们否定这种傲慢，同时肯定他们创造的,体现原创性智慧的,可为后人参考的新观念。这些观念众多,这里重点讨论七对。

第一节　神观与神学

　　恩格斯的《反杜林论》刊于 1878 年。此时,他和马克思已阅读过摩尔根、考夫曼、泰勒等关于原始社会和原始宗教的著作。他在全书共三编的最后一章批判杜林关于新社会第一道法律就是消灭宗教时,发表了关于宗教和神灵观念的本质与起源的一段经典性论断:神不仅是"自然界的神秘力量的幻想的形象",而且"不久社会力量也起了作用,这种力量和自然力量本身一样,对人来说是异己的,最初也是不能解释的,它以同样的表面上的自然必然性支配着人。……成为历史力量的代表者";"在更进一步的发展阶段上,许多神的全部自然属性和社会属性都转移到一个万能的神上,而这个神本身又只是抽象的人的反映。这样就产生了一神教。"①前一章第一节中,我们分析了奥林波斯十二主神不仅是自然力,而且是城邦制时代社会力量的幻想的形象,是社会力量的代表者。希腊哲学既是传统神灵观念的解构者,又是以基督教为代表的一神观念的孕育者。通过亚历山大里亚的克莱门的《劝勉希腊人》,可以看出直至公元前 146 年希腊成为罗马的一个行省,传统的神灵观念在民间还占支配地位。比起西亚、埃及的原始宗教,它有其新的特征和地位,前一章第一节中我们已充分论述过。这里侧重论述,在希腊哲学中形成的,代表神灵观念发展方向的新型神灵观念。

　　早期希腊哲学第一个学派,即米利都学派关于神是否发表过什么见解,史上无可靠文献,甚至也无后人引证的残篇,而只有后人依自己的理解而作的解释。《希腊哲学史》第一卷第一编第一章"泰勒士"第四节"灵魂";第三章"阿那克西米尼"第三节"气:呼吸、灵魂、神"有详细介绍。这些年发表了一些资料汇编和研究成果,但是,西塞罗所说"阿拿克西米尼确定气是神,它是产生出来的",以及奥古斯丁认为"神是由气产生的"②,这二则没有可靠材料支撑。不过有一点可以肯定,希腊哲学刚刚呱呱落地,就开始从新的视野追问神是什么、灵魂是什么。之后的赫拉克利特就明确说:"神就是永恒的活火","神灵是日又是夜,是冬又是夏,是战争又是和平,是饱足

---

①　《马克思恩格斯选集》第 3 卷,1995 年版,第 667 页。

②　见 Cicero,*De Natura Deorum*(《论神的本性》),Ⅰ,Ⅹ,26(Loeb,No.268,p.29);Augustine,*City of God*,Bk.8,Ch.2(loeb,No.412,P.117)。

又是饥饿,它像火一样变化着"(DK22B67,参见 B30,B102)。据此在人神关系上,他批判传统宗教的祭仪和流行的奥尔菲秘仪(见 DK22B5,B14,B15,B127,B128)。

在人类思想史上,色诺芬尼是第一个批判"神人同形同性"的论者,同时他又是一神观念的创始人,而且明确指出神是无形体的精神,"是以它的心灵的思想,使万物活动"(DK21B25)。对色诺芬尼关于"神是一""神是球形的,无论哪一方面都不像人"(第欧根尼·拉尔修的转述)有不同理解,重要的是他开启了之后的唯一神论的方向。他的"神观"有明显的下列四个要点:神是不动的、无生灭的;神是一个没有部分的单一的整体,没有人一样的形体和器官;神由心灵和思想构成,无须神庙或居所;神靠心灵左右事情的进程。他是唯一神论的先驱,同时他的隐喻性说法(特别是后来巴门尼德的"球形"比喻),又意味着可以引向泛神论。随后我们会谈到,斯多亚就是这一方向的代表。

把神归结为物质性的本原,在德谟克利特—伊壁鸠鲁的原子论中得到了精确的表述:"灵魂和努斯是同一个东西,而这两种东西必然是那最基本而不可分的原子中的一种……必然是由于原子的精致和形状。"[1]神就是原子流射所造成的"影像"。这就在"努斯"(心灵)、灵魂与神之间架设了"桥梁",后来的伊壁鸠鲁正是在这些论断的基础上加以发挥:神就是最小、最精细的圆形原子;他们居住在太空中,不关心人间事。路克莱修后来在《物性论》第一、六卷中进一步推进,认为宗教是荒谬的,神灵并不可怕,他们在空中自乐;地震、暴雨、狂风都是本于自然的现象,同神毫无关系。这种原子论哲学的神观,最终导致希腊哲学和自然科学思潮中的无神论,集中表现就是公元前 5 世纪起始的智者运动中的疑神思潮和文学、医学中的新潮流。

公元前 5 世纪雅典复兴伊奥尼亚哲学思潮的代表人之一阿波洛尼亚的第欧根尼弘扬阿拿克西米尼的气为本原的学说,认为灵魂就是生命之气,"这个气,我认为就是神"(DK64B5 参见 B7,B8),阿里斯多芬喜剧《云》讽刺他(注:并非苏格拉底,而是第欧根尼)坐在吊篮里升至高空呼吸新鲜空气。稍后的喜剧名家菲勒门(Philemon)模仿第欧根尼说:"我就是'气',人们也可以将我叫宙斯。我像神一样,无处不在,既在雅典这里,也在帕蒂拉,在西西里亚,在所有的城邦,在所有的家庭,在你们每一个人之中。没有一个地方没有'气'"。(DK64B91)不管喜剧家持何见解,总之,来自哲学的新神观念已溢出哲学大门,通过喜剧进入普通公民。

---

① 参见亚里士多德 *De Anima*(论灵魂),405a 8—12。

希腊哲学带来的新的自然观和神观也影响到以希波克拉底为代表的医学。他反对抽象的水、火、气、土为人体的本原，"我根本不说一个人是气，是火，或土，或其他什么东西，它明显不是一个人的构成部分"（《人的本性篇》第 1 节）。他反对"空洞的假设"，主张具体研究生存环境、冷热干湿变化同人体和疾病的关系，食物和饮料同人体的关系。他特别关注大地之气、人的生命之气与人的生存的关系。他在《气篇》中接受阿波洛尼亚的第欧根尼的"气"论。他在《论神圣的病》中强烈批判旧的神灵观念和迷信对人治病的危害，同时又从哲学中吸取新的神灵观念。他说："任何智慧都是从事研究的方法"；"一位热爱智慧的医生，就等于是一位神"，医生必须"摆脱迷信和什么先定的神性"。希波克拉底专门讨论所谓"神圣的疾病"："那些将这种疾病（指癫痫——引者注）说成附有神性的人，像当今那些巫医、净化者、庸医、骗子们，自称对神虔诚，并且具有至高无上的知识，实际上他们只是用迷信来掩饰自己行医的无能。他们说的神意致病，恰恰表明神不存在"。他接受阿尔克迈翁关于大脑是身心中枢的主张，批评"心之官则思"。这是史上最早提出大脑中枢的主张。他同时又吸收"气"论的观点："我主张脑是人体中最强有力的器官，因为当脑是健康时，它是我们对气所引生的一切现象的统摄者；也正是气，给脑以理智。……气首先到达脑部，再扩散到身体的其余部分，而在脑中留下气的精髓。所有的含有气的身体各部分，就都有了理智和感觉。"①他认为因气候变化，或人受到突然打击，气在脑和血管中受阻，便引起癫痫，引起全身的抽搐和痉挛。这是体现在自然科学中的新型神学观念和哲学思维的成果。

公元前 1 世纪中叶兴起的，以雅典为中心的智者运动是古代世界发生的第一场思想启蒙运动（注：虽然后期"智者末流"走向反面）。传统的神灵观念和神人关系观念受到前所未有的冲击。突出表现在以普罗泰戈拉为代表的疑神论，怀疑神的存在、灵性和地位；以普罗迪柯和克里底亚为代表的神是人创的论证等。②

普罗泰戈拉是否写过《论神》，有不同看法，但是史上多人引用过他的如下论断："关于神，我不知道他们存在或不存在（他们是如此存在，或不是如此存在），也不可能知道他们像什么样子；因为有许多认识的障碍；问题本身是晦涩的，人生是短暂的。"这是最早从认识论角度，以认识对象、认识

①　希波克拉底：《论神圣的病》第 14 节。以上引文参见汪子嵩等：《希腊哲学史》第一卷，人民出版社 2003 年版，第 11 章。

②　这方面的资料和诠释，主要参见《希腊哲学史》第二卷第一编第三章第三节"人神关系"（第 154—167 页）。

过程、认识能力的有限性为依据,以感觉主义和相对主义为哲学武器,将神的存在与否,人神关系如何"悬挂"起来。所以晚期希腊的塞克斯都·恩披里可十分欣赏这种"无从判断"的质疑方式。处于同时代后期的爱利亚代表之一麦里梭说:"对于神,不可以作确定的说明,因为对神是不能认识的。"民主派的政治家伯里克利说:"神的存在只是一种推断而已,我们谁也没有见过。"欧里庇得斯写的《柏勒洛丰》已佚失,仅剩些残篇,其中第286则说:"谁说天上有神? 不,没有! 如果有人说有,就告诉他不要傻乎乎地相信那些古老的故事了。不需要用我的话去指引你的判断,只要看看你周围的事情就好了:暴君们杀害了成千上万的人还掠夺了他的财产;那些违背誓言的人将城邦引向毁灭,可是他们这样行事的时候,却比那些日夜虔信神的人更加快乐。我还知道那些崇奉神的小城邦在战争中被人多势大的城邦颠覆了,臣服于比他们更不虔诚的城邦。"①阿里斯多芬在讽刺剧《云》中说,"如果你在纵欲时被抓住了,你可以这样为自己辩护:宙斯也是这样的"(第1079—1080行)。这些话说明,疑神之风当时已相当流行。值得注意的是,阿拿克萨戈拉以第一人称说"太阳其实是块大石头"(无所谓太阳神);普罗泰戈拉也以自己的话疑神,据说都被雅典普通公民看作渎神,诉之法律,赶出雅典。可是戏剧家以剧中人口吻说同样的话,剧作者往往可以逃过追究,为自己辩解:"那不是我的话,是剧中人的话"。后人受到启发,如法炮制,以为自己开脱。原创文化研究寻找史上一切的初始者,对文化史、思想史的研究多少有些意思。

　　另一些人开启了人创神,而不是神创人以及人为什么造神的另一条渎神之路。塞克斯都·恩披里可、普卢塔克、西塞罗都说过,在伯罗奔尼撒战争期间及战后,希腊出现了一些 a-theists(疑神论者、无神论者)。从希腊文至近代希腊—拉丁语系,a 表示惊奇、质疑、否定。atheism,就是后来的"无神论""疑神论"的词源。古代提到的人有弥罗斯的狄亚戈拉(Diagoras),开奥斯的普罗迪柯和克里底亚,以及稍迟些的欧赫美洛(Euhemerus)和居勒尼的塞奥多罗。其中最具代表者为智者核心人物之一的普罗迪可。② 他认为,起初人们将野生的、对人有用的生物奉为神。后来懂得耕作和技艺后就将农作物和制造技艺者奉为神。所以有丰收女神得墨忒耳,葡萄和酒神狄奥尼索斯。伊壁鸠鲁学园的菲罗德谟、塞克斯都·恩披里可和西塞罗都记述,普罗迪柯和后来的斯多亚学派的培尔赛乌(Persaeus)认为,古人将一切

---

　　①　以上引言见汪子嵩等:《希腊哲学史》第二卷,人民出版社2003年版,第3章第3节。
　　②　古代有关他的神观有八条文献记载,详见《希腊哲学史》第二卷,修订版,第163—164页。

对人有用的东西,大至江河日月,小至作物都当作神来崇拜,实际上根本没有什么神。

智者运动中另一核心人物克里底亚却把神的观念的产生归因于人的政治生活需要。他在所作的山羊剧《西绪弗斯》中,以西绪弗斯的口吻说:"法律禁止人们公开犯罪,他们就开始暗中作恶,于是聪明有智慧的人便发明了对神的畏惧,以此作为吓唬那些作恶的人的手段,即使他们只是在暗中思考、议论和策划。……发明神的人用有趣的说教传播这些话。"(指神能用"努斯"察觉你暗中私下所想所作——引者注)(DK88 B25)

在这场对传统神观的质疑和批判之后,以希腊哲学为先导的神灵观念大体上有两个发展方向。一个是以苏格拉底、柏拉图、亚里士多德及晚期希腊的新柏拉图主义为代表,提出新的神灵观念和新创论模式,并正式提出有一门关于神的学科——"神学",为后来的基督教的传播和教义作思想准备。另一个方向就是以 Physis-Nomos 理论为武器解释"一神"与多神的关系,为它们寻找各自存在的依据,为之划界,为之后的基督教唯一真神论开辟道路。下面作一个概略介绍。

苏格拉底是一个转折性的人物,代表"智术之师"的终结,哲学作为求知迷狂的开始,他要在疑神风潮之后为走向堕落的雅典人提供新神观念。然而正在走下坡路的雅典公民不理解引导他们精神向上的哲人的新神观念,即理性塑造的至上神(相当于人生追求的伦理实体、精神实体的神化)。这也难怪,因为苏格拉底自己仅意识到有个新神,却不懂得如何命名。他在《申辩篇》中说神是他心中的 Daimon(精灵、灵机、灵性),像是个钉在雅典人身上的"牛虻"。傲慢的雅典人感到刺耳。弟子色诺芬的解读,凡人也难理解。他在《回忆苏格拉底》(Mem.第 1 卷,第 3、4 章)中说,这种神就像人体中的"努斯"能随意指挥身体一样,"充满宇宙的理性也可以随意指挥宇宙的一切"(Mem.,1,4,17);"唯有那位安排和维系整个宇宙的神,使宇宙保持完整无损、纯洁无疵、永不衰老,适于为人类服务;宇宙服从神比思想还快,而且毫无失误。这位神本身是由于他的伟大作为而向人显示。他管理宇宙时的形象却是我们看不到的"。(Mem,4,3,13—14)后人有了耶稣基督唯一神的观念,有希腊教父和拉丁教义关于神学的理论陈述。这样,回头去看苏格拉底及之后的柏拉图、亚里士多德就不难理解,苏格拉底这位弟子想说些什么。人类的认识一般都是先有某种新的认知,然后形成言辞的表述,再从几种表述中提炼出一个较确切较标准的概念和思想。有了"人体解剖"而获得的清晰知识,再回头看"猿体"的旧质与新元素,就茅塞顿开了。

　　柏拉图推进了一步,他认为这个最高的理性神就是最高的善之 Idea。同时他又设想宇宙万物是生成的,因而有一个最伟大的 Demurgos("德穆革",大工匠、创造主)。他以四元素为质料,以"理性的生物"为原型,在"接受器"(时空)中创造万物(见 28c-30D)。这个"原型"是不是他说的"相"(理念、理型)?他没有说明。康福德在《蒂迈欧篇》的诠释中认为是"相的集体""相的体系"中最高的"善"的理念。晚期希腊的新柏拉图主义创始人普罗提诺才明确构思出一个体系:唯一神"太一",依靠"神恩"创造了理念范型,借灵魂之助按"太一"创造的范型制造万物①。也许是因为关于神、神创世、神人关系太深奥,所以柏拉图在《斐德罗篇》中提出要创立一门关于"神"的学科 Theologia。考虑到不少年轻人不信神了,所以他在晚年最后一篇对话《法篇》第 10 卷中又提出要针对年轻人的不法、不敬行为进行神学教育。针对年轻人的三个疑惑(神不存在;即使有神,神也不关心人间事;神很容易满足,只要向他们作点祈祷便可以了)进行辩驳。可见,从色诺芬尼至柏拉图时代,传统的宙斯为主的神灵体系和观念已经无可挽回地动摇了。柏拉图逝世(公元前 347 年)后 200 年(公元前 146 年),希腊成了罗马的一个行省,基督教的一神观念和教义逐步取代希腊传统的神观,也就不难理解了。

　　亚里士多德显然不满于柏拉图的神观,他以自己的本体论("是论")为依据,提出了自己的神学。汪子嵩等《希腊哲学史》第三卷第二编"自然哲学"第八章第五节介绍了《物理学》(即自然哲学)第七、八两卷关于"第一推动者"的论证。第三编"形而上学"第十七章介绍了《形而上学》第十二卷关于最高本体即"不动的第一推动者"的神灵观念,这里不予重述。这里仅从希腊神灵观念方面做些补充。亚里士多德推进了希腊哲学孵育出来的新型神灵观念。他的贡献是从本体论出发,论证神是永恒不动的无生灭的,由纯形式(努斯)构成的单一的、对象与认识(主体与客观)自我同一的、至善的本体。色诺芬尼所说的"神是一",这个"一"是什么,如何存在等,亚里士多德加以具体化了。柏拉图未能圆满解释的"动力因"问题,亚里士多德增补了。然而,亚里士多德"进两步"却又退一步。他区分永恒不动的本体,永恒运动无生灭的本体(星球)和可感的、有生灭的本体。这样,神(永恒不动的本体)与星球,地球上的动植物等都是以系词 eimi 为根的 Ousia(本体),仅是不同性质而已。而且他关于本体就是"这个"的论证,让后来的希腊教父、拉丁教父头疼。按亚里士多德的本体论圣父、圣子、圣灵就是三个

① 参见汪子嵩等:《希腊哲学史》第 4 卷,第 15 章:"普罗提诺的一元多层哲学体系"。

Ousia(实是、本体)了。希腊教父几代人花了一百多年才形成"一个本体，三个位格"的理论。拉丁教父们以柏拉图为先导的神观，更为早期基督教神学所欣赏。

在智者运动掀起的疑神思潮后另一个神观走向就是，引入 physis 与 nomos 来认识和论证传统的拟人化的多神与哲学所开导的一神观念的关系。犬儒学派的先导安提斯泰尼(Antisthenes)说："根据 nomos(kata nomon)有许多神；根据 physis(kata physin)实际上只有一个神。"后来的拉丁神父拉克唐修引以为据，借以调和希腊罗马传统的拟人化的多神观念与基督教唯一神观念的矛盾。明末清初来华的耶稣会传教士艾儒略和清初的卫匡国遵循利玛窦的宣教策略，也以这个理论调和中国传统的多种观念、祖先崇拜与基督教一神观念的关系，允许中国籍信徒按传统风俗祭孔、祭祖，逃过了明末与清初两次教难。

赫拉克利特的神是永恒燃烧的火，阿拿克西米尼和阿波洛尼亚的第欧根尼的"神是气"，色诺芬尼和巴门尼德的"一神"的球形比喻，以及安提斯泰尼的"按 Physis，神只有一个"等，同时蕴含着与基督教一神观相左的另一个走向，即后来命名的泛神论。晚期希腊的斯多亚学派集中代表了这一个走向①。斯多亚神观的核心就是泛神论。这方面记载最多、最可靠的是同时代的西塞罗和第欧根尼·拉尔修。拉尔修说："芝诺认为神的本性是整个世界和天穹；克律西波在其《论诸神》的第一卷中，波西多纽在其同名著作的第一卷中也这么认为。安提帕特在其《论宇宙》的第七卷中说，神的本性类似于气；而波埃修斯在其《论自然》中把恒星说成神的本体。"(DL，7，147)

斯多亚认为"神的本性是整个世界和天穹"建立在他们独特的自然哲学基础上，即所谓主动原则与被动原则的同一，形式与质料的同一，神与自然的同一，终极因与宇宙的同一，目的论与决定论的同一，自由与必然的同一。所以第欧根尼·拉尔修说："斯多亚学派在三种意义上使用'宇宙'(cosmos)一词：(1)指神自身……(2)指宇宙秩序；(3)指上面二者所组成的整体"(DL，7，137)。用西塞罗的话说："神与自然界必定是同一的，世上的一切生物必定被包含在神的存在之中"(《论神性》，第二卷，第11节)，所以他们认为"宇宙大火""普纽玛"、世界秩序、世界理性与神本质上是一个意思。因此"顺从自然"与听从神意的安排、遵循理性的原则、明智的选择(自

① 有关资料参见《希腊哲学史》第四卷第二编第七章第六节"斯多亚学派的神学护道学"，修订版，第470—487页。

由）等是同一的。

以斯多亚为代表的泛神论倾向的神观在中世纪和近代发生了重大影响。顺便说一句，诺斯底教派的神学可以说也是希腊知识论的"走偏锋"，柏拉图的二元对立世界可以说是它的思想来源之一。

综述古希腊的神灵观念，可以概括为下列结论：

希腊城邦制形成阶段生成，并逐步丰富的十二主神新神体系，是希腊人在吸收西亚、埃及神灵观念成分基础上的新创。它是希腊人主导的，占统治地位的神灵体系和信仰。它有其原创性的一面（详见本书第三章第一节），同时一旦成为希腊人的传统观念，就又有传统扭曲原创，成为保守观念的一面，阻碍哲学新创神灵观念，以至断送了苏格拉底的生命，赶走了阿拿克萨戈拉。公元前 1 世纪后主要表现为同基督教神观的矛盾，以至亚历山大里亚的克莱门不得不撰写《劝诫希腊人》。

希腊哲学解构了原始宗教，同时创造了以哲学思维和理论为依据的新型神灵观念。公元前 5 世纪，以雅典为代表的希腊城邦走向成熟和兴旺阶段，由哲学所催生的神灵观念逐步成为一股思潮，波及文学艺术、医学、史学、政治学，成为智者运动的启蒙思潮内容之一，其表现形式就是对"神"（Theos，Θεόϛ）的质疑。希腊文前缀"a"有对某物某事表示惊异、否定的意思，于是形成了历史上第一个形态的 atheism（无神论、疑神论）。它的理论形态主要是两种：一是以普罗泰戈拉为代表的质疑神的存在；二是以普罗迪柯、克里底亚为代表的"人创神"理论。智者运动后的神灵观念走向主要是两个：一是以苏格拉底、柏拉图、亚里士多德、新柏拉图主义为代表的新神观念，它为基督教的唯一神观念的传播和神学上的完善化开辟了道路。二是以 physis 和 nomos 的理论为基础，调和唯一真神与传统的拟人化多神观念的矛盾，既为传统的多神观念找到习俗、风俗习惯根据，为它的存在划界；同时又为唯一神的存在与传播找到理论上的依据，开拓广阔的空间。同时希腊哲学形态的神灵观念又导致以斯多亚为代表的泛神论。柏拉图的"两个世界"、两种认知也为诺斯底所利用。

神观的发展逻辑与神观的历史基本一致。从希腊神灵观念发展的历史中，总结出来的神观发展的内在逻辑就是上述的概括。神观方面原创性智慧的研究有重要的现实意义。

在不同国家制度与民族文化并存的当代条件下，不同国家与民族的成员对自己民族与国家的文化情有独钟，这是应予肯定和尊重的。由于对外域文化在认知上的限制，而且缺乏生存环境下的体验，因而在现实中出于自身的体验而高估自己、低估别人，这也是可以理解的，尽管是不全面、不确切的。作为中国社会历史文化中成长起来的一员,本人热爱和尊重自己国家和民族的社会与文化。但是,凡学科都是全球性的。作为研究者,对所研究的对象,不论古今中外,都应持科学严谨的一视同仁的态度。研究者不该研究什么就吹捧什么。研究希腊就吹捧希腊,……如此等等。因为这样做就等于自己被研究对象所异化、所制约;让研究者主体转化为受研究对象支配的奴隶,成为"井底之蛙"。原创文化研究以全球文化史为视域,以同一时间段诸文化的比较为背景,观察同一时间段某个文化系、某个侧面的原创。这种研究的目标,不仅是力求准确评价该时间段的原创性智慧果;而且,更重要的是深化关于传统与原则、关于文化及文化间关系、关于文化与人类社会各方面在发展中的关系的认识,从而启迪当代先进文化的建设。以神灵观念为例,同一历史时代的中国,殷商时期崇尚"天帝",国王自称"天子",以此建立神人关系,证明自己的统治是合理的、永恒的。可是商为周所取代。周王朝取代殷商是否具有神允的合理性?周朝提出"以德配天",认为纣王无道,"天帝"弃之,以有德之周取而代之。这样以"天帝"为神灵观念核心的神观也就发生了微妙的变化。"天帝"以德选人。可是不久诸侯割据,东周名存实亡。为什么"以德配天"的神定的王朝也灭亡了?为什么无德之人反而得胜,胜者为王,败者为寇?这样,春秋战国时期也就产生了各种疑神论。从疑神中又出现了否定神灵存在的无神论。以致后来形成了理论形态的王充的无神论、范缜的神灭论。两相比较,我们可以从不同途径形成的神观的演化中看出历史上有神论与无神论这对矛盾形成的过程。总结古今这对矛盾的演化过程,就可以深化我们对历史上神观的演变,对有神论和无神论矛盾的不断产生与解决的认识。

后面六个(对)体现原创文化的普遍性观念,大体上都按这个格式撰写。考虑到同行学人一般都熟悉相关资料,而非专业者却又需要些具体论述和资料,因此将若干资料来源置于注释之中。所提到的有关中外文论著,通常都可找到。汪子嵩老师主持的四大卷五册《希腊哲学史》对各个时期、各派哲学及其原始资料、后人研究状况也有相当系统的介绍。这里主要是以原创性智慧为主题,分类别、分项目作纵向论述,并补充新资料文献。建议读者结合四卷本《希腊哲学史》读这本小书。

第二节 Psyche(气息、生命、灵魂)的三个走向

希腊文 psyche(ψυχή),中文译为"灵魂",其实不甚确切。人们往往望文生义,将希腊文的 psyche 理解为中国人平常所理解的同肉体相分离的灵

魂,甚至鬼魂。其实 psyche 的含义很广,而且有一个演化的过程。在远古时代,它指人和生物的内在的活力、气息、呼吸,相当于后人所说的“生命”。《希英大辞典》未设专门条目,仅在动词 psychadzo 中列了灵魂分目,注释为“life”(生命),如同中国俗语所说“生命就是一口气”。Psyche 原义是同呼吸功能相关的“气”,与 psyche 基本同义的一个词是 thymos,《希英大辞典》解释为“作为生命资源的灵气、精气,特指强烈的感情和情绪”①。

查理·奥奈恩斯著的《欧洲思想的起源:关于肉体、心灵、灵魂、世界、时间与命运》(*The Origins of European Thoughts:About the Body,the Mind,the Soul,the World,Time,and Fate*,Cambridge U.P,Second edition,1954),这是细致考察这些观念的起源的一部著作。该书第二部分专门探讨了灵魂与肉体观念的演化史,其中第一章(第 93—122 页)介绍了 psyche 的演化,起初指 breath-soul(呼气与吸气之气息)。动词 psycho 就是指 I brow(我吸气或喘气),嘴被看成是体内之气进出的自然通道,任何一种 psyche 都被看作是无形体的然而是可见的气。作者引荷马史诗中的资料,说明在当时 psyche 就是人们活着所依靠的气,同 thymos 基本同义。萨庇同(Sarpedon)②被长矛刺伤了胸部,psyche 也就受伤了,原因是气接不上。赫克托尔(Hector)死了,因为气断了,气跑到人体之外了。人们从梦的活动中以为谁的气就像谁,因此阿伽门农能看见赫克托尔的 psyche。后来的鬼魂的概念大概就是从这里引申出来,中文译为赫克托尔的鬼魂,在荷马时代的希腊人看来,其实就是漂泊在外的赫克托尔的气。Thymos 与 psyche 不同的地方是,Thymos 同心联结在一起,不漂泊在外。希腊人讲到生气和心情平静一般都用 thymos 这个词。人死了,thymos 就没了。由于每个人的 psyche 漂泊在外之后,同每个人的身体一样具有独特性,所以后来就演化为鬼魂和死魂的观念。希腊人以为人死之后,psyche 就失去了热气,只能到又冷又黑的地方去,那里就是哈得斯的住所,俗称“地府,阴间”。希腊人还认为这个漂泊在外的 psyche 一年后也就散掉了。在中晚期希腊有的地方就有这种风俗,一年之内要让灵魂进入到地府那边去,以为灵魂漂泊到最西边的大西洋那里,那里有一片丛林,亡灵到斯提克斯河边,艄公卡隆用船将孤魂摆渡到地府的入口,收取一文钱,所以死者的口中要含着一文小钱。

从公元前 8 世纪至晚期希腊,希腊人的“灵魂”观念有三个走向:

---

① 此处引文见 GEL,p.2026,2027,810。

② 在《伊利亚特》(Homer,*Iliad*)中,Sarpedon 是宙斯和劳达美亚(Laodamia)之子,特洛伊的盟军首领。在荷马之后的传说中,Sarpedon 是宙斯和欧罗巴之子。参见《牛津古典辞典》第三版,第 1357 页。

首先是宗教化的灵魂观,其表现形式有三种。其一是宗教性秘仪。人一旦断气,肉体内就没有了 psyche(气息、灵气),"我之肉体"随之腐烂,"我之灵"的去向和命运就成了"此人"的"终极关怀"。如果一年内未由"艄公"引渡到地府那里去,魂就会漂泊离散,"我"也就彻底分解了、消失了。如果进入了阴间,命运又会是如何呢? 由于希腊文化深受环地中海东部的影响,而东部地中海的西亚和埃及的灵魂观又有差异,原巴尔干半岛南端土人(皮拉斯吉人)也有自己的原始观念,因而形成几种不同的宗教观念,其一是以荷马史诗为代表的迈锡尼文明的传统观念,天圆地方,分天上、大地、地下,哈得斯统领阴间,哈得斯以下最深一层是冥府塔塔洛斯(Tartarus)。恶人之魂经哈得斯罚入冥府,不得复生。统帅攻打特洛伊的希腊首领阿喀琉斯的灵魂在地府哈得斯遇到还活着的奥德修,奥德修赞扬他活着时统帅希腊盟军,死后还威武地统帅众鬼魂。阿喀琉斯的鬼魂说,他宁愿在世为奴,也不愿在地府统领众鬼魂。以厄琉息斯(Eleusis)为主的各种秘仪都以灵魂和肉体相分离、灵魂不受肉体污染为前提,各种秘仪的目标都是关注死后灵魂的纯洁。

其二是奥菲斯教(Orpheus),受埃及的影响,认为人的灵魂依次要经过动物各阶段,三千年轮回一次,再投身为人。作恶之魂,永为动物,不复轮回为人,因此在世之人应通过"净化灵魂",死后不必经历痛苦的轮回,享有"神"的待遇。这是存在于希腊的类似埃及的宗教性教派。

基督教产生初期,亚历山大里亚的克莱门及教父学批判希腊各种秘仪,用原罪—赎罪—拯救取代希腊原始宗教。可以说,第三种宗教型灵魂观是两种文化的宗教灵魂观融合的结果,创立了既非希腊传统也非犹太教传统的灵魂救赎论。

Psyche 的第二个走向就是哲学的灵魂学说,不同哲学学派用不同的学说解释灵魂,认为灵魂是气(阿拿克西来尼)、是火(赫拉克利特)、是圆形精细原子(德谟克利特等)。毕泰戈拉最早将灵魂区分为营养的灵魂、感性灵魂与理性灵魂,用数的和谐解释各部分灵魂之间的关系。当时的哲学家,不管哪一学派,都认识到人和动物一样,有营养和运动的机能(功能,他们称之为灵魂的部分)和感觉的功能,而且都同肉体相关。人和动物一样,一旦死亡,断了"气",也就失去了营养、运动和感觉的灵魂。可是他们无法解释人的想象和思维的功能,亚里士多德在《论灵魂》中还无法做出解释,他们都以为人的这部分灵魂是可以脱离肉体的,是弥漫世界的灵性的部分。这个想法最早由阿拿克萨戈拉的"nous"(mind)表述出来。世界万物的基本元素是"同素体"(同构的部分)。同素体如何构成万物,万物如此和谐一致地运动,根源是一种有思想、有动力的"努斯"(nous)。这个希腊词汇与"思想"(noema)同根,是一种脱离物体而又能支配万物的有思想的"动因"。这个词成了迄今哲学上的"精神"(spirit)、心灵(mind)、纯理性(pure reason)的根源。它进入人体,成了人的推理、论证、辩驳、直觉功能的理性灵魂。它弥漫于宇宙,就是有意识地安排世界万物之间的秩序,朝着美好和谐运动的"动因"。毕泰戈拉学派将它比作一支美妙的世界乐曲的演奏者,色诺芬尼称之为"自己不动却能支配万物运动的唯一神"。阿拿克萨戈拉说是安排宇宙秩序的"努斯"。柏拉图说"最高的善"的 Idea 犹如宇宙中的太阳,与 Demurgue(创造主)同位。亚里士多德说是"第一推动者"。斯多亚学派说是同宇宙火"普纽玛"(Preuma)同一的"世界理性""宇宙灵魂"。新柏拉图学派创始人普罗提诺说是流射之源的"太一"。哲学家们沿着这条路走到同后起的理性宗教,如基督教,"殊途同归"的道路。将"宇宙灵魂""世界理性"与最高神看作同一的 Essence,ousia(最高本体、精神性"本是")。

按照这个思路考察人的理性灵魂,乃至整个灵魂,必然得出灵魂高于肉体的结论。由于古代弄不清精神与肉体的关系,由于古代生命科学尚处萌芽状态,所以到了柏拉图那里,就得出"肉体是灵魂的牢狱""肉体招致灵魂堕落"的结论。普罗提诺正是沿着这条路,提出"灵魂下降之路"与"灵魂上升之路"的理论,认为灵魂进入肉体,犹如进入坟墓。"净化"灵魂就是灵魂上升之路的旨归。这样,哲学又为宗教的"灵修"、哲学的身心治疗、伦理上的人生追求与修养,奠定了理论基础。所以古希腊哲学中的灵魂观,最后既可为宗教作论证,也可以启迪心理学等具体科学。

第三个走向就是具体学科,主要是心理学、生命科学、心灵哲学、认知科学之源。总结综述这个思想的人是亚里士多德。他的关于灵魂学科的论著和基本思想,本人在《希腊哲学史》第三卷第二编第九章第四节"灵魂学说"中做了详尽的阐述。亚里士多德之后,只有斯多亚学派关于感觉做了些新的发挥(参见《希腊哲学史》第 4 卷第二编第三章"自然哲学")。这里需要补充的是,它对医学和古代身心疾病治疗的影响。正是在身心疾病治疗方面,古代将宗教、哲学、心理学、伦理学结合在一起,而这个结合点就是灵魂学说。晚期希腊的斯多亚伦理学、早期基督教、诺斯底运动和医学有不同的身心治疗学说,但是数希波克拉底(Hipocrates)和伽仑(Galen)的医典最具实证科学的内容。他们已看到脑是思维器官,推翻了"心之官则思"的传统观点,而且提出了四种"体液"的见解,影响了后来的医学。

因此,古希腊的 psyche 绝不是人们误读的"灵魂",它包括生命、气息、生理机能、心理现象、认知能力、心灵状态、精神的功能等多种含义。从原创文化观点看,是古代文化研究的一大重点,也是解开古代宗教、哲学、科学之谜的重要切入口。

第三节　mysteri(神秘的)与 Logos(语言与理性),mythos(虚构的)与 alethes(真实的)

一、mysteri 与 logos 的词义演化

希腊文 mys(μυς)原义之一有"堵嘴物"的意思(GEL,p.1155)。动词 myo(μυω)及其对应的名词 mysis(μύσις),起初就是"闭嘴"(GEL,p.1156),相当于英语 closing(闭嘴)。在祭神活动中,"闭嘴"意味着对神的敬畏。献祭者在神的面前不许胡言乱语,高声喧闹,不许随便称呼神。在祭神时,人们只能在庄严肃穆的气氛中,通过祭仪与神交流。因此,mysis 的引申词 mysteri(μυστηρι-)有"秘仪""神秘"的意思。以 mysteri 为词干构成的动词、形容词、分词及复合词,都有"神秘"与"秘仪"的含义(GEL,p.1156)。从考古挖掘的资料看,克里特、迈锡尼时代的祭仪就带有神秘性。在理性和言词不发达的远古时代,人—神交流依靠不用言词、不用讲道的神秘仪式,一般说来,都要杀牲献祭(主要是公牛),甚至还有血祭,有的地方还流行以牛角、生殖器为崇拜物①。W.R.Biers 撰写的《希腊考古学》附有公牛献祭图及其他的祭典资料。从图中可以看到,一只大公牛被捆绑着放在供桌上,公牛被宰杀,有一个器皿在接牛血。供桌下有两只陪宰的山羊。供桌后面站着一个笛手,似乎正在吹奏乐曲。参加献祭的妇女们好像在祈祷,献祭的中心人物是一个女祭司,她正在致祭②。荷马史诗《奥德赛》第三卷描写当时人们的祭仪:"献祭的人们分成九队,每一队五百人,各队前摆着九条牛作为奉献的祭品。"③同一卷中,还详细描写了当时的雅典娜献祭情况(见第416—476 行)。希腊人在献祭、祈祷、涤罪中,都带有原始宗教的共同的神秘色彩,这些仪式都是公开的。在希腊的古典时代还流行不公开的仪式,主要有上一节提到的厄琉息斯的得墨忒耳秘仪、酒神狄奥尼索斯的秘仪以及奥尔斐教(Orphism)的不公开的秘仪,史称"Mysteries",英语 mystery 即神

---

① 关于公牛献祭,请参见 Homer,*Odyssey*(《奥德赛》),3,1-20;3,416-463(王焕生译,人民出版社 2000 年版,第 38 页,第 55—56 页);Plato,*Critias*,119D-120B。

② William R.Biers.*The Archaeology of Greek*,Revised Second Edition.(《希腊考古学》,修订第二版插图)。

③ [希]Homer,*Odyssey*(《奥德赛》),王焕生译,人民出版社 2000 年版,第 38 页。

秘主义。这种秘仪的特点就是不依靠语言和理性与神交往,而是靠一种不用言词的仪式、呼叫、舞蹈、歌咏与神交流,洗涤被玷污了的灵魂,以便获得再生,或者得到神灵的庇佑①。

Logos(λόγος)则正好相反。它要求张嘴说话,敞开胸怀,显露于外,用言语表达一番道理。logos 本来指捆扎的柴火。将若干词汇用某一种语法捆扎在一起叫作"聚集",表达一个意思,就成了"言谈"(discourse)。所以,一组言词、一席话、一番谈论、一种说明、一个评估都可以叫一个 logos。这一席话、一个言谈,其实都表达了某一种意思,因而,言词背后的意义、道理、论证,也都叫 logos。人们用言辞表达一番道理,靠的是理性,而且遵循一定的规则,因此,logos 进一步引申为"理性""尺度""规则""公式"等。《希英大辞典》(GEL)用了三页解释 logos 这个词,算是最长的条目之一(第1057—1059 页)。格思里在《希腊哲学史》第一卷中,列举了 logos 的 11 种词义(见第 420—424 页)。总之,logos 是通过言词,以语言为工具表述一番道理。logos 可以简单归结为言词与理性两种含义,它对后来的哲学与科学影响很大。Logos 指向神,追问"神"的原因、原理与本性,形成关于神(Theos)的系统知识和论证,就叫 Theologia(神学);对灵魂、心理机能(psyche)而言,就形成了 psychologia(心理学);对天象(meteori)而言,就形成了 meteorologia(天象学)。依次类推,产生了一系列的以 logeo(动词)、Logos 为词源的 logia(英文 logy)。而专门研究语言和思维的学科,则派生了一系列的语言与逻辑(logic)的学科。

二、mysteri 与 logos 的既对立又统一的关联

在希腊哲学史上,赫拉克利特是第一个将 logos 与 mysis②,mysteri 分离开来、对立起来的人物。当然,与赫拉克利特同时代也可能略早一些的色诺芬尼(Xenophones)也批判过秘仪,但只留下只言片语,例如,所谓"爱尔谟圣火"(St. Elmo's Fire)不过是"由于浮云的活动而发出的闪光"(DK21B36,A39)。他还嘲笑过巴克科斯(Bacchus,酒神的别名)。赫拉克利特有较详细和可靠的记载。他批评"夜游者、术士、酒神祭司、女祭司、秘

---

① Clement of Alexandria, *The Exhortation to the Greeks*(劝勉希腊人),1995。克莱门批评了希腊各种秘仪。这篇"劝勉"成了关于希腊秘仪的资料来源。事与愿违,他的贡献不在于"劝勉",而是起到保存史料的作用。

② 请注意:切切将 mysis,mysteri 与 mythos 相混淆。mythos 是"虚构"的意思,它可以用言辞表述。有的学者提出 mythos 与 logos 的对立,其实不如说 mythos 与 aletheia(本真、真实)对立更确切。

仪传授者"，认为"人们的神秘的仪式是不虔诚的"（DK22B14）。他批评酒神节，说他们"为了狄奥尼索斯而如醉如狂地举行祭赛"，"歌颂阳具"等，"都是最无耻的行为"（DK22B15）。特别是对古代的祭仪和祈祷，他都持批判的态度。他说："人们将为祭神而宰杀的动物的血涂在身上来使自己纯洁是徒然的，正像一个人掉进泥坑却想用污泥来洗净自己一样。任何人看到他这样做，都会将他看成疯子。他们向神像祷告就像和房子说话一样，他们并不知道什么是神和英雄。"（DK22B5）在赫拉克利特看来，不体现"逻各斯"的祭仪、秘仪、祈祷、偶像崇拜等，都是无知的可笑的。但是赫拉克利特只是反对"秘仪"，并不是不要"神秘"。在他看来，mysis 就是理性、逻各斯的"奥妙"，"神性"或"神秘性"，并不是不要 mysteri。他的哲学残篇历来被认为是晦涩难懂、含糊不清的，其实，这正反映了早期哲学刚刚形成时期神秘与理性的交融。赫拉克利特用隐喻和言词将"逻各斯"说成是火的运行大道、宇宙生灭的准则，人们的理性思维所遵循的规则，还把"逻各斯"和"智慧"（早期哲学的称呼）神秘化。他最早将 sophia（智慧、哲学）奉为神，"智慧是唯一的，它既不愿意又愿意接受 Zeus（宙斯）的称号。"（DK22B32）之所以不愿意接受奥林波斯主神宙斯的称号，因为神是逻各斯，而不是神话中的宙斯（参见 DK22B67，B64，66，78）；之所以愿意接受宙斯的称号，因为宙斯象征主神，而逻各斯就是主神，是支配一切的神。显然，这是赫拉克利特的新神，也就是哲学的理性神。

赫拉克利特开创了将"神秘"和"神秘主义"引入哲学的道路，把哲学的最高范畴"逻各斯"提升为神和神指引的道路。色诺芬尼起着异曲同工的作用，走的是另一条道路，将哲学引入神学和宗教，用哲学的眼光审视神，提出神是不动的"一"。在未受过哲学熏陶的凡人来看，神像人一样有手有脚，有鼻有眼，更合乎情理："在凡人看来，许多东西似乎是一目了然的"（DK21 B36），但是在受过他的哲学训练的人看来，恰恰是荒唐可笑的。我们可以这样说：在神秘与理性的交融上，赫拉克利特和色诺芬尼代表了哲学和宗教相交融的两个走向。柏拉图的"创造主"，亚里士多德的"第一推动者"，都把神秘引入哲学，使哲学带上神秘主义色彩，说明神秘与理性在哲学上是可以交融的，而不是完全对立的。这种哲学上的神秘主义正是早期基督教的渊源之一。希腊教父和拉丁教父所制定的教义，不仅不排斥"逻各斯"，而且巧妙地利用了希腊的理性思维的成果。人们从人的"逻各斯"出发，探求神的"逻各斯"是什么，认为神之言（logos）为圣言、为神之道，代表神对人发话。这样，通过柏拉图主义和菲洛开创了基督教的"逻各斯主义"的道路，于是才有第四个福音："太初有道（logos），道就是圣言。"

　　logos 与 mysteri 的关系在艺术领域也很重要。艺术作品如同尼采所说的,主要是两个世界:迷狂与梦幻。前者主要体现在诗歌和悲剧中,后者主要体现在造型艺术中,尼采以阿波罗和酒神为代表说明这两种形态。艺术作品很难用 logos(理性、逻辑和论证)去评价,特别是在艺术创作中,理性思维方式与形象思维方式往往是有矛盾的。柏拉图说的诗与思的矛盾,就涉及这个问题,但艺术和哲学又不是完全对立的。关于这个问题,我们不予详尽讨论,近现代哲学界和文艺界已有许多论述。现在我们要说的是希腊的这种原创性智慧对现代文化的启示,人们早就注意到柏拉图和维特根斯坦都说过"不可言说"的问题。对哲学而言,"逻各斯主义必然压抑艺术"、宗教和情感生活;反之,反"逻各斯主义",排斥理性,也必然走向另一个极端。没有"不可言说"的领域和"未成文学说"的哲学,也许就是肤浅的哲学;反之,没有理性和理论的宗教就可能是邪教,或者走向反理性、反人性的狂热。

三、虚构的与真实的

　　以 myth 为词根的 mythos(μῦνθοs),后来才获得"神话"的含义。有的人以为它同 mysteri 的 mu(my)是同一词根,这是没根据的,mythos 也不是与 logos 对立的(当然在哲学产生后有对立的一面)。《希英大辞典》用了一页多,大体上按历史发展顺序对 mythos 作了详尽的介绍,摘录如下:

　　释一:(1)"Word,speech"(字与言),大多出现在荷马和其他的诗人中,如 Od,11,561;I1. 91,443;19,242.(2)Public speech;(3)Conversation;(4)thing said.Fact,thing thought(传说之事,所说之事);释二:(1)tale,story,narrative(情节、故事、叙述);(2)fiction(opp.logos,historic truth)(与理性、历史真实相对应的虚构)。此外还有"情节""童话"等。(见 1050—1151 页及增补页第 213 页,mythologia)可以看出,不管是哪个释义,都要通过 logos 用言词表述。神话、史诗作者或"说书人""咏唱者"在构思或陈述故事情节时,既要动情,也要使用言辞。所不同的是,哲学与科学靠理性,用言辞来思考。文艺创造用诗性语言来构思。理性神(努斯)附体,像亚里士多德就能讲出一大套道理来。酒神或缪斯(文艺女神)附体,激起灵魂中非理性部分(主要是情感)处于迷狂和出神状态时就靠灵感说辞,特点是迷人、动听、引人入胜。柏拉图比喻为磁铁吸物,一物挂一物,引起连锁反应,听者都陷入迷狂之中。柏拉图在《菲德罗篇》265B 将 mania(迷狂)分为 from human diseases(来自人类的疾病)与 from a divine release(来自神的启示)。后者属于神性的迷狂,又可以分为四类:源自 Apollo 的预言、神谕的迷狂,源自 Dionysos 的秘仪的迷狂,源自 Muses 诗歌的迷狂以及源自 Aphrodetes 和 Eros 的爱的迷狂。依据史料,古希腊的预言(占卜、神谕)和祭司是经过一定仪式处于"出神"状态时,充当神的传言者。希腊的酒神崇拜是很普遍的,还有酒神巴克科斯的秘仪。① 参加巴克科斯仪式的人带上假面具,系上常青藤,一边狂饮,一边高喊"我是圣洁的,我叫巴克科斯",这样人们也就分有酒神的神性,与神合一,顿时出现各种幻觉,可以讲出关于酒神的传说和故事,即某种 mythos,进而成为史诗、抒情诗、宴会咏唱的源泉。源自 Muses 的迷狂,柏拉图在《伊翁》(Ion)、《斐德罗篇》(Phadero)、《会饮篇》(Symposium)中有大量描述。特别是《伊翁》(533D-535C):"缪斯(Muses)也是这样。她首先使一些人产生灵感,然后通过这些有了灵感的人把灵感热情地传递出去,由此形成一条长链。那些创作史诗的诗人都是非常杰出的,他们的才能绝不是来自某一门技艺,而是来自灵感。……那些优秀的抒情诗人也一样……他们一旦登上和谐与韵律的征程,就被酒神所俘虏,酒神附在他们身上。"(533E-534A)"诗人只是神的代言人,神依附在诗人身上,支配着诗人"(534E)。像 Ion 这样的颂诗人,也是"不由自主地陷入迷狂之中,好像身临其境"(535C)。"合唱队的舞蹈演员、大大小小的乐师,全都斜挂在由缪斯吸引的那些铁环上";"最初的一环是诗人本身","观众是我讲过的最后一环"。(536A-B)

柏拉图、希罗多德、晚期希腊的阿波罗多洛、鲍桑尼亚、斯特拉波等都有不少关于前哲学时期及哲学产生之后仍然存在的关于"迷狂""灵感""出神""秘仪"及神话的记载。从中可以看出,在前哲学时期,希腊人创造了历史上任何民族无法比拟的神话传说、抒情诗、哀歌,以及以德尔斐神庙为代表的"神谕"。其创作的源泉是以酒神、诗神和"先知"阿波罗为依托的人的灵感、迷狂、出神和激情,而不是人的理性灵魂。希腊古典时代的三大悲剧和喜剧的作者,以及造型艺术都深受其影响。后来的罗马文化、中世纪的基督教的艺术作品,以及近代现代的文学艺术及其理论都深受其影响。Mythos 本来指的就是这些文学艺术作品的创作手段和"文本"的性质:迷人的情节,扣人心弦的词句,引人入胜的故事,离奇的传说。由于神话集中体现这些创作手段和"文本"的性质,所以 mythos 后来特指"神话"。Mythology 特指研究神话的学科,这是同哲学、自然科学不同的另一种话语系统和语言符号。mythos 是与感情、灵感、迷狂相关联的,体现为文学艺术作品的虚构、故事、传说、童话、寓言;而哲学和各门具体学科依靠理性和抽象思维,讲究思想的严密性和逻辑,追求"真"与"实"。因此,在哲学和科学

① 参见《希腊哲学史》修订本,第 1 卷,第 461—462 页。

形成后,希腊日常语词 aletheia 同时演化成一个重要的哲学范畴。

关于 aletheia(αλήθεια, truth) 与 alethes(αληθής) 的问题,《希英大辞典》说得好,mythos 作故事、传说解释时,"in Homer, like later logos, without distinction of true or false"(在荷马时代,"故事","传说"像稍后的言辞一样,无真假之区分),人们不会问这些传说故事是否是真的,只问这些是否引人入胜。Aletheia 的反义词是"谎言"(lie)而不是 false(虚假),更不是"错误"(error)。在赫西俄德写作《神谱》的时候,aletheia 已有"真实的""实在的"和"真相"的意思,反义词是"假的""表面如此的"或"似是而非的"(appearance)。赫西俄德说他在牧羊时,缪斯附身,宣称唯有缪斯知道关于神的系谱的真相。他按缪斯的指点,说出了关于神的"真实的系谱"(Theogony, 27-29)。他认为别人记述的神谱是虚假的,是谎言;唯有他的记述是缪斯指点的"真实的系谱"。同错误和 doxa(意见、看法、见解)相对应的"真理"那是哲学产生之后的事。

希腊哲学产生之前,希腊文化以文艺和宗教为载体。公元前 7 世纪以前的语言和文字深受诗和神话传说的影响,散文是公元前 7 世纪末从米利都开始出现的。无论是神话、寓言、诗歌都要通过话语(logos,先是口语,后是文字),唯一可以不用言语的就是秘仪(但也不全如此)。这时的"逻各斯"还没有后来的"理性""公式""定义"的含义。Logos 的理性化、aletheia 向"真理"的演化都有赖于古希腊人的理性思维能力的成长。这个成长史主要体现在"Sophia"含义的进化。在哲学产生之前,希腊人是在神—人、神—自然的框架中思考天地人神关系,以及人与人之间的差异。神是全知全能的。通神的祭师、占卜者、预言家不同于凡人,被称为有智慧的人。而后诗人和有技艺(techne)的人、会治病的人也被称为有智慧的人。公元前 7 世纪像梭伦(Solon)这样的立法者和有能力治理城邦的人被称为"七贤"之一。最后,懂得万物本原和生成道理的人被公认为神一样的最有智慧的人(参见《希英大辞典》第 1621—1622 页及《希腊哲学史》第 2 卷第 59—63 页)。这时,与诗性语言和话语系统对立的"理性的语言"(逻各斯)和哲学、科学话语系统就产生了。

当 sophia 从通神者、诗人扩展为技艺、医术进而为治理城邦的"统治术"(参见 Plato, Sym, 209A:"迄今为止最重要的智慧是统治城邦的智慧")时,sophia 还没构成对 mythos 重大的"威胁"。但是哲学以概念推理和论证的形式,以理论思维的成果回应神话、传说和史诗所传递的同一主题,认为万物不是源于"混沌之神"Chaos,而是源自水或火,甚至"数"及"和谐";万物的生成不是神生神,不是如同赫西俄德说的 Chaos 生 Gaia(大地)和 Eros

（爱），Gaia 与 Eros 又生 Ouranos（天神），Caia 又与 Ouranos 相配生 Titans（提坦）、独眼巨人、多臂巨人……而是按凝聚与稀释、上升与下降之路由本原而生。这样，神话与哲学两种话语系统、形象思维与哲学思维两种思维方式、艺术形态与理论形态（包括逻辑与科学）的冲突与区分就形成了。赫拉克利特宣告："如果要理智地说话，就得将我们的力量放在这个人人共同的东西（指 logos——引者注）上。"（DK22B114）从此，logos 在哲学家那里就是指"理智地说话"，或者说依靠"最智慧最优秀的干燥的灵魂（指理性灵魂）"（B118）说话。如此说出来的话自然不同凡响，是一大套理论，目的是回答"为什么""是什么"，即到底谁说的话是真正的"aletheia"，是诗人还是哲学家。色诺芬尼说荷马讲的神全是假的，唯有他说的"唯一的神""永远不动，以其心灵左右万物的神"才是真神（见 DK21B10—12，B14—16，B23，25，26）。他向荷马挑战："从来没有，也绝不会有任何人认识神和我所说的一切事情的真相"，"神并没有从一开始就把一切指点给凡人，而是人们经过一个时期的探索才获得的"（DK21B34，B18）。

这样，原来人们以为是真实无疑的神话故事和史诗的内容就被哲学的发难所动摇了。原来，这些神话故事是诗人编造的"谎话"，哲学的话语才是 alethes（真的）。显然这同常识意义上的"真"不同，也同后来的逻辑上的"真"不同。这是依靠理性思维获得的知识形态的一番道理，把它译为"真理"，那是在情理之中的。译为"真理"并不违背哲学"求真"的本性，恰恰相反，正是体现"爱智者"迷狂智慧的精神。它不满足于表面上的"真"，也藐视停留在经验和观察上的"真"，而是追求内在的"真相"，还要求用概念和论证话出它的"真"，中文译为"真"之"理"即"真理"，真是贴切不过了。有人认为 aletheia 只能译为"真"，译为"真理"就违背了希腊"求真""求是"精神。这是不确切的，不能用逻辑上的真值概念和逻辑上的真假衡量 aletheia 在哲学思维、哲学发展中的演变。

Mythos 遭到挑战的是其内容的真实性（reality，实实在在的"有"），而不是艺术的话语系统和形象思维的特殊本质。哲学也不排斥 mythos，柏拉图就是创作新的神话（mythos）的能手。用哲学思考 mythos，思考 theos（神），思考 physis（自然），还有 koinonia（Community，社会共同体），于是就产生了一系列用 logos 表述的"logia"（学科），如 theologia（神学），mythologia（神话学），psychologia（灵魂学、心理学），sociologia（社会学）等，这些学科都有其存在的地位，各有它自身特有的 aletheia（"真"之"理"）。

从 mysteri 与 logos，mythos 与 aletheia 的演化中，我们可以得到一个重要启示：在人类社会及人自身的进化中，理性思维及其成果（哲学与科学）的突出地位。它是人类认识史、人类发展史上的重大飞跃;是人类文化和人的观念的重大提升。从人类智力发展史考察,从感觉、知觉、表象到理论思维能力的形成,标志着人类对高级动物的超越。古希腊的毕达哥拉斯(又译毕泰戈拉)首先将 phyche(灵魂、灵性)区分为感性灵魂与理性灵魂,崇尚人的理性。巴门尼德以"两条途径(hodos)"的形式,研究了理性的特殊能力—抽象思维的能力。阿拿克萨戈拉将这种特殊能力称为以 noema 为词源的 nous。这是个新创词,自古哲学家们琢磨不透这个 nous 是什么,汉语中也找不到一个恰当的对应词,只好音译为"努斯"。其实,nous 就是人们在弄不清理性的生理机能的条件下,对人的抽象思维能力的称呼。亚里士多德的《论灵魂》是史上最早专门研究人的心理现象和生理机制的一部著作。他在第三卷中称之为可以脱离人体存在的"沉思理性"(theoria,contemplation)。在《形而上学》第十二卷和《尼各马可伦理学》第十卷第六、七章中称之为"神思",是"神性的"(divine)的东西(1177a20—1178a8)。

理性及其成果的特殊地位,影响甚至支配了思维与语言关系的走向。在希腊文化中集中体现在"logos"这个起初并不显眼的"字"(word)与"言"(speech)上。一个日常语言的常用词 logos,经过赫拉克利特到巴门尼德就成了特指理性及理论思维内容的哲学范畴。这又是一个古今印欧语和汉语等都难以找到确切表述的词语,汉语只好也用音译,称之为"逻各斯"。它同老庄之"道"有下列三个相似处:"道"与"逻格斯"都指称抽象的寰宇、人生、思维之规律或道理(巴门尼德称之为通往真知之途径);二者都把抽象化的概念"一般"二重化,成了后来的道教、基督教新约第四个福音的思想资源,开启了哲学神秘主义与宗教神秘主义交融的通道;二者又都同时是一个最常用、最普通的,使用频率高的日常用语词汇。任何哲学和科学都是要借助某种语言来表述,都要用书面语言做载体。这样在任一学派的哲学思想的陈述中,都会在两种不同含义上使用 logos。有时作专门术语用;有时就是一个日常用语,犹如我们下一章要说到的希腊语系词一样。

在哲学与科学之外的信仰领域和史诗、神话等文学领域,在理论思维与逻各斯的新观念、新思潮形成一定气候之后也就出现了新的观念和新的变化。在宗教信仰领域,发生了理性与神秘的交融。前一小节说过,赫拉克利特和色诺芬尼分别代表两个不同的取向,前者将宗教上的 mysteri 引入 logos 陈述的哲学领域;后者用理性与哲学上的成果思考宗教为代表的神灵信仰,从此开启了从巴门尼德、柏拉图、亚里士多德、普罗提诺至近现代的哲学上神秘主义;也开启了将哲学与理性引入信仰领域的教父学和基督教神学,以及直至当代的神学与释经学。

　　以哲学和科学的思维方式和思想为内涵的 logos 渗透到文艺创作领域，出现了以索福克勒斯、欧里庇得斯为代表的"哲学的悲剧诗人"和哲理意味浓厚的喜剧。从此，在文学艺术史和哲学思想史上提出了诗性语言与哲理语言、形象思维方式与理论思维方式关系的问题（柏拉图在《理想国》第十卷以哲学和诗的"争吵"的形式提了出来）。以公元前 5 世纪中叶的雅典为代表，哲学科学与文学艺术创作在同一时间段比翼齐飞、枝繁叶茂。这一局面得益于希腊人观念思潮上的突破。哲学和科学的力量在于以理服人，文学艺术的源泉在于以情感人，以塑造的典型形象感化公民。前者以尚未分化的智慧果、以学派或潮流的形态出现。从后巴门尼德至苏格拉底和小苏格拉底大大小小十多个学派都出现于公元前 5 世纪这一百年。本书下一章将概述这一过程。不管各派各人持何见解，他们深知自己所持理论的生命力在于论证与辩驳、挑战与回应。除此之外，无任何政治的或宗教的势力集团可以依靠。即使后来的柏拉图，也是靠他自己的对话取胜。他三次赴西西里寻求政治靠山都以失败告终。亚里士多德在创建吕克昂学院后，在收集动植物标本方面曾经获得马其顿亚历山大的若干支持。但是他从加入柏拉图学园到自创学院，都是靠自己的新创知识体系而取胜。正因为在"智慧"领域靠以理服人，所以 aletheia 观念才有新的突破。在哲学领域，aletheia 指"真之理"。自然科学领域，aletheia 指反映客观规律的"定理"和学说。在逻辑学领域指"断真"，"真值函数"之"真"。当驳论（paradox）出现时，"真"又有了新的含义。像"撒谎者"驳论一样，前提为"真"，推导的结论为"假"；反之，"罗得斯岛人说，罗得斯岛人都是撒谎者"为"假"，推导的结论为"真"。在社会科学领域就更加复杂了，以普罗泰戈拉的名言"同一阵风吹来，你觉得冷，我觉得凉爽"为标志，发生"事实判断"与"价值判断"、真假与好恶的问题。在史学领域，还提出了历史事件的"真正原因"与"口实"（借口）的问题。

　　宗教和文学艺术领域，有其自身的话语系统和思维方式。用柏拉图的说法就是同"求知"的迷狂不同的"阿波罗的迷狂"与缪斯和酒神的迷狂。同时，哲学科学与宗教信仰、文学艺术三者之间又有相互渗透的一面。它反映了人的理性、非理性的情欲与意志之间相互矛盾又相统一的关系。理性铸成的知识体系和人生哲理可以渗透信仰的因素，成为自己为之献身的终生追求，就像苏格拉底那样。反之，哲学的真之理可以进入宗教信仰，把各自信奉的神灵体系和神学奉为"真理"。即使在近代，面对各种挑战，还可以构造所谓"双重真理"。诗性语言也可以为哲学所用。路克莱修的《物性论》就是一大套完整的"哲理诗"。同时哲学与科学的成就也造就了造型艺术的"逼真"观念和文学作品的"真实"观念，淘汰了上古神话中的荒唐的成分,至少使宙斯成了新神形象,剔除了偷盗、拐骗、奸淫的恶习。同时启发了像索福克勒斯的《安提戈涅》,用艺术典型揭露了传统习惯法与城邦成文法的尖锐矛盾。但是,三种话语系统、三种思维方式又不可互相替代。理论的威力不能靠信仰、靠崇拜来维护。孔德为推行他的实证主义搞了个"人道教",最终成了笑柄。文艺作品也不能以理论论说为自己的存在方式提供支持。古希腊的悲剧加入了歌唱队的歌词和道白,反映了理性对文艺的渗透。但是如果变成智者式的论说,听众也就跑光了,还不如到市场或竞技场的另一侧去听学派高人的论辩。

　　原创文化的研究,既为"古",也为"今"。从古希腊人的 mysteri 与 logos,mytho 与 aletheia 的观念,以及在这些观念影响下哲学科学、宗教信仰、文学艺术三种话语系统、三种思维方式的关系的原创性智慧和文化中,我们可以"以古为鉴"开阔视野,深化我们当今的认识。言犹未尽,就此止步,就"古"论"古",再说另外三组观念。

第四节　Physis(自然而然的)、Nomos(人为约定的)　　　　与 Coinonia(社会共同体)

　　在印欧语系中,有两个词很重要:一是 es,as,演化为后来的希腊文的 eimi($\varepsilon\grave{\iota}\mu\acute{\iota}$),einai($\varepsilon\grave{\iota}\nu\alpha\iota$);拉丁文的 sum,esse,近代的 to be。另一个是 bhu,bhen,在希腊就是 phyo-,后来的 physis($\varphi\acute{\nu}\sigma\iota\varsigma$,相当于英语的 nature)的词根。同印欧语系其他动词不同,希腊人的 eimi 的语言框架促进了哲学上的"是者论"(存在论)、本体论。Physis 是并驾齐驱的又一个语源和观念。physis 是天然成长的,依本性生成的,非人力参与的。在哲学的史前史和早期希腊哲学中,physis 指"依靠自己的力量而成长的东西",即"天生的""自然而然的"。和它相对应的是 techne($\tau\acute{\varepsilon}\chi\nu\eta$),即"制造术",technastos 即"人工制造的东西",如房子、床等(见《希英大辞典》第 1964—1965,1785页)。当时,人们把医术、技艺(如赋诗作乐)也叫作 techne。在这个历史阶段,只有 physis 与 techne 的区分。亚里士多德在《物理学》(又译《自然哲学》)和《动物的行进》中说技艺是模仿自然的;就个别产品而言往往高于自然,但就整体而言,大自然就是最聪慧的工匠,它制造出来的动物具有最适合运动的结构①。在动物学的著作中,他把动物的运动分为游、爬、飞、

---

① 　参见 Aristotle,*Phycica*(《物理学》),Bk.2,Ch.8;*De Incessu*(《论动物的行进》),730b25 - 30;*De Partibus Animalium*(《论动物的构成》),695b16,708a10。

走、跑五种方式,与五种运动方式相适应,都有其相适应的最精密、最奇妙的结构,这是技术模仿不到的,制造不出来的。到了公元前 5 世纪,希腊的城邦制繁荣期,社会活动的领域成为人们关注的对象,于是产生一个问题:社会、政制、法律、道德规范、风俗习惯、各种规则和制度是自然形成的,还是人为约定俗成的?"约定俗成"的希腊文就是"nomos"($νόμος$)。当时,发生了一场关于 nomos 与 physis 关系的大辩论,这场辩论延续了一百多年。本人执笔的《希腊哲学史》第二卷第一编中已经作了系统论述(见修订本第168—204 页)。请读者参看第二卷第四章的系统介绍。这里仅从希腊人的观念更新角度划分几个历史阶段,概述从上古时代至公元前 4 世纪这对观念的演变。

第一,远古时代的希腊,人与人之间、人与社会共同体之间的关系,是靠风俗习惯来维持的。赫西俄德说:"风俗习惯(nomos)是最高的原则(archaos)"(Fr,221)。人们的观念是"kata nomon"(根据惯例办事)(《神谱》,第417 行)。品达说:"习惯是一切之主宰(panton basileus)"(Fr, 169)。Basileus(巴息琉斯)就是军事民主制时代的最高统领。品达的这个比喻道出了 nomos 的至高地位。希罗多德换了一个表述:"nomos 就是僭主"(Hdt. 7,104)。在这个历史阶段,人们把 nomos 看作自然而然的东西,也就是说都属于 physis(自然)。但是,远古时代各个部落,如同希罗多德所介绍的古代西亚、埃及、色雷斯、马其顿、斯基提亚等都有不同的习俗。希罗多德说:"如果我们让所有人来选择,要他们在各式各样的 nomoi(nomos 的复数形式)中挑选他们认为是最好的,那么每个民族在作了一番考察之后,都会选择他们本国的那一种"(Hdt. 3,38)。这说明,公元前 6—前 5 世纪,像希罗多德一样,已经认识到风俗习惯不是自然而然的,而是人为制定的;nomos像 techne 一样,也是人为的。这样从 physis 中分离出了 nomos。既然是人为约定的,那就是说可以改变的,并非世世代代不变,欧里庇得斯的悲剧《埃勒克特拉》标志着神灵们也认可了人类改变旧风俗习惯的正当性、合理性。克吕泰涅斯特伙同情夫埃勒克特拉杀害自己的,远征特洛伊归来的丈夫阿伽门农,按习俗理应严惩。但是儿子杀母和母亲的情夫,按习俗也应处死。判决时双方僵持不下,雅典娜投了关键的一票,儿子无罪释放。这个"新编历史剧"宣告旧习俗已过时,人类可以制定支持新观念的新习俗。这样,风俗习惯是自然而然的本性使然的观念动摇了。二者关系问题,随之出现了。

第二,公元前 7 世纪,众多城邦纷纷制定适应城邦社会的成文法。与此同时,从 ethica(习俗)中分化出道德规范,于是产生了传统习俗和非成文法性质的部落制的"规则",与新产生的道德规范和成文法的关系问题,作为成文法和道德规范的 nomos 的"新规"是合乎 physis 的,还是反自然的? 索福克勒斯的《安提贡涅》将这个问题以尖锐的,二者择一的方式提了出来。作为同胞兄妹,按传统习俗,她应让哥哥入土为安;按父王的法令,任何人不得为被定为死罪的死者收尸安葬。文艺塑造的典型,反映了从部落制后期过渡到城邦制时,两种 nomos(习俗与成文法)的矛盾。后面我们可以看到,后人是如何看待和处理这些关系的。

　　第三,城邦制定的成文法与习俗形成的"必须如此做"的观念的冲突,反过来促进了 physis 观念的变化。习俗与成文法都是 nomos 吗? 若不是,那么何者更像是"自然而然"生成的? 若是,那么两种 nomos 岂不是自相冲突吗? 城邦公民,像安提贡涅那样,在二者择一中该如何作才算自然而然? 马有马的 arete(ἀρετή,本性具有的功能,"好","善");人亦有人的 arete。依此类推,人的习俗应该也是人之本性之所需。群居生活的城邦也应是城邦人之本性所需。这样,除了"自然而然""天然的"之外,physis 也就是"本性",即各类东西自身拥有的"天性"。正因为"本性如此",所以才成为"自然而然""天然"。可是若把 physis 看作"本性""本性使然",那么 physis 的内涵在人与城邦社会领域就扩大了。习俗和群居生活规则就应属于physis,至少是以 physis 为基础。后来的"智者"之一克里底亚正是这样更正前人的片面性的。然而各个城邦又有不同的法规。难道人之本性亦有差异? 希腊人将外族人叫 barbarian(βάρβαρος),即只会"巴巴叫"的野蛮人,天生为奴。希罗多德的《希波战争史》,多处将波斯人称为"野蛮人";而且希腊人的城邦法制又各有差异,那么这是人为规定的、约定俗成的,还是本性使然的?所以,physis 观念的深化,反过来又推进了人们对 nomos 观念的深思。

　　第四,公元前 6 世纪开始出现"伯罗奔尼撒同盟",而且又从松散的联合,发展到双方承诺的合作与共同行动。公元前 477 年又出现了以雅典为首的提洛同盟。之后又有公元前 455/454 年雅典与斯巴达的三十年和约,公元前 449 年标志希波战争结束的卡利亚和约。所有这些"和约""协定""盟规"都是双方讨价还价后人为制定的,同时又不断有违约的事件。此外还有商品交换的各种约定。这样,nomos 的人为约定性质几乎成了共识,nomos 的含义包括传统风俗习惯、成立法规、道德规范、协约和约等,似乎nomos 是可以不断改变的,可以随意破坏的,而 physis 是不变的。这就又引发新的问题:如果人的本性是好的,nomos 与之一致,则好上加好;若 nomos与人的本性不一致,则坏了人的本性;如果人的本性是坏的(如贪欲、个人名誉和利益),而且又是不变的,那就难怪有那么多党争和战争了,也难怪人们总是不守约了。如果人的本性是一样的,那么主奴区别、"文雅的"希腊人与"野蛮人"的区别也就是人为造成的。历史与逻辑是基本一致的,公元前5世纪末—4世纪的发展,后面会说到,正是如此。所有这些自然的与人为的不同看法同人们的日常生活、城邦政治生活戚戚相关,于是,公元前5世纪中叶开始,就出现了观念形态上的多元化与混乱,用我们现代的语言说就是"意识形态""指导思想"上的多元化与混乱。甚至原来不曾怀疑的神授的 Dike(正义、公正)观念也动摇了,以至出现了"强者制定的规则就叫正义"、弱肉强食就是公正的观念。

第五,正因为观念上多元化和混乱,所以公元前5世纪中叶开始,围绕physis 与 nomos 开始了一场长达100多年的大讨论。我们可以将公元前5世纪中叶—前4世纪发生的大争论划为三个时期,阐述这100多年观念上的更新和认识的深化。这就是公元前5世纪中叶前后,伯罗奔尼撒战争前,以智者运动为主角的阶段;伯罗奔尼撒战争(公元前431—前404年)及公元前4世纪初科林斯联盟、底比斯联盟等城邦间结盟与战乱时期;柏拉图(公元前427—前347年)与亚里士多德(公元前384—前322年)时期。

第六,"智者运动"是观念与思潮的启蒙与更新而不是一个统一的学派。他们是 physis 与 nomos 辩论发起者。在这之前的恩培多克勒、阿拿克萨戈拉、德谟克利特、阿凯劳斯等仅仅是使用过这两个词语,认为动物眼睛差异、结合与分解、原子的形状与大小、生物从泥中生等是自然生成的(physis);而正义与低贱,色声香味和称呼等是人为而成的(nomos)。智者运动中,前期代表人物抒发了各自的,甚至是对立的看法:

(1)普罗泰戈拉是近代社会契约论的先驱,他认为人为了生存必须合作和联合,但是当他们聚在一起时就像动物一样互相残杀。宙斯给人类正义和秩序,才有 nomos 规定的城邦正义、秩序和法律,从此人类才能生存。按照他的说法,人的"自然"状态是与人们制定的 nomos 相反的互相残杀,人类要用 nomos 纠正自然状态。

(2)普罗泰戈拉的说法提出了人性与 physis 的问题,即人性与人的本性是什么的问题,人自然而然长大后同动物不同的本然之性是什么的问题。稍后的克里底亚对普罗泰戈拉作了校正。他认为人有人的品性、品性(arete)是属于自然生成的,当然是好的。这是制定好的法律、培养好的习惯的基础。二者不是对立的,"好的品性比法律更牢靠,演说家不能破坏好的品性,却能用言词颠覆法律,使之失败"(Dk88B22)。这是一个方面。另一方面更需要学习和训练,"更多的人是由于身体力行,而不是依靠好的本性而变得优秀"(DK88B9)。他举斯巴达和帖撒利的政制与习俗为证。斯巴达人的衣着、斗篷、鞋子和饮酒习俗等,都考虑到这个民族的好战天性（DK88B34）。帖撒利人生活奢侈,同政制腐败相符（DK88B31）①。

　　（3）同称赞 nomos 人相反,智者运动的另一个领军人物高尔吉亚认为 physis 是天然合理的、无可指摘的。他在《海伦颂》中说,海伦出走特洛伊无非四种情况:神和命运使然,暴力胁迫,情欲引诱,语言的迷惑。无论哪一种都是自然所为,个人无法摆脱。神和命运,凡人不可违;暴力胁迫,弱者敌不过强者,也是合乎自然的;情欲和语言的迷惑,也是出于自然,不是海伦所能选择的,因而他个人不必承担任何责任②。与 physis 相违背的道德规范、风俗习惯和法律都是应予废弃的,至少是不合情理的。他的结论是,应该建立符合 physis 的新的 nomos。

　　（4）智者发起的关于 physis 与 nomos 的讨论,以及前面说的社会历史背景,很快波及其他领域。同公民生活和命运关系最密切的就是城邦政制和法律。人们的质疑是合理的;政制、法律和协约等需要不断修正。同一时期的悲剧家埃斯库罗斯、索福克勒斯、欧里庇得斯的悲剧集中体现 physis 与 nomos 的新观念。埃斯库罗斯(约公元前525—前456年)的《被锁住的普罗米修斯》在约公元前469—前465年演出,普罗米修斯在他的笔下成了争取自由民主、反对宙斯传统规则约束的斗士。约公元前458年演出的《俄瑞斯特斯》三部曲,即《阿伽门农》《奠酒人》《复仇女神》,以戏剧形式赞扬用法律裁决取代家族仇杀,用父权取代传统习俗的母权制。索福克勒斯的作品大都写于公元前431年伯罗奔尼撒战争爆发之前智者运动活跃期。公元前441年上演的《安提贡涅》深受雅典人欢迎。他把 physis 与 nomos 的冲突,传统习俗与成文法的冲突,戏剧性地、尖锐地呈现在世人面前。安提贡涅坚持为哥哥收尸。他辩护说:"宙斯和正义之神都没有制定人中的这些 monos,我也不认为你(指国王克瑞翁)的文告有那么大的力量,以致像你这么一个凡人能推翻神灵们的这些 agraphos nomos(未成文法)"(第450行以下)。希腊文 grapho "书写"的意思,加否定词"a"指"非书写的"。在留传至今的书写文献中,可以说索福克勒斯至少是最早提到"未成文法"的人。在《俄狄浦斯王》中,他又称为"未成文的神性的律令"(第863行以下)。不过索福克勒斯笔下的安提贡涅并不反对成文法。安提贡涅回敬克瑞翁的说辞是,"只属于一个人的城邦不算城邦",克瑞翁个人的"文告"不算法律。这点颇迎合雅典人的口味。至于欧里庇得斯(约公元前485—前406年),我们前面说过,他被称为"舞台上

①　参见《希腊哲学史》第二卷,第172—174页。
②　《希腊哲学史》第二卷,第102—105、182页。

的哲学家""智者剧作家"。他的作品形成于伯罗奔尼撒战争爆发前后,同当时的形势一致,他持反 nomos 的观点。在《伊翁》中,他以伊翁的口吻说:"我自己的 physis 与 nomos 一致"(第 642 行)。在《巴克科斯》中,酒神巴克科斯承认他的 nomos 是建立在 physis 上的(见第 895 行以下)。这些剧作家广泛使用 physis 与 nomos 于剧本对话中,可以看出这个新观念的影响。

第七,按照希腊人的传统观念,希腊人城邦之间可以"争吵"(纷争),但不能有"战争"。Polemos(πόλεμος,war,战争),只能用于对付异族人。但是,公元前 431 年爆发了席卷全希腊的长达 27 年的伯罗奔尼撒战争。双方都埋怨对方破坏了三十年和约。作为 nomos 的"协议""和约",用修昔底德的话说,"只是为了应付暂时的紧张关系,只有在它们没有其他的方法应用的时候,这种协定才能维持它的效力"(Thucy,3,82)。一旦有机会就置之不顾! 因为"这种违背信约的报复比公开的进攻更为称心"(Thucy,3,82)。斯巴达和雅典都是玩弄修约与毁约的高手。科林斯也不逊色。伯罗奔尼撒战争的第十年,斯巴达和雅典两大盟邦因统帅双双战死在安菲波里而签订五十年和约,包括科林斯在内的盟邦也签了字。回家路上它就拐向阿哥斯,拉它一起结盟,反斯巴达和雅典。城邦间、党派间协定可以见机破坏。神圣的祖传惯例,以往是不可违的。公元前 7 世纪末杀害躲进神庙的库隆家族成员者,世代都遭谴责。可是如今都满不在乎了。科西拉党争胜者将躲进神庙的对立派封门围堵,照杀不误。交战双方谁也不再保护神庙了。曾几何时,他们都指摘波斯人残酷杀害希腊男丁,掠走妇幼为奴,如今不仅学会了,而且还有"新创"。公元前 427 年斯巴达攻陷雅典盟邦普拉提亚。斯巴达令该邦男丁排成队,一一过问:"你帮过斯巴达吗?"一个个"过堂",一个个杀死,全部杀光,因为没一人能举证帮过斯巴达(Thucy.3,68;谢译本,第 3 卷,第 4 章)。公元前 416 年,斯巴达的盟邦弥罗斯投降雅典,按常规应得到优待。弥罗斯代表说:"我们相信神会保佑我们,也和保佑你们一样",雅典代表回答说:"我们关于神的信念以及关于人的认识就是,谁是强者谁就统治。这是普遍的,是 physis 造成的。这个规则(nomos)不是我们创造的,也不是我们第一个使用的。我们发现这个 nomos 早就存在,我们仅仅是利用它并使之永远存在,留传后世。我们现在不过是按这个 nomos 行事。你们若是处在我们的位置上,也是会这样做的。"①耶格尔在谈到雅典使者同弥

---

① 见 Thucy.5,164。谢译本(第 417 页)将 physis 译为"自然界的普遍的必要的规律",之后出现的 nomos 又译为"规律"。当时尚无"规律"概念。中译文看不出作者以雅典人身份发表的关于 physis 与 nomos 的见解。这里按 Loeb 希英对照本改译。

罗斯代表的这段对话时说:"修昔底德为雅典的现实政策提供了深刻有力的哲学学说。"①格思里说:"要了解智者时代生活的气息,最好从修昔底德入手。"②修昔底德直接运用 physis 与 nomos 的新论解释当时的历史和社会现象。修昔底德这些见解的来源,就是伯战时期以希庇亚、安提丰、塞拉西马柯、卡利克利斯为代表的关于 physis 与 nomos 的"新解"。

(1)希庇亚(Hippias)是苏格拉底同时代人,生卒年不详,博学多才,擅长天文、数学和论辩,又很傲慢自负③。按照色诺芬《回忆录》的说法,伯罗奔尼撒战争的现实使他反省并修正了过去关于法律与正义的观点。过去他认为法律是,"公民们一致制定的协议(nomos),规定他们应该做什么和不应该做什么",所以"守法和正义是同一回事"。如今,他改变了,因为"制定这些法律的人们自己就常常废弃或修改法律"(Xeno,mem,4,4)。色诺芬尼还说,希庇亚认为,只有 physis 及符合 physis 的未戒文法才是正义的;有智慧的人必须懂得 physis 方面的知识;现实的法律缺点太多,必须代之以"到处都一致遵守的法律"(Xeno,mem,4,4)。这同柏拉图《普罗泰戈拉》的传述基本一致,在那里希庇亚说,nomos 是"人类的暴君,是有害于 physis 的。谁了解 physis,他就是希腊人的知识领袖"(337D)。言下之意,只有他才是"希腊人的知识领袖"。不过,公正地说,正是他将 physis 界定为整个自然界、宇宙和人的本性。而且作为人,其本性是一样的,是 nomos 将人分成不同的人。这个思想与高尔吉亚的泛希腊主张一致,成了后来的斯多亚式的世界主义、世界公民和一律平等的思想资源。④

(2)色诺芬《回忆录》提到的智者安提丰(注:请勿与四百人议事会首领安提丰相混)是当时反 nomos 的另一个代表人物。公元1364年和公元1797年在非洲发现的纸草文书中找到了他的《论真理》的比较完整的资料。借助这些资料证实了晚期希腊混淆了三个安提丰。⑤ 他的主要功业是依据当时的希腊状况,揭露 nomos,其中主要是法律的虚伪性。他说,按照传统,法律与正义(公正)是一致的,其实"法律所确定的许多正义行为是同 physis 相反的";即使法律条文本身是公正的,但是在执行中只有三个条件都存在

---

① Werner Jaeger, *Paideia:The Ideals of Greek Culture*(《潘迪亚:希腊文化的理想》), Translated from the German by Gilbert Highet, Oxford U.P., 1943, Vol.1, p. 398。

② Guthrie, W.K.G, *A History of Greek Philosophy*, Vol.6, Cambridge U.P., 1971, 1965, 1969, 1978, 1983, p.84.

③ 汪子嵩等:《希腊哲学史》第二卷,人民出版社2003年版,第66—68页。

④ 汪子嵩等:《希腊哲学史》第二卷,人民出版社2003年版,第183—184页。

⑤ 汪子嵩等:《希腊哲学史》第二卷,人民出版社2003年版,第68—71,184—189页。

（犯罪行为被发现了，人证与物证齐全，法庭辩论和审判公正），罪犯才真正受到惩罚。可是事实上往往正义一方遭到灾难。他甚至认为"法律所确定的利益是自然（physis）的桎梏，自然所确定的利益却是自由自在的。"（纸草文书 A，第四栏）

（3）安提丰的重点是揭露 nomos，特别是法律的缺陷。可能他心目中想到阿拿克萨戈拉、苏格拉底等的遭遇，所以他断言法律不见得就对城邦有利，并体现正义的原则。他同希庇亚一致，主张建立符合 physis 的 nomos，改变那些反自然的法律、规范和习俗。由此观之，他们对 physis 还是肯定的。安提丰甚至认为 physis 不仅是自然而然的、本性如此的，而且还是必然的、真实的。纸草文书 B 第二栏前 35 行无脱落，全文如下："人们尊重那些出身高贵的家族并赋予他们荣誉，但对那些出身低贱的人却既不尊重也不予以荣誉。我们这里是这样，我们的邻人野蛮人也是这样。实际上，按照 physis，不论是那里的人，是希腊人与野蛮人，生下来都是一样的。Physis 给予一切人以应有的补偿，这是人人都看得到的。所有人也都有能力获得这种补偿。在这些方面不可能像区分希腊人还是野蛮人一样做出区分，我们大家都用嘴和鼻子呼吸，用手拿吃的东西……"（第 35 行以下原文脱落）可见，他们不仅肯定 physis 的本真地位，而且借此挑战了传统的希腊人与野蛮人、高贵者与低贱者的区分，预示着古代地中海世界"天下一家"新观念在孕育之中。与此相反，以伯罗奔尼撒战争为思考资源的另一种 physis 的观念，逐步取得压倒优势的地位。这种观念虽然也反 nomos，但是对 physis 却持另一种观点。塞拉西马柯（Thrasymachus）在《论政制》中首先发难，控诉"伯罗奔尼撒战争"中失败的雅典："过去的一切已经受够了，我们用战争代替了和平；由于冒险才成为现在这种狼狈的状况。我们怀着深情留恋过去，带着恐惧注视未来。我们牺牲了和谐一致，换来了仇恨和内部的纷争。……假如人们感受到现在事态的悲惨，相信人们有办法结束这种状态，他们为什么还沉默不语呢？"（DK85B1）面对这种局面，塞拉西马柯认为已经无所谓正义可言了："神不关心人间事务，否则他们不会忽视关系人们利益的最大的事情——正义。因为我们看到，人们并不践行这种美德。"（DK85B8）塞拉西马柯认为，"正义不过是强者的利益"，"任何政制都根据它自己的利益制定法律"（DK85B6a）。塞拉西马柯的言论反映了雅典战败后人们的沮丧、迷茫和悔恨；什么法律、道德和人之善良本性统统是虚假的、骗人的。这种精神状态走到极端就是卡利克勒斯（Callecles）。

（4）卡利克勒斯是否确有其人？无论是主张确有其人，还是认为是柏拉图虚构的一类人物的代表，实质一样，他是"伯罗奔尼撒战争"后看破世事的雅典青年一代的代言人。在柏拉图的《高尔吉亚篇》中,他是以高尔吉亚圈子中的年轻的旁听者出场。他在一旁听了苏格拉底对高尔吉亚学生波卢斯关于"最高的善就是权力"的反驳。当学生辈的波卢斯无言以对时,卡利克勒斯忍耐不住出场了。他发表长篇议论,反驳苏格拉底:"苏格拉底,你诡称追求真理,实际上你却将我们引入那些令人生厌的浅薄谬误之中。……一般说来在多数情况下 physis 和 nomos 是彼此对立的。……当人们根据 nomos 发言时,你就狡诈地根据 physis 诘问;但当他遵循 physis 的原则时,你却又按 nomos 的原则发难。"(482E—483A)接着卡利克勒斯发表了一通"敢说出自己想说的话":"我的想法是,制定 nomos 的是作为多数人的弱者;正是他们,为了自己的利益制定了 nomos,确定赞成和非难的标准。……但是按我的看法,physis 本身显然是让强者超过弱者,让一些更好的人拥有高于弱者的利益,认为这才是公正的。纵观一切动物,以及一切城邦和人,概莫能外。所谓正义,就是强者对弱者的统治和强者的利益。薛西斯侵略雅典,他的父亲侵略斯奇提亚,他们遵循什么正义原则? 还有人们经常提到的许多类似的事例。我想这些人是遵循真正的 physis 的正义原则办事的。……人们发明 nomos,用它来改造我们中的强者和优秀分子。从年轻时开始,就像驯狮子一样驯服强者,诱惑强者就范,成为驯服的奴隶,还宣称什么强者必须同意平等的原则,说这就是正义和公平! 但是有朝一日,这些人由于天然的禀赋变得足够强大了,我相信他们自己就要摆脱这些限制,冲击这些罗网,放纵不羁,践踏和诅咒一切纸上的协议和反自然的 nomos。他们会咆哮起来,自己要做主人,虽然他们曾经做过奴隶。"(483B—484A)

苏格拉底听完卡利克勒斯的长篇大论后不无感慨地说:"真的,你说的是别人心里想说但是又不情愿说出的话。"(492C)联系修昔底德《伯罗奔尼撒战争史》记述的尼基亚、阿尔基比亚德等一批人的言行,以及修昔底德复述或设定的演说词和使团代表的辩论,可以看出这是伯战爆发以来一种相当普遍的观念。这个观念在阿里斯多芬的喜剧中也得到了印证。

(5)阿里斯多芬(约公元前 446—前 385 年)的喜剧大都写于伯罗奔尼撒战争中雅典失利和战后一个时期。伯罗奔尼撒战争开始时他才 15 岁。他经受过 27 年战争及战后的灾难,看穿了交战双方首领的狡诈和虚伪。《鸟》写于公元前 414 年。雅典两位老人厌倦城邦生活和法律诉讼风气,升到空中建立一个鸟国,切断天地间联络,迫使众神求和,将权力交给鸟类。在鸟国中没有贫富之分,没有战后雅典式城邦生活和诉讼恶习。《云》约写于公元前 423 年,剧中农民儿子斐狄比特向苏格拉底学习论辩术后回家同老子争论,所使用的就是当时反 nomos 的语言:"自我控制就是恶,正义使人失去快乐";"唯有放纵才合乎 physis";"藐视法律(nomos)是好的,合乎 physis 的行为";"父亲既然可以打儿子,为什么不可立一个新的 nomos,儿子也可以打父亲?"(第1039—1086行)。戏本既讽刺了苏格拉底,又和盘托出了叛逆的下一代奉行的观念和行为准则。

第八,苏格拉底—柏拉图—亚里士多德代表在 nomos 与 physis 观念上的"纠偏"者的方向。苏格拉底以钉在雅典城邦上的"牛虻"自居,以"新神"附体劝说雅典人。雅典人回敬的是一杯毒酒。倔强而又迂腐的苏格拉底认定雅典法律不可违,断送了生命。倘若他有点塞拉西马柯和卡利克勒斯的叛逆精神,或从亲自观赏过的《云》中学点那位农民儿子的精神,或者是从亲身经历中有所省悟:他拼死救下的阿尔基比亚德(见《拉凯斯》)是这么一个野心家,他轮值时救下的十将军第二天给同一个法庭、同一批人判处死刑。若他看透了当时的立法与执法,他早就可以在学生们的帮忙下逃之夭夭了。柏拉图从中期到晚期写过三个专门讨论城邦治理的对话。《国家篇》(又译《理想国》)主张"人治"。"哲学王"以理性治国,战士以勇敢卫国,劳动者(农民、手工业者等等)以节制自己的欲望护国。三者和谐,成就了"公正"(正义)。在他的心目中,公民分三等,占城邦人口大多数的公民的 physis(本性)还是反 nomos 者关于人的"自然"的观念。"三者"和武士的自然本性也还是欲望。不过是追求个人荣誉、地位的欲望而已。在《国家篇》中,"哲学王"轻视法律,认为法律是无用的(参见424E—425E)。之后的《政治家篇》为政治家下定义:具备和掌控立法和司法、论辩技艺、战争与和平的军事技术;以知识和智慧管理国家;能持勇敢与节制两种品德的人,像经纬二线交织在一起者,就是真正政治家,由他一人或他们一群组成的政制就是最好的政制(303D-311c)。在这个对话中,柏拉图还坚持"人治",但是他前进了一步,肯定立法和执法的地位。晚年写的长篇对话《法篇》(占对话集的1/5),是在他目睹了雅典、斯巴达、叙拉古等全希腊城邦的蜕变后写的,不仅完成了从"人治"到"法治"的转变,而且提出整套系统完整的法律制度,其中包括政治、经济、教育、文化、婚姻、日常生活等一套理想城邦的蓝图(702C-D)。在 physis 与 nomos 问题上,他主张重建好的 nomos,主要是法律。他把好的法律比作"黄金的绳索",把城邦公民系在一起,拉向正确的方向(644D-645B)。除了这三个专门讨论城邦治理的对话外,柏拉图的多个对话还专门讨论了许多作为道德规范的 nomos,还深入研究了语言是自然的还是约定俗成的问题。所有这些涉及 physis 与 nomos 的讨论,都着重纠正当时观念与思潮方面的偏差。但是在理论上有重大突破者还数亚里士多德。

　　亚里士多德对任一类本体(ousia)都作了是之所是的本质(essence),属性(property)和功能的区分。无论是自然生成的,还是人为约定的"这个",他都在弄清"是什么""为什么"和存在方式的基础上,以它的"本是"(essence)确定这一"physis"或"nomos"的"定义"或"本质",然后表明赞成还是反对。"人"是自然生成的。所以他在动物学的著作中也把人作为研究对象之一。人同所有生物一样有营养的灵魂(功能),同所有的动物一样有运动的灵魂、感性的灵魂。人同其他一切动物的区别就是唯有人有理性和语言,所以,人作为 physis 之一,从自然属性方面去定义那就是"人是有理性的会说话的动物"。动物学著作中,亚里士多德研究了人体的结构、体液与机能。《论灵魂》中研究了人的生理机制和心理现象(详见《希腊哲学史》第三卷,第九章第三节"动物学与人类学";第四节"灵魂学说")。自然哲学研究的终点就是人的"自然",即人的属性与功能。实践哲学研究的起点就是《政治学》第一卷提出来的"人是城邦的动物";城邦是公民为了追求普遍利益和最高的善(目标)而结成的共同体(koinonia, κοινωνία)(1252a1-6)。关于人的本质是什么,人是什么,古今争论不休。关于亚里士多德的"人论"也有各种看法。我们在《希腊哲学史》第三卷第二编"自然哲学"研究动物学五篇著作的结尾,提出了一个我们自己的重要的观点:"亚里士多德在政治学和动物学著作中分别谈论的'人是逻各斯(理性和语言)的动物'和'人是城邦的动物',其实是他关于人的本质定义的两个不可分割的方面。我们只有把二者看作一个不可分割的整体,即把人既看作是城邦的动物,又是 logos 的动物,才符合亚里士多德哲学思想的本意"。正是亚里士多德的"本体论"和"人论",使他在 physis 与 nomos 问题上实现了前所未有的新的突破:

　　首先,在《政治学》开篇第二章解释关于城邦的定义时,他就把人看作依本性(by nature)结合成的共同体。Jowett 准确译出了希腊文 physis 在这里的意思:Hence it is evident that state is a creation of nature, and that man is by nature a political animal(综上所述,显然,城邦是自然的创造,人依本性是政治动物。1253a2-3)。接着一大段的解释,亚氏就把"人是有理性的,会说话的(=逻各斯)的动物"与"人是政治动物"结合在一起来论述蜜蜂之群居、分工和交流,同人结为共同体,用理性思考何谓幸福,用语言表述一个道理,这二者之间的共性与差异。二者都享有自然给予的群居,但是人是按理性,用语言交流而组成家庭、村落和城邦,三者追求三个不同的目标和利益。这是作为"人",作为城邦动物所具有的特征,"唯有人知善恶、辨正义与非正义等诸如此类的意义,以及结成家庭、城邦的共同生活的意义。"

（1253a16-17）这里，亚里士多德不再像前人或同时代的反 nomos 的人，把本来应有的群居生活规则、习惯看作同 physis 对立的、互不相容的约定。法律、道德规范甚至习俗，恰恰是"依据自然"，或者说以"自然"为依据的 no-mos。换言之，家庭、村落、城邦生活及第一卷中所讨论的三种共同体（koi-nonia）的三种不同关系和准则，都是 physis 与 nomos 相统一的结果。

因此，在 nomos 的观念史上，它已经从习俗、道德规范、法律及各种契约、协约、和约中又派生出一个新的概念"共同体"即"社会"。亚里士多德对 koinonia（群居、群体）注入了新的含义即"共同体"，其中高于家庭和村落的"城邦政治共同体"原文是阴性冠词 he coinonia he politike（1252a7）英译为 state（国家）或 political community（政治共同体）①，西塞罗用拉丁文 sociatas 译为共同体，近代英语 society，中文译为"社会"。自从"社会"或"社会共同体"（古代主要就是"政治共同体"）概念形成后，所有"人为的约定"习俗、法律、道德、协议等，都是"社会"各种关系的规范。所以马克思在《资本论》第一卷第一章的注中高度评价了亚里士多德关于"人是政治的动物"的论述，认为亚里士多德不仅发现了商品的价值形式，而且首先发现了各种社会形式。

其次，亚里士多德遵照他的 ousia 学说，区分了本质、属性、偶性与功能。他认为人是依本质、本性（by essence）而不是依偶性（by accident）而结成共同体（1253a3）。他为反 nomos，或反 physis 确定了准确的标准。人之为人是由它的"属差"，也就是本质（eidos, essence）决定的。人与动物都有欲望，反 nomos 的塞拉西马柯、卡利克勒斯认为"节制"是反自然的。亚里士多德在《尼各马可伦理学》中提出"适度"（中道）是人的实践理性（phronesis）对灵魂的教育、训练的结果。这是人之美德，而过度和不足都是反自然的，是人的 arete（美德）的缺失。以往的反 nomos 观念是把法律规范、约定都看作反自然的、不义的。在亚里士多德这里，"过度"与"不足"是反自然的，"中道"恰恰是符合"人是城邦动物"，合乎自然的"正义"。如果我们将《政治学》第七、八卷与《尼可马基伦理学》第二、三卷结合起来，研究亚氏关于 physis 与 nomos 的见解，就不难发现，亚里士多德认为，作为有理性和语言能力的人，可以也应该通过教育对灵性进行培育（即 paedeo），使作为城邦动物的人，能够在过度、不足、中道中自愿作出好的选择，选取适合城邦最高的善（目的）和普遍利益的中道，作为公民的道德规范和良好习惯，例如要勇敢而不要鲁莽、怯懦，要节制而不要放纵或禁欲，要慷慨而不要挥霍或吝

---

① 　参见 GEL，*Item "koinosis"*，pp.969-970。

嵩,要友爱而不要傲慢或诌媚,要明智而不要狡诈或天真等等(参见《欧德谟伦理学》的细表 1220b37－1221a13)。在亚里士多德这里"过度"和"不足"既违反作为"logos 的人"的自然本性,又违反作为"城邦动物"之人之社会本性。

综上所述,可见在 physis 与 nomos 的观念上和理论上亚里士多德都有了重大的进展,它标志着经过一百多年的争论,人自身新的觉醒。从此把physis 与 nomos 对立起来的观念,以 physis 反 nomos 或以 nomos 反 physis 的观念,在现实中肯定还存在,主要在伦理学领域,但是在理论上、认知上已宣告过时了。后期的犬儒学派和居勒尼学派尽管还主张"回归自然"或"奢侈享乐即是人之自然",但是理论上已无说服力,仅是某个人群中一种生活主张。斯多亚清心寡欲和伊壁鸠鲁的快乐主义已经是建立在新的理论基础上了。

第九,建立在 physis 与 nomos 新解基础上的亚里士多德的"实践哲学",是以重建理想城邦、重塑公民美德为目标的。随着马其顿亚历山大时代的到来,希腊化时代文化大交融的新潮流的哲学的形成,整个亚里士多德学说都被边缘化了。反 nomos 观念和潮流中的新观念的萌芽(主人与奴隶、希腊人与野蛮人、高贵者与低贱者的区分是反自然的)在晚期希腊成了主导性观念之一。以斯多亚学派的"世界公民"和突破犹太教狭隘民族观念的耶稣教义为代表,在整个地中海世界文化中掀起了一股新的潮流,奉行 physis与 nomos 的一种新的观念。晚期哲学三大派(伊壁鸠鲁原子论、斯多亚学派、怀疑论)和新柏拉图主义的代表人物来自地中海世界广大地区,派别的核心人物有的在北非和西亚。释放了的奴隶如爱比克泰德(Epictetus)也可以成为学派首领。学派开门讲学,来自各地的有志者,连妇女和释放奴隶都可以听课。这个时期,人们不再把 physis 与 nomos 的关系当作一个问题来讨论,除了认识本身和争论本身已走到古代所能达到的尽头外,另一个重要原因是人与城邦的关系解体了。亚历山大在西亚、埃及建立的 polis,已失去城邦国家的意义。Polis 已成为后人所说的"city"(城市)。所谓城邦建设实际上是城市功能的建设,或者说"市政建设"。但是 physis 与 nomos 概念还在各种文字载体中使用,而且把它们推广到更广阔的空间去,为之注入了新的含义。例如,德谟斯提尼(Demosthenes)与伊索克拉底(Isocrates)辩论,希腊接受马其顿的统治是否合理、正义? 同波斯结盟,制约马其顿的吞并野心是否更加合理、正义? 原子的偏离运动是否违反自然? 打破传统的ananke(必然)的"自由"和契约是否符合 nomos 的规定? 人的"本然"与城邦法律、习俗的关系,是个往昔的故人思考的问题。如今人们考虑的是"神意"与"人意"的问题；神定的、自然安排的命运与个人意志、个人选择的问题，人的归宿与精神诉求的问题（详见《希腊哲学史》第四卷第七章"斯多亚学派的自然哲学"）。

晚期希腊三大派涉及的 physis 与 nomos 的问题，新兴的基督教和教义们给出了新的答案。已经失去了城邦和国家，成为罗马行省的希腊人，还想同罗马人签订协议，制定法律和新规范吗？ 教父们告诉他，那都是人与人的约定俗成，是无效的。有福了，主耶稣给你们送来了神与人的立约。而且还是用你们的文化瑰宝希腊文写的新约呢！ 跪接吧！ 希腊人真的接了，还真诚地接受了。保罗书信提供了大量资料，面对传统习俗、神灵观念与三一真神观念冲突时，他们是如何从抵制、迷惑到接受的。时间过了一千多年，希腊人才从近代学者的著作中获悉，现今关于自然与约定的各种观念，都可以在他们的祖先中找到类似的或萌芽状的说法，以至有人把尼采看作古代的卡利克勒斯，把卡利克勒斯看作近代的尼采。

第五节　Ananke（命运女神、命运、必然性）与自我选择

在希腊，命运女神叫 Ananke（αναγκη），属 Titan 后裔所生的恶种。在人类的生活中，人们总会遇到一些意想不到的灾难，如黑格尔所言，没有纯粹的必然性，必然性总是通过偶然性表现出来，通过偶然性为自己开辟道路。因此，总存在着一些不可捉摸的东西，不受人的控制。在现实生活中，不仅必然的东西人们无法逃避，即使是偶然的东西，也说不定什么时候落到你头上。因此，"命运"观念至今仍存。而在古代社会里，由于人们认识自然、驾驭自然的能力低下，这种观念往往更加强烈。他们认为这是由命运所决定的，而命运是人类无法摆脱的。在《荷马史诗》中，特洛伊的毁灭就被认为是由命运所决定的，因为特洛伊王子得罪了女神。同古代其他民族一样，希腊命运观念一直很强烈，它甚至持续到希腊晚期。但是，希腊的"命运"观念又有同古代其他民族不同的特点和演变过程。随着城邦时代人的觉醒，神灵观念的变化，希腊人总想战胜命运，同命运进行顽强的搏斗，但最终还是无法摆脱命运，由此产生了许多悲剧。其中最有名的就是索福克勒斯写的《俄狄浦斯王》。在这一故事当中，俄狄浦斯力图逃避弑父娶母这一命运，但命运最终还是不可避免地发生了。当人们自以为在摆脱命运，进行自我选择的时候，却还是受命运所摆布。底比斯国王弃子于荒野，却为命运的发生准备了条件；俄狄浦斯逃离科林斯，却步入了命运的陷阱。这种悲剧的命运观，影响着后来的文化。它不仅出现在《俄狄浦斯王》中，也在近代

其他著名作家的作品中不断得到体现,例如莎士比亚的名剧《罗密欧与朱丽叶》。朱丽叶不知道罗密欧是听从神父的安排,吃药假死,她以为真死了,于是为之殉情。当罗密欧醒过来时,看到朱丽叶为他殉情,于是他也决定一起"上路"。戏剧舞台上无法做到的事,哲学产生后提供了另一条路。"神谱"已改造成万物本原和生成的原理,Ananke 也随着被改造为哲学范畴。在希腊哲学传统中,命运观念一旦上升到哲学的高度,就引发出规律、必然性、必然性与偶然性、必然性与自由、自由选择等一系列哲学问题。在哲学家看来,事物中存在着一种无法改变的、永恒的运动。米利都学派的哲学家试图从自然出发来解释这一必然性的东西,把它看成一种天体的涡旋运动,由稀释和浓缩产生万事万物。所以后来命运观念就转变成哲学上的必然性(necessity)概念。特别是巴门尼德,Ananke 成了维系真理之路中"存在"("是")—思想—逻各斯三者一致的"锁链"(Dk28B8),用现代概念说就是"必然关系"。德谟克利特把 ananke 改造为在原子的运动中所遵循的必然性。以智者运动为起点的哲学上的转向,使人们认识到,面对城邦的政治生活,有一个自由选择的问题。不同城邦的公民,选择不同的政制。同一个政权内,公民可以投票选择不同人承担不同官职。公民个体的生活也多样化了。现实破除了德谟克利特所持有的观念。所以在希腊哲学中,相对于必然性,自由选择和自由意志也成为一个重要的观念。这种对自由选择与意志自由的承认,使希腊人在精神上获得了一次解放,使希腊人明白人并非完全由命运所摆布,人能够进行自我选择。然而这一次解放并不彻底,很大程度上它只是一种精神上的自我安慰,最终还是不自由的。根本原因是上古社会"命运"主要是自然力量的神秘化,而在古典时代的希腊,"命运"观念主要是植根于社会力量、社会关系的神秘化。社会关系之网束缚着你。其中最典型的就是智者运动的命运和苏格拉底的自我选择的结局。

智者运动是公元前 5 世纪中叶以来史上的一次启蒙运动。智者的领军人物普罗泰戈拉的命题"人是万物的尺度"否定了"神是万物的尺度"。在事实判断与价值判断,即真假与善恶区分的基础上他首次提出了价值取向的问题。最有名的范例就是"同一阵风吹来,你觉得冷,我觉得凉爽",风和各人的不同感受都是真的,但是"真的"对不同人而言并非都是"好的"(善的)。感到冷者的价值判断是"这阵风有害于我,我不要";感到凉爽者,伸开双臂,高喊"善哉!"从哲学高度分析就是,作为"万物尺度"的人,不是对真假作出选择(无人会选择假或错误);而是对价值如何作出选择。在当时的现实生活中,首先就是对城邦政治生活的不同判断和选择。这就意味着对"命定如此"的 ananke 观念的否定。这是观念史上的进步。但是智者提倡的"尺度"和选择是以感觉主义、相对主义和怀疑论为理论基础的。① 逻辑的演绎与历史的演变证明，最后走上了否定城邦法律和道德规范的相对稳定的共同准则的歧途。这是有违社会发展规律、背离社会发展方向的。所以成为历史舞台上的匆匆过客。苏格拉底（公元前 469—前 399 年）敏锐地觉察到智者可能起到的破坏作用。他以智者的挑战者出场，致力于寻求社会共同体运行的稳定的共同规范。这同社会的发展、认识过程的逻辑一致，所以苏格拉底的选择获得了社会的承认，"学问人"的赞赏。他提出的"认识你自己""自知其无知""美德即知识"击中"智术之师"以智者自夸，收费授徒，玩弄词语，以诡辩狡辩取胜的弊端。但是，经历伯罗奔尼撒战争（公元前 431—前 404 年）全过程，目睹战后雅典惨状的苏格拉底，同阿里斯多芬一样，认为雅典公民坠落了，公民领袖不管那个党派也都像尼基亚、阿尔基比亚德一样变坏了。他要像只牛虻叮在雅典人身上，唤醒沉睡、麻木、混日子的雅典公民。他未曾想到今非昔比，竟被送上法庭，还以 260 多票对 230 多票判处他死刑。按传统习俗（另一种 nomos）认罚、求饶、家属哭诉于法庭，三者择一，都可以免于一死。然而他的选择是宁可死也不屈服。在监狱中，他有机会在朋友的帮忙下逃跑，然而他拒绝了，最后断送了生命。后人把他比作希腊的耶稣，学术界赏识并弘扬他"求真""求是"的"殉道"精神，这些都不为过。可是当时在场的色诺芬、柏拉图等并不这么想。从色诺芬的《回忆录》和柏拉图的《苏格拉底的申辩》《斐多篇》和第七封信可以看出，他们不赞赏老师选择服从背时的法律。弟子们不想重演这种悲剧，而是重建理想之国，重新制定法律，剔除过时的习俗。可以说这也是柏拉图《国家篇》《法篇》的成因之一。从民间俗世观点看，苏格拉底走了厄运。从柏拉图们的观点看，如果有"命运女神"的话，这个 Ananke 也是瞎了眼了。所以他的对话，不谈"命运"。从我们现在的观点分析，不仅自然力，而且社会力量、社会关系同样可以神秘化。人一出生，就处于既定的社会关系之中，再伟大能干的人也无法超脱他生来所处的社会关系。但是人类同动物不同，人在行动之前就为自己设定一定的目标，按自己的动机行事。可是有的能实现（如前期苏格拉底与智者的决裂），有的不能实现，甚至会带来灾难。智者运动、苏格拉底、柏拉图的反 Ananke 的自由选择的不同结局，促使人们思考人的社会运动的动机与后果的关系，最终促成了两大走向、两种观念。

以希罗多德、修昔底德、色诺芬及后来的波利比乌（Polybius）为代表，

① 参见汪子嵩等：《希腊哲学史》第二卷，人民出版社 2014 年版，第 5 章。

创建了区别于荷马史诗和编年纪的新的历史观和历史学,他们不是从神的安排去叙述已往发生的事件,而是从人的不同动机和追求,首先是"英雄人物"对荣誉、地位、利益的追求和野心,去观察希波战争、伯罗奔尼撒战争及公元前 4 世纪连续发生的希腊城邦间战争及亚历山大的东征。这个观念,影响到罗马时代的政治家,史家,从此形成了从古至今的一种定型的历史观。黑格尔剖析了这种历史观的地位与不足。黑格尔的研究和现实的考察促进了人们从效果去考察动机,形成了以马克思命名的新的历史观。

　　另一个走向是以亚里士多德和晚期哲学为代表的哲学形而上学的思考。1870 年,柏林科学院以 Bekker 为主重新编定了亚里士多德全集,确定了后人沿袭使用的标准页。之后,鲍尼兹制作了编目索引,20 世纪出版了罗斯英译本和普林斯顿大学的修订牛津版两大卷,他们都编了索引总目,Ananke 已失去地位。亚里士多德《形而上学》第五卷,即通常所说"词语集解",其中第五个就是以 Ananke 为词源的 anankaion。亚里士多德说,作为一个"必定如此的东西"的词义有五种:(1)必要条件,如"呼吸和食物是动物生存必不可少的";(2)指可以避免或不可避免,如"吃药是身体康复所必需的(不可免的)","航行到伊齐那要(必须)花一些钱";(3)同自己的动机或盘算相反,被逼(不得不)如此作;(4)导致事件必然如此发生或变化的原因,即有甲必有乙,有此因必有此果的必然性;(5)三段论所依据的,逻辑学上为"真"的"必然",或者是证明中前提与结论的必然关系。简言之,ananke 就是三种意思:一是普通语言学上的"必须","不得不","避免不了";二是哲学范畴意义上的必然性、规律性;三是逻辑学上,存在于前提与结论中的必然。宗教、神话上的"命运""命定如此"已不在亚里士多德的视野之内了。他在《物理学》(即自然哲学)第二卷研究了自然物运动,生变的原因,第 4—6 章专门研究作为"原因"的偶然性、自发性、机遇与命运的问题。他解释说,今日我到市场去本来是为了买东西,恰巧碰到一位借贷人,收回了一笔钱。"恰巧碰到",这是机遇,要回了久拖不还的债务,就叫幸运;于借贷人而言就是厄运。阴雨连绵,谷物霉烂了,这是谷物变坏的自发因,我的谷物遭此偶然就成为"厄运"了。这样,上古传下来的,令人恐惧的命运女神,亚里士多德认为就是关于机遇、偶然性的"好"与"恶"的遭遇;或者是自然物体运动的必然性。在《尼各马可伦理学》第三卷第 1—5 章中,他还专门论述了自愿与不自愿及自我选择的问题。对于人的选择,人在社会活动中的遭遇和命运作了细致的分析。他说,人是否选择"中道",是"为善"还是"作恶",这是人自己的选择。选择之为选择(Being as Being)的本质是什么,以往未有深入的探讨。亚里士多德依据他的哲学本体论观点作了理论上的分析。他说,选择是在行为之前所作的审慎的考虑,其中包括推理和思索。他创造了一个专门术语 phronesis(φρόνησις),即"实践理性"。就是说,这是一种政治和伦理意义上,以"沉思理性"为基础而作出的合乎城邦秩序和伦理规范的抉择。亚里士多德在该书第三卷中用了 5 章(1109b30—1115a5),从各个视角剖析实践理性的选择同自愿、欲望、感情、盼望及非理性而作出的见解和行为等的关系与区别①。其中特别是同自愿与非自愿的关系,充分体现了亚里士多德的科学分析的精神。他说,选择当然是种自愿行为,但不是一切自愿行为都叫"选择"。关于"自愿的"(ἑκο ύσιον/hekousion, voluntary)与"非自愿的"(ἀκούσιον/akousion, involuntary)的区分与讨论,在伦理学说史上触及了后人所说的"道德意志"及其评价的问题。他不是从人的心理活动提出"意志"或"意志自由"问题,他是这样提问题,这样论断的:"既然品德同情感和行为相关,而自愿的情感和行为应该受赞赏或谴责,非自愿的情感和行为可以宽恕,甚至怜悯,所以研究品德者首先必须辨析自愿的与非自愿的。这对立法者而言,也是有必要的,因为立法也是对自愿行为进行嘉奖或惩罚。"(1109b30—35)。亚里士多德是把政治学与伦理学看作一体的,前者指向城邦,后者专注城邦公民个体的"正当行为"。这样,从上古希腊的"命运女神"与"命运"观念,经古典时代关于命运与自由选择的讨论至公元前 4 世纪"百科全书式"学者亚里士多德的总结,可以说,在古代条件下算是理论上最完整的解释了。

"后亚里士多德时期"或者说晚期希腊的课题是"断了线"(城邦)的众多"风筝"(公民个体)的命运问题,换个角度说就是,个人的身心安宁和精神寄托的问题。之前所有的以城邦为依托的政治学、伦理学和公平正义观念都过时了。斯多亚学派创始人塞浦路斯岛的芝诺(公元前 334—前 262 年),放弃经商谋利发财致富的道路,遍访雅典各学派,听遍各派大师们的讲道,最后大失所望。所有这些高谈阔论都未能回答人,如何才能做到像暴风雨中船上的猪那样平静安详地睡觉和喂食。这不仅是斯多亚学派的核心问题,也是晚期各派共同思考的课题。我们在《希腊哲学史》第四卷的绪论和各学派的问题意识中,从理论上作了概述。这里仅从命运观念的演进方面做些补述。

晚期希腊各派的总特色是,都具有某种反传统哲学的叛逆性格,从待人接物到学说主张都标新立异。按传统,灵魂决定肉体。伊壁鸠鲁学派把它颠倒过来,倾听身体对灵魂提出的重要的和公正的控告:"身体不应当被灵

---

① 参见汪子嵩等:《希腊哲学史》第三卷,人民出版社 2014 年版,第 794—802 页。

魂烦扰和累垮而陷入不必要的事务(事实上,身体的需要是很小的,并且很容易满足……然而,灵魂的需要是很大的而且很难满足,不但对我们的本性无益,还带来危险)。"①《基本要道》以灵魂对名望追求为例,说明灵魂方面的追求远大于身体的需求,"认为这可以带来免除他人威胁的安全感",实际上可能适得其反。所有这一切有关人身安全和心灵平静的新奇论说,其理论依据就是伊壁鸠鲁的原子论的自然哲学。伊壁鸠鲁及其几代门徒拒不承认他们传承了德谟克利特的原子论。伊壁鸠鲁认为,他的原子论以伦理为核心,以人身安全和心灵平静为宗旨。事实上的确有重大差异,伊壁鸠鲁关于原子的偏离运动;关于原子有重量的差别;关于灵魂以肉体为本的主张;关于神灵住在原子的空隙处,与人无关,人们不必恐惧也无理由寄予厚望;关于哲学的本性和目的是求得人的身体的"自足"和快乐,消除对自然的恐惧;关于上层和下层民众都要学习哲学,也都能学好哲学,因而学派的"篱笆"必须拆除,说教的语言必须让众人听得懂、信得过等等的主张在德谟克利特那里是找不到的。大概是这方面的缘故(至少是与此有密切关系),马克思的博士学位论文以伊壁鸠鲁为研究对象,赞赏他的原子偏离运动和追求自由和解放的精神:"我的教导关系到至关重要的事情,我在把心灵从迷信的牢笼束缚中解放出来。"(路克莱修:《物性论》第四卷,第6—7行)显然这种追求心灵解放的哲学,是不把所谓"命运"看在眼里的。不过,在伊壁鸠鲁的学说中,普遍的必然性与个体的偏离是分裂的,当然也就不可能找到自然和社会的必然性、规律性与个体自由选择的关系。

怀疑论主张"悬置"一切论断,求得心灵的平静。实际上也就是一种自我安慰。真正直面"命运",力图给出一个新的心灵治疗方案者是斯多亚学派。②

命运问题是斯多亚学派关注的重点。创始人芝诺提出了命运与自然和神的关系问题,确立了泛神论的解决方向。芝诺死后,继承者阿索斯人克里安提斯(又译克莱安赛斯 Cleanthes of Assos,公元前331—前232年)统领了30年(公元前262—前232年),留传下来的代表作是《宙斯颂》。他把芝诺说的"火"改造为后人一直使用的"火焰"($\pi u\varepsilon\tilde{\nu}\mu\alpha$/preuma,中译"普纽

---

① *The Epicurean Inscription*(伊壁鸠鲁铭文),Ed.By M.F.Smith.Bibiliopolis,1992,Fr.1。奥依诺安达(今土耳其南部)的第欧根尼,将伊壁鸠鲁的教义刻在石壁上,保存了珍贵的资料。引文出自他刻的自白(刻文目的)。

② 以汪子嵩为首共同撰写的《希腊哲学史》第四卷第二编斯多亚学派有详尽而又深刻的论述,请参见其中第七章"自然哲学"的第二、三、四节(特别是第四节)。

玛"），但不是物质性的，而是象征生命活力的"宇宙火"，遵循固定的、循环往返的规则运行。但是此人的思辨能力欠缺。年轻的能言善辩者、多才多艺者、索里的克律西坡（Chrysippus of Soli，公元前 280—前 206 年）挺身而出，替老师应战。他撰写了《论命运》，留下了部分史料。他回答了其他学派的质疑。在传统的神—普纽玛—宇宙理性—普遍灵魂相统一的泛神论基础上，他将"命运"概念哲学化，认为 Ananke（命运）就是寰宇运行中的因果锁链，也可以叫作"天意"；整个世界，包括世界的每个部分由这条"因果锁链"联成一体；听从"命运"，服从"神意"，遵循"原因的链条"（εἱρμόςαἴτιον/eirmos aition），守护宇宙理性的秩序等等，都是一个意思。

　　克律西坡这套理论立即遭到伊壁鸠鲁学派、后期柏拉图学园和西塞罗的激烈反对。这不是赤裸裸地宣扬宿命论吗？照这么说个人也就不必负任何道德责任了。学派内也有质疑者，因为芝诺传承下来的还有一个自由原则，也就是所谓"犬儒派"的回归自然，自由自在精神。克律西坡从逻辑学、伦理学、自然哲学做了全面回应。中期、晚期的斯多亚又做了修正和补充①晚期希腊哲学的特点就是折中主义。斯多亚从早期、中期到罗马时代的晚期，在决定论与自由的关系之间不管怎样修正，都离不开折中主义。所谓"自由"，几个人的几套方案的共同点，就是人的理性、自愿选择和接受神定的统一。"折中"不是一半对一半，而是以哲学论证过的，神定的"命运"为指导。且看塞涅卡《论天意》的诠释：

　　"命运并不拖着人们——人们跟着命运，与命运同步。……我听最为勇敢的狄米特里乌斯说过：'不朽的神明啊，我对你们只有这个抱怨：你们没有更早地让我知道你们的意愿，否则我早就会自愿地到达被召唤的地方。你们想拿走我的孩子吗？我是为了你们才生养孩子的。你们想拿走我身体上的某个部位吗？请拿去，我献给你们。……你们想要拿走我的生命吗？我不会因为你们取回你们曾经给出的东西而抗议的。我会完全自由地认可，你们可以拿走所要的任何东西。……我不受任何强迫，任何东西都不会违抗我的意志，我不是神明的奴隶，而是他的追随者；这一点是确定无疑的，因为我知道万事万物都根据固定的和永远有效的法律而发生。命运指导我们，在出生的第一个时辰里就决定了每一个人余下的时间有多长。原因又与原因联结，一切公共的事务和私人事务都由一条长长的事件链条所决定。"（第 5 节第 5—7 段）

　　把这一席语概括起来就是，"愿意的人，命运领着你走；不愿意的人，命

---

　　① 参见汪子嵩等：《希腊哲学史》第四卷，人民出版社 2014 年版。第 442—457 页。

运拉着你走"。受过斯多亚哲学训练的人同俄狄浦斯的区别乍看起来似乎是,俄狄浦斯知道"弑父娶母"的命运后拼命反抗,最终还是逃脱不出命运的掌控;斯多亚的命运观是知道"弑父娶母"的命运后就自愿地立刻行动。斯多亚历代祖师说:"错了,你领会错了。"第一,我说的是"大宇宙","宇宙公民"(世界公民),而你说的是上古希腊以来的希腊世界的神,把别人看作"野蛮人"的希腊人。第二,我说的"神"就是大宇宙,"世界理性"、永不熄灭的 preuma(普纽玛,宇宙生命之气息);它体现至高无上的决定论原则,又体现神明的自由意志原则;它所确定的世界秩序,必然地不可违抗,这才是"Ananke"(命运)。第三,这位神(天意)所确定的"命运"的内涵是至善的、合乎伦理的,指引人类按这个不可改变的善的原则行事,他不会把反人性的"弑父娶母"之类当作人人遵循的"命运"。第四,人是最高等级的生命体,这个"小宇宙"是"大宇宙"的缩影;人这个"小宇宙"的特点是有理性,因而人会依据理性"发自内心自愿",让命运领着走,"因为我知道万事万物都根据固定的和永远有效的法律而发生"。因此,我们斯多亚说的"命运"同希腊人传统的"命运"根本不同。你们传统的"命运"是迷信,甚至荒诞。反抗嘛,招致的后果是痛苦;顺应嘛,也不见得幸福,像欧狄浦斯一样甚至更痛苦。我们斯多亚的命运观念,体现了神意、理性和宇宙大序,是"大宇宙"决定的主动原则与"小宇宙"自愿选择的被动原则的统一;决定论与自由选择的统一;因果链条的"第一因"与结果的统一。因而,理性地、虔诚地选择认命,不仅不痛苦,而且充满宽心、喜悦、幸福,达到了身心安宁的"不动心"的最高境界。

这就是斯多亚的命运观的真谛。它以自己独创的自然哲学为指导;以它的逻辑学扎牢了人与寰宇的篱笆(顺便说一句,所以斯多亚重视逻辑,还推进了模态逻辑的形成);还以它的伦理学作了圆满的诠释和论证。建议大家对照阅读基督教经典《新约·约伯记》。领悟到主耶稣救赎之路的虔诚的约伯,经受了上帝的种种考验。上帝让他失去羊群,他悟到这是主引领他走向天国的考验,他靠自己的理性与虔诚,自愿地接受了。上帝拿走了他的全部财产,他的妻子和儿女,他又有新的领悟。上帝让他长满疥疮,痛苦难忍,他经历一番疑惑后大彻大悟了。最后约伯达到灵修的新境界。《教会史》作者尤息比乌(Eusebius,公元 260—239 年)撰写了《准备福音》(*preparation for the Gospel*),他从教会的纯正立场出发批判希腊罗马的一切异端邪说,同时给予希腊哲学以确切的地位:为福音(for the Gospel)做了准备,提供了大量的可供吸收改造的思想理论资源。这就是希腊人的命运观与选择的最后归宿。

第六节　正义女神（Dike）与正义、公正、公平观念

Dike（δίκη）女神是希腊一个重要的神祇。希腊神话是由各地不同神话聚合而成，一个神话往往会有不同的版本。关于正义女神的来源有两种不同的说法。一个说法是它由地神（Gaia）与天神（Ouranos）所生。另一说法是宙斯（Zeus）与 Themic 所生。后一说法比较流行。正义女神手持一个铁尺，站在宙斯面前，专门向宙斯禀告人间不公正的事情。在前一种说法中，正义女神的功能更强大，她还维系着天体运行的秩序。她手持铁尺，是一种权力的象征，要纠正人间一切的不平等以及宇宙间一切违反秩序的事，从而维系世间和平。正义女神行使权力时奉行两条原则：补偿原则与惩罚原则。对遭受不公者进行补偿，对造成不公者进行惩罚。在希腊，她和复仇女神一起执行这项功能。复仇女神执行的是报复的功能。在关于神灵观念的起源中我们说过，远古时代的神灵观念大体上是自然力的神秘化。但是希腊正义女神是社会力量的神秘化（神化），因为他的职能是维系社会秩序，调节人与人、人与自然之间的关系。比较古代的希腊与中国，有一个显著差异。我国殷周时代讲究"大和""中和""人和"，以和谐的哲理维系社会秩序和人与人之间的社会关系。在神话中没有一个专司"和谐"的"和谐女神"。希腊有个专司"正义"的女神，不过也有一个发展的过程。古希腊属于东部地中海世界，古代西亚和埃及也没有一个专门司掌正义或公平的神祇。在希腊的线形文字 B 中也未有 Dike 女神，克里特—迈锡尼时代的杂多的旧神体系也还未出现。在赫西俄德的《神谱》（第 901—903 行）中 Dike 女神的辈分很低，她很迟才诞生，《神谱》中只说到她的系谱。在《田工农时》（*Works and Days*，第 256—262 行）说，她的职能是向宙斯报告人间的错事。随着城邦制时代的到来，希腊社会发生了从部落社会向拥有国家职能的城邦的转化，人世间出现了贫富不均以及社会地位的不平。公平正义的呼声不绝于耳，像梭伦、莱喀古士等先后众多改革的主题都是化解财产与地位的不公问题，因而 Dike 维持社会秩序与调节功能便形成了。从此，Dike 女神和 dike（正义、公义）观念在希腊社会拥有特殊的地位。在之后的基督教和近现代西方哲学中，正义观念的地位也不亚于古希腊。考虑到 Dike 女神与 dike 观念的特殊地位，本章中专列一节，从原创性智慧角度考察在古代世界中 dike 作为一种信仰、一个观念的三个特点。

第一，Dike 女神在希腊的神灵体系中拥有特殊的地位和职能。在希腊新神体系、奥林波斯的"十二主神"中，除了赫尔墨斯外，其余都起源于自然

力的神秘化、对象化。宙斯起于雷神,赫准斯特斯起于自然之火,之后不断附加社会属性。在宙斯身边供职的"传令官"赫尔墨斯有幸顶替了过时的旧神,成了受宙斯宠爱的十二主神之一。而 Dike 就无此缘分了,毕竟"编制"有限,无法突破"十二"这个数,尽管她比其他神灵名气大,出现的频率高。Dike 及其所代表的"正义""公正",是同城邦制的形成同步高升的。从军事部落制向城邦过渡的特点就是,旧的平衡打破了而新的秩序尚在建构中,各种社会不公问题层出不穷。Dike 是宙斯身边供职的一个"公务员"。人们无力解决社会现实中的"不公",于是就寄希望于幻化的神秘的力量。盼望有一个主持公正的"正义女神",出手解决凡人无力解决的不公问题。这样,就铸成了 Dike 女神与正义观念演变的趋向。同我国古代"大和""中和""人和"的治理取向相反,Dike 是在承认人间必然不断发生"不公"的前提下,向宙斯报告,然后按惩罚与补偿的原则去启示凡人,指点迷津,由此达到了"和谐"境界。正义女神给凡人们带来实惠和欢心,用现代话语说叫体察民情。人们的期望是,Dike 女神及时洞察人间之不平,向宙斯报告,按惩罚与补偿原则"办案"。在 Dike 女神影响下形成了古希腊人的正义观。由于人们普遍将"正义"的诉求与对 Dike 女神的信仰联系起来,因而,Dike 女神信仰的边界也就是人间诉求的边界。在希腊各城邦从上层到下层平民都有强烈的"正义"意识,就像前面说到的"命运女神"的信仰一样,所不同的是面对 Ananke 所产生的是恐惧和盼望,对 Dike 是崇敬和期待。转化为观念,那就是信奉公平正义原则,同 Ananke 带来的不幸命运搏斗。

　　第二,正因为 Dike 女神及其职能是现实中人们的诉求和期望的对象化、幻化的产物,它体现城邦制形成期人们的理想,所以 Dike 反馈给人们的就是以城邦秩序和人与人之间的恰当关系为中心的,包括政治、伦理、法律各个方面的行为准则,即人人都必须遵守的社会规范和内心诉求。柏拉图在《普罗泰戈拉》中,用神话形式发表了如下见解:在原始状态的时候,是人吃人的状态。人很弱小,注定了他必须过群居生活。但住在一起彼此之间又会产生摩擦,甚至互相厮杀,长此以往,人类将会灭绝。宙斯吩咐普罗米修斯带给人类的秩序和正义。普罗米修斯问宙斯,正义和秩序是给一部分人还是给所有人? 宙斯的回答是:所有人。这就是说正义与秩序是人人天赋所有的,也是所有公民必须遵守的。公元前 8 世纪末—前 7 世纪,希腊众多城邦掀起一股改革高潮。公元前 597 年梭伦改革的出发点就是债务奴破坏正义原则,宙斯给予公民同等成分的"公正"被破坏了,所以要废除债务奴。各城邦条件不同,对斯巴达而言,莱喀古士改革也是正义,因为征服美赛尼亚等地区的统领和战士占有了比未承担此任务的贵族和平民更多的奴

隶和财务,对城邦也有了更大的支配权。所以要解决新的不平,否则城邦就
要乱了。在斯巴达、雅典的改革前后,希腊世界有一个改革的浪潮。所谓
"七贤",尽管具体人物有不同说法,但有一个共同点,指的是城邦制形成期
的治理精英。(本书第三章第四节解释 sophia 概念时提到过。)希罗多德有
一则古代最为完整的记载。他说,除了梭伦、莱喀古士外还有米利都的泰勒
士,普里涅的毕亚斯(Bias of Prine,或披塔柯斯(Pittacus),罗得斯岛的克里
俄布卢(Cleobulus),科林斯的柏里安得(Periander),斯巴达的奇隆(Chil-
en)。① 可以说,"七贤"的主题都是按正义原则调节社会关系,化解当时的
矛盾。亚里士多德学院收集了 168 个城邦政制史,可惜仅留下《雅典政
制》。他在《政治学》第二卷中引用过一些记载。这些都说明,在奴隶制城
邦上升期,不管是何种具体政制都适应该城邦,起了促进社会发展的作用。
以"正义"为旗帜的改革,自然在全希腊赢得崇高地位,受到普遍的敬重。
试比较我国古代的"义"与"讲义气"的"义"可以看出,同是一个"义",二者
相去甚远。

　　第三,正义观念进入哲学成为一个哲学原则。阿那克西曼德在谈到宇
宙怎么生成时指出,整个宇宙是一种涡旋的运动,两个方向运动(稀化与凝
聚)产生了四种元素。气稀化为火,气凝聚为水,水再变为土,从而形成了
万事万物。他说,如果气稀化过度或凝聚过度,这时候就失去了平衡,Dike
女神就会把它纠正过来。正是由于正义女神的作用,才维持了世界的平衡。
在此,正义已经被哲学化为一种维持世界平衡的力量。爱利亚学派的巴门
尼德也认为,存在者存在,它是永恒不变的、不动的、不可分的。正义女神把
它牢牢地拴在一起。在柏拉图的《理想国》中,正义女神维持着国家的秩
序:国王凭智慧统治国家,武士凭勇敢保卫疆土,劳动者凭节制进行生产。
毕泰戈拉学派用数和数的比例解释正义及所成就的"和谐"。遇有不平,只
要执行"补偿"与"惩罚"两条原则,自然就达到"和谐"。他们认为正义高
于和谐,正义造就和谐。

　　从早期哲学到柏拉图,虽然都把"正义"提升为一个哲学原理,但是对
"正义"本身并未作哲学上阐发。智者运动以来 nomos 与 physis 的辩论直接
挑战了"正义"观念。本章第五节中说过,有的认为反自然是符合正义的,
有的认为道德、法律等 nomos 违背自然和正义。收录在《德谟斯提尼演讲
集》第26、27 号的《反阿里斯托格通》,代表维护法律与正义的主流。"法律

---

① 希罗多德的《历史》提到几个人,见第一卷,第 27 节(Bias 或 Pittacus);第 29 节(Solon);第
59 节(Chilen),第 74—75 节 Thaeles,第 170 节(Thaeles, Bias);另见 Plato, *Protagoras*,343a。

追求正义的高尚的有益的目标,一旦制定了法律,它就作为共同条例公之于众,平等地不偏不倚地对待所有的人";"人类将法律当作是公正与否的界石,将有理智的谈话当作教育的手段,使人在行动中服从法律和理智这两种力量,以法律为主,以理智为师"。①

亚里士多德综合了以往的讨论,他在《尼各马可伦理学》第五卷中专门讨论了"正义",从实践哲学的高度作了全面的论述:正义是一种品质;正义与不正义是两种相反的道德状态,即两种相反的品质。正如谚语所说"正义是美德的总汇"。正义是对待他人的品质,要以维护他人的和整个城邦的幸福为主要目的(见第五卷,第 1、2 章)。亚里士多德对正义与 physis,nomos 关系作了总结。同时,他又结合现实从哲理上提出高于"正义"的"公道"观念。他看到现实中法律的不公,审判中的不公,以及法与理、法与情的矛盾。不义者胜诉,合情合理者受冤,如苏格拉底值班日开庭的十将军审判,苏格拉底自己后来的死刑等,所以亚里士多德在该书第 10 章提出 epieikeia(ἐπιείκεια)概念。这个概念,无论是英语、汉语都难找到对应的词语。《希英大辞典》(第 632 页)列举了几个释义:reasonableness,基于理性而成的合理性;它不是字面规定上的,条文上的平等,而是"有教无类"意义上的"公道",公平,公正(fairness),善性(goodness),德性(virtuousness),这是亚里士多德针对制定法律和依法审判中的偏差而提出的概念。它高于法律条文,体现法的精神。它是合法而又合情合理的,一视同仁的"公道""公正"。所以他说,epieikeia"是对法律的补偿和纠正",epieikeia"优于法律的正义"(1137b20—31)。这是古希腊关于正义与 physis,nomos 关系经多年争论,探求而得出的一个重要文化遗产。法律尽管是普遍的、体现正义原则的,然而总有遗漏和缺陷,而且实际上发生的案例又是繁多复杂的,总会有些例外。亚里士多德认为,这就需要一种依靠理性(而不是感情),植根于人之善性和德性,聚"公正"与"道德"于一体的"公道"来补充。这个问题迄今都有很强的现实性,所以我们特地多用些笔墨,介绍古希腊的这个原创性"正义"观念。

第四,经济关系,特别是商品交换中的"正义"在上古时代经济关系居于次要地位。但是在社会发展的历史长河中,经济关系的决定性地位日益凸显。以雅典为代表的手工业—商业—贸易的发展,发生了财富、权力分配及商品交换如何体现"正义"的问题。在部落制向城邦制过渡时期,以"门弟"高低分享权位受到挑战,因经商而富裕的人,因工艺、商贸而从农牧中

---

① 转引自汪子嵩等:《希腊哲学史》第二卷,人民出版社 2014 年版,第 180—181 页。

分离出来的大量自由民,要求享有荣誉、权利以及物质资料分配中应得的份额。特别是商品交换,其前提就是等价交换、公平交易。即使像雅典城邦也无法定个法律在公民中"正义"地分配商品和货币。传统的"正义"观在商品交换领域受到挑战。亚里士多德在《尼各马可伦理学》第五卷第3—5章中专门讨论了分配与交易中的"正义"问题。在这里 dike(正义)体现为 isotes,直译就是"比例的恰当性",相当于汉语中的"公平"。他说,在财富、荣誉的分配中,不正义(unjust)就是不公平,就是该多得者,却少得了;反之,本该少得者,却多得了。所以,首先应在"多"与"少"中求得一个 intermediate(中间点、中道),贡献多的人就应依据贡献的比例,获得高于"中点"以上的报酬;反之亦然。如果贡献少的人反而获得高于"中点"以上的利益,那就不公平,就会引起争吵和怨恨。显然,古希腊的正义观,在亚里士多德这里已经出现了近代经济伦理学中关于"分配正义"理论的萌芽了。

亚里士多德在《尼各马可伦理学》第五卷第4、5章中发表了关于交易中的"正义"的理论,这在古希腊的正义观的发展史上具有更为显著的地位。他说,交易中的"公正"不同于分配的公正,不能说你的奉献高,你在交易中就可以更便宜,或更贵地买入或卖出商品;反之亦然。交易中的"公平"也不像补偿和惩罚中的公平。补偿性"公平",不管是原告还是被告,是受损方还是侵占方,"公平"的原则是损失多少或多占多少,就补偿或惩罚多少。商品交换中的"公平"不同于前两种。亚里士多德在第5章中说,假设房子、鞋子的所有者要相互交易,首先他们就要找到货物间的恰当的比例。按1比1,一栋房子换一双鞋子,房屋所有者不愿意,这也是无可指摘的。一定要找到一个恰当的比例,才可能成交。假如一方是为了找医生,另一方为了买粮食,显然他们需要把自己的产品换成一个大家认可的,又可计量的中介、媒介(intermediate)。换成这个"媒介",再用它去买自己需要的粮食,或者是治病,这就是 nomisma($\nu\acute{o}\mu\iota\sigma\mu\alpha$,money,货币,1133a30)。这是市场上共同约定的 nomos,为众人所认可,它必须便于使用、分割、携带,所有货物都愿意同它交换。马克思在《资本论》第一卷第1章研究商品到货币的转化时,高度评价了亚里士多德,说他最早分析了许多思维形式、社会形式和自然形式,也最早分析了价值形式,指出货币充当一般等价物的作用。从古希腊 dike 观念的演化考察,亚里士多德最早研究了商品交换中的公平交易问题,认为这就是正义在商品交换中的体现。色诺芬在《雅典的收入》中研究了如何增加雅典的收入,他提出了地中海世界贸易中铸币的意义,比较了波斯与雅典的铸币后说,雅典银币纯度最高,起到了世界货币的作用。但是他不涉及商品交换中的"公正"问题,尽管他对货币的功能有独到的见解。这是传统正义观的大突破。亚里士多德研究的按贡献和业绩分配财富,以及商品交换中的等价交换,说明他已经站在近代发达商品生产(资本主义生产)的门口了。古希腊人的这些研究为近代的正义观研究提供了丰富的资源。

古希腊的正义观的核心是维系城邦秩序和公民之间的社会关系。首先是政治地位关系,此外还有经济关系、伦理道德关系、门第世族关系、家庭关系,等等。一旦城邦政制危机,城邦间关系由以往的"纷争""争吵"发展到战争,传统的正义观就沉沦了。

这种危机首先发生在城邦内,主要是贫富分化,经济收入不均,党争加剧,党派首领蜕化。希波战争取得决定性胜利后,这种情况在各种政制的城邦时有发生。公元前479普拉蒂亚决战,希腊联军消灭了波斯主力,斯巴达士兵和将领缴获了大量金银财宝,可以说,三百年来首次尝到了金钱的美味。跟随主人征战的奴隶"希洛人"也都大有斩获,他们把战利品偷偷地转卖给埃齐那商人(见 Hdt. 9,80—81)。斯巴达是靠"九千分地"支撑的,几经征战,战死沙场者其家道反倒衰败了、变穷了。公元前399年斯巴达终于废除了莱喀古士法,实行承认贫富不均的新法。伯罗奔尼撒战前雅典财力雄厚,商品经济和海外贸易成就了一批"富商"。财源滚滚的雅典实行陪审团津贴外,伯里克利还实行了看戏津贴。公民们不用干事,成天看戏或充任500人陪审团,就可以快乐地过日子。敏锐的苏格拉底看在眼里,认为雅典人慢慢忘记了公民的美德了。公元前431年伯罗奔尼撒战争爆发后,斯巴达的战车和铁骑两次蹂躏阿提卡,雅典城周边农村损毁,逃入卫城内的居民,遭受连续两年(公元前430—前429)瘟疫。灾难加剧了城邦内的矛盾。雅典公民宁愿流浪也不愿作奴隶干的活。党派首领们不像祖先那样维护城邦的至上利益,毫无例外陷入了党派斗争。这两大城邦之外的其他政制城邦也大同小异。战争加剧了党争,修昔底德说:"许多城邦的领袖们有似乎可以让人佩服的政纲:一方主张民众在政治上的平等,另一方主张安稳而健全的贵族政制。他们虽然自己冒充为公众利益服务,但是事实上是为他们自己谋得利益。在他们争取优势的斗争中,没有什么事可以阻拦他们……,他们既不受正义的限制,也不受国家利益的限制;他们唯一的标准就是他们自己党派一时的任性。……结果,虽然双方都没有正义的动机,但是那些能发表动人的言论,以证明他们一些可耻的行为是正当的人,更受到赞扬。……这些革命的结果,在整个希腊世界中,品性普遍地坠落了。"(Thucy. 3,83)这里说的"正义""正当的"用的都是 dike 或 dike 为词根的形容词。"内斗"中已经无视"正义"的人,在城邦间斗争中就更加放肆了。无论是雅典还是斯巴达,"正义"就是"弱者应当屈服于强者"。修昔底德在《伯罗奔尼撒战争史》中记述了他亲自听到的,或别人转告而核实过的演说、辩论和说教,试举几例说明交战各方如何放肆践踏"正义"原则。

公元前434—前435年位于现阿尔巴尼亚附近的伊庇丹努(Epidamnus)因内部党争,向母邦科西拉(Corcyra,现亚得里亚海地域)求救。遭科西拉拒绝后转向母邦的母邦科林斯求援。位居海军势力第三位的科林斯责怪科西拉忘恩负义,理由是未按传统规矩"给予科林斯人以特权和荣誉",科林斯支援伊庇丹努首次失败后发誓报复科西拉(海军实力排行第二)。科西拉担心灭顶之灾来临,找来仲裁人斯巴达一起赴科林斯,劝说科林斯切勿介入。失败后,科西拉使者转向雅典,请求加入雅典同盟。科林斯也紧急派使者赴雅典,于是就发生了一场辩论。① 科西拉代表说,"过去我们有意地不参加一切同盟;而现在又来请求援助,此举是合乎正义的。你们援助我们,也是合乎正义的,因为我们是弱者,眼下遭到强者蛮横无理的,非正义的欺负"。而且这样做也不违反你们与斯巴达签订的"三十年休战和约",因为和约并未规定不能接纳新的盟邦。何况加入你们的同盟,对你们也大有益处。我们的海军实力,仅次于你们,位居第二位。假如你们拒绝,我们就不得不加入斯巴达的同盟,你们将面临一个最强的陆上城邦和两个排行第二、三的海上强敌(参见 Thucy. 1,32—36)。科林斯代表的反证的套路与科西拉一致:科西拉求救于你们是不义之举,我们是他们的母邦;不敬母邦,违反希腊传统是为不义。不说真话,伪装中立,意在"自由作恶"。

"事实上,他们的行为,无论对我们还是对任何其他人,都是不正直的"(apoikoi,不忠的);"按照正义原则"(dike 的第三格)伊庇丹努事件一发生就应按传统程序请求仲裁(见 Loeb,第 39 节第一句)。依据正义原则(dikaios)的作法,你们雅典人应保持中立,"至少你们对于科林斯是有条约上的义务的"(Thucy,1,40)。"我们根据希腊的法律和习惯",有权利要求你们"公正地对待一个平等的国家……我们要求你们维持这个原则。"(Thucy,1,40)雅典的公民大会开了两次。第一次同意科林斯的观点,第二次权衡利害,决定接受科西拉加盟,但仅派出 10 艘船,象征性地给予支援。

这一章中提到的"公正""正当""平等""传统秩序",或加希腊文"a""ou"的非正义都是以 dike 为词干的形容词、分词、不定式、副词。围绕着协议和争议的仲裁,战或和的决定,都体现了双方关于何谓"正义""恰当""公

---

① 有兴趣的读者可参阅修昔底德:《伯罗奔尼撒战争史》,谢德风译,商务印书馆 1985 年版,第一卷第 3 章"科技斯和科西拉的辩论"。

平""平等"的不同理解。直至当代,凡类似争端也不断出现关于"正义""公平""恰当"的不同的,甚至相反的理解。我国春秋战国时期,出现了类似的历史变故。结盟与破裂,连横与合纵各方所持论点,如出一辙。

公元前435—前432年的伊庇丹努事件和波提狄亚(Potidaea)事件是翌年爆发的伯罗奔尼撒战争的导火线。是否宣战? 宣战是否不正义? 如何权衡"利益"与"正义"? 斯巴达召开了盟邦大会。科林斯是最极端的主战派。雅典派出同斯巴达商议依和约仲裁的使者,获得允许在他们的盟邦大会上答辩。首先,雅典使者论证在希波战争中,雅典成为"帝国""霸主"是符合正义的。"我们在马拉松抵抗波斯人,我们是单独对付他们的";萨拉米海战证明,"希腊的命运依靠它的海军。……在那个时候,我们在共同事业中,尚且不肯遗弃我们其余的同盟者,……对于你们不早一点来援助,我们毫无怨言。"假如我们也和别的城邦一样投降、议和,那么全希腊就都归波斯了。"斯巴达人啊,对于我们在那个时候表现的勇敢、毅力和能力,无疑地,希腊人是不应当以如此过分敌视的态度来报答我们的——特别是关于我们的帝国。"(Thucy,1,74—75)。这里说的"不应当"和"报答",说的就是"正义"的补偿问题。原文中的 axion(αξίον),就是"值得"的意思。雅典使者论证:"我们不是暴力取得这个帝国的,它是在你们不愿意和波斯人作战到底的时候,才归我们的。"(Thucy,1,74—75)雅典使者接着的一段话道出了所谓"正义""公平"在城邦制危机时代弱肉强食的实质。他说,你们斯巴达就是以霸权的原则对待盟邦的,"我们也是这样的。我们所做的没有什么特殊,没有什么违反人情的地方(anthropeioutropou);只是一个帝国被献给我们的时候,我们就接受,以后就不肯放弃了。三个很重要的动机使我们不能放弃:安全、荣誉和自己的利益。我们也不是首创这个先例的,因为弱者应当屈服于强者,这是一个普遍的法则。……直到现在以前,你们也常认为我们是有资格统治的;但是现在,你们考虑了自己的利益以后,就开始用'是非'、'正义'等字眼来谈论了。"(Thucy,1,75—76)接着的一段意味深长,他说:"我们维系提洛同盟的手段远比那些野蛮地对待盟邦的人(注:暗指斯巴达)正义、公道。正因为我们一直按法律和传统的约定给予盟邦平等待遇和利益,所以一旦碰到纠纷和裁决对他们不利时,他们就说不公道。如果我们自始就把法律抛在一边,公开地牺牲他们的利益以自肥的话,他们的情感反而会伤害得少些。在那种情况下,他们一定不会争辩,只说弱者应当屈服于强者了。"(Thucy,1,77)。类似的观点在修昔底德的著作中反复出现,同时也出现在阿里斯多芬的喜剧和柏拉图《国家篇》第一、二卷中。可见,在城邦危机时期,强权逻辑的"正义观"已成为一个思潮。

公元前427年，号称希腊海军第二位的科西拉，在斯巴达与雅典的博弈中成了牺牲品，从此从希腊世界中消失。我在《伪"修昔底德陷阱"考》的长文中详细剖析过（参见本书附录）。关于"正义"与协议，作者说："如果两个党派订立互相保证的协定的话，这种协定的订立只是为了应付暂时的紧张关系。……违背信约的报复比公开的进攻更为称心。……利用诡计胜利，使他们有一个'精明'的美名。真的，多数人宁愿称恶事为聪明，而不愿称'纯正'为正派。他们以第一种品质而自豪，而以第二种品质为耻辱。"（Thucy,3,82）这里我们可以看到观念与思潮的关系。一旦某种观念成了"大多数人"的价值取向，这个观念就成了大众潮流。依据不同观念、不同思潮的性质和功能，就会对社会发展起正面或负面的作用。一旦"正义"观念颠倒了，如同修昔底德所说，好品质就成了不值得弘扬的伪装。"中道思想只是软弱的外衣"；"人们往往趋向于极端，甚至更坏些"；"多数人的心志降低到他们的实际环境的水平之下"；"在整个希腊世界中，品性普遍地堕落了。"①（Thucy,3,82）

既然正义就是弱肉强食，那么非正义又是什么呢？传统的正义观念不就成了非正义了吗？难怪晚期希腊三大派都不讨论正义问题，因为讨论何谓正义似乎只会带来心烦，干扰身心的安宁和平静。公元前155年，希腊派了一个使团赴罗马，其中有一位新学园派代表卡尔尼亚德（Carneades,公元前217—前132年）。他忙里偷闲，以"正义"为主题在罗马作了三次演讲。第一次正面论述，罗马青年点头称赞。卡尔尼亚德摇摇头，告诉他们下次证明这些都不成立。第二次讲完，罗马青年着迷了，希腊人竟有这等超常技艺。卡尔尼亚德说，下次再向你们证明，我第二次讲的也不成立。比如你们罗马侵占我们希腊，我们认为不义，你们认为正义。的确，按照老祖宗的Idea（eidos）理论，人们已经无法为dike找到一个理型（理念、相）了。希腊人的正义观，随城邦制而兴，也随城邦衰亡而失去存在的根基。"正义女神"也仅剩下神话和原始宗教上的意义了。

---

① 前辈谢德风依RexWarner的译本，翻译修昔底德的《伯罗奔尼撒战争史》。Rex Warner按原著中各卷的主题，将原著八卷划分为若干章，为各章加了个标题，例如，将第一卷分为11章。但是，还保留原先通用的节。谢老先生译为中文时，将"节"删去了。收入汉译名著系列的修订本（2019年）仍无边页"节"的标识，这就为引用增添了麻烦。因为目前国内外通行的各种版本，都有"卷、节"的标识，只要标上"Thucy.,1,23"，海内外学者都知道，指的是关于伯罗奔尼撒战争之原因的论断。不过谢老的中译文大多还是比较准确的。本书予以引用，个别做些更改。特此说明和致谢！

　　本章中的讨论的六大观念,用现代术语说,就是城邦制时代希腊人的核心价值观。本章与第三章,合起来就是今日术语说的古希腊人的意识形态。"源"与"流"、"外来"与"本来"、"传承"与"创新"是贯穿古今文化史始终的三对基本矛盾。原创文化研究方法、研究视角,主张将传统文化分为"源"与"流",重在"源头和水";在本土文化与外来文化的交融中,重点关注其独特的新质。从前三章的研究中可见其端倪。本书后两章以希腊哲学为典型案例,分析第三对基本矛盾(或者用哲学味不浓的通俗语言"基本关系"),阐明在传承与创新中,唯有创新,传承才有生命力。

第五章　作为希腊原创文化
核心的希腊哲学

前面提到过,公元前 800—前 200 年所谓"轴心期"时代,形成了三种类型的"文本"。其中,以宗教典籍为"文本"者,其文化的核心一定是所信仰的宗教。以人伦世道为中心的"文本",其文化的核心一般是经世文献所体现的齐家治国平天下的说教。以分门别类的学科知识为主的希腊文化,哲学是核心。虽然希腊哲学的诞生晚于宗教、神话、史诗和早期的田园诗、抒情诗,但是希腊哲学如本书第三章所述,解构了原始宗教,孕育了新型宗教和神观,融入文学艺术、政治伦理和史学之中。在本章中,我们将从原创文化视角考察希腊哲学这只"大母鸡"自身的演进逻辑及其成果对后世哲学的影响。

第一节　文献、编纂、诠释与解读

"史"的最大挑战就是"文本"的真实性、全面性、准确性。现代人对当代事往往就说不清、说不准、说不全,何况是谁也没见过,没经历过的古代!这里不仅有一般知识论(认识论)的问题,即认识对象、过程和认知主体方面的问题,而且还有许多人为造成的障碍。人会美化、夸大自己,贬低、中伤甚至陷害别人,会伪造史实,消灭罪证;人会创造历史,也会破坏历史印迹;人受历史条件和认识的限制,认识不到自己当下做的事的伟大意义而又未能留下历史的见证者不乏其例。历史还会重演,还有像马克思《路易·波拿巴的雾月十八日》说的模仿者,前者以悲剧告终,后者以闹剧收场。是前者本来就错,还是后者之过,众说纷纭。即使是有历史延续性的民族或国家,后人也会伪造,或改写历史。古代遗迹、遗产还有一个发现和研究的过程,今人也有自身的认识的局限甚至偏见。如此等等,因而要把握历史真相,哪怕是基本脉络、梗概也是难上之难。不过,不可知论和历史虚无主义是毫无根据的。马克思说得好,认识不仅是个理论问题,更是个实践问题。[①] 不可知论古已有之,公元前 5 世纪梅特洛多罗说得更彻底:"这是不

---

① 　参见 1845 年春马克思撰《关于费尔巴哈的提纲》。

可知的"这个命题本身也是不可知的,无法下判断的,然而实践却在不断地证伪它。古今中外众多文明古国,众多民族文化,主体命脉都错不了。因为不同文化系,不同古国,总会留下些历史足迹,也总有一定的连续性和时代的交往。一些佚失的文献也不断地被发现、被破解。后人可以依据这些原典和历代的记载、诠释和研究把握对象的基本轮廓。在希腊哲学研究上,同样,首先要把涉及研究对象的"文本"说清楚。

一、原典及其载体

公元前 7 世纪哲学"出世"之前,古希腊先有以原始宗教为主的"文本"。克里特—迈锡尼时期的"文本"都承继西亚,刻在泥板上。线形文字 A 至今未解读,但受古代西亚研究进展的影响和启示有所推进。从苏美尔到阿卡德时期楔形文字演变的研究有相当进展。尽管苏美尔与阿卡德同用楔形文字,但不是同一个语系。① 受阿卡德语和埃及不同时期科普特语研究进展的启示,线形文学 A 迟早会被解读。线形文字 B 已于 20 世纪 50 年代由文特里斯(Michael Ventris,1922—1956 年)读解。文氏车祸身亡后,查德维克(John Chadwick)续之,共同出版了《迈锡尼时期希腊文献》(Documents in Mycenaean Greek),1956 年剑桥大学出版社出版。1973 年出版的查德维克的修订版。书中说明:Linor A 出现于公元前 1660—前 1450 年,Linor B 出现于公元前 1450—前 1200 年。派罗斯(Pylos)出土的泥板文书简称 py,第一批 600 多块,第二批 400 多块。克洛索斯(Knossos)出土的泥版文书,简称 KN,共有 700 块。②

公元前 11 世纪(约前 1050 年前后)多立斯游牧民族南下希腊半岛,发生了历史上常有的,暴力强大的野蛮民族(或部落)摧毁文明程度高,而武力逊色的民族。线形文字 B 中断,但是刻印在迈锡尼文明主人脑海里的文化成分并未消失。他们以口传的神话、神灵故事和宗教礼仪及习俗形式传承了下来。所以在 300 多年(公元前 11—前 9 世纪)的所谓"黑暗时代"(Dark Age),希腊文化发生了"断层"但并非"中断"。正因为如此,才有开辟新居住区域(阿提卡和海岛)的亚该亚人诸部落的二度崛起,而且过渡到域邦制形成的时代,在爱琴海两岸,建立起以西亚地域米利都、爱菲斯等为代表的 12 个伊奥尼亚城邦。在这些欧亚非交汇、各种文明融合和交往便利

---

① 参见 Marc Van DeMieroop,*Philosophy Before the Greeks*:*The Pursuit of Truth in Ancient Babylonia*(《前希腊古巴比伦尼亚的求真哲学》),Ch.1,Princeton University,2017。
② 参见 J.Chadwick,*Documents in Mycenaean Greeks*,Cambridge,1973,p.153。

的城邦,率先形成了新的希腊文字和刻印、纸草并存的文献。为什么在爱琴海域最早形成哲学智慧文献？汪子嵩等著的《希腊哲学史》第一、二卷绪论有详尽论述并介绍了海外研究成果。近20多年又有些著述,但在现有条件下未能有大的进展(见本节中第3、4小节的著作介绍)。这里不加赘述,仅提供研究用的一些线索。

泥板文书 Linor B 中尚未有成文的祭辞、颂神祈祷文告等,仅有祭品如羊羔、公牛、无花果、蜂蜜、小麦、涂油等,以及祭司名称 We-te-re-u,女祭司叫 Pa-ki-ja(后来德尔菲神庙女祭司"皮狄卡"的语源)。所以在未有陈述式判断句之前绝无所谓系词 eimi 的问题。对 Being 问题的研究一定要有史的观念(详见第六章)。公元前 7 世纪米利都等先进城邦,人的理性思维能力以及借助于 logos 进行思维的语言表述(最早形态的散文)等条件已经成熟,而且以神谱形式解释寰宇万物生成的故事也启发了早期理论形态的自然哲学。这样,即使没有泰勒士,也会有人以反神话的理论形式回答万物的起源与生成问题,因为哲学产生的条件,最初哲学所要回答的问题和学科形态已经条件具备了。

古时的"贤者"(最初的学问人)一般都以口传形式论"道"(即所谓"坐而论道"),由弟子(也可能自己)记述。原因之一是上古时代无书写的条件,必须在泥板、石片或硬木上刻印。所以,像《论语》一样,往往是由弟子承担这项工作。初始阶段的哲学一定是陈述式的判断句,不可能有通篇论述。米利都"三杰"和爱菲斯的赫拉克利特的残篇(特别是赫氏)出自多人多处,但毫无例外都是断言式的句子。同样是残篇,后来的巴门尼德就是论证式的。所谓"论自然",都是后人加的题目。公元前 7 世纪以降,埃及的纸草(一种有竹子一样功能的芦苇)已经出现在西亚和希腊,同时还有西亚传来的羊皮制作的"纸",又称"羊皮纸"。历史提供了这个机遇,所以这时的哲学文献的质料载体正是埃及产的纸草或"羊皮纸",而不是泥板。《希腊伪史考》作者否定全部希腊哲学、历史、文学作品的一条"根据"是,如果希腊当真有这些著作,那就要堆满多个房屋的泥板(或石刻、蜡板)。同迈锡尼—克里特时代不同,城邦制时代的哲学、历史、文学作品等是以埃及"纸草"或"羊皮纸"为质料。

二、古代文献的保存问题

《希腊伪史考》以为古希腊典籍都是西亚式泥板文书或石刻蜡板,所以他的第二个问题就是即使有几大屋泥板,也无处保存。我在上章中介绍过古代东部地中海世界的刻印业和图书馆。在读者了解刻印与图书馆全过程的情况后,这里针对性地阐述几个问题。

1. 米利都学派和赫拉克利特尚无专门收藏的图书馆。但他们的思想有崇信者(当时还称不上"弟子")的记述,如后人提到赫拉克利特的弟子之一克拉底鲁。公元前 5 世纪还有雅典的复兴伊奥尼亚哲学。第尔斯及继承者克郎兹在编《前苏格拉底残篇》时,将史上留传下来的资料分为三类:A(后人的传述)、B(残篇)、C(疑伪的传说)。DK 之后又有后人的考证与补充。①

2. 毕泰戈拉是一个聚宗教、政治、哲学、数学研究于一体的"盟会"。毕泰戈拉本人的"讲道"还有严格的分层管理和传授范围,之后有连续几百年的传承代表。② 可以说,这是希腊史上第一个学派和团体的内部图书馆。

3. 1988—1989 年笔者在意大利那不勒斯大学哲学系期间,专程去过爱利亚学派和恩培多克勒所在地及叙拉古。遗迹中已找不到学派活动场所。包括哲学在内的古代爱利亚和阿格里根特时的文物,除已丢失的之外,有些收集在专门的博物馆内。

4. 公元前 5 世纪中叶前后的智者运动是一股社会思潮。智者就是传授专门知识的"智术之师",是一股潮流下的个人活动。他们的传授,无现代式的讲稿,但有自己的专题式记述,也有别人(门徒、听众或后人)的记载。《希腊哲学史》第二卷第 1 章第 4 节"有关智者的史料",介绍过古今文献及近代编纂和注疏。正因为没有学派图书馆专门收藏,所以原始资料分散,多有佚失。也正因为如此,《希腊哲学史》第二卷第一编中特别注重文献真实性的说明。

5. 公元前 5 世纪雅典成为希腊文化中心之后,纸草文书成了历史、史诗、悲剧、哲学广泛使用的文字载体。迄今发掘的遗物业已充分证明。特别是柏拉图学园和亚里士多德的学派绵延几百年,尽管历经战乱,多有丢失,但是大都保存了下来。这首先归功于学派图书馆的完善化;其次是自泰勒士以来,各派的思想不是全封闭的,他们都注意传扬。特别是到了晚期希腊,在整个希腊化世界传播。特别值得一提的是晚期希腊直至罗马帝国时

① 例如,G.K.Kirk,J.E.Raven and M.Schofield,*The Presocratic Philosophers:A Critical History with A Selection of Texts*,Cambridge,1985;Richard Sorabgi,*The Philosophy of the Commentators*,200—600AD:A Sourcebook(《公元 200—600 年评注家的哲学资料选》),4 Vol.,Cornell U. P.,2005;*The Texts of Early Greek Philosophy:The Complete Fragments and Selected Testimonies of the Major Presocratics*(《早期希腊哲学原文:前苏格拉底主要派别的全部残篇和证言选》),2 Parts,Tran.And Ed.By Danniel W.Graham,Cambridge U.P.,2010。

② 参见汪子嵩等:《希腊哲学史》第 1 卷,人民出版社 2014 年版,第 4 章第 1、2 节,第 208—224 页。

代的无学派界线的开放的图书馆的功业,其中最具代表的就是地处埃及的亚历山大里亚图书馆和地处现土耳其的帕伽马图书馆。它们广泛收集和刻印各个领域的文本。帕伽马因地处后马其顿三国争夺中心地带,无法购得埃及纸草而衰落。亚历山大里亚由于托勒密一世、二世、三世的持续推动,成了希腊化时期超过希腊本土的文化中心。亚历山大里亚是埃及人、希腊人、犹太人为主的多民族汇聚地,也是晚期希腊哲学活动中心,两希文化交融中心。托勒密二世及后继者为来馆学者提供住宿、餐饮、研究的方便条件;让他们全力收集、储藏和刻印希腊各类图书。[1]

　　由于历来的多次战乱和王朝交替,古希腊原典大量散失,但前面提到的各种文类的重要原典都保存了下来。近代编纂者、诠释者在著作前言中通常都有大略的介绍。

三、原典的鉴别、编纂与诠释

　　在希腊诸学派的交锋、承继过程中,处于同时代的或后起的学派都会引证或传述前人或同时代人的见解。亚里士多德的《形而上学》第一卷概述和评论前人的见解,可以说是哲学史的雏形。晚期希腊流行撰写各种记述、传记等。diadochai(或 diadoxai)类属于阐述前后各派哲学家之间的关系,如公元前 2 世纪在亚历山大里亚图书馆从事研究工作的逍遥学派成员索提翁(Sotion)于公元前 200—前 170 年写的《哲学家的师承》(共 13 卷),最早将哲学家分为伊奥尼亚和南意大利两个传统。出生于古叙利亚喀达拉(Cadara)的菲洛德谟斯(Philodemus,公元约前 110—前 40/35 年)将师承关系研究和记述扩展到各个领域[2]。Doxagraphies,即"意见集成"或摘要(Placita),以第欧根尼·拉尔修的《著名哲学家的生平与学述》、艾修斯的《辑录》、斯托拜乌的主题分类选录(Eklogai)为代表。这些史实说明,希腊哲学在公元前 1、2 世纪还有比较完整的原始文献。罗马帝国时期也还不难见到,以至公元前 2 世纪末的塞克斯都·恩披里可还有条件撰写百科全书式的涉猎各学科的"二律背反"。

　　罗马帝国灭亡后,哥特人进入罗马本土,又一次重演多立斯人毁坏迈锡尼文明的历史。幸亏东罗马帝国—拜占庭帝国时期保存了部分希腊原典。公元后 8 世纪西亚、北非乃至中亚一部分伊斯兰化。起初他们毁灭带有基

---

① 参见汪子嵩等:《希腊哲学史》第四卷,人民出版社 2014 年版,绪论第二节"地中海世界的文化交融"第 44 页及注 2。

② 详见 S.Hornblower,A.Spawford 编:《牛津古典辞典》,牛津大学出版社 1996 年第三版,第 1165—1166 页。

督教标志的文物。之后现叙利亚、伊拉克一带的阿拉伯学者发现希腊文献所含的文化内涵是无价之宝,因而以伊本·鲁世德、伊本·锡那为代表,大力发掘和整理、注释希腊文献。1095—1297 年的六次"十字军"东征,客观上的一个成果就是希腊文献通过西班牙和意大利流回欧洲,从此有了 14 世纪以降的拉丁译本和注释、校勘与编纂,因而有了后来柏拉图 Stephan 编码,1870 年柏林的 Bekker 亚里士多德编页。18 世纪刮起了一股疑伪风。这股风起了双重性作用,促使 19 世纪以降学者一方面加大力度发掘未发现的文物,如三大悲剧家的残篇、亚里士多德的《雅典政制》也都是在大量西亚、埃及的古迹、文物陆续发现的或同时出现的;另一方面对已发掘整理的文献重新加以校勘、考证。例如柏拉图对话,剔除了后来的伪造,提出了疑伪篇目及 13 封信的可疑证据,调整了柏拉图诸对话的时间顺序(因此发生了 Stephan 的编码与全集编排不一致)。21 世纪初以来,特别是近些年出现了些新的原典及注释和翻译,主要有:

1. Loeb 希—英系列丛书新增了 9 册早期希腊哲学残篇译注。在第尔斯—克朗兹《前苏格拉底残篇》、伏格尔《希腊文献》等基础上加以修正、诠释、重译和扩编。①

2. Danniel W.Graham 编译《早期希腊哲学史文献:前苏格拉底全部残篇和多则证言》(2 册,2010 年)。②

3. Richard D.Mckirahan 编的《苏格拉底以前的哲学:导言、原典和评

---

① 这 9 册路白丛书编号为 524,525,526,527,528,529,530,531,532。全九册的编者兼译者为 Andre Laks 和 Glenn Wost。第 1 册(524 号)为"早期希腊哲学:导言和相关资料",其中包括序言、编译准则、缩写及 9 册共同使用的参考资料,同 Dk 等其他资料编目的对照,最后附有 38 页的专业希腊词语解释。这册对阅读全 9 册都有价值。这套丛书新编收录了 Diels-Kranz 之外,源自戏剧、诗歌、希波克拉底《医典》等的资料。编者 A.Lake 是巴黎大学古代哲学荣休教授兼墨西哥州泛美大学希腊哲学教授。G.Most 是比萨高等师范大学希腊哲学教授(注:比萨高师为当年拿破仑所创,迄今仍居意大利研究古代文化之首)。第 2、3 册(525、526 号)为伊奥尼亚哲学,以米利都学派和赫拉克利特为主,包括来自科罗丰岛的塞诺芬尼;第 4、5 册(527、528 号),副标题为"西部希腊思想家",上册(第 4 册)为毕泰戈拉及其学派,下册(第 5 册)为巴门尼德、芝诺、麦里梭、恩培多克勒、阿尔凯麦恩、希朋;第 6 册(529 号)为"晚期伊奥尼亚和雅典思想家"。第 7 册(530 号)为原子论者资料。第 8、9 册(531、532 号)为智者。其中第 9 册附有希腊戏剧中的哲学思想和思潮;这 9 册中前 4 册于 2016 年初版,后几册未出齐。

② 丹尼尔·格雷厄姆是前苏格拉底哲学和亚里士多德研究名家。2010 年剑桥大学出版社出版的两卷本文献所选资料不同于第尔斯·克兰夫的《前苏格拉底残篇》,作者在导言中说明了取材范围和来源。他的编排反映了他的看法。第 1 册"宇宙论者和本体论者",共 14 章,包括原子论者及之前所有哲学家,第 2 册"智者"单列普罗泰戈拉、高尔吉亚、安提丰、普罗迪柯,最后是"无名氏原典"。

注》,虽是 1994 年 Hackett 出版集团出版,但是全书(436 页)的编目、注释仍有相当参考价值。此外还辑录了来自希罗多德和希腊罗马演说家和医典的材料。《希腊哲学史》第一卷于 1987 年出版,未参阅过,现予补录。

4. Richard Sorabji 主编《古代关于亚里士多德的评注》,由 Bloomsbury 出版集团出版。这个系列评注收集了晚古时代以辛普里丘和阿芙罗狄西亚的亚历山大为主,包括 Themistius, Porphyry, Proclus, Aspasius, Ammonius 等多位关于亚里士多德几乎全部著作的评注。这套文献和注释共 101 册。除个别外,大都是本世纪近 20 年分别翻译和注释的。每册有不同的译者及译者写的注疏、术语解释及后人对前人的更正。编者和出版社把它分为 101 册出版,每册 150—250 页左右,公元 200—600 年注释家们的解说和评论,是研究古希腊早期哲学和亚氏哲学的重要资源。在古人的诠释中提供了大量前苏格拉底哲学家的资料。例如辛普里丘关于亚里士多德《物理学》的评注就占了 101 册中的 10 册。《物理学》第一卷第三、四章(原文 186a4—188a18,中译本第 21—28 页)的评注就用了一册。其中第 3 章由 Pamela Hudy 译为英文,加诠释。辛普里丘在评和注中大量引用和介绍了巴门尼德和麦里梭的思想和论述。第 4 章由 C.C.W, Taylor 译和注。辛普里丘引用和介绍了前苏格拉底关于自然的、本原的两种见解,引用和介绍了早期哲学及阿拿克萨戈拉、恩培多克勒的详尽资料。凡第尔斯和克郎兹摘录的成分都用 DK 编码标出。这 101 册的评注有重要资料价值,还可顺便查阅 DK 引文的语境。

5. Richard Sorabji 主编的另一套资料汇编是 *The Philosophy of the Commentators*, *200-600AD*: *A Sourcebook*(《公元 200—600 年评注者的哲学资料选》)。2005 年康乃尔大学出版社出版。关于希腊早期哲学和古典时代的哲学分三册整理出版。第 1 册为“心理学(包括伦理和宗教)”;第 2 册为“自然哲学”;第 3 册为“逻辑和形而上学”。在每一册中,作者又分许多细目。这对后人的研究起到双重作用,既便于后人分类查阅,同时可能又发生负面的诱导,陷入编者的“框架思维”中。建议读者以《古代关于亚里士多德的评注》的 101 册为主,结合这三大册来使用。

四、解读与研究

原创文化研究以原典为根据和基础,以古代的编纂、诠释为参照。仅有《论语》《老子》,难以理解古人到底怎么说、说什么。所以历代的《论语》《老子》注疏必不可少。希腊原典研究的道理一样。特别是中国学者还隔着一个语言和文化上的障碍。古人的编纂、诠释往往还起到入门与导读

（拐杖）的作用。哲学史的研究不同于其他"史"类的研究，不仅有"以史为鉴""论从史出"的意义，而且有更重要的深层的含义。恩格斯说，黑格尔是第一个有历史感的哲学家。他在《逻辑学》《哲学史讲演录》中反复讲"哲学史就是哲学"，"哲学就是哲学史"。人们可以不读数学史、科学史而直攻当代最先进的该学科的"教科书"，然而哲学不行。即使是最新出现的哲学学说、哲学学派，也必须把它当作"史"来读，否则不可能入门。反之，读哲学史就是读哲学，而且必须当作哲学入门来读，才能达到训练自己的理性思维能力和思维方法的目的，从而进入哲学殿堂内部，理解当代的哲学成果。不管该学说影响多大、评价多高，它也是哲学本义（求知的迷狂）的一个智慧果。若以为这就是智慧树，人类认知的总和与顶峰，那么人类求知的本性也就到此终结了，而且除我之外都不是智慧树上的智慧果了。这就是为什么当你在高捧尼采、海德格尔、萨特等某一哲学时，"抬你的人已经从后门进来了"。恩格斯在《马克思墓前的演说》，列宁在《哲学笔记》《马克思主义的三个来源与三个组成部分》《共青团的任务》中一再阐明，马克思主义不是离开人类文明大道的理论，马克思主义是生长在人类认识大树上的硕大的果子。若不懂哲学史，哲学教科书入门首页关于什么是哲学、哲学的基本问题是什么，可以说你就读不懂。因此，研究希腊哲学史，就是在研究哲学本身。原创文化研究的宗旨也是从原创与传统、本土与外来、古代与当代关系中探讨文化与跨文化传播中的新视野、新观察、新启迪（但不对当今敏感问题发表具体意见，仅从纯理论角度讲述普遍性道理，以免发生本就可以避免的误会）。本着"哲学就是哲学史"，读哲学必须读哲学史的认识，希腊原创文化研究必须格外关注近当代国内外的研究趋向和成果，把它当作学术研究史、认识史来理会。

世界名校出版社的书目和世界代表性出版社、出版集团的书目，以及中国教育图书进出口有限公司成立以来每月（或每季）提供的外文综合书目，从一个侧面反映近几十年国际上的研究和出版动向。近些年希腊研究方面不尽人意，但总的说，随着研究不断深入，成果还是在增多，例如：

1. 重要著作的校勘、重译、诠释和研究，特别是柏拉图对话、亚里士多德主要著作、普罗提诺和普罗克洛、波菲利等的著作或注释。①

---

① 柏拉图和亚里士多德大部分单篇著作都已有了评注。新柏拉图主义学派的著作大体也都已出齐。特别是普罗克洛的《柏拉图〈蒂迈欧〉评注》(Proclus, *Commentary on Plato's Timaeus*, 3 Vols. Ed. and trans. by Harold Tarrant, Cambridge, U.P.)，剑桥大学出版社分三卷出版（2007、2008、2007 年）。21 世纪初以来几家名大学、名出版社陆续出版了一批关于非代

2.专题性的研究,如牛津大学出版社 2009 年出版的 John Palmer 的《巴门尼德和前苏格拉底哲学》,又如 Chale Kohn 关于希腊系词 eimi 与哲学范畴的几部著作。①

3.名出版社组织撰写的古代名人名著导读。这方面著作不少,其中邀请世界上名家一起分别撰写的"导读"较有分量。不过,近几年似乎有些火爆,随之也出现了水准欠佳的出版物。大学出版集团都在编撰各学科的"导读""指南"。读这类书时,警惕被误导。

4.各种论文集汇编。20 世纪开始走红。如汇聚中世纪以降关于苏格拉底、柏拉图、亚里士多德的各语种代表性论集,各四卷,卖到 600 美元一套(精装)。古今政治哲学论集八大卷,古代占三大卷(柏拉图、亚里士多德、奥古斯丁)。21 世纪以来各出版社争先恐后出版论集。有的不过是一个所谓"国际学术会议"论文集或纪念某人的论集,参差不齐,挑出几篇看看还行。有的论文集汇编选自重要刊物的高水平论文,颇有价值,如 R.E.Allen和 David J.Furley 是前苏格拉底哲学研究名家。他们收编了 20 世纪(主要是后半叶)在这个领域研究的代表作,2017 年路透出版社集团出版。上册《哲学的起源》收录了 15 篇论文,其中 G.Vlastos 四篇,G.S.Kirk 两篇,车尼

表性人物,然而又不可忽略的人物的原典、注释和当代论述。例如:*Antiphon the Sophist*:*The Fragments*,*with Introduction*,*Translation*,*and Commentary*(《智者安提丰残篇:附导论、英译和注释》),Ed.by Gerard J.Pendrick,Cambridge U.P.,2002;Robert W. Sharples,*Peripatetic Philosophy*,200 *BC to AD* 200(公元前 200 年至公元 200 年漫步学派哲学):*An Introduction and Collection of Sources in Translation*,Cambridge Source Books in Post-Hellenistic Philosophy,Cambridge University Press,2010;Carl A.Huffman,*Archyta of Tarentum*:*Pythagorean*,*Philosopher and Mathematician King*(《塔壬同的阿尔基塔:毕泰戈拉学派成员、哲学家和数学王》),Cambridge U.P.,2010。本书很有参考价值,2005 年初版,2007、2010 年重印,共 665 页。除了 102 页导读外,其余都是涉及哲学、数学、音乐、自然科学的残篇和证言以及作者的注疏。*Heraclides of Pontus*:*Texts and Translation*(《蓬图斯的赫拉克莱德:原典与翻译》),Eckart Schutrumpf,New Jersey:Transaction Publisher.赫拉克莱德是黑海岸边蓬图斯人,柏拉图学院重要成员。M.L. Desclos 和 W.W.Fortenbaugh 编《兰普萨的斯特拉托:原典、翻译和讨论》(*Strabo of Lampsacus*:*Text*,*Translation and Discussion*,2011),也是新泽西州立大学古典人文系列之一。兰普萨的斯特拉波是继塞奥弗拉斯特的亚里士多德学派代表人物。这部 474 页的文献解读可以说是迄今最全面的一部研究斯特拉波的著作。

① Charles Kahn 关于希腊语 eimi 的系列著作,本书下一章(第 6 章)会一一提到。这些年除柏拉图、亚里士多德等代表人物的研究值得关注外,次级人物的研究也不少。例如罗马时期传记作家和伦理学著述甚丰的作者普卢塔克,A.G.N.Kolaidis 主编的 *The Unity of Plutarchs Work*:"*Moralia*" *Themes in the*"*Lives*",*Feature of the*"*Lives*" *in the*"*Moralia*"(《普卢塔克著作的一体性:〈对比传〉中的"道德"论、〈道德论集〉中的"传记"特征》)是 2008 年 Walter de Gruyter 出版的一部长达 851 页论著。

斯、康福德、格思里、波普、弗里兹、洛伊德等各一篇。下册副标题是爱利亚学派和多元论,收录了 16 篇论文,前 9 篇都是研究爱利亚学派。

5.成系列地重新发表 18 世纪以来有代表性的注释和研究论著。不仅是哲学,而且有史学、文学及埃及史、西亚宗教和天文、星相学方面的力作。① 牛津、剑桥、哈佛等名校统一封面出版经历时间检验的系列名著。例如格罗特的 13 卷《希腊史》再版时选取精华部分作一大卷精装本出版,不仅有新校勘者导言,而且加了大量注释,说明格罗特之后的新发现纠正、补充、充实了格罗特当时的认识。

6.随着东西方之间认识与交流的深化,中—希、印—希等比较研究增多。近些年华裔学者或中国大陆在海外学习、工作的学者,他们撰写的比较研究开始在海外出版社出版。

7.运用当代交叉学科或认知领域新的学说理论,开辟希腊哲学研究方面的新视野、新领域,这方面的成就颇值得关注。不仅是哲学,而且在宗教、政治、伦理、教育、历史、法律等几个领域都有。

史的研究,必须从史实出发,还须有新的视角,善于发现新问题,提出新思想,还要寻求新的切入点、生长点。本章及下一章力图在掌握上述主要资料的基础上,做些新的探讨。研究是有连续性的,当然要利用过去自己的或合作的成果,我在序言中说过,撰写四卷本《希腊哲学史》和修订新版,耗费了近 30 年。期间随着研究的深化,自然有新的想法和补充。但是,本人无力也不敢擅自大动集体成果。所以利用本书作些个人的"补正"和发挥。

---

① 剑桥大学出版社用统一的黄底着色平装本,出版了覆盖人文社科多个领域的近代名著。如 George Grote 的 *Plato and the Other Companions of Sokrates*,3 Vols。格罗特(1794—1871年)完成了 12 卷本《希腊史》后于 1865 年发表了这部《柏拉图和苏格拉底的其他同伙》,收集和论述了柏拉图各篇对话的主题及人物。作者是位资深史家,他提供的史料依据和论述有的是从事哲学研究人员所欠缺的。此外,如 James Adam 的《柏拉图的理想国》(*The Republics of Plato*,3 Vols,Cambridge,U.P,first published 1902;digitally printed version,2009)。这是作者 J.Adam(1860—1907 年)对 *Republic* 不同时期注释的整编。James Gow 的《希腊数学简史》(*A Short History of Greek Mathematics*,Cambridge U.P.,first publishied 1884;digitally Printed,2010)。E.M.Cope 和 J.E.Sandys 编的《亚里士多德的修辞学》(*Aristotle:Rhetoric*,3 Vols,Cambridge U.P.,first published 1877;Digitally printed version 2010),是 Edward Merdith cope(1818—1873 年)未完之业,由 John Edwin Sandys 收集手稿,编纂而成。William L.Newman(1834—1923 年)的名著 *The Politics of Aristotle:With an Introduction Two Prefatory Essays and Notes Critical and Explanatory*(《亚里士多德的政治学:附导言、两篇序言性论文和评论性、解释性的注释》)4 Vols,1887,digitally printed version 2010。简称 CLC(Cambridge Library Collection)的"剑桥图书集成",目前已出版了包括哲学、历史、宗教、政治、伦理的多部名著,这套书不仅很有价值,而且便宜,同国内同样页数、装帧的中文书价格差不多。人文社科研究方面,并非越新的著作就越有学术价值。

本书大量引用多卷本资料,以及近 30 年本人的论文,凡此皆一一注明。

第二节　希腊哲学的二阶开端

神谱的思维方式的终点,正是希腊早期哲学的起点(当然这里还有我们以前说过的其他社会历史条件和人自身的认识条件)。神谱所要解说而又不能令人满意的地方,就是关于万物万象的起源与生成过程。早期希腊哲学就是想用理性思维的成果,回答东部地中海世界这个共同的"探源"问题。因此,希腊哲学的一级开端就是后人说的《论自然》①。它的基本模式是:本原+生成原理+某物、某现象成因的具体解释。

一、一阶开端:生成论与自然哲学的起源

"探源""去向""内审"代表古代地中海世界、印度、中国三种"文本"、三个不同的关注指向。东部地中海世界的巴比伦、以色列、埃及、希腊都以探究万物的起源为开端。

巴比伦的《其时在上》及后来的犹太经典《创世记》就是一系列的起源(寰宇万物与人的起源,智慧、善恶的起源,男女两性和婚姻的起源,家庭或家园的起源,以色列祖先的起源,以色列与神立约的由来,等等)。相反,古印度的印度教、佛教所关注的恰恰是人的"去向"(归宿),而不是"起源"。肉体的去向,一目了然。关键是精神、灵魂的去向。原因之一是,公元前1600 年左右,雅利安人之一支进入印度河流域时,他们像多立斯人进入希腊半岛一样,毁了当地达罗昆荼人(Dravidins,泰米尔人之一支)的文明,恢复野蛮的游牧生活方式。不过很快受到了大自然的惩罚,又恢复了以哈拉巴(Harappa,今旁遮普省内)和莫亨朱达罗(今 Sindt 省内,Mohenjo Daro)为中心的水利设施、定居点和农牧生活。从此免除了大自然的威胁。然而,处于混居和融合过程中的,向阶级与国家过渡的人们无"闲暇"研究大自然来历的"为什么""是什么",而是更关心自己的安宁、解脱与未来。王子释迦牟尼的"顿悟"和阿育王的"放下屠刀,立地成佛"都指向"境界"。

大致同一历史阶段,周王朝取代了殷商,开创了另一个指向。它用"以德配天"论证"天帝"选择了"尚德"的周王朝。以人伦关系为核心,构建

---

①　早期希腊哲学(又称"前苏格拉底哲学"),以回应寰宇万物的起源和衍生过程为主。本来无篇名。亚里士多德称之为"关于自然的学科"。第欧根尼·拉尔修的《哲学家的生平与学说》以及晚古时代的注释家们,为他们笼统加了个名称"论自然"。

"大和""中和""人和"的天与人,人与社会、人与人之间的"和谐",达到"齐家、治国、平天下"的社会治理目标。孔子以"仁"为核心,以"克己"达到"复礼"。也就是说,在天地、人神,主体—客体、主观—客观的关系这个总框架中,不靠神灵,依靠人(主体、主观)的内在修养,就可以做到正确处理天地人神、主观—客观之间的关系。"子不语怪力乱神"。人靠自己聆听圣人教诲的大道理,在现世中就可以达到人的修心养性的最高境界,创立了一条"内炼之路"。

中国、印度、希腊代表三种原创文化的三个不同指向、不同思路。追究"本源"(原因,来源)、探究"走向"、观照"内心",三者在人类文化史上各有其特殊的地位、特殊的贡献,代表人们在解决主客关系中的三种不同思路。"轴心期"中国、印度、希腊三种文字载体就是这三种"原创智慧"的代表。本书探讨的是希腊原创文化,重点是哲学智慧文献。

以泰勒士为起点的早期希腊哲学的宗旨是以理性思维的成果回答万物的生成问题。哲学与神话两种思维方式的共同点是混沌(Chaos)。当泰勒士说水是 arche 时,arche 还是希腊语 arche 词义"开端""第一""首要""为首"的意思,它同《神谱》中第一代出现的神灵相对应,意思是在混沌之中首先(arche)生成的是水。这同地中海世界人们的感性认识一致:水至关重要,水干成土,水蒸发成气。阿拿克西曼德正式把 arche 的词义提升为一个哲学范畴,即作为万物本原(始基)的 arche①。这个"万物本原的 arche"不是"水"而是种"不定形的东西"(类似老庄的"无名,万物之始")。他用了一个词 aperon,在人类认识史上,首先确立了"负概念"在认识中的地位。人们认识到"本原"不是某种成形的东西(水),而是一种"无形状"的更高的东西。于是才有后来阿拿克西米尼的"气","气"的稀化与凝集成万物。个体认识史、儿童智力发展史证明"物质三态"中,人们对固体、液体容易理解,"气"看不见、摸不着,也是物质三态之一,就难以理解。同处爱琴海东岸的爱菲斯(现土耳其大港 Izmur 附近)城邦的赫拉克利特侧重考察生成的过程。他引入远古传说中的"火的燃烧",描述万物生变犹如熊熊烈火,火焰似物非物。人们见到的只是这个燃烧过程。一切在过程中,因而万物"既是又不是","既存在又不存在"。然而恰恰是这个过程,最能说明寰宇万物的生灭:"这个 Cosmos(宇宙秩序)对万物都是相同的,它既不是神也不是人所创造的,它过去、现在和将来永远是一团永恒的活火,按一定尺度燃

① 希腊文 arche,成为哲学范畴的"本原""第一性"有一个过程。泰勒士关于"首先(arche)形成的是水"的论断,尚处于从普通词义到哲学范畴的过渡期。

烧,一定尺度熄灭"(DK22B30)。赫拉克利特的残篇有 120 多条,传述的条目列为 DKA。Kirk 和 Kahn 等也有专著解读,似乎都忽视了希腊文"分寸"。辛普里丘在亚里士多德的《物理学》的注释中准确捕捉到了"分寸"的含义。"赫拉克利特说,万物都是火的转换。他认为宇宙的转化遵照不可避免的 Ananke(必然性、命运),是有一定的秩序和确定的周期的。"(DK22A5)。哲学范畴大都起源于希腊普通词义,而普通词义(如"命运""天""地""时间"等)又源自神名。赫拉克利特时代哲学思维方式刚刚诞生,他援引日常词义"分寸"表述他心目中朦胧想到的"自然性""秩序"和"周期"。后来的斯多亚就把这三个词的哲学含义说出来了。生活在公元 6 世纪的辛普里丘用后来形成的概念转述了赫拉克利特的本意。Logos 本来是捆扎的柴火。"捆扎"都要遵循捆扎的方法,把若干词语"捆扎"在一起,转达一个意思,就要遵守"捆扎"语词的规则(语法)。所以,他又用 Logos 表述必然性、秩序与周期三者合一的同一个意思。由于近代的黑格尔和马克思主义创始人突出其辩证法思维的意义,因而赫拉克利特研究自然生灭过程,开启过程哲学方面的地位被忽视了。

　　毕泰戈拉撇开万物质的方面的差异,从对象的数量的共性中寻找万物及其关系的本原。亚里士多德《形而上学》A 卷概述前人思想时说:"毕泰戈拉学派孜孜从事数学的研究,他们最早推进了这门学科,并且由此认识到数的本原就是万物的本原。因为在万物之中,数自然是最先的,并且他们似乎发现了数和现存的与生成的事物有较多相似之处,比在火、土、水中能找到的更多,如某种数是正义,另一种是灵魂和理性,再有一种是机遇,几乎所有一切别的东西无一不可用数来表述。还有,他们看到音律的特性和比例也是可以用数来表现的;一切其他事物就其本性来说都是以数为范型的,数在整个自然中看来是居第一位的东西。所以他们认为数的元素就是万物的元素,认为整个天就是一个和音,也是数。"(985b23—986a4)亚里士多德这里说的是整个毕泰戈拉学派,而且用了后人才有的"范型""本性""元素"转述前人的思想。但是基本思想是毕泰戈拉本人的。赫拉克利特指名批评过他是"博学"而缺乏智慧,说明两人大致处于同一时代。毕泰戈拉是在数学的研究中发现数的奥妙及其同自然现象,乃至社会现象(正义、秩序、圆满、和谐)的微妙关系。同时又发现,从数量中能找到比火、土、水更多的相似关系,比例关系。所以把万物之间的数量关系抽象化,成为万物之所以存在的本原,这在人类认识史上是个重大突破。如今的高科技、数字化、大数据等等,证明数与物关系之奥妙。这样,在早期希腊哲学的三大派别中奠定了"数论"型自然哲学得以成立的基础。(顺便说一句,整个毕泰戈拉学派是以"数"的奥妙的发现为基础,建立它的政治、宗教、学术团契的,而不是以往所说的,沿袭埃及和奥尔斐教建立神秘团体的)。至此,关于本原与原因、关于生灭的过程以及彼此间的关系等自然哲学三大板块的话语系统基本上形成了。

二、二阶开端:哲学形而上学的起源

接着出场的巴门尼德发表了颠覆性见解。他说:所有这些"论自然"的说法统统都是各人凭感觉和经验所获得的,关于变动不居的、非实存的东西的 doxa(意见、看法),而不是靠理性而获得的真知。这样,刚刚问世的自然哲学,或者说关于"形而下"的研究,都被关进了不具"真知"品格的,因人而异的"意见"这个大笼子。唯有走"求真之路",依靠理性,用 logos(言辞论证)把握的,关于唯一的、不动的、不可分的、"形而上"的"Being"(estin,eon,ousa)的认识才是 aletheia(真知)。从此作为"形而上"研究的哲学问世了。巴门尼德可以说是"形而上学"研究史的开端,泰勒士是自然哲学(包括未分化的自然科学)研究的开端。由于二者之间又有承继关系,所以我们说"二阶开端"。关于爱利亚学派,特别是巴门尼德,汪子嵩等著的《希腊哲学史》第一卷第四编有详尽论述。第七章专门介绍了巴门尼德关于两条 hodos(道路、途径)的论证。这里仅从二阶起源、两套话语系统的形成展开论述,顺便对本人草拟的第四编做些补正。

巴门尼德思想的形成与陈述,无疑是借助于希腊语的系词 eimi。语言对人类的思维和思维方式的确有重要影响。语言哲学研究方面的积极成果应予重视和吸收。必须谨慎地对待哲学上任一有意义的学说,思考它所提出的问题,吸取其合理成分,但是又不被它所限制,更不为研究对象所异化。其实,巴门尼德的"唯一的、不可分的、不动的 Being"是受色诺芬尼的神观念的启发。"神是一"(DK21B23),"神是作为一个整体在看、在知、在听"(DK21B24);"神永远在一个地方,根本不动"(DK21B26);"神以他的 nous(努斯)左右万物"(DK21B25)。泰勒士完成了从神谱到自然哲学生成论的转换。色诺芬尼开启了从神人同形同性到一神观念的过渡,巴门尼德审视色诺芬尼的"一神"观念,实现了从精神本体性质的"一神"到哲学形而上学的二阶转换。巴门尼德之所以能这么快就成为哲学形而上学的开创者,因为恰好在他生活的时代具备了实现第二阶开端的两大条件。其一,色诺芬尼的"一神"观念为他提供了建构形而上学哲学的思想基础。色诺芬尼离开母邦科罗丰(小亚西岸伊奥尼亚城邦之一)之后,他自己说在南意大利和西西里生活了 67 年(参见 DK21B8)。第欧根尼·拉尔修、克莱门、希波里特等提供的资料证明，他的主要活动地域就在西西里的叙拉古、仓克勒（Zancle）、卡塔纳（Catana）和南意大利的爱利亚。① 柏拉图《智者篇》中对话人之一，来自爱利亚的陌生人说："至于我们爱利亚学派，可以追溯到色诺芬尼甚至更早。"（242D）亚里士多德、塞奥弗拉斯特、第欧根尼·拉尔修、辛普里丘等都有类似记载。克莱门特的《汇编》比较可靠，他说："科罗封人塞诺芬尼是爱利亚学派的先驱。"（DK21A8）。"先驱"比较贴切，"师生"之说不可靠。巴门尼德是爱利亚母邦人，约生于公元前515年，而色诺芬尼于公元前475—前470年肯定还在这一带过着他的咏游生活。巴门尼德对色诺芬尼的咏游诗内容毫无所知，就从一个希腊语系词 eimi 中构思出一套大道理，那是不可想象的。其二，早期自然哲学家开创了用理性思维（而不是形象思维的神话）思考寰宇之奥妙。赫拉克利特已经提出用理性把握存在与不存在、生与死、上升之路与下降之路"相反相成"；毕泰戈拉实现了对数量关系的抽象思维。他还提出了理性灵魂与感性灵魂的问题。正因为有了前人的思维成果和哲学之路的思考，所以巴门尼德才有条件说第三条道路"既存在又不存在"是走不通的。（参见 DK28B2,B3）

范畴史以及一般概念和学科术语的形成史告诉人们，总是先有了某种新思想、新见解，然后才寻求某种恰当语言表述。往往是从几种表述、几个词语中慢慢提炼出一个新术语，或者是改造一个旧词汇。巴门尼德在前人关于宗教与哲学的思想的影响下形成了自己的思想：哲学的使命是探求形而上的最高的、真实的存在，而不是寻求水、火、气、数等等那个是本原以及万物生成过程。他从赫拉克利特关于存在又不存在（或译为"既是又不是"）的表述中，找到将系词 eimi 提升为最高哲学范畴的道路，由此开创了哲学作为探求形而上的、抽象的大道理的"真知之路"。黑格尔正是看重了这点，才认为哲学的真正开端属于巴门尼德："真正的哲学思想从巴门尼德起始了，在这里面可以看见哲学被提高到思想的领域。……这个起始诚然还朦胧不明确；它里面所包含的尚不能加以进一步的说明；但把这点加以说明，恰好就是哲学发展的本身，而这种发展在这里还没有出现。"②这里黑格尔有两句话最为深刻。一句是"真正的哲学思想"起于巴门尼德，其标志是哲学从研究自然的生成与原因"提高到思想的领域"；二是对"思想的领域""加以说明恰恰就是哲学发展的本身"。往后我们可以看到，从柏拉图、亚

---

① 参见汪子嵩等：《希腊哲学史》第1卷，人民出版社2014年版，第6章第1节第446—450页有关古人提供的证言。

② ［德］黑格尔：《哲学史讲演录》第1卷，北京大学哲学系外国哲学史教研室译，生活·读书·新知三联书店1956年版，第267页。

里士多德至新柏拉图主义的这个"说明",构成了古希腊哲学的第三话语系统,即形而上学的话语系统。其中心是这个精神性的 ousa(to on)是什么,能否认知,如何认知,如何用言辞的 logos 表述? 它同形而下的自然万物(包括人与社会)什么关系?

第三节　"后巴门尼德"哲学的第一、二个走向与话语系统

爱利亚学派的形而上学不仅对处于襁褓阶段的自然哲学是个致命的打击,同时也是对常识的傲慢的挑战。征战特洛伊的大英雄阿喀琉斯竟然赶不上爬行的乌龟;眼见为实的飞箭经芝诺的论证竟然是不动的。不过,巴门尼德关于"存在"是有限定的球形的比喻,残篇八中关于"Being 与 Being 紧密相连"的说法也是个要不得的漏洞。既然是有限定的球形,就意味着"他者"的存在;"球形的",就意味着有长、宽、高三个维度,因而又是"多"的。Being 与 Being 紧密相连就意味着 Being 是"多",而不是"唯一的"。他的两位弟子的论证从某种意义上说帮了倒忙。麦里梭批评"有限定的球形",认为存在是无限定的、无形体的"一"。但是正如亚里士多德所说,巴门尼德讲的是定义(逻各斯)的"一"。而麦里梭说的是作为质料的"一"(参见《形而上学》986b18—21)。芝诺用反证法(归谬法)维护老师的思想,同时也就启发了后人用归谬法否定巴门尼德的学说。同时,正如黑格尔指出的,芝诺用知性思维方式否定理性思维(辩证思维),恰恰又离弃了形而上学领域的理论思维①。后来的历史正好与逻辑一致。高尔吉亚用论辩和反证法,证明无物存在;即使存在也无法认识;即使认识了也无法用言辞告诉别人。"有限定的球形"、质料的"一",启发了后巴门尼德的自然哲学。坚持自然哲学方向的恩培多克勒、阿拿克萨戈拉、德谟克利特找到了为自然哲学辩护,并修正生成论的途径。于是爱利亚学派之后,希腊哲学形成了三个走向:苏格拉底、柏拉图、亚里士多德、普罗提诺的深化形而上的道路;智者运动开导,思披里可·塞克斯都总结的怀疑主义道路;以元素为 Being,重构自然哲学的道路。从此希腊哲学一直存在三套话语系统、三种形态的哲学理论和思维方式,一直影响到当代哲学。

---

① ［德］黑格尔:《哲学史讲演录》第 1 卷,北京大学哲学系外国哲学史教研室译,生活·读书·新知三联书店 1956 年版,第 276 页。

一、元素论、结构论方向的自然哲学

既然,to on(相当于 Being,"是之性")是"质料的一",那么只要找到这个"质料的一"是什么,论证它就是构成万能的本原(元素),自然哲学的生成论就可以成立了。留基波和德谟克利特,构造了一个新词:希腊文"atom"表示"不可分的",认为这个"不可分的,最小的 atom 就是构成万物,万物又回归于彼的 arche。Atom 就是近代科学"原子"的词源。中文译为"原子"颇为贴切(作为本原的元素)。关于"球形的一",原子论者认为,球形似的原子之外的地方就叫"虚空"。它的空间即"虚空"。"原子"在限定之外的虚空中运动,所以又可以说原子与虚空是本原。不同形状和大小的原子在虚空中不断碰撞形成不同事物。"碰撞"这个现代微观世界研究中的重要术语形成了。前巴门尼德早期哲学的"本原"是"始基",是一个有具体的物质形态的东西。以一个物质形态的东西(水,或气、火)解释同是具有固定形态的"他物",的确有克服不了的困难。毕泰戈拉的数也解释不了具体事物间质的差异。如今将"始基"转换为万物构成的元素,一切就顺理成章了。人们在提出一种新的认识、一个新方案、一个新行动时,自己并不一定知道它的意义。它意味着早期自然哲学的范式和话语的转换,"始基"加生成原理,如今发展为"万物构成元素+形成原理。"同时,它又化解了"形而上"与"形而下"的僵硬的对立,用超世性的"形而上"领域的"道"与"理",解释"形而下"的"器"与"物"("事")。"原子"的存在和性质靠理性来认识;原子所构成之物靠感性来认识,二者各就其位。近代实证主义出笼之前的自然哲学,基本上是走这条道路。原子论之前的"四根"(恩培多克勒)和"种子"(阿拿克萨戈拉)可以说是从巴门尼德到原子论的过渡。恩培多克勒固守在西西里的家乡,阿拿克萨戈拉活跃于雅典和兰萨库斯。把水、火、气、土当作构成万物的"四根"意味着水、火、气、土已不是独立形态的具体物,而是构成元素了。"神经是由火、土和双倍的水结合而成";"骨头是由两份水、两份土和四份火混合而成的"(DK31A78)。颇像近代科学说,"水"是 H_2O 构成,"硫酸"是 H_2SO_4 构成。"恩培多克勒的四元素说,已经有粒子化、孔道结构和数量比例的规定这三个特点。这在自然科学史上,可以说是化学元素概念的最初萌芽。"[①]阿拿克萨戈拉是小亚西岸克拉佐门尼人,希波战争期间逃到雅典,在雅典 30 年,是伯里克利挚友。[②] 被雅典人控

---

① 转引自汪子嵩等:《希腊哲学史》第 1 卷,人民出版社 2014 年版,第 685 页。

② 相关材料参见 Plutarch,*Pericles*,§8;Plato,*Phaedro*,270A。

告渎神后逃到兰萨库斯度过晚年。他知道巴门尼德的见解,但是否同恩培多克勒相识,学术界对第欧根尼·拉尔修的记载存疑。① 阿拿克萨戈拉从植物种子中受到启发,抛弃水、火、气为本原的观点,提出 spermata 概念,中文译为"种子""同素体"。从亚里士多德和艾修斯、辛普里丘的记载和残篇可以看出,他接受巴门尼德论证的前提"任何事物从非存在产生,或者消解为非存在,乃是根本不可能的"(DK59A46)。阿拿克萨戈拉的推论是"存在只能从存在中产生"。所谓"产生"就是混合;"消灭"就是分离(参见DK59B17)。这样,他就把巴门尼德"eon"(ousa)是不可分的"一"变为"不可分得多",而且是同类、同种的无限多的微粒。(参见 DKB59,B10,B5,B1,B4,A41)巴门尼德说,Being 只有理性才能认识。阿拿克萨戈拉全盘接受:"每一事物都是从已经存在的事物中生长出来的。在营养物中已经有产生血、肌肉、骨头等东西的部分。这些部分是只有理性才能认知的,"(DK59A46)。总之,巴门尼德形而上学中有用部分,他都拿过来了。

　　这就是原子论之前的两种过渡类型的答案。把二者相结合,吸收合理内核,抛弃或堵住其错误的部分,正好就是原子论。德谟克利特的残篇虽说有 260 条,但大都是不可靠的道德格言和说教。其中,130 条是公元 6 世纪斯托拜鸟辑录的。86 条是 17 世纪首次发表的②。亚里士多德在《形而上学》《物理学》《论天》《论生灭》《论灵魂》中多次转述德氏的思想,这些转述是比较可靠的。塞克斯都·恩披里可还读过其原著,可是公元 6 世纪辛普里丘时代已全佚失了。辛普里丘只是转述。亚里士多德说:"留基波和他的同伴德谟克利特主张,万物的元素是充实(Pleon)和虚空,前者被叫作'存在',后者是'非存在'。'存在'是充实的,坚固的,非存在则是虚空的因而他们说,'存在'并不比'非存在'更为实在,因为'充实'并不比'虚空'更为实在。"(985b4—13)Pleon,同 plen,原本不是个名词,是个介词短语,意为"被……而充实"。在《形而上学》A 卷第四章及《论天》《论生灭》中亚氏说,它是一种无限小,却不可分割的东西,希腊文叫 atomos,意为"不可再分割的"最后单元,中译为"原子"。'原子'论中有许多阿拿克萨戈拉"同素体"的痕迹。亚氏《论天》说"它们(原子)在形状上彼此不同,但它们的性质是相同的,就像从一块金子剥离的许多金屑"(275b34—276a2),这同阿拿克萨戈拉说的肉与肉粒子、骨与骨屑如出一辙。但是,原子论克服了前人的三个缺陷:第一,原子自己是不断运动的,旋转的,而不是靠"努斯"或

────────────

① 汪子嵩等:《希腊哲学史》第 1 卷,人民出版社 2014 年版,第 673 页。
② 汪子嵩等:《希腊哲学史》第 1 卷,人民出版社 2014 年版,第 859—860 页。

"爱"与"斗"外力推动;第二,原子靠不同形状、大小和排列秩序而成就万物,本原复归于一(一元论),而不是多元的"同素体"或"四根";第三,用最初雏形的反映论(映像论)取代"流射与孔道"。这样,经历后来伊壁鸠鲁的修正与补充,在希腊形成了同自然科学戚戚相关的自然哲学基本理论板块(本原与原因,生灭原理、存在方式,属性与功能)和自然哲学话语系统。总结希腊哲学全过程,可以说近代自然哲学、自然科学的话语系统、基本概念,从后巴门尼德开始就逐渐形成了。

二、从质疑、反讽到怀疑主义

公元前 5 世纪后半叶,以雅典为中心出现了以普罗泰戈拉、高尔吉亚为代表的"智者运动"。他们活跃在希腊各主要城邦和四大"竞技会"、庙会及市场上,发表自己关于社会与人、伦理和政治、真理和价值等一系列问题的新见解;同时收费授徒,传授关于辩论、诉讼、演说、修辞的技巧以及关于城邦治理和家政管理的知识。这是公元前 480 年、公元前 479 年希波战争取得决定性胜利后,城邦民主制度走向稳定、繁荣时期在文化与学术上的反映。希波战争的胜利是希腊"人"打出来的,不是荷马史诗描写的神灵导演的战争。希波战争和城邦民主制两大因素教育了希腊人"认识你自己"。从此希腊哲学主题不是宇宙寰宇的起源和奥妙,而是人与城邦事务。希腊哲学思潮的这个转换既挑战早期伊奥尼亚学派的自然哲学,也挑战巴门尼德的形而上学。所谓"复兴伊奥尼亚哲学的思潮",实质是来自两个方面的创新,其一是阿凯劳斯和阿波洛尼亚的第欧根尼对阿拿克西美尼的"气"论及凝聚与稀化对立运动的新解。其二是以希波克拉底为代表,将"气"论和四元素(水、火、土、气)运用于人体研究,解释人的某些疾病,甚至"怪病"的成因。同时,又以他的医学和经验证明,不能搬用那些抽象的"原理""本原"来治病,并批评巴门尼德所谓"非存在"的"意见之路":"我声称,我们不应将古代的技艺当作非存在,或当作错误的探索方式而摒弃。相反,应把它看作'古老的原理'、沿着这个常规在时代的进程中会做出许多美妙的医学发现;如果具有合适才智的人们……把这些成果作为出发点,进一步探讨,医学将日益完备。那些摒弃这个古老原理的人,以另外的途径和形式从事研究,声称他发现了什么东西,这是自欺欺人,因为这条路是走不通的。"[1]以希波克拉底为始祖的医学,代表从具体科学的精神和学识出发否

---

① 汪子嵩等:《希腊哲学史》第 1 卷,人民出版社 2014 年版,第 11 章第 3 节"希波克拉底和《希波克拉底文集》"。

定巴门尼德的"意见之路"和"真理之路",同时又批评早期自然哲学的空泛性。具体科学既要从自然哲学获取有益的启示,但又不能被它所束缚。医学、数学及之后的《几何原理》等代表具体科学成长的特殊道路。在古希腊尚未形成一个独立的走向,未形成一套较为完整的话语系统,但又不可忽视。这里顺便提及并予恰当评价,是我们应该做的。

在希腊哲学发展史上构成后巴门尼德哲学另一走向者,是以高尔吉亚为开端,以晚期希腊三大学派之一,即怀疑主义为代表的质疑—悬置之路。针对巴门尼德,高尔吉亚提出三大反题:oudenestin(相当于 there is not Being,无所谓 Being);即使有,也无法认识;即使认识了,也无法用言辞表述。塞克斯都·恩披里可对这三个命题津津乐道。① 这三个命题奠定了怀疑之路的基本思路和话语系统,第一,对象是什么、不是什么,人们无法下判断。既不能说"是",也不能说"不是",或"既是又不是"。第二,人的认识能力有限。人的感觉和经验靠不住,同一阵风吹过来你觉得舒服,我觉得冷,都是真的。理性也不可靠,理性可以同时证明两个相反的命题。第三,言辞无法传达人们的认识。当代人会区分怀疑主义与质疑(诘难),早期希腊哲学无此区分。苏格拉底的对话都以质疑方式进行,以"存疑"终结。在亚里士多德那里,多是以"惊异"—提问—分析的方式出现。到了晚期希腊和罗马帝国时期,"怀疑"成了一股重要思潮,形成一套理论,一套思维方式(所谓"八式""六式""二式"),一套特殊的话语系统。大体说来有两条主线。其一是以皮罗(Pyrrho,公元前 365—前 275 年)和蒂蒙(Timon,公元前 320—前 230 年)为代表的"皮罗主义"。其二是追究到苏格拉底、柏拉图的怀疑—反讽传统的"中期柏拉图主义"和"新学园派",以阿尔凯西劳(Arcesilaus,公元前 318—前 243 年)和卡尔尼亚德(Carneades,公元前 217—前 132 年)为代表。

皮罗出生于伯罗奔尼撒半岛的埃利斯(奥林匹亚竞技会所在城邦)。早期接受小苏格拉底学派中麦加拉的论辩术和犬儒学派回归自然的简朴生活说教。他还师从德谟克利特学派阿那克萨库(Anaxarchus)。德谟克利特认为可感知的东西,如色、声、味是虚幻的,约定俗成的。真实存在的只有原子和虚空。塞克斯都·恩披里可在追述怀疑主义的历史时,追索到德谟克利特:"德谟克利特从蜂蜜对某些人显得甜,而对另一些人显得苦这一事实出发,推论说它事实上既不甜也不苦,并从而宣布'双方一样'(no more)的

---

① 参见汪子嵩等:《希腊哲学史》,人民出版社 2014 年版,第一编"智者运动"第 5 章第 2 节。

公式。"①这是古希腊怀疑主义的经典话语——"正反命题同等有效"。皮罗从不著述。他的承继者蒂蒙倒是个文学天才。他在三部曲《嘲讽》中，嘲弄了除皮罗、德谟克利特、普罗泰戈拉三人外所有希腊哲学家。他说，个人的日常经验是"明白的"，可是哲学家们要去论证日常经验的实在性，就陷入"不明白"境地了。这样，哲学的本义，即前面说过的"迷恋于求知""追求智慧"就被彻底否定了。不求知，大家反而活得快快乐乐。眼见船要翻了，皮罗还欣赏船上的一头猪无忧无虑。只要一追求智慧，就陷入哲学这一魔窟，人们就不明不白了。蒂蒙的文采和嘲讽话语指向形而上与形而下多个知识领域，可以说他规范了在他之后怀疑主义的方向，即指向一切知识领域。

然而，蒂蒙之后无传人。柏拉图中期学园阿尔凯西劳和"新学园"领军人物卡尔内亚德接过了"火把"，在学园内"纵火"。这两人都不著述，热心于在公众面前演示如何从正反两个方面论证任何一个命题。其中最具代表性的是公元前155年，雅典派了一个哲学家组成的使团出使罗马。其中有斯多亚学派出身的，巴比伦的第欧根尼；逍遥学派（漫步学派）的克里托劳斯（Critolaus）；新学园派的卡尔内亚德。卡尔内亚德乘机在罗马演说，主题就是怀疑派的"正义"（公正）观。"卡尔内亚德在第一次演讲中收集了所有支持正义的论证，目的正是为了可以推翻它们。"听了第一讲，罗马青年们为之折服，可是卡尔尼亚德说，明天他要论证相反命题同样成立。"第二天，卡尔内亚德用站在相反立场上的一篇演讲颠覆了自己的话，否认了自己在前一天所赞美的正义。"②罗马帝国中以荣誉和武力为目标的青年们着迷了，希腊人竟有这种智慧！连西塞罗也以赞赏口吻谈论这场演讲。老卡图（马尔库斯·卡图）在元老院呼吁赶快把雅典使团支走③。可见，这种怀疑主义在当时有广泛的社会基础。

可是，卡尔内亚德并不想走彻底的怀疑主义之路。他只是想借"相反论证"摧毁斯多亚学派克律西坡对阿尔凯西劳的反击。克律西坡是第三代斯多亚的代表，有深厚的理论功底。卡尔内亚德认为是"棋逢对手"，值得一搏："如果克律西坡不曾存在过，那么我也就不会存在了。"（DL,4,62）

把新学园派的怀疑主义推向极端的是塞克斯都·里披里柯为代表的晚

① Sextus Empericus, *The Outline of Pyrrhonism*, 1, 213.
② 关于卡尔内亚德的这次活动，史上有拉克唐修、西塞罗、普卢塔克等三个记载。详见 Lac-tamtius, *Divine Institutes* 5, 14. 4—5；西塞罗：《国家篇》（Cicero, *on The Republic*, Bk. 3, §5—9），普卢塔克：《希腊罗马名人传》之卡图。
③ 参见普卢塔克：《希腊罗马名人传》上册，商务印书馆1990年版，第368—369页。

期怀疑论。皮罗、蒂蒙创立的怀疑论从公元前 4 世纪末—前 2 世纪,兴旺了两个世纪,因后继无人,而淹没在中期学园派和新学园派中,默默无闻。公元前 1 世纪由埃涅西德姆(Aenesidemus)所复兴。埃氏本来也是新学园派成员,因不满于学园为自己的独断主张留块地盘,甚至在菲洛领导下还向独断论回归,因而毅然"起义",投身于皮罗门下,誓将怀疑论推向顶峰。鉴于皮罗、蒂蒙无系统的理论建设。他致力于建构怀疑主义系统理论,撰写了《皮罗谈话》《皮罗主义导论性大纲》和《论研讨》,总结了怀疑派的"十式"(对人的感性能力的批判)和"八式"(对哲学家企图认识事物原因的理性能力的质疑)。在埃氏之后的一个世纪,阿格里巴(Agrippa)提出"五式",补充和修正埃氏的"十式"和"八式"。阿氏生卒年不详。《牛津古典辞典》(第 47 页)仅几行,介绍第欧根尼·拉尔修(9,88)的说法。所列的唯一参考书目就是巴恩斯的《怀疑主义的劳作》(1990 年)。

集怀疑主义之大成,把怀疑主义发挥至极,且又留下几乎全部著作者,正是怀疑派医生塞克斯都·恩披里柯。鉴于这部著作齐全,后人编排不一,《希腊哲学史》先后近 30 年所引出处注释规范不一,所以在 2011—2014 年修订新版时特地在第一卷参考书目第三类"古代著作"中做了两个版本编排对照说明。由于当代海外研究怀疑主义的论著有的按《反理论家》的分卷注释,有的直接注其篇名,中文读者很难查阅原文。本书直接注篇名,括号内注明相当于《反理论家》的卷数。塞克斯都横扫希腊哲学一切领域,按照反逻辑学家、反自然哲学家、反伦理学家、反诸学科技艺教师的次序,为各个领域各种理论、观点都找到同等有效的相反论断。这样,无意中保留了古希腊许多著述的资料。同时,他又用一系列一的"二律背反"证明希腊哲学家们为自己的求知欲挖掘了坟墓。从此柏拉图所陈述的"哲学是从无知出发的求知过程";亚里士多德说的哲学就是最普遍、最具智慧的学科,也就被判"死刑"了。

然而希腊哲学终结者自己所用的武器仍然是哲学式的,因而等于宣布希腊哲学正在他手下继续。首先塞克斯都总结以往怀疑论成果,在《皮罗学说概要》中提供了一套怀疑论的话语系统。这就是以求得"心灵宁静"为目的,以"结束独断"(悬挂,epoche)为达到目的之途径,以相反命题同等有效(二律背反)的"十式""八式""五式""二式"为理论基础。

希腊社会的变迁,城邦体制的瓦解(不论是雅典型还是斯巴达类型),维系公民信念的思想根基的动摇,导致苏格拉底确立的以知识(美德即知识)求幸福,以积极进取为途径的"幸福论"惨遭破坏,所以晚期希腊三大派(伊壁鸠鲁、斯多亚、怀疑论)的共同取向都以"心灵宁静"为目标,但是途径不同。怀疑派的"心灵宁静"不是求来的,而是"悬置判断"自然而然产生的,犹如画家 Apelles 的经历。他想画马的唾沫却屡试屡败,气愤之下把擦笔的海绵掷到画面上。"未曾料到,海绵留下的痕迹却产生了马的唾沫的效果。同样地,怀疑论曾希望通过在感性对象和思想对象的种种分歧之中,作出是非判断来获取宁静。由于做不到,他们便悬置判断。这时他们却发现平静好像是偶遇似的,随着悬置判断而出现了,就像影子随着物体出现一样。"①

"别争了,烦死人!"这在日常经验中是常有的事,易为常识所接受。可是怀疑派面对的不仅是同时代的两大劲敌(斯多亚和伊壁鸠鲁学派);而且是自泰勒士、巴门尼德以来几乎所有的知识体系,它必须向古圣和今人证明,所有这些都不可靠,不仅不能带来"心灵宁静",而且像皮罗的老师还遭杀身之祸。② 一句话,怀疑派挑战的是整个希腊知识,他们称之为"独断"。所以先后近 400 年,好几代人思索的核心就是如何证明求知必然陷入两难窘境。最精彩的也就是他们总结出的一套论证程式叫"式"(tropos)。埃涅西德姆总结的"十式""八式",阿格里巴的"五式",梅诺多图(Menodotus,约生于公元 120 年,请勿与 15 卷《希腊史》作者相混)的"二式"都是为了证明,无论是形而上学领域,还是自然哲学领域,甚至是需要知识支撑的修辞,音乐、医学、几何、算术,"每一个命题都有一个相等的命题与它对立"。由此带来的自然而然的结果就是"停止独断"。"悬置判断"就解脱了希腊这些学科知识带来的烦恼。塞克斯都将这些"式"归纳总结为"二律背反"的"二式"。《皮罗学说概要》第一卷概述这些基本论证模式。第二、三、四卷分别批判逻辑学(晚期希腊三分式的逻辑,包括认识论、形而上学)、自然哲学,伦理学和各门技艺。这三卷的概要的展开就是独立成书的《反逻辑学家》《反自然哲学家》《反伦理学家》《反诸学科技艺教师》。这套反各门学科的著作共 11 卷,统称《反理论家》(中文曾译为《反数学家》,不妥)。汪子嵩等著的《希腊哲学史》第四卷(下)第 11、12 章做了系统介绍。第 13 章结合近现代怀疑论和元哲学的启示做了总结性的分析与评估。作为后巴门尼德希腊哲学的第二种话语系统,第二种理论思维方式,这里仅作纵向的概述。它对后来的怀疑论和整个知识论有重大影响,构成希腊原创文化中哲学遗产的重要组成部分。这几种话语系统也是本书第六章讨论希腊系词 Being 的哲学含义和中译的必备知识。

---

① 　Sextus Empericus,*The Outline of Pymhonism*,1,28-29.

② 　参见 DL,9,63。

第四节　后巴门尼德哲学的第三个走向：
形而上学进路的话语系统

坚持和深化巴门尼德开启的形而上学之路，这是后巴门尼德希腊哲学走向的主流，或者说最具影响的主要方面。它经苏格拉底、柏拉图、亚里士多德到晚期希腊，分化为两种形态、两个指向。其一是经由教父哲学走向基督教的教义学、神学和宗教哲学；其二是坚持哲学形态的以普罗提诺为代表的新柏拉图主义（不过，他们对 Being 作不同解释、持不同态度，详见本书第六章第四节）。

一、过渡性人物与苏格拉底的新探：“定义”与辩证法

巴门尼德的 to on(ousa) 到底是什么？严群在他 1947 年写的论文中创造了一个词 Isness，即系词 is 名词化，表示“是之性”简称“是性”，以便同系词“is”相区别。对此，本书第六章再专门讨论。何谓“是性”，换言之，这个唯一的、不动的、不可分的 to on，到底是什么？是系词 eimi 的“是”吗？显然不是，第六章中我们会细说系词的起源与所指，本来恰恰是指变动不居的感性世界。从苏格拉底到柏拉图，他们转向探求社会现象、社会学说背后的形而上的问题。他们以反智者运动的面目出场。苏格拉底始终坚信有一个固定不变的“共性”，但说不出是什么。柏拉图称之为 Idea 或 eidos，这就是“to on”。哲学史自身蕴含历史与逻辑（思想和认识发展的规律性、必然性）的统一。作为希腊哲学的“史”，必须考察苏格拉底与柏拉图的划界，因为苏格拉底述而不作。柏拉图名下对话的导向性人物大都是苏格拉底，究竟是真实的苏格拉底还是文艺作品似的虚构的苏格拉底？两个矛盾的人实在难以区分。何况当时控告苏格拉底的雅典人已经把二者混而为一，致使苏格拉底要自己出场辩白。四卷本《希腊哲学史》着墨于“史”，再从史中思考其思想发展的内在逻辑。面对海内外史家争论不休的划界问题，采取以色诺芬《回忆录》、小苏格拉底三派为参照系，将柏拉图对话中以“存疑”告终的 13 个对话当作苏格拉底思想的总结，体现苏格拉底探索的终结，同时又是柏拉图思想的起点，以示他与小苏格拉底三派的区别。这个处理方法，从“史”的角度看，有一定道理，但要警惕，勿把苏格拉底的归纳与定义说成是“相论的雏形”。这里有必要说几句。《希腊哲学史》第一版第二卷成书于1990 年冬、1993 年出版。20 多年中有著作继续讨论划界问题，似乎无甚进展。史家已有几百年的研究和考证，近 20 多年又无新史料发现，在这个条

件下不会有重大突破。本书以四卷本《希腊哲学史》为依托,侧重研究"史"中固有的思想发展的逻辑。黑格尔在逻辑学中,马克思在《资本论》中都已说过,逻辑与历史不是亦步亦趋。商品—货币—资本既是历史的进程,也是资本发展的内在逻辑。《资本论》第一卷发表时,德国人说那是英国人的事,与我无关。马克思引但丁《神曲》说:这里说的正是阁下的事。因为历史充满偶然性和特殊性,但是内在的逻辑是一致的。我们在这里的考察,重在思想发展的逻辑过程。

同高尔吉亚和后巴门尼德自然哲学不同,苏格拉底不是直接从巴门尼德出发,探求感性之物(非存在)之上的那个 Being 是什么。智者运动实现了从关注寰宇向关注社会与人的转换,苏格拉底从批评智者的感觉主义和相对主义出发,探求社会与人的精神诉求问题,即同城邦和公民的生存和秩序休戚相关的价值取向问题。这是个陌生的课题。他到处找人对话,讨论什么是勇敢、节制、友爱、公正、美德?什么是"善"(好)?然而总是大失所望。他说的"认识你自己""自知其无知",可以说也是他的切身体会。直至他的生命终结之日,他都不敢说已经从"无知"到"有知"了。他只是说耳边有不断叮嘱的"神意""灵机"驱使他去探求、去告诫雅典人。难怪那些守旧而又顽固的雅典人听不懂。1600 多年后黑格尔说清楚了,那就是"主体自身的理性原则","借新神之意宣扬一种人主体的内在意识的新道德原则";"他是提出原则来代替德尔斐的神的英雄","这种内在的确定性无论如何是一种新的神,不是雅典人过去相信的神"①,可以说,苏格拉底是后巴门尼德形而上学之路的先驱。他的地位主要是扭转当时希腊社会的潮流,力图以自己的献身唤醒雅典人,拯救走向危机的希腊城邦和公民。在形而上的理论建设上,可以说是个过渡性的中介。最宝贵的是他的哲人式的求真、求是精神,他实践中表现出的不屈不挠的傲骨。

苏格拉底是个正宗的雅典人氏。他讴歌盛世的雅典:"没有一个民族能像雅典人那样为他们祖先的丰功伟业而感到自豪,很多人受到激励和鼓舞,培养了刚毅果断的优秀品质,成为勇武著名的人";在公元前 431—前 404 年的伯罗奔尼撒战争中,他以重装步兵身份,自备武装,三次为雅典而战,救过后来成为远征西西里统帅的阿尔基比亚德(以上均见《会饮篇》219E—220E)。拉凯斯将军盛赞在第二次参战(公元前 424 年)中他的临危不惧的精神:"要是人们都像苏格拉底那样,我们城邦的光荣就得以维系,

---

①　[德]黑格尔:《哲学史讲演录》第 2 卷,北京大学哲学系外国哲学教研室译,生活·读书·新知三联书店 1956 年版,第 95、107—108 页。

大溃败也不会发生了,"(《拉凯斯》181A—B)。他还坚定不移,维护雅典政制的法律,拒绝执行"三十僭主"的命令,果断拒绝雅典人感情用事。他以议事会主席身份反对处死八位将军(《申辩篇》32A—C;色诺芬:《回忆录》第 1 卷第 1 章第 18 节)。显然,"代表没落的贵族","反民主派"这顶帽子戴不到他头上。可是他恰恰是被公元前 399 年当政的民主派处死。法庭能以 260 多票对 230 多票通过处死苏格拉底,说明雅典的公民和领袖已经蜕变了。苏格拉底的地位,与其说在哲学思想上,不如说是在实践希腊哲学的求真求是精神上。靠"闲暇"求知的人,明明是对的,怎么还被判死刑? 阿拿克萨戈拉无非就说了句"太阳其实就是块大石块",怎么就得罪了城邦保护神阿波罗? 连挚友伯里克利也保不了他,他逃了。苏格拉底无非就是坦诚告诫雅典人,你们成了地中海世界霸主后就开始蜕变了。你们利用提洛同盟的钱重修卫城和海港护墙,又依靠积累了的财富,大建卫城,整修巴特农神庙。"外在的"神高高竖起了,心中的"神"(灵机)却丧失,以致接连在伯罗奔尼撒战争中干了一系列骇人听闻的,甚至是灭绝人性的、有违神明的事。苏格拉底的众多弟子旁听了审判,或去狱中探望过,包括柏拉图也在场却都束手无策。无疑,对后人的影响是抹不掉的。不过,我们还是应将苏格拉底的人格魅力、献身精神与理论贡献区别开来。苏格拉底不是从回应巴门尼德的 Being 问题出发。

柏拉图是后巴门尼德中领会其"真理之路"的形而上学意义的第一人。现在划为反映苏格拉底思想的著作,都是柏拉图撰写的,应该说是柏拉图的思想。与同门弟子色诺芬写的《回忆苏格拉底》不同,柏拉图的全部对话是文艺体裁形式。作为文艺作品,如同后人的对话一样,可以虚构人物和情节。在 logos(理性论证式言辞)与 mythos(虚构的)未能作出明确划界的情况下,在哲学与文艺、宗教三者有密切关系,然而又有不同内容和形式的语境下,柏拉图使用文学形式之一的对话来表述其哲学思想,就必然产生两个问题:第一,对话中那个人物的思想和言辞是否代表柏拉图自己? 第二,哪个人物和情景是文学虚构的,哪个又是真实的? 任何时候研究柏拉图的人,必然都有分歧。同是一个领域(如哲学),也必然有不同看法。我们的办法是从柏拉图对话(特别是前后期)的全部,从柏拉图的自白(如第七封信,据考证较为可靠),从亚里士多德著作中的评述等中理清苏格拉底与柏拉图思想的划界。亚里士多德明确说,"归纳法"和"自知其无知""美德即知识"是苏格拉底的思想。他没有说,idea、eidos 是苏氏的,仅说他是寻求定义的第一人。苏格拉底既然想到归纳与定义的目标是找出同类事物或现象的"共同性质"并用"言辞"(logos)来表述,那么找一个恰当名称或词语,按思维进展的逻辑,那是迟早的事。苏格拉底是否用了 idea 或 eidos 这个词,并不重要。因为我们不是裁决"知识产权"。四卷本《希腊哲学史》第二卷第二编第八章第一节"普遍性定义即'相'的雏形"中论述了苏格拉底的"普遍性定义"("共同性质")同柏拉图的 idea 的关系,总的看法是站得住的。但是说"区别只在于论述它的存在方式上可能有些不同"①,这个提法不太确切,可能引起误会。我认为,苏格拉底的定义式的"共同性质",即使用过 idea 这个词,它同柏拉图的 idea 也有本质上的大区别。苏格拉底是从"纠偏"智者的相对主义、感觉主义出发,寻求规范人与城邦的政治、伦理准则,而柏拉图是受巴门尼德的形而上学开端的影响,寻求那个超越感性事物的、独立存在的 to on 到底是什么? 因为巴门尼德所能提供的仅仅是"Isness"的"是性"即不可分的、连续的、不动的、靠理性才能认识的 to on,颇像黑格尔《逻辑学》第一个范畴"纯有"。柏拉图固然受苏格拉底影响,吸收了定义法的寻求 idea 的方法,但他一开始就认为 idea 就是巴门尼德式的真实的存在,而苏格拉底根本未曾考虑个别与一般的关系。他认为定义就是各类个体(勇敢行为、虔诚行为)的"共同性质",换言之,这个"共同性质"离不开同类中的个体。用哲学术语说,对苏格拉底而言,一般是个别的共性,一般离不开个别,一般是归纳个别而获得的知识;但是,对柏拉图而言,恰恰相反,"一般"独立存在于"个别"之外,"一般"是真实的存在,是巴门尼德式的形而上学的世界。所以,准确的说法是:苏格拉底的归纳—定义及其"共同性质"是柏拉图 idea 理念形成的思想资源,启发了柏拉图的理念(idea),而不能说是"雏形"。

二、从 to on 到 idea:相论的实质和地位

本书坚持按亚里士多德所作的区分去鉴别柏拉图早期 13 个对话。对话中的苏格拉底属于文学虚构(mythos),苏格拉底其实是柏拉图的代言人,就是说,是柏拉图思想。例如《克拉底鲁篇》(*Cratylus*)中苏格拉底认为有"绝对的美或善以及其他一些绝对的存在"(439B—D);还有梭子的 idea,eidos(389B—C),此外还有铁匠的 eidos(389B—E)。《欧绪弗洛篇》(*Euthyphro*)中,关于"虔诚"的"绝对真理"是一切虔诚行为的标准(11A,15D);《欧绪德谟》(*Eudemus*)中关于"美自身"(301A),关于智慧、善、美的"某种真实存在的东西"(287D)等等。苏格拉底可能在日常词义上使用过 idea,eidos,但是,他还未能把 idea,eidos 提升为一个哲学范畴。作为一个日常词

---

① 　汪子嵩等:《希腊哲学史》第二卷,人民出版社 2014 年版,第 338 页。

汇,idea 和 eidos 及其动词,柏拉图之前人们都用过。《希英大辞典》列举了柏拉图之前的希罗多德、德谟克里特和诗人,指日常词义"形状""型""样式"。①柏拉图首先将它转换为一个表述形而上的哲学范畴。这是柏拉图的思想,尽管上述对话中,以苏格拉底之名出现。Idea,eidos 在柏拉图那里不是什么表述可感事物的形状、范型、样式的普通语言学的词义,而是指先于个别事物,先于自然界和社会关系而独立存在的 to on(ousa),相当于中国的"理在事先"的"理"。个别事物(如床、房子),乃至社会伦理规范,因为"分有"(metacho)或模仿它才有可能成为可感的"床、房子"。所以,就其哲学性质而言,已经走向客观唯心主义。就超自然的彼岸世界的"床""房子"而言,汉语"理型"颇为切近。对于社会伦理、政治规范等无形体东西而言,中文"理念"比较贴切。柏拉图通用 eidos,idea 二词。eidos 偏重"理型",idea 偏重"理念",二者都指"理在事先"的精神本体之"理"。四卷本《希腊哲学史》第一卷,沿用以往,译为"理念"。第二卷吸取著名译家王太庆教授意见改为"相"。第二卷第 14 章"相和相论",介绍了希腊文 idea,eidos 的普通词义和几种中文翻译(第一节)。第二节"相论的产生"介绍了先辈陈康、吴寿彭、罗念生的见解和中译,同时说明了改译"相"的缘由。古希腊关于物质与精神二者间,在哲学基本问题意义上的区分,还不具近代人的认识。从泰勒士到伊壁鸠鲁,都把灵魂、理性、神认作是"稀薄之气","纯净之火","细而圆的原子"。当巴门尼德说 to on(ousa)是唯一不动的"存在"(实在)时,他不是从何者为第一性、何者为第二性意义上说明其实在性。当他说"思想与存在同一"时,他的划分标准是:动与不动、可分与不可分、有生灭与无生灭,而不是黑格尔所说的标准。本人 1883 年在北京酒仙桥参加"哲学大百科"编写会议时已经提出,后来写入了《著名西方哲学家评传》古代卷"巴门尼德"条目,之后又写入《希腊哲学史》第一卷。1988 年参加在爱利亚城邦召开的巴门尼德研讨会上,我发表了个人的推断:同残篇四"思想与存在是同一的"相对称,应有另一个判断"正如感觉与非存在是同一的一样",因为前者主谓双方都是不动的、不可分的,只能靠理性来把握的;而后者都是变动的、可分的、可感知的。巴门尼德是按动与不动、有生灭与无生灭等来区分真实与不真实。四卷本坚持历史主义的"史"的原则。同是 eidos,在柏拉图那里,可译为"相",有时作"型"解。在亚里士多德那里,eidos 与 hyle(质料)对称,是"形式"(或型式)的意思,故译为"形式"。到了晚期希腊,在新柏拉图主义的"太一""灵魂"与 idea 体系中,idea 是创

---

① 　参见 GEL,p.817、482。

造物质世界的精神性实在,所以多次译为"理念""理型"("相")。

坚持"史"的原则,不等于不要站在现代人的认识高度做理论上的剖析,所以四卷本《希腊哲学史》在分析某一哲学理论的性质或走向时,又明确说明"数论""to on"论、"相论"的客观唯心主义走向或性质。考虑到 20世纪 50 年代以来,日丹诺夫哲学史定义的简单化、公式化影响,所以同时又指出古代与近代的差异,指出古希腊把哲学看作对智慧的迷狂,主张"为求知而求知",并非什么站在反动的贵族奴隶主立场上有意识地去创造一套哲学理论为某个党派服务。

说清这点在当前颇为重要。因为它涉及四卷本《希腊哲学史》是否以马克思主义为指导,是否不谈唯物论与唯心论这一基本问题。1956 年春在成都召开第一卷定稿会后乘船由重庆至武汉。在武汉大学暂住时召开了一个座谈会,介绍第一卷以及四卷本编写的几个指导性意见。会上一位老师说:"不谈唯物与唯心,就不是姓'马'"。这是一个大原则,所以负责人汪子嵩老师特地作了类似上面说法的解释;并说明在 1981 年春中国社会科学院召开的中外文史哲多卷本座谈会上,胡乔木同志提出了多卷本三要求。其中之一就是"总体上符合马克思主义"。既不违背马克思主义,同时又不要写成经典作家论断的注释,而要实事求是,创造性地运用马克思主义。经过编写者的解释,而且引文稿中几个问题的论述为例,加以具体说明,提问人表示信服。从史实出发的研究证明,马克思主义指导与解放思想不矛盾;马克思主义的唯物史观和人类认识史的论述,恩格斯关于哲学史对于提高理论思维能力的意义的论断,对于希腊哲学史的研究有一般方法论的指导意义。

关于柏拉图的"相论"(理念论、理型论),四卷本《希腊哲学史》第二卷的第 14 章,第 15 章第 1 节,第 16 章第 3 节,第 17 章第 4 节,第 18 章第 2节,第 20 章,第 22 章以及第 23 章第 1、2 节中关于"四类存在"和"善的等级",第 24 章第 1 节,还有"附:《法篇》中的神学"及第七封信的分析等,做了系统的研究。这里仅从柏拉图对巴门尼德的继承和改造,从形而上学话语体系角度,做些补充性论述。

1. 最早尝试运用巴门尼德思想来解释苏格拉底的"共同性质"者,是苏格拉底弟子,麦加学派的创始人欧克里德(Euclides,约公元前 450—前 380年)。他冒死从麦加拉到雅典向苏格拉底学习。苏格拉底被判死刑期间一个时期也在雅典。苏氏死后,柏拉图等一批弟子怕受牵连逃往麦加拉时,欧克里德接待了他们。第欧根尼·拉尔修说,他曾致力于钻研巴门尼德的著作,认为苏格拉底的最高的"善"就是巴门尼德的 Being(to on,实是)。换言之,to on 的"是性"(Isness)就是最高的善(参见 DL,2,106)。西塞罗时代,欧克里德的六篇对话可能还未佚失。西塞罗在《学园问题》中说,欧克里德是继芝诺之后的爱利亚学派成员:"他们主张最高的'善'是'一',是连续的'一'。欧克里德认为,也可称为智慧、神、'努斯',而个别的、变动的东西是不可规定的非存在"。亚里士多德用自己的语言转述麦加拉学派:"那些主张不变的本体存在的人,有些人说'一自身'就是'善自身'。但是他们认为'善'的本体主要在于它的'一'。"(1091b13)

麦加拉学派被当作小苏格拉底三学派之一,其实比较勉强,尽管的确也有一定道理。犬儒学派和居勒尼学派都从苏格拉底的伦理主张出发,然而麦拉拉学派却是从巴门尼德的"to on 到底是什么"出发去思考苏格拉底的最高的"善",而且坚持巴门尼德的两条途径的对立,将二者之间的对立推向极端,还把芝诺的论证推向极端。"当他反驳一种论证时,他攻击的是结论而不是前提"(DL,2,107)。欧布里德(Eubulides,生活在公元前 4 世纪中叶)继续推进,否定"意见之路"的真实性(其中有颇具积极意义的悖论如"说谎者""谷堆""秃头")。欧克里德的再传弟子麦加拉人斯提尔波(Stilpo,公元前 4 世纪后半叶)则把重点放在论证"实是"与"至善"是绝对的"一",提出类似我国古代名家的"白马非马"论,论证只有"人""马"是真实的,人们感官所见所闻的"这个人、那个人""这匹马、那匹马"都是"非存在"。个别的人是不能用语言表述的。

显然,绝对否认"个别"的真实性,不是苏格拉底的观点。他肯定个别的"虔诚""节制""勇敢"的存在,只是说"个别"不是"一般",求知的目标是"共同性质"的定义。苏格拉底也没有把"个别"与"一般"绝对对立起来。所以,麦加拉学派的创始人可以说是试图用巴门尼德学说解释社会现象的第一人。值得注意的是,他从来未用过 idea,eidos,这也间接证明 idea、eidos 不是苏格拉底的,而是柏拉图的思想。

2."相"论是柏拉图深化、改造巴门尼德思想的创造。

把苏格拉底的"至善"嫁接到巴门尼德的"to on"上,无非是说"to on"就是"善","善"就是那个永恒不动的、唯一的、不可分的"to on"("是性"),显然它无多大的发展空间。所以麦加拉学派的发展和延续基本上就是一个芝诺式的论辩,甚至制造一系列的诡辩,损坏了 Philosophia(求真知)的声誉,似乎哲学就是教人诡辩。柏拉图也是从苏格拉底的定义和诘问出发,但其目的是启发人们从众多"个别"(范例)中,认识到这些"个别"之所以有"美""善""智慧"的因素,原因是"分有"了"美自身""善自身""智慧自身"。而这个"x 自身"就潜藏于人的理性灵魂中。一个无知的童奴能在对方的提问、启发之下得到了正确的答案（参见《美诺篇》82B—85D），因为"提问"使他回忆起灵魂先天就有的知识，即"x 自身"的认识，这个"x 自身"就是独立存在的真实的 idea。从《斐多篇》（*Phaedo*）关于"相等自身"与具体事物之间的"相等"可以看出，柏拉图的"相"论继承了巴门尼德关于形而上的 to on 是永恒的、无生灭的、不动的，只能被 noema（思想）所认识的唯一真实的存在。但是他作了两个修正：第一，to on 不是唯一的"一"，而是无数个不可分的"相"。正如原子论者将巴门尼德的 to on 变成无数的、不可再分的微粒一样，柏拉图把它改造为无数的、不可再分的 idea，eidos；第二，两个世界、两条认识之路不是绝对对立的。流动中的可感知个体，当它"分有"idea 时，也可以有知识，而不仅是"意见"（参见 *Phaedo*74B—80B）。在柏拉图的后期著作中他对巴门尼德所说的"非存在"又做了区分，在《斐莱布篇》（*Philebus*）中提出四类存在；在《智者篇》中区分了自然界中实物与画，梦境与感性世界两类"非存在"的区分，"非存在"不是绝对的"无"。这样，巴门尼德的"to me on"（非"是"，非存在）在柏拉图这里仅仅是指变动的、有生灭的、可分的感性个体。某种意义上说也是"有的""存在的"即非 A（to me on）意义上的存在，所以，后期的柏拉图认为有绝对的、相对的两种"存在"与"非存在"。这样，自然哲学也才有可能。

3. 柏拉图在《巴门尼德篇》和《智者篇》中开始从语言入手分析实是与非实是，开拓了范畴方面的研究，启发了亚里士多德从希腊语言入手研究形而上学之路。《希腊哲学史》第二卷第 20、22 章分别介绍了《巴门尼德篇》和《智者篇》的内容，包括前人所作的研究；迄今学者间发生过的争论，以及作者自己的见解。这里仅作下列补充：

3.1　可以断定巴门尼德和少年苏格拉底是作者的虚构。不管学界有几种看法，"少年苏格拉底"绝对不可能发表那些见解，否则就必须承认 20 岁左右的苏格拉底就有系统的"相论"了。如果是柏拉图自己同巴门尼德对话，那么巴门尼德的生卒年代不管取何种说法，他都活了一百多岁，从公元前 6 世纪末至公元前 4 世纪初，因为柏拉图的生卒年代（公元前 427—前 347 年）是可靠的。所以，对话人物是文学的虚构。尽管虚构总有现实的基础，但是文学上的虚构，就要按 mythos 看待，不可以把对话人苏格拉底的话等同于真实的苏格拉底。

3.2　柏拉图的"相论"遭到了学园内外的挑战。至少有一个材料是很可靠的。亚里士多德于公元前 367—前 347 年，近 20 年在柏拉图学园，也就是说公元前 347 年柏拉图逝世后才离开。亚里士多德入园时，柏拉图已开办学院近 20 年(约公元前 387 年创办)。《形而上学》A 卷以"我们学园"的语气对"相论"提出许多批评意见,或者是转述别人的质疑,例如:微小的无价值东西,有无理念;污秽的东西,坏的、恶的东西有无理念;如果大小、数量、性质都有各自的"相"或"型",那么一个人(如苏格拉底)身上有多少理念;最令人疑惑不解的是理念(相、理型)同个别事物的关系,"分有"或模仿都难以解释。世上一个具体的东西如何"分有""模仿"理念世界众多的 idea,eidos,亚里士多德讽刺说是"诗意的比喻"。因此,各种质疑促使柏拉图晚年重新考虑和修正他的理论。

3.3　从《巴门尼德篇》和《智者篇》看,柏拉图不是从希腊系词 eimi 着眼讨论语言与范畴,而是从当时常用的语词方面切入思考并修正"相论"的。在《巴门尼德篇》中,他提出:存在与非存在、一与多、静与动、相似与不相似、整体与部分、有限与无限、同和异、相等与不相等、产生与消灭、结合与分离等十对范畴。在《智者篇》中,他简化为是与非是、静与动、同和异三对。同亚里士多德的《范畴篇》相比,可以看出柏拉图是从众多不同词语挑出最重要的几对,试图解决"相论"碰到的难题。

3.4　柏拉图肯定有生灭的可感知的世界,在某种意义上可以说也有真实存在的意义,也有靠理性(思想)所把握的知识,不过是低一层次的知识。他修正了过去说的感性无知识可言的看法,婉转地肯定了《泰阿泰德篇》的第三种答案:真意见加逻各斯就是知识:筛选后的 doxa(意见、见解、看法),经过言辞和理性加工后就成为系统的普遍性的知识,只不过这是关于感性世界的知识,而不是理念世界的知识。这就意味着,亚里士多德的"第一哲学"与"第二哲学"呼之欲出了。

3.5　在上述第一至第三的基础上柏拉图改变了原初无视传统的自然哲学的态度。他在修正了的"相论"和"知识论"的基础上提出了他的自然哲学理论,这就是《蒂迈欧篇》所表述的"创造论"。本人否定学术界中两种意见,一是说《蒂迈欧篇》是以"相论"为理论基础;二是说与"相论"无关。我的看法是以修正了的后期"相论"和"知识论"为基础,重新构建自然哲学,因此产生了同传统的"生成论""元素论"不同的第三种自然哲学,即"构造论"。

说清了亚里士多德之前的三种话语系统、三种思维方式、三种体现 Philosophia 的哲学形态,我们就可以从一个新的视角去探讨希腊哲学学术史上的一个难题:亚氏《形而上学》的主题什么? 是本体论还是神学? 何种意义上说是伪问题?

第五节　两套话语系统交错编织的
亚里士多德《形而上学》

关于亚里士多德的著作和思想,古今人们的一个共同感受就是前后不一、矛盾与混乱。特别是关于《形而上学》的主题是本体论抑或是神学,从晚期希腊开始就一直有争论。《希腊哲学史》第三卷第三编的小结,专门介绍了学术界关于《形而上学》主题的争论。本节拟在第三卷的基础上,以亚里士多德形而上学思想为中心议题,发表些补正性的意见。有关参考资料注明第三卷的出处,2002 年第三卷成书以后的海内外有关著述,另行列出。

一、跳出后人编纂的《形而上学》的框框,重新考察
亚氏的形而上学思想和话语系统

无论是耶格尔,还是欧文思神父(J.Owens),抑或是莱思齐(W.Leszl),还是中国学者陈康、余纪元,他们关于形而上学的主题是本体论还是神学的不同意见,从所引资料和论证的思路看,大体上都局限于亚氏逝世后 200 年编纂的《形而上学》一书。所以,我们首先要追问的第一个问题是:作为《物理学》之后的讲稿、笔记、要义汇编,是否代表亚里士多德的关于形而上学哲学的思想或思路? 第二个问题是:《形而上学》汇编中的不同说法,甚至"矛盾""混乱",能否等同于亚氏思想体系所固有的矛盾或混乱? 倘若亚氏自己汇编他的著作,是否同后人的汇编一致? 第三个问题是,亚里士多德关于哲学形而上领域的主题到底是什么? 是否存在本体论与神学这个矛盾? 下面分别做些简短的论述。

关于亚里士多德的著作除公元前 1 世纪安德罗尼柯的编目外,现存记载还有三种:第一种是公元 3 世纪第欧根尼·拉尔修的目录(参见 DL,5,22—27)。第二种是公元 500 年左右 Menagius 的匿名者,可能是米利都人赫叙奇(Hesvchius)《亚里士多德传》中的书目。第三种是阿拉伯文,附在《托勒密传》中的书目。这三种书目,以及安德罗尼柯的编目彼此间有显著差别。但是有一点可以肯定,亚里士多德于公元前 335—334 年重回雅典,在亚历山大大帝等的支持下建立了庞大的吕克昂(Lyceum)学院和图书馆,他主持下的学院收集了大量图书和亚历山大从西亚、印度河送来的动物标本,所以在《动物志》中他有条件记述大象的生活习性,以及生活在西亚伊朗高原的生物。他在这 12 年的讲课分学院内高深课程(akroterion,acrotics)和对外的次级课程(exoteric)。到底亚里士多德是如何划分内外有

别的课程,不得而知。现存的《形而上学》汇编中的主题和矛盾,不等于就是亚里士多德思想体系中关于形而上学方面理论上的矛盾。

因此,我们切勿受现行《形而上学》一书14卷的框框所限,无形中落入这个"圈套"去争论形而上学主题是本体论,还是神学。我们必须找到研究亚里士多德形而上学的新的方向。从整个希腊哲学发展的逻辑进程,从后巴门尼德形而上学发展至柏拉图所碰到的问题,以及后期柏拉图的新探索入手,找到那个高于本体论和神学的核心,解开亚氏思想的混乱和矛盾的症结所在。

二、从亚里士多德众多原著入手

无论是安德罗尼可,还是上述另三种书目,有一点是确定无疑的。这就是除了在柏拉图学园中所写的对话外,亚氏在吕克昂主持学院时写过或讲解过涉及各个领域的众多著述。他引领吕克昂成员收集涉及动物、植物、气象、天体的实证性资料,而且收集希腊158种关于希腊各城邦政制与历史的文献资料。1880年在埃及发现的《雅典政制》及后来在大英博物馆藏纸草文献中找出的更为完整的,同一主题的抄本,就是其中之一。现存《政治学》八卷中大量引证希腊和地中海域埃及、腓尼基的资料,说明他不是单纯沿袭苏格拉底—柏拉图的道路,按前人思维框架解释新问题。所有这几种书目都说明,亚里士多德的研究包括了自泰勒士以来的各个领域,连智者运动中形成的语法、修辞、演说、法律,以及希腊史诗、悲剧中涉及的文艺创作和"诗艺""剧艺",还有雕刻,医学中知识性问题等等,他都涉猎,而且如同马克思所说,"亚里士多德的魔杖指向那里,那里就出现奇迹";他是"古代的黑格尔""百科全书式的"哲人。

《形而上学》A卷,《物理学》第一、二卷,《论灵魂》第一卷,《天象学》第一卷,《政治学》第二卷等说明,亚里士多德涉猎各个知识领域时,他喜欢考察前人在这个领域有何见解,用他的话论"先辈们说过什么"。这就意味着他一向有意识地研究和总结前人的成果。不仅如此,他还重视收集和考察当下的动植物和城邦资料。这说明他心中有一个通盘的研究方略。柏拉图三赴西西里是为了劝说叙拉古执政者实行他的理想政制。亚里士多德不同,他是因学术分歧于公元前347年离开柏拉图学园,又因时局而在黑海边、西亚和马其顿度过12年。公元前335—前334年重回雅典,创办吕克昂学院。12年的所谓"漫游时期",正是他的鼎盛期(约37—49岁)。尽管无详尽史料,但是从《动物志》《动物的结构与机能》等六部书的一些话语和事例可以看出他从未停止学术研究。他应僭主赫尔米亚之约到小亚那索斯开办过一所研究和讲学场所,之后到塞奥弗拉斯特家乡列斯堡,不久就到马其顿王朝做了 8 年的亚历山大师傅。一个大学者做一位"中学生"的老师,他有充分的时间和条件从事自己的学术研究。若这 12 年鼎盛年他在漫游中消耗年华,那么他就不可能于晚年 11 年(公元前 334—前 323 年)创办学院,写出那么多富有哲理的论著和讲课纲要。因此,我们不能抛开亚氏一生的学术生涯以及他在柏拉图学园时提出的关于 idea 的质疑,不能无视他的全部著述去回应后人编的《形而上学》的主题。

按照亚里士多德自己的叙述,他把哲学划分为理论学术与实践智慧,又将前者分为第一、第二哲学及其求智工具;将后者分为政治学、伦理学、理财学。关于 techne(技艺),他也把医学、音域学、修辞学、诗学看作实用性智慧,纳入学术体系之中。由此可见,对于自己的学术著述,他有一个统率一切的形而上的思想,这就是统摄亚氏所有著作的他心目中的形而上学。后人编的 metaphysica,编纂者的指导思想是八卷《物理学》之后的重要散稿的汇编。那时 metaphysics 还未成为后来的形而上学意义的专门术语,而是指编纂《物理学》之后的《汇编》。诚然,这 14 卷包含亚氏重要的形而上学思想,但它不是亚氏本人编订的关于他的"形而上学"思想的系统论著,很难说汇编《形而上学》就代表亚氏的形而上学主题。我们应从亚氏全部著述及其文中有关提示入手,总结他的形而上学思想。

三、《范畴篇》是亚里士多德思想体系的诞生地

安德罗尼可和后继人把《范畴篇》编为后人取名的《工具篇》,是取其次,而忘其首了。固然它有认识工具的意义,在亚氏的逻辑学和认识论中有奠基性的地位,但它的首要意义是,宣告亚里士多德实现了对柏拉图"相论"的超越,标志着他以自己悟到的"思想之路"的真谛,重新构思形而上学的思想。柏拉图一生致力于相论,然而他的认知之路还是认知科学和进化论所说的"down up"之路。他看到各种各样的动物、植物,上至苍天,下至地上自然与社会繁多现象,沿着苏格拉底之思路,为所见所闻的所有现象和各类个体寻求一个共有的 idea,eidos。这两个词本身也说明柏拉图是从"在下的"(down)出发,对应地找到一个在上的(up)东西,把本义为形状、形体性的 idea,eidos 上升为形而上的"相"(理型,理念)。这样,致使他到了晚年,也无法解决如何"分有"以及一物到底"分有"多少个理型的问题。从《巴门尼德篇》到《智者篇》,他尽管想到要换个视角,从语言找出路,但是他受这种"down up"思想束缚,始终未能跳出从现世的各类东西找超世的"相"。他始终未领会巴门尼德为什么一出场就讲"两条道路",走形而上之

道,反观形下之物。而亚里士多德悟出真谛了,他走"up-down constraints"之路。《形而上学》A 卷第一、二章,代表了他对《斐德罗篇》中 philosophia 作为热恋于求知的新解(寻求最高的"智慧")。从《尼可马基伦理学》第 6 卷第 6 章及《论灵魂》第 3 卷,看到他关注灵魂的最高认识能力(nous)。他注意到形而上学的认识靠的是"努斯",即最高的沉思理性(认识能力)。在《尼各马可伦理学》第 10 卷第 6—10 章,他说,沉思活动是最高幸福,是"神一样的幸福"(1179a23—32)。亚里士多德很明确,哲人的理想生活就是用沉思理性去寻求最高智慧果,创建体现最普遍、最高级智慧的神圣的知识。他善于总结前人的"down-up"的认知成果,实现认知上的"up-down"的转换,开创哲学的新纪元。我这里引入进化论和认知科学上的两个概念,运用于哲学史、文化史研究,可能比较陌生,故作些解释。

　　生物和人种进化的途径是,在先的某一纲目的生物(如节肢动物)随环境变化慢慢积累进化的因素,用辩证法的术语说就是量变和部分质变。到了一定时候发生质的飞跃(即"down-up"),产生了脊椎动物的新质素。一旦基本成型,就又有一个"up-down"的效应,推动整个躯体各个部分发生新的结构与功能的重新整合,从而加速完成脊椎动物这一新品种的成型。这个新质基础上发生的运动、营养、呼吸、繁殖系统等的构造与机能的适应性的变化,专业术语称为"up-down constraints"。又如手的解放带来灵长类整个机体的定向性的新变化。由此又推动新的 down-up 过程,这个"down-up"与"up-down constraints"的效应是,使得天体、生物、人类的进化越来越快。寒武纪之后的几千万年远超过以往的几亿年。鱼类、两栖类、爬虫类、鸟类、哺乳类、灵长类,人类的进化速度一个高过一个。认知科学表明,人类的认知器官、认知功能和认知能力也有类似的规律。本人将进化论和认知科学的成就运用于哲学思维的研究过程,旨在从认识的逻辑(内在规律性)说明,一旦将巴门尼德的形而上学成果运用于研究人与社会现象时,就取得以麦加拉、柏拉图为代表的认识上的进步。亚里士多德的范畴论及范畴论基础上的本体论,是后巴门尼德关于形而上学的认识的大飞跃。"人体解剖是猿体解剖的钥匙"。回头看,有新知;往后看,可以看出许多新的认识的萌芽。为了将繁多复杂的当代进化论和认知科学用简要易懂的语言说清楚,这里引用了"量变、部分质变""飞跃"等辩证法术语来概括,这些在原来的著作中是没有的,特此说明。

　　这种"down-up"与"up-down constraints"的认识上的进化过程,从古希腊形成开始,其实就不断发生。从神谱中某位神为万物之始,过渡到理论思维成果的"本原",需要一个漫长的过程。一旦开创了哲学上的 arche(本原)之路,那么就带来关于始基与生成原理和具体现象解释的一系列新变化。许多用众神关系解释的事情,跟着都被理论思维成果置换了。从泰勒士到毕泰戈拉,积累了自然哲学领域认知的成就,又推动新的 down-up 过程,相对于早期自然哲学而言巴门尼德又实现了从"down-up"到"up-down"的新飞跃。他站在"真理之路"三标志(to on,noema logos)的高峰,俯视"意见之路"的"to me on,aisthesis doxa"(非存在,感觉,意见),看到了早期自然哲学的弊端、缺陷和局限。"后巴门尼德"的自然哲学从自然现象出发寻求新的"真理之路"(形而上学之路),找到了万物的构成因素,又获得新的认识。但是后巴门尼德的社会认知不是直接从巴门尼德出发,而是受时代主题变化所制约,像早期自然哲学一样,重走"down-up"之路,从感性事物,从社会现象出发,由下而上寻找各种各类事物和现象的 idea,eidos。《巴门尼德篇》《智者篇》标志着这条路已走到尽头了。有的学者未能悟出其奥妙,误以为这两篇可能是后人的伪著;有的人停在表面上的解读;有的人干脆置之不顾,例如格思里的六大卷《希腊哲学史》,柏拉图占两卷(第四、五卷),一个个对话逐一考察,可是《巴门尼德篇》一共才 28 页(原文第 33—61页),其中第二部分,仅用了 3 页半(第 54—57 页)。[①] 还有的人认为,《巴门尼德篇》第二部分"是幽默的争辩","第二部分的大部分都是有意错误的,是诡辩。"[②]对于古希腊哲学巨人的这篇著作,为什么今人会有如此离奇的解读和处理办法? 为什么从中期学园开始就弄不清老祖宗写这么一篇对话的用意? 除了近代学者自身的局限外,柏拉图自己也是个原因,他诉诸语言,但是他离开了巴门尼德的 to on 的"是性"(isness)这个大方向,还停留在"down-up"走向,从尘世中语词的关联性出发,寻求摆脱"相论"的困境。亚里士多德受柏拉图后期相论的启发,同时又思考了"此路不通"的根源。他不是从 Idea 出发,而是从巴门尼德关注的系词出发。在他看来 idea,eidos 无非就是同"质料"相关的形式,充其量,纯形式也仅仅是最高本体的一个属性。即使是永恒运动的星球,它的 idea,eidos 也离不了"第五元素"(以太)。至于《巴门尼德》篇中的 20 多个词语,以及《智者篇》中的所谓

[①]　参见 W.K.C.Guthrie,*The History of Greek Philosophy*,Vol.5,Ch.2,§1"Parmenides",2001,pp.33-36.作者在篇首说:"《巴门尼德篇》,特别是它的第二部分,是柏拉图所有对话中最令人沮丧的(或译'命运多端的'的)。谁都不否认,从这篇看,柏拉图是个有神论者,深度的宗教甚至神秘主义情怀者。而且人们惊奇地发现,在《斐多篇》《斐德罗篇》《蒂迈欧篇》找不到任何迹象。"(第 33 页)。作者在结论中说:"要了解《巴门尼德篇》的目的,确是很难的。每种可能都有人提出过,不过也都陆续被否定了。因此人们必须以很不自信的谦卑提出任何解释。"(第 57 页)

[②]　参见汪子嵩等:《希腊哲学史》第 3 卷,人民出版社 2014 年版,第 718—719 页的介绍。

"通种论",亚里士多德在《形而上学》第五、九卷中仅仅作为哲学应研究的内容之一,换言之,不是最高智慧的中心要义①。

亚里士多德牢牢抓住巴门尼德"真理之路"的指向是"纯思"领域。他以系词 eimi 的分析为开端。他把 eimi 作"切割",分别"装入"十个框框中,这就是范畴(categoria,英语 category,原义是"切割开来,装入某个框架之中")的来历。《范畴篇》被列为亚氏著作的第一篇,他把"是性"分为十种,本体、数量、关系、性质、位置、时间、状况、属有、动作、承受。唯有本体是独立存在的"这个"(toditi),另外九个都是从属于本体,说明本体的。这样,就解决了苏格拉底这个人分有多少 idea 的问题。苏格拉底"这个人",就只有一个本体(idea),塌鼻,厚嘴唇,智慧超人……都是属性。这是亚氏早期的著作,然而它意味着亚氏将从 eimi 的分析着手创建他自己的哲学形而上学。值得注意的是,在这里,亚里士多德将苏格拉底—柏拉图的"类"的共性看作是"第二本体",而个体却是"第一本体"。"eimi"的"是性"有十种,唯有指称"这个"者,谓之本体,可以独立存在。"本体"的提出,奠定了他的形而上学的基础,而"第一本体"与"第二本体"的区分,也潜伏着他今后的矛盾与混乱。

四、区分 to on 与 to on hei on(Being 与 Being as Being) 是把握亚氏形而上思想的关键

在亚里士多德著作的研究中,切勿忽略了"存在"与"存在之为存在"(或译"是"与"是之为是")区分的重大意义。《范畴篇》是对 to on(Being,是性,存在)的划分。在这里 to on 既有普通词义,又有逻辑和哲学上的含义,三者还浑然一体。其中的哲学含义打破了巴门尼德关于"存在"与"非存在"的划分,继承了柏拉图后期思想,讲的是感性世界众多之"存在"的"是性"。对可感世界而言,"个体"是第一本体,个体有数量、性质、关系、时间、状况等不同属性。共同之"类","属"当然是"第二本体"。"人""马"能表述独立存在的这一类,前提是所指的诸个体能独立存在。《范畴篇》中还未出现"to on hei on"。

编入《形而上学》第四卷和第六卷中出现了 to on hei on。第四卷开宗名义,第一句就是:There is a science which studies Being qua Being, and the properties inherent in it in virtue of its own nature。普林斯顿大学出版社的两卷本全集是对罗斯的全集本的修订,这里仍用罗斯的英译: There is a

① 参见汪子嵩等:《希腊哲学史》第 3 卷,人民出版社 2014 年版,第 16 章。

science which investigates being as being and the attributes which belong to this in virtue of its own nature(1003a23—25)。两种译法基本一致,只是表述不同,无显著分歧。四卷本《希腊哲学史》第三卷第 12 章"研究'作为是的是'的学问——《形而上学》第四、六卷",详细介绍了亚里士多德关于是之为是的思想。

　　按照巴门尼德的思想,显然他的表述应该是:"有一门学科,它研究 to on 及其所固有的属性"。在他的二分法中,这就是后人所说的形而上学。与之对应的是自然哲学。但是,柏拉图的 to on 和 to me on(非存在)已经不是巴门尼德概念的含义。亚里士多德先从语词上对 to on 作界定,"是"或"存在"有各种含义,只有其中一个含义叫 ousia(本体)。亚里士多德的《范畴篇》就是研究 Being,他对 Being 作了本体与属性的区分。所以《范畴篇》就其研究性质说,不是哲学篇,作为"工具篇"也是有一定道理的。因为在判断和推理、命题与论证中都涉及系词"是",所以在《范畴篇》的论述中,提出"可以被表述"与"不可以被表述"之分。但是,对哲学而言,则是另类问题了。亚里士多德后来的表述是"Being as Being 及其本性所固有的属性"。Being as Being 是对巴门尼德的泛论的 Being 的修正,指的就是"因其自身而独立存在的'这个'",即本体,这才是哲学的研究对象。第四卷提出的"有一门学科"指的就是"哲学"。后面我们要说到一旦把它理解成是"第一哲学"或"形而上学",就产生因误读而发生的争论了。"本体自身因其本性所固有的属性"中这个"属性",不是数量、性质、空间等九个范畴所表述的属性,而是后面说的三类不同本体的不同本质和属性。在下文(1003a26—27)就举数学为例,它切取 Being 中数量这一特殊部分。这就是数学的研究对象,当然不属于哲学。只有因其自身而独立存在的本体才是哲学这门学科的研究对象。因此这里说的"有一门学科,它研究 Being as Being 及其自身所固有的属性",指的是整个哲学,他用 to on hei on 表述,这就是本体。为了区分作为本体的 Being 与九个范畴的属性 Being,他以 ousa 这个 eimi 的阴性分词为语言载体,创造了一个新名词 ousia,英译为 essence 或 substance,来自拉丁文的术语 essentia,substantia。中文译为"本体",也有的译为"实体"。(汉语中"本"较为确切)由于柏拉图学派把数(点、线、面)也说成是本体,而且未能区分"这个"(本体)与属性,以为都有 idea,eidos,于是就产生了一个"人"有多少"相"的难题。亚里士多德在《形而上学》B 卷的几个问题中,第 3、4、5、8、11、12 等 6 个问题都讨论到有关本体的各种意见。这 14 个问题,注释家们认为是比较早的时候写的。《形而上学》第七卷第一章中亚氏说:"什么是 Being,什么是本体,这个问题无论古老的过去,现在和将来是永远要提出来的,是永远令人困惑的问题。"(1028b2—4),可以说这是他终身思考的核心,这个"核心"的要义是他区分了 Being 与 ousia(本体)。他把 to on 与 ousia 作为相关的两个问题提出来。《范畴篇》回答了什么是 to on。"后《物理学》诸篇"中要研究的是 to on hei on。这是亚里士多德发现的新问题,因而打开了新的思路。从《物理学》《论天》和编为《形而上学》第七、八、九、十二卷的内容来看,他的答案是有三种本体:可感的、有生灭的本体,主要是动物、植物;可感的、永恒运动的本体,即星球;只能用"努斯"(沉思理性)把握的永恒不动的最高本体。接着亚里士多德说了几句极重要的、关键性的话:"前两种本体是自然哲学的对象(因为都内涵运动);然而第三种本体属于另一门学科,同前两种无共同原理,它属于另一学科。"(1069a 35—36)这个"另一学科"就是"第一哲学"。

当研究者将 to on,to on hei on,"有一门学科""第一哲学"、《形而上学》与后来作为"玄学"的形而上学等相混淆,或相等同,抑或弄不清时,就产生了后面说的一系列问题。

五、重议《形而上学》主题之争

《希腊哲学史》第三卷第 12 章第 1、4 节及第四编小结"形而上学的主题——本体论还是神学",详细介绍了古今中外学者的五种见解。一是伊文思神父为代表的"神学"主题论;二是耶格尔为代表的"发展说":"从早期神学逐渐向本体论思想发展";三是以罗斯等为代表的"本体"主题论;四是意大利莱思奇(W.Leszl)为代表的两个主题"平行存在论";五是陈康、余纪元为代表的"矛盾—调和论",陈康认为"亚里士多德调和二者的矛盾的企图最后以失败告终"(第 755 页);余纪元认为"本来就存在双重形而上学,想把它们统一起来是白费力气"(第 759 页)。

由于资料的限制,20 世纪 90 年代撰稿时未能找到新的生长点、突破口和新的见解,所以汪子嵩先生说:"我们在这里扼要地介绍了陈康和余纪元的研究结论,并不表示我们完全同意他们所有的看法和论证。但是他们有一个共同的基本观点,即认为在亚里士多德的形而上学思想中,存在着本体论和神学的矛盾;亚里士多德企图将这二者调和统一,却没有成功。这个结论是我们所接受的。"(第 760 页)。

本人在主持修订新版时,考虑到这是以汪先生为首共同确认的结论,个人不便也无力改动,所以维持原样,但是心中始终忘不了这个问题。根据近 10 年收集到的古代晚期对亚里士多德著作的注释和中世纪有关研究性著作,重新审视这场争论,有些见解现予补充,供后人参考。

　　为了弄清这个争论的来龙去脉,我重读了亚氏有关著作,同时翻阅了前面第一节提到的晚古时代注释家们对亚氏著作的注释,然后再沿着伊文斯神父提供的线索,查阅有关材料直至当代的争论文章,我发现在"to on hei on"与"第一哲学"关系上,亚里士多德并未混同。晚古时代的诠释家,如阿弗罗狄西亚的亚历山大的表述也符合原意。问题出在伊文思自己及中世纪以后,各种表述和解释越来越混乱。因此,我们先要做一番清理,然后谈几点见解。亚里士多德本人当时并没有,后来才成立的与"形而下学"相对应的"形而上学"概念。亚里士多德著作编纂者也没有近代才形成的"形而上学"观念。当他们用 ta meta to physica,将这些散篇放在一起,取这个名称,加上这个标题的时候,他们心目中是怎么想的呢? 为什么不把这些编后的散篇放在全书之后,而是放在《物理学》之后? 从散篇内容看,显然他们不仅是考虑到介词"meta"有"之后"的意思,而且还有"高于""在……上"的含义。也就是说,编者可能有后来的"形而上学"的萌芽。当今的好多"元科学"之"元",语源就是 meta。因此,去掉性、数、格一致等语法因素外,冠词"ta"之后的 metaphysica 成了"形而下"之上的"形上学",指称超世性的、高深的、普遍性的哲学学说。词义上的这种演变是有内在根据的,正如 arche,atom 等后来指称"本原""原子"一样。但是,这种逻辑上的演化或推演,在认识史上体现为"史"的时候,是要经历一个历时性的过程的。从亚里士多德到安德罗尼柯的编纂,首先要明确下列基本点,否则就出现一系列混淆。

　　1. 亚里士多德自己在著述时只有理论哲学与实践哲学、第一哲学与第二哲学的概念和思想,换言之,他还没有后来的"形而上学"概念。所以,当后人用"形而上学"去诠释或研究亚氏思想时,就可能发生差错。我们的《希腊哲学史》第三卷有关表述也有需要更正的提法。例如,"亚里士多德将自己的形而上学叫作神学,说它是最高的理论科学"(第 573 页,注:亚氏仅说过"第一哲学"也叫神学);"亚里士多德说他的形而上学是研究'作为是的是'的学问"(第 574 页,注:他仅说过"有一门学科"即哲学)。

　　2. 从《物理学》《论生灭》《论天》《论灵魂》《政治学》《伦理学》《修辞学》《诗学》看,当他论证该学科的对象和前人思想时,他都发表一套(至少若干)高于前人的,作为学科指导性的一般理论。相当于今日表述之"导论"(introduction)和"导读"("入门",companion)。从后人编纂的《形而上学》,特别是第一、二、三、四、七卷看,他对第二哲学及实践科学中经常使用的"本质"(本体)、原因、形式与质料、潜能与现实、元素与原理、真与假、"先于"之含义、定义与论证、思维方法与规则,以及相对主义、感觉主义和诡辩伤害求知之本性有辱哲学之尊严等等,都一一做了论述。可见,他有后人所命名的"形而上学"思想。按照亚氏的"先于"与"后于"的界定,关于"界说"与"被界说"(定义与被定义)的说法,显然真正意义上的哲学形而上学,在他的心目中就是这一套最普遍的理论。既然"永恒不动的本体"要用"本体""纯形式""纯现实""纯思""圆满"等等来界定,显然研究这些理论的学说是最高的学问,即后人说的"形而上学"。"形而上者谓之道,形而下者谓之器",指的不是对象,而是关于对象的知识,即道之理,器之艺。明末李之藻将天主教东传文献中关于唯一神理论的著作编为"道篇";将如何修水利,制钟表和几何、代数等编为"器编"。所以,所谓"亚里士多德的形而上学"指的是他的最抽象、最普遍的理论。

3. 对照前面提到的另外三个书目,显然安德罗尼可他们悟到了老师的比较深层的思想,绝不像装运物品似的,把剩余的杂货都装进《后物理学》这个大箩筐。他们有一个选编准则,将与自然哲学(physica)有关,讨论自然哲学一般性原理的,更高深的理论收入 ta meta ta physics,即今译《形而上学》一书之中。此时,他们碰到一个问题,亚氏自己称自然哲学为"第二哲学"(或次一级的哲学),称研究永恒不动的本体为"第一哲学"。而且,《物理学》第七、八卷的主题就是论证存在着一个"第一推动者"。这样,编纂者想当然地就把论证"第一哲学"就是研究永恒不动的本体收入其中,作为第六、十二卷。于是,作为后自然哲学的《形而上学》一书就有两项。一是永恒不动的本体,也就是亚里士多德的神学;二是"玄学"理论。因此,我们可以得出结论:正是安德罗尼可等的编纂造成了两个主题。后人又将《形而上学》与亚氏的形而上学思想相等同。作为"后物理学"的《形而上学》一书,它的主题到底是"神学"还是"玄学",这个问题几乎就等同于亚氏的形而上学思想的主题是本体论还是神学,这个等同,一直延续至今。不妨设想一下,假如安得罗尼可他们在编纂时把二者分列为两部汇编,我想后人就清楚明白了:原来在亚里士多德的心目中,在自然哲学之后,又高于自然哲学者有两项:一是高于有生灭的本体及永恒运动的本体(星球)之上的永恒不动的本体的学说,他称之为神学;二是高深的,为第一、第二哲学提供理论支撑的"玄学"。因此,我们可以得出下列四个结论:

第一,安德罗尼可的"物理学之后"的汇编,将"关于最高本体"的学说(即亚氏所称呼的"神学")与"玄学"的高深理论,二者收入《形而上学》一书的汇编中,这种汇编方式为后来的"主题之争"种下了祸根。

第二,《形而上学》汇编中有两项内容,不等于就是矛盾的两项。所谓"矛盾"指的是形式逻辑意义上的矛盾,即 S 是 A 与 S 是-A 二者同真。但是原著中没有"形而上学的主题"(S)。这是阿拉伯学者和中世纪研究《形而上学》一书的主题时提出的命题,他们把"《形而上学》一书的主题"与"亚里士多德形而上学思想的主题"相等同。同时在讨论中又把第四、七卷中的"有一门学科"说成就是指第六、十二卷的"第一哲学",于是,本来是一个"笭筐"中的两样东西"青菜"和"土豆",变成了这个"笭筐"的"主题"是"土豆"还是"青菜"。

第三,《形而上学》这个笭筐中有两项不等于就是"矛盾着的两项",更不等于亚氏形而上学理论有此矛盾的两项。错误出自《形而上学》编者把本应置入两个"筐"的东西,放在一个筐内了。其根据仅仅是都属于"自然哲学之后"。

第四,亚里士多德时代,神学还没有从大一统的哲学中分离出去,成为一门独立的学科。当哲学这个"孵化器"孵化出"神学",而且也像别的学科分化出去之后,ta metaphysica 就只剩下一项了。神学尽管是超越自然之上的,具有 ta meta(超越,在……上)的属性,但它毕竟是借助最普遍、最抽象的哲学理论研究某个特殊对象的一门学科。

这就是事情本身的真相,即"求是""求真"而得出的"本真"。因此,可以说形而上学主题之矛盾,是个伪命题。

那么,为什么之后一千多年会发生"亚里士多德的形而上学的主题是神学,还是本体论"的争论呢? 根源就是从晚古的阿拉伯学者到中世纪的神学家,直至近代,争论各方都把《形而上学》等同于"亚里士多德的形而上学";又把原著中"有一门学科"等同于"第一哲学"。其实,亚里士多德从未等同使用过。

编为《形而上学》的第四、六卷有两个不同的陈述。第四卷第一章开头说,"有一门学科(学问,episteme,英译为 Science)研究 to on hei on 及其因本体所固有的属性"(1003a 20—21)。第七卷开头说"有一门学科……"与此一致。第六卷第一章提出"第一哲学"与"第二哲学"的观念,而且说"第一哲学"的研究对象是"永恒不动的本体"。"第一哲学"在同一章中出现了两次(1026a16,a30)。还明确说"它先于第二哲学和数学"(1026a13)。第十二卷说法与此一致。第四、七卷与第六、十二卷是来自不同的散篇,亚里士多德从未说过第四卷提到的"有一门学科"就是第六、十二卷提到的"第一哲学"。从以往争论的论著中不难发现,无论持何见解,其中不少人不仅把《形而上学》这一"后物理学诸篇"的主题等同于亚氏形而上学思想的主题,而且还把形而上学与"第一哲学"又相混同。① 《希腊哲学史》第三卷在

①　汪子嵩等:《希腊哲学史》第 3 卷,人民出版社 2014 年版,第 571—584 页。

转述中也沿用了,如绪论(第73页):"亚里士多德将最高的理论学科叫作'第一哲学',这就是他的哲学——形而上学思想","他在《形而上学》第四卷中又将第一哲学说成是研究 to no('是')的学问,它的对象是 to on hei on('作为是的是')。"(第74页,注:第四卷中无此说法)。第四编第12章重复这个说法:"亚里士多德虽然将'作为是的是'作为第一哲学……"(第572页);"亚里士多德将自己的形而上学叫作神学,说它是最高的理论学科"(第573页)。第四编"小结"中转述两人观点时,也是把《形而上学》主题、亚氏形而上学的主题与"第一哲学"替换使用(第757页)。其实,亚里士多德自己说得很清楚,"第一哲学"仅指研究永恒不动的本体,第二哲学即自然哲学研究另两种本体。亚里士多德著作中的确有不少矛盾和混乱,但是,关于形而上学思想的主题的纷争,无理由错怪亚里士多德,可以说是后人误读、误导造成。随着研究的深入,原始资料的出版,如今我们可以大致描述这个过程。

后人提出的问题是"亚里士多德形而上学的主题是神学还是本体论"。问题本身其实就确认并限定了它的回答的方向:这里说的是亚氏的形而上学思想,也就是近代认同的"形而上学"概念所指的"玄学"(最抽象、最普遍、最高层次的理论),而不是后人汇编的《形而上学》这部著作。亚里士多德同巴门尼德、柏拉图、普罗提诺等一样,形而上学的主题就是他的形而上学的学说。对亚里士多德而言,当然就是他的 to on hei on 的学说。这个学说的核心就是本体论,此外就是四因论、形式与质料、潜能与现实等理论,被诠释者就是三种本体。对次级本体的诠释,他称之为第二哲学即自然哲学;对高级本体的诠释,他称之为第一哲学。无论是有生灭的本体,永恒运动的本体,还是永恒不动的本体,借以诠释它们的最高级、最普遍的理论都是关于本体的学说,都是形式与质料学说等。

仅因三种不同本体,因其本性而固有的属性不同,才有"这是形式与质料不可分的本体",那是"纯形式"本体等。色诺芬尼、巴门尼德、苏格拉底、柏拉图、亚里士多德,直至晚期希腊哲学的普罗提诺等,都有一个崇高的新神的观念。差异就是各自有一套诠释新神的理论,换言之,正是诠释神的这套理论才造成神观上的不同。古时还没有"形而上学"这个哲学概念。后人用"形而上学"这个概念去探索巴门尼德至亚里士多德的形而上学理论时,当然就应指向这套"玄学"理论。安得罗尼柯编纂亚氏著作时,也没有后来的作为玄学的"形而上学"概念,所以,如前所述,都收入"物理学之后"汇编中。

如今我们手头有晚古时代亚里士多德著作注释的完整的英—希资料或

英译本(参见本章第一节)。可以看出,辛普里丘以诠释《物理学》为主,阿芙罗狄西亚的亚历山大对《形而上学》有比别人深入的研究。这些注释者均未提出所谓形而上学的主题问题。中世纪的神学家,在12世纪末、13世纪初之前占统治地位的是奉行柏拉图—新柏拉图学说的奥古斯丁主义,亚里士多德的著作知之甚少。亚里士多德著作中论神的内容涉及甚少。13世纪从阿拉伯传回欧洲的亚里士多德哲学成了大阿尔伯特和托马斯·阿奎那改造旧基督教神学,创立经院哲学的思想资料来源。托马斯·阿奎那写过11部亚氏著作诠释。他遵照诠释者的传统,如实转述《形而上学》一书的思想。这时还没有作为玄学的形而上学观念。站在神学家的立场,他把《形而上学》第十二卷看作亚氏思想的核心。这时,实际上也未发生什么《形而上学》一书主题的争论。换言之,托马斯·阿奎那不是从回应"何谓主题"出发,论证神学思想为核心,也就是说,直至近代哲学,近代"形而上学"作为"玄学"的概念形成之前,对《形而上学》一书有过不同解读,但无"亚里士多德形而上学主题"的争论。因此,主题争论了两千多年这一说法其实无根据。

　　争论发生在近代作为玄学的形而上学之后。准确说是19世纪以来。14—18世纪的主流是发掘、整理、重温古希腊著作。接着18—19世纪有一股"疑古风"。19世纪陆续出现一批研究柏拉图、亚里士多德的名著。近代希腊史开创者格罗特在撰写十二卷《希腊史》的同时也陆续完成了两大卷柏拉图著作的诠释。正是在这个时期,把《形而上学》汇编与形而上学思想混用,又将《形而上学》第四卷为代表的"有一门学科"等同于"第一哲学"。《希腊哲学史》第三卷第十二章介绍争论史时几处都沿用这些混同说法,如"亚里士多德说这门学问是专门研究'是'的,他叫作 to on hei on……我们改译为'作为是的是',它被称为'第一哲学'"(第571页);"亚里士多德将他自己的形而上学叫作神学"(第573页);"J.欧文斯说亚里士多德自己在《形而上学》中对研究'是'的第一哲学有各种不同的说法"(第574页)。欧文斯所列的982a9—10,1003a26—32,1003a21—24,1026a19—21,1026a23—36,1028b4—7,1005a35,1003b18,1026a16—18,983b2—3,192a34—36等11处看,他已经把"第一原理(arche)与最高原因(aitia)"与"第一哲学"相等同了。而且还把借以规定"依其自身而具有的属性",如"真的"(983b2—3)"神圣的""在先的"(第一的)"最普遍的"等,当作"研究'是'的第一哲学"的例证。

　　由于20世纪末撰写《希腊哲学史》第三卷时手边资料有限,所以当时仅限客观介绍以往的争论状态。在修订本书时,我们四人无法再聚在一起讨论,所以只能于现在趁此机会,以个人名义尽所能做些补正。

　　说完"主题"争论这个问题,现在我们可以来讨论,亚里士多德 to on hei on 思想本身的问题,以及后来的挑战了。

六、大全哲学体系自身的两大问题

　　形而上学的主题是本体论,还是神学? 其实并不是亚里士多德 Being as Being(to on hei on)研究中的主要问题,也不是对后来哲学有重大影响的问题。当我们从哲学史、宗教史、神学史这个大视野去考察时就发现,神学(theologia)正是经由柏拉图、亚里士多德而成为一门哲学孵化出来的特殊学科,只是亚里士多德还认识不清二者间关系,因而把"第一哲学"也叫作"神学"。其实是运用最高智慧学科(哲学)的一系列最普遍的理论研究"永恒不动的本体"而得到的知识,如"永恒不动的本体"是"纯形式""纯思""至善""思想与对象同一""第一推动者",等等。亚里士多德把"第一哲学"的对象叫作"神",因而这些知识统称为"神学"。正如"佛"不等于就是"佛学","耶稣基督"不等于就是基督教神学一样,"永恒不动的本体"不等于"神学"。我们研究的重点应放在亚里士多德这棵哲学大树上。这棵大树结出了如今亚氏全集所列,从逻辑学、动物学、天象学、政治学、伦理学到神学众多学科的果实。这棵"大树"应是研究的重点,"果子"(即使是神学)的研究也是以"大树"的研究为基础。这也是个方法论问题。亚里士多德建立了大一统的哲学体系,将巴门尼德的 to on 推进到 to on hei on,还找到了其核心 Ousia(本体)。《希腊哲学史》专门用了一卷(第三卷)研究亚里士多德及其学派。研究希腊哲学全过程,完成《希腊哲学史》全四卷之后,回头看亚里士多德,我觉得有必要补述两个问题,供后人思考。

　　1. Philosophia 从"无休止的求知"变为一门"最高智慧"学科后所带来的问题。

　　前面说过,在柏拉图的《斐德罗篇》中,philosophia 被定义为"从无知到有知的求知的迷狂(mania)"。它的本性就是从不满足于已有的认知。亚里士多德继承了这个思想,提出"求知是人的本性","求知起于惊异",但是他把哲学学科化了,建立了从"理论智慧"(第一、第二哲学)和求知工具到"实践智慧""实用学科"的体系。在每一个分支学科中他都提出了以理论智慧为指导的一套理论。从人类认识史考察,这是个飞跃。在亚里士多德自己看来,他的百科全书式的哲学体系,具备了普遍性与圆满性(完善性)的统一。也许他自己也感到心满意足,而且像神一样悠然自得,所以他在晚期的《尼各马可伦理学》第十卷第 6、7、8 章中说,人的最高幸福只有在思辨活动(theoretikos,相当于英语 theoretic,contemplation,沉思活动)中才能实现;思辨活动是爱好智慧的哲学家所进行的活动,只有哲学家的生活才是最幸福的。

老师已经网罗了一切知识领域,而且编织成一个无懈可击的,集圆满性和普遍性于一体的"真知"体系,学生们也就无大事可做了。他的真传一代弟子塞奥弗拉斯特(Theophrastes,公元前 370—前 286 年)除了修补老师的学说外,在植物学和感觉论方面有所建树。二号人物欧德谟(Eudemus,生卒年不详,生活在公元前 4 世纪后半叶),回到罗得斯岛传授老师的学说,在伦理学方面可能有所贡献,也许这是编纂者取名《欧德谟伦理学》的原因之一。学派的第三代首领、兰普萨(Lampsacus)的斯特拉托(Strato,约公元前 287—前 269 年在位)算是最有成就的弟子。2011 年出版的 M.L.Desclos 和 W.W.Fortenbaugh 撰写的《兰普萨的斯特拉托:原典、翻译和讨论》是迄今收集最为齐全的资料,本章第一节中业已介绍。他算是在 Being 和本体论方面有独立思考的人,他吸收了斯多亚式的泛神论思想,否认超自然的"第一推动者",认为"神本身就是自然","神就是一种必然的力量"。关于自然各本性的特性,他吸取了当时医学方面的观察,认为冷和热是生命和存在的首要的和积极的本原,是更高的实在。有意思的是,受当时医学对大脑地位发现的影响,他将灵魂摆在两条眉毛之间,认为那里就是脑所在的地方。

对比一下晚期希腊时期其他各学派,柏拉图学园经历了中期、晚期。斯多亚学派也经历了前期、中期和晚期。怀疑论也经历了三个阶段。这些学派的每一个阶段,都有突破性的、标志性的成就。即使是小苏格拉底学派的昔尼克学派(犬儒学派)、居勒尼学派和麦加拉学派,特别是犬儒学派,还有延续一千多年的毕泰戈拉学派,在晚期希腊还有相当影响,还派生了新毕泰戈拉学派。唯一一个缺乏内在活力的派别就是伊壁鸠鲁的原子论。他让学派活动向外开放,这是功绩:可是他不允许改动纲要中任一条目,致使原子论再无大的进展。像亚里士多德的学派如此宏大,其地位和影响却不如其他众多学派,除了社会需求和哲学转向等两大原因外,另一个原因就是亚里士多德将哲学变为一个学科,追求建立大一统的体系时,扭曲了哲学,丢失了柏拉图说的 Philosophia 中不满足于已有知识、不断求知的迷狂。

这是一个值得研究的问题,在往后的欧洲世界的哲学发展史中,且不说经院哲学,就是近代经验论、唯理论,特别是近代德国哲学,凡是建立一个大系统的学派性哲学,大体都面临同样的命运。现代西方哲学也一样。如何处理知识的系统化与无休止的探求的迷狂,二者之间的张力仍然是一个问题。恩格斯在《费尔巴哈与德国古典哲学的终结》第一章,谈到黑格尔哲学解体时说,马克思得出的教训就是从此不去再搞什么完备的体系。实践是常青的,马克思主义应该是一棵常青树。恩格斯在晚年的通信中说,马克思引用海涅的话回击人们对他的学说的歪曲,他说"我播下的龙种,收到的是跳蚤","我知道我不是马克思主义者",同时劝告年轻的追随者,勿把马克思的理论当作教条,当作剪裁历史的公式。社会领域有可供人们发挥才智的无限广阔的领域。紧跟实践,无止境地求知,概括总结适应所处时代实践的理论,从理论到历史活动才会生动活泼、永葆青春。

2. 宗教神与哲学神。

列宁在阅读黑格尔和亚里士多德的著作时特别注意人类认识的二重化问题。在《谈谈辩证法》这篇总结性短文中他说,"伊凡是人",在这么一个最简单的判断中就存在个别与一般("人")的关系。人类个体的认识能力成长史,与人类社会认识的发展规律是基本一致的。古代哲学思维的成长证明,在人们还分不清物质与精神、灵魂与肉体的根本区别,认识不清个别与一般的关系,以及人的理性认识功能与大脑的关系时,很自然地就会把精神、理性、"一般"等看作和感性对象一样独立存在的。同感觉、知觉不同,表象与理性能力形成的观念、"类概念",离开当下的对象,仍然存在于脑海中。这里就潜伏着一个危险,人们误以为同感官对象一样,"一般"也存在于外界。伊奥尼亚的哲学家们把水、气、火当作本原时,"水""气""火"已经不是"个别",而是把"个别"一般化了。火燃烧所遵循的 logos,以当代人的认识为判断,它是存在于对象之中,而不能独立存在的,但在赫拉克利特看来,它同当下的"火"一样,也是实存的。毕泰戈拉的"数",实际上已把对象中的数量关系看作独立存在了。我们将柏拉图的 idea,eidos 译为"相"主要是考虑到当时的认识水平,他是把 idea,eidos 看作像今人所谓的"模子""模型"一样。同时我们也指出,实际上已经是精神性的独立"存在"了。当他提出创造世界的"大工匠"(Demurgus)和"至善"理念时,他的哲学的走向、主流已经可以明确说是客观唯心主义。他用他的哲学创造了新的"神"(造物主),可以说在哲学史上,证明"求是""求真"的哲学,有可能走向同"是"与"真"相反的方向。亚里士多德追求解释万物的"一般原理",并没有错;提出"终极因",也没错。如果他认为终极因也就在自然社会自身之中,即使是现在,这个探索方向仍然正确。无论是宏观、微观世界,只有从对象本身寻求其运动、变化之源和规律,才能确保大方向的正确。问题就在于他把"终极因"又解释为"终极目的",断定有一个由"纯思"(nous)所构成的单一的不可分的"永恒不动的本体",它是万物之源,这样,他用自己的哲学创造了"哲学之神"。柏拉图和亚里士多德分别创造的"哲学神"成了中世纪前后两个时期基督教神学的哲学资源。

哲学史不是坟场参观者的"导游",也不是古今哲学各派各人的鉴定人,而是具体地分析前人思考某领域、某方面问题的走向,前人是如何发现问题、提出问题、分析问题和解决问题的。亚里士多德最值得后人赞赏的就是《形而上学》第二、三卷所体现的提出问题、分析问题的方法和"求真""求实"的精神。这两卷充分体现了"哲学"作为求知迷狂的 essence(本质、本真)。但是,当他回答这一系列问题时,却是越往前走越迷路,离"真"和"实"越来越远。为什么竟会如此,以"求是""求真"的迷狂开场,同老师决裂,最后给出的答案竟是新的宗教和神学所接受,但又被科学和哲学的发展趋向所拒绝。今日任何一位科学家、哲学家也不会把自己的研究定位在追求错误和歪理上,然而事与愿违,宣称寻求智慧的人,最后走上歧途。为此我们应研究前人的理论思维的经验教训:为什么探求"真知"之路者,最后为新神观念和新型宗教开辟了道路? Being,idea 或 Being as Being 自身的解读,或推崇,是否本身就存在什么隐患? 且看下一小节的分析。

七、形而上学的先天不足与潜藏的危机

不仅是《形而上学》一书,而且几乎亚氏所有著作,甚至同一部书、同一主题的论述经常出现前后不一,调和、混乱或矛盾。这些矛盾和混乱,剔除掉前面说的安德罗尼可的编纂及后人的研究所存在的问题外,还有一个原因就是亚里士多德著作自身了。从史实出发,可以说造成亚里士多德思想特别是《形而上学》前后不一和矛盾的原因是多重的,而这种矛盾和混乱反映了古希腊建构形而上学时的先天不足。

1. 现在我们看到亚氏全集是他一生几十年的著述。《形而上学》第一卷第六、九章,他以学园的成员身份批评老师的"相论",说的都是"我们","我们学园"(如 990b8—b34)。但是,编为第十三、四卷中他都称"他们"。《形而上学》第五卷 30 个词语,古今考据者一致认为可能是亚氏早期的著作。他所列的 30 个重要术语中尚无"形式""质料""潜能""现实"。在"能"这一条目,仅说 dynamis 有"能""不可能""不能"等词义。第十二卷可能是不同时期作品被编在一起的。亚里士多德前期,在学术领域利用语义所作的诡辩还有相当大的市场(参见柏拉图《欧绪德谟篇》《克拉底鲁篇》),他觉得有必要对常用词语作明晰的界定。所以他写了常用的 30 个词语的词义诠释。编为《形而上学》第十卷的"一"与"多"、"同"与"异"、"对立"的关系讨论,同后期也不同。他的思想有一个成熟的过程,也就必然出现前后不一的状况。若是研究亚氏思想的发展史,当然要重视其进化

的过程;若是考虑亚氏在整个希腊哲学史上的地位,当然以他的成熟的理论为标准。

2. 现存材料证明马克思、恩格斯可能没有时间研读亚氏《形而上学》全书。《马克思恩格斯全集》《马克思恩格斯选集》;马克思三个时期(1843 年夏克罗兹纳赫,1844—1846 年巴黎、布鲁塞尔,1847 年后伦敦)的未发表的材料,以及同时代人的回忆录等,都没有他系统研究《形而上学》的记载。唯一研读过全书者是列宁。"一战"时期他在日内瓦,细读黑格尔几部著作,同时阅读《形而上学》一书,留下了《〈形而上学〉一书摘要》,其中涉及各卷。而且,列宁在总结性的《谈谈辩证法问题》中又提到亚里士多德。列宁三次指出,这个人就是不懂个别与一般的辩证关系。亚里士多德说,我们只见过一座座的房子,谁也没见过一般的房子。列宁两次提到这句话,说他认识到只有个别是客观存在的。列宁高度评价他对柏拉图"理念论"的批判,认为他打中了要害——"分离"。亚里士多德甚至已经进展到这一步:eidos(相、理念、形式)与质料不可分,"一般"就存在于"个别"之中。但是关键是"一般"的存在方式是"通过个别而存在",而不是共存于一体。他总是以人工制品如铜像、房子为例,制造者把"形式"加到质料(铜、砖瓦)上成为铜像,房子。亚氏在《形而上学》第八卷中反复论证在个别中形式与质料是相互独立的,形式"先于"质料,最后推导出"纯形式"。这样,他从批判柏拉图的"分离论"出发,最后走了更高一级的分离论。既然有"纯质料"与"纯形式",那么就有第九卷的纯"潜能"与纯"现实"即非由潜能转化为现实的,永恒的现实(Entelecheia)。最后谈到永恒不动的本体的属性时,就为之增添了两大属性(纯形式,永恒现实)了。12—13 世纪,以柏拉图主义为理论根基的奥古斯丁主义走向衰落时,托马斯·阿奎那从亚里士多德的第一哲学就是神学那里找到了建构新式基督教神学的出路。

3. 亚里士多德经常混合使用自然哲学与超自然哲学的形而上学两套话语系统,而且用前者论证后者。按照亚里士多德的第一哲学,永恒不动的本体是靠 nous(沉思理性)或者是《论灵魂》第三卷说的"直观理性"来认知的,它无须证明,无须从前提、假设出发来推论。可是,他在《物理学》中用了两卷(第七、八卷)证明"第一推动者"的存在。他从运动论的一般原理出发,论证运动必须具备三要素:推动者、被推动者、中介物。然后论述位移、生灭、量变、质变等四种运动的不同要素,进而得出所谓运动的"直接推动者"与"间接推动者"(又称"非直接推动者")。这就是《物理学》第七卷(共5 章)的主要内容。在第八卷他接着证明"第一推动者"有两种含义,其一是推动者与被推动者"共生""相互接触",如手持棍棒拨动石头,治病的医

生,教学生的老师(256a10—13,a22—26,257b31—33,258b5—8)。第二种
含义是非共生(258b10,259a7—15)。《物理学》第八卷第6—10章,他从
"月轮下的世界"推论到"月轮上的世界",再证明"第一推动者"只能是一
个,而且自己是永恒不动的,否则导致"无穷倒退"。由于星球是永恒的圆
形的运动,所以第一推动者一定是"永恒现实的"。各个星球的永恒运动是
同心圆式的,圆心一定只有一个,而且是不动的(见第八卷最后5章:参看
《论天》第三卷第6、8、10、12章)。对比他的《后分析篇》关于证明的论述,
显然违背了自己的观点。第一推动者竟然需要这么复杂的证明,而且还只
是从运动论出发的证明。然而,运动论的证明,按理是自然哲学的话语系
统。亚里士多德著作中这些矛盾和混乱,反映了古希腊人在探求形而上学
领域知识中的先天不足。应该说这是必然的,也是可以理解的。历史上任
何一个学说都要经历一个从探讨到成熟的过程。

　　4. 按照亚里士多德著作中的提示,纯哲学(即理论哲学)的合理的逻辑
应是这么三大块:首先是"大全哲学"的导论,什么是 philosophia? 它的研究
对象是什么?《自然哲学之后诸篇》(ta meta ta physica)好几篇恰恰应放在
《自然哲学》之前,叫 ta protera ta physica,也就是后人常用的"导论",如小 a
卷(第二卷)阐明哲学的宗旨是求真求是;A 卷(第一卷)是以往的求知史;
第三卷是一般哲学应研究的 14 个问题。第四卷哲学研究的核心是 Being as
Being。第七、八、九卷本体论、形式与质料、潜能与现实是哲学的三大基本
理论,这也属导论性的。第二板块就是自然哲学,第三板块是第一哲学,即
神学。然而字数最少,仅包括第十二卷有关部分。

　　既然第一哲学的研究对象是最高的本体,即永恒不动的本体,它就是
神;第一哲学研究所得的成果构成一门新的派生学科即神学;那么它一出世
也就陷入困境。或者它根本就不可言说,只能用"心"去领悟,也不能言传;
或者用亚氏自然哲学一套话语去表述,那么就得承认高于"最高本体"的一
套深奥哲理才是形而上学的核心,而被描述者处于二阶地位。二者必居其
一。无论前者,抑或是后者,亚氏的形而上学都陷入危机,都是先天不足的
产儿。我们先说其一。

　　四卷本《希腊哲学史》第二卷第 20 章第 2 节介绍了《巴门尼德篇》的一
组推论,后人称之为"否定神学"的先驱(见第 738—740 页)。如果有一个
唯一的"一"(只有一个永恒不动的本体),或称"绝对的一",那么纯粹形而
上的唯一的"至善"或"神","永恒不动的本体",就是凡人不能称呼的,也
不能认识的。晚期希腊普罗提诺的"太一",就是绝对的神,万物的本原。
它既然超出一切存在和思想之上,就不能说"是这样","不是那样"。人们

不能用言辞去描述它,只能用否定的方式去描述它,如不是凡人们所思所言的"这个",不是凡人设想的"至善""智慧""纯思",等等。在中世纪的神学中称之为"否定式神学"(或"否定神学")。在古希腊,普罗提诺就是这条形而上学之路的代表。

亚里士多德不想走这条路。他要用他在众多著作和讲稿中所讲的"Being as Being""纯思"、最高本体、纯形式、永恒的现实、至善、思想与对象同一、不动的推动者等等来描述它,这样,他必然又陷入另一困境,它要借助于描述自然哲学本体的那套话语系统,以及实践哲学中若干话语了。只要把这套话语和内含的最好、最高的一端,用之于"神"就行了。如各种"善"——至善,同和异——绝对的同,一与多——"太一",质料与形式——纯形式,潜能与现实——"隐得来希"。运动——永恒不动,可分的——不可分的,感觉、知性、理性——玄思(纯思)。总之,一端是描述自然哲学诸本体,另一端是描述最高的永恒不动的本体。这就发生一个问题,纯粹形而上学领域的话语系统是什么? 这是困扰亚里士多德的问题,而且从此也埋下了近代反形而上学、反本质主义的种子。反形而上学、反本质主义思想的核心就是形而上学的话语系统是无意义的,也是不可证的。应该把形而上学赶到信仰领域去,勿在哲学圣坛中扰乱人类的求知的本性。如何摆脱这个困境? 这其中又有什么理论思维教训? 这就是希腊哲学的遗产之一。它的意义远远超过《形而上学》的主题是什么这一争论性问题。原创文化研究者不是历史上诸文化系的鉴定者,仅仅辨别哪些是原创的、哪些是承继的、哪些已转化为固定的传统? 更重要的是,原创文化研究关注从原创与传统、自己创新的与承继外来的等等的关系中,考察文化发展的特殊性,以及它对后世的影响。它有怎样的历史地位,又提出了什么问题? 而且从这个过程中也研究人类的认识规律,人的理论思维的教训。希腊哲学出现了二阶开端。从此,直至近代哲学一直存在"形而下"与"形而上"、自然哲学与超自然哲学两个传统,两套话语系统。马克思主义哲学和当代西方哲学从不同角度出发,终结了这个"二分法"的历史。

第六章　以 Being 为主的希腊哲学范畴

希腊哲学的二阶开端和后巴门尼德哲学的三个走向,决定了希腊哲学范畴的形成顺序与演化的规律;也决定了希腊哲学从形而下转向形而上,从"探源"走向"关注你的归宿",从"求知"走向精神治疗的取向。最后,它在哲学化的教父学和宗教化的哲学(新柏拉图主义)中找到晚年的栖息地。处于上升期的罗马人当然于心不甘。起初他们想排斥基督教,取各家之所长,构建一个折中性的以综合哲学为中心的文化,然而以失败告终。希腊文化(主要是哲学)的遗产未能按希腊人的"遗嘱"分配。他们似乎也没有预料到有什么衰亡之日,可以说也没什么"遗嘱"。遗产的继承人来自四面八方,更有不要文化遗产的哥特人、汪达尔人和埃及、西亚的伊斯兰对罗马、希腊和亚历山大里亚图书馆的破坏。幸亏精神产品的"死亡"不像人的肉体的消灭,希腊之灵在 10 世纪后的阿拉伯人、基督教和文艺复兴中传承下来了。本书最后一章像是希腊哲学的祭文和悼词,又像在招魂——当然不是"死灰复燃",而是文化兴衰对后人的启迪。

第一节　以往的研究和争论

"范畴"(categoria)是哲学思维的成果,也是哲学思维的基本工具,是哲学思维方式与日常语言语用和语义的分水岭。人们在日常生活中形成了以该民族语系为载体的陈述方式和日常词语。当米利都"三杰"说"水"、不定形者、"气"是万物之本原(始基)时,它宣告以神话、神谱的方式解释寰宇的生成论终结了。"本原""万物""水""气""不定形者"(aperon)都是以理性认识为基础,陈述一个抽象的"道理"。"本原""水""气"已成为一般概念,而不是感官所见闻的具体的水和气,尽管由于认知水平的限制,他们把"个别"一般化成为普遍概念,而不是从个别中经过思维的抽象(概括与综合)成为"元素",或更高的"物质"范畴。一旦前一章说的三种话语系统形成,希腊哲学中就形成了以 to on 和 ousia 为中心的一系列范畴,而且影响到后来的哲学,成了后来西方哲学中的许多范畴的来源,甚至成为某些自然科学术语的起源;例如欧几里得的《几何原理》,"原理"原文就是 arche。arche 从"本原""基本的构成元素"发展出"原理"意义时,就成了拉丁文的 principium,之后成为近代英语的 Principle(原则、原理)。因此,希腊的哲学范畴的形成、演化和影响,成了原创文化研究中必须关注的一个重要方面。古代民族的原创性智慧,有些因它自身的粗陋与缺陷,在文化的传承与交往中消失了。另外有些富有生命力的文化成分在传承和传播中又被注入新的成分,经久不衰,发扬光大,而且它的扩散与影响并非依靠外在的强力。因而,原创文化研究会反思有的文化衰亡的原因,但是重点是关注经久不衰的文化。就希腊哲学而言,重中之重则是 Being 范畴。

我们在本书中之所以要专设一节研究以系词 eimi 为载体,以 to on,ousia 为中心的范畴,还有另一个原因。以汉语为母语者在理解和翻译印欧语言时,对于其中的系词发生了不同语系中互读互解的困难。特别是在哲学上,如何理解以希腊哲学为开端的"Being"问题,20 世纪 40 年代老一代学者就讨论过。近 20 多年发生了更为广泛、持久的争论。至今也仅仅是因为争论各方都未能实现新的突破,暂时"偃旗息鼓"而已。考虑到后面的论述与这场争论有密切关系,所以有必要介绍关于 Being 问题以往的研究和争论。

汪子嵩先生在他亲自撰稿的《希腊哲学史》第三卷绪论中,用一小节介绍了"是"和"存在"的研究和争论(见修订本,第 54—65 页)。大意是:"最早将这个译词作为问题提出的是陈康";"他提出采取生硬的直译将'estin'译为'是'。他说这样也许不但为中国哲学家创造一个新的术语,而且也给读者练习一种新的思维方式的机会。"(第 55—56 页)"50 年代吴寿彭翻译《形而上学》,对这个词的译法也写了一条长的注释",将 to on译为"实是"(第 56—57 页)。1993 年,王太庆的论文《我们怎样认识西方人的"是"?》"实际上是发挥了陈康提出的思想"(第 58 页)。同期发表的赵敦华的文章《"是""在""有"的形而上学之辨》,认为"我们应该根据适合哲学家原著精神的'是'或'在'或'有'来翻译它,不宜用一个统一的词来翻译。"(第 58 页)

由于撰稿日期的限定,往后一段时间的争论,汪子嵩先生仅在 2002 年定稿前提了一下,"由此,……纷纷发表文章加以讨论,近些年可以说已经成为一个亮点,在有关的学术讨论会上也围绕这个问题展开了讨论和争辩"(第 58 页)。文中所提到的会议主要是 2001 年 9 月 23—26 日在济南召开的"中华全国外国哲学史年会"及 10 月下旬在宣武门外由清华大学哲学系王晓朝负责举办的 Being 问题专题研讨会。所说的"纷纷发表文章",主要有王路、俞宣孟、萧诗美等主张应一律译为"是"的文章,其中特别是王路于 1996—2000 年连续发表的八篇文章。其中四篇特地提到卡恩(Charles

Kahn)的研究,认为应"以卡恩的研究成果为分界"。

汪子嵩老师主持,范明生、姚介厚和我参加的《希腊哲学史》,这时已出版了前两卷(1987、1993 年),正在撰写第三卷(2003 年出版)。汪先生接受王太庆和王路的意见,在《复旦学报》发表的与王太庆合署的文章中说,前一、二卷译为"存在"都不妥,应一律改为"是",我们三人同意其中部分见解,但不赞成一律译为"是"。第一卷第四编"爱利亚学派"是我撰稿的。关于 eimi 的理解和中译,我在撰写这编时就考虑过"是"与"存在"的问题。汪先生在他撰写的第四卷"序"的初稿中,回忆我们撰写《希腊哲学史》的过程,他说"其实,改译为'是'陈村富当初提出过",说的就是这件事。但是后来我决定还是用"存在"。我在那里介绍了 eimi 语源史,还统计了 eimi 各种语法形式所使用的次数;还介绍了西方学者的看法以及中国学者金克木关于印欧语系词与古汉语的对比研究。最后我提出,与其译为"是",还不如译为"存在",否则像残篇二,如译为"是",就变成"一条路,是是是,不可能不是……另一条路是是非是,非是必然是",读者不知所云。当时我正在撰写所承担的亚氏自然哲学部分,即第三卷第二编。"是"论的提出,提高了本人对亚里士多德自然哲学的认识。自然哲学的中心就是具体研究各种可感知的有生灭的本体及永恒运动的无生灭的本体(星球)。亚氏的问题都是 x 是什么? 有何属性? 如何是(如何存在,即存在方式)? 各种语法形态的出现频率很高,有些是日常语用学的含义,有些是作为哲学范畴使用。若都译为"是",自然哲学编多处无法理解。因为亚氏首先讨论的是"有没有"这个本体? 有没有运动,时间,空间? 虚空是否存在(有)? 然后讨论它的本质(essence)、属性和存在方式。因此,在与汪先生的通信中,我以亚氏关于"虚空"的讨论为例,说明如都译为"是不是虚空""非是虚空""是空间""是时间",代替存在时间、空间,反倒不符原意。汪先生于 1982 年讨论《希腊哲学史》撰写方案时就强调两条:第一,谁都不要把自己承担的部分作为论文或著作先行发表;第二,学术上肯定有不同观点,内部可充分讨论,但是在定稿时全书应保持一致;不同观点可以保留,可以用不同方式发表。汪先生一直是我们心目中的学术风范。他在复信或电话交流时,同意我们灵活处理,加注或加括号说明。当时学术界不太了解卡恩。卡恩关于 eimi 到底是怎么说的成了关键。所以我托人从海外购来卡恩的原著《古希腊语动词 to be》,还复印了《语言基础》增刊六册全套资料。阅读相关材料及王路的 8 篇论文后,我向汪先生说明了卡恩论著的原意,撰写了关于《卡恩的 eimi 观念:兼评国内关于'是'与'存在'的若干论文》,提交 2001 年 9 月 23—26 日在济南召开的"中华全国外国哲学史年会"(《哲学研究》2002 年第 12 期发表）。这个会上争论最热闹的就是这个问题。我的论文重点是在考证基础上说明:第一,《介绍卡恩的工作》等论文的作者肯定未见过,卡恩于1966年在《语言基础》第二卷上发表的《希腊语动词to be与Being概念》,所以几篇论文中都误以为该文讲的to be"三个特征和用法"就是1973年出版的专著中的"三个主要用法"。第二,卡恩的专著《古希腊语动词to be研究》共八章,外加三个附录。《介绍卡恩的工作》一文作者说的"三种用法"("三分法")是在第八章中说的,他未全面介绍卡恩的观点。第三,无论是论文还是专著,卡恩从未否认eimi的表示"处所""存在"的功能。第四,以卡恩的研究成果为分界言过其实。卡恩的研究有独到之处,但在1973年之后,西方学者也没否认eimi的"存在""处所""能够"的语义和语用功能。第五,汉语的"是"或"存在"都无法完整表述希腊语eimi或近代英语(be)、德语(sein)等的所有含义。

在讨论中,我发现争论双方都不甚了解希腊语系词有一个形成与演化的过程,也不甚了解古希腊的aletheia有一个词义进化过程,误以为希腊语言中起始阶段就有所谓"是"与"真"关系。所以我发表了第二篇《关于希腊动词eimi研究的若干方法论问题》(《复旦学报》2002年第3期);第三篇《迷狂与智慧,虚构的与真实的(Mania and Sophia, Mythos and Alethos)》(《世界哲学》2004年第1期)。

2001年10月,清华大学哲学系王晓朝教授在北京宣武门外组织了一个关于希腊语Being问题的专题研讨会。参与者有我们《希腊哲学史》前三卷编写者,北京高校和社会科学院等近20人。这个会深入讨论了巴门尼德、高尔吉亚、柏拉图、亚里士多德著作中关于Being应如何理解和翻译。可以说,关于希腊语to be的大讨论在我国学术史是值得大书一笔的。各方围绕西方哲学史上这个重要问题充分发表意见。无论是会上的争论,还是会后的论著,都不带有学术外的因素。争论的结果,提高了大家的认识。这场大讨论也提高了我们共同完成的《希腊哲学史》的水准,在第三、四卷中凡是碰到Being问题的论述,我们都格外认真。凡是日常语用方面的eimi各种语法形态,我们按日常语用处理,多处译为"是",有的地方译为"有""存在"。凡是哲学范畴意义上的to on,einai,ousia,按哲学范畴处理。

近10年陆续有些论文和著作,但是没有举办过这方面的专题讨论。外在原因是近些年学术会议、学术争论少了;内在的原因是持各种见解者因各种原因,未能深入研读希腊哲学全过程的众多原始文献。海外学术界,以印欧语系的西方学者为主,对他们而言,动词to be与哲学范畴Being和Ousia(本体)不是一个难以理解和翻译的问题,事实上几十年也未发生过像我国近 20 年的大讨论。其中比较专注研究 Being 问题者,还是查理士·卡恩。2009 年 Charles H., Kahn 出版了他的论集 *Essays on Being*(关于 Being 问题的论集,牛津大学出版社 2009 年精装本、2012 年平装本),收录他 1966—2008 年的 9 篇文章,同时于 2003 年再版了《古希腊语动词 to be》一书,他结合近期的争论写了一篇新的导论长文。同是 2009、2012 年,牛津大学出版社出版了 John Palmer 的专著 *Parmenides & Presocratie Philosophy*(《巴门尼德与前苏格拉底哲学》)。此外,还有 Paolo Crivelli 的《亚里士多德论"真"》(剑桥大学出版社 2004 年),Jonathan Beere 的《做与是:亚里士多德〈形而上学〉Theta 卷的解释》,(牛津大学出版社 2012 年)。

大陆学者也发表些著作,如王路的《"是"与"真"——形而上学的基石》(修订版,人民出版社 2013 年第一版)以及王晓朝的回应《跨文化视野下的希腊形而上学反思》。

在这章中,我们重点考察希腊哲学全过程中,关于希腊语系词与哲学范畴 Being 的演变,目的是具体考察 Being 问题在希腊哲学中的地位、所碰到的问题及其同各个时期哲学学说的关系。这项工作也是我们的老师、四卷本《希腊哲学史》负责人汪子嵩的遗愿。生前,他多次在不同场合中说过,他终身一大憾事是西南联大时期因工作繁忙,未能系统学习希腊语。eimi 问题争论涉及许多希腊语义、语用、语法问题。他在 2002 年 10 月会议上就提出,要细读原著,研究希腊哲学全过程中的 Being 问题。在第四卷的撰写中,他也一再提醒我们研究晚期希腊哲学中的 Being 问题。本章可以说也是本人力图实现汪先生的遗愿,当然这里也仅是个初探,有待深化。

第二节 希腊语系词 eimi 的语源史考察

人们在争论 to on 的意思及中译时,首先要有一个史的观念。第一,图像文字形成期的原始语言尚无所谓"系词";印欧语系系词 es 也有一个形成过程。在上古时代希腊的线形文字 B(Linar B)的泥板文书中尚无系词 eimi。第二,系词形成后,主谓词都是可感的有生灭的事物,即使说到拟人化的多神,也是生成的运动的。切忌以巴门尼德为起点,忘了哲学的史前史,似乎 Being 一出场就是什么形而上学概念。

缪勒《原始文化》中介绍的人类早期文学与语言,苏美尔的楔形文字,古埃及早期的象形文字以及 17 世纪维柯《新科学》的研究等等表明,人类初始阶段的文字起于原始人类的图像符号。本书第二章介绍过苏美尔人的早期的楔形文字如何表述"站立的人","正在走路的人";弓与箭及动词"射箭"。"这是人","那是马",无非就是在"人"与"马"上加一个楔形符号。现代人解读时要加一个系词"是"。然而"是"是无对应的图像符号的,因而,在人类认识中就潜伏着一个问题,即如何用非图像符号的方式昭示这是"万能式"的指称符号"是"。这样,在认知与语言发展到一定阶段时就可能"引爆",擦出新的思想火花。克里特文明时的"公牛献祭图",现代人去读解,会说"摆在神坛中的流血的公牛是献给神的祭品","边上那个女的是祭司","成队列的人是司祭的仪仗队"等等,图像中无"是"的图案或隐喻"是"。"是"隐藏在后,指称画中出现的"A 是 x"。

　　剑桥大学出版社于 20、21 世纪之交出版了语言与文字的系列研究丛书,共六册。该校古典系 James Clackson 著的 *Indo-European Linguistics: An Introduction*(《印欧语导读》)2007 年出版。书中介绍了印欧语系所包括的几百种语言和方言,其中大都在欧洲、南亚、西南亚和中亚。该书包括研究原始印欧语的导言,各分支语种之间相互转换的方法,关于语支分类及相关争议的问题。书中附有 100 多张语言转换和分类表,书后附有完整的专门术语解释。原始印欧语起初也未出现系词,后来出现"es",它既是系词,又指称"存在"或"有"(there is a "x"),是一个二合一的动词。在梵文(Sanskrit)中,asmi 等于 I am(我是);asi 等于 you are(你是);asti 等于 he is(他是)。该书没有设系词研究专节,仅在研究各语支同源关系和转换时论及"es"。

　　希腊文中何时有系词 eimi,难以确定。公元前 1450 年前后,在克里特—迈锡尼出现了亚该亚人的线形文字 B(Linar B)。在克里特共发现 4000 件。在派罗斯出土了 1200 件。此外,在迈锡尼、底比斯亦有发现。文特里斯(Michael Ventris,1921—1956 年)已解读。他与 John, Chadwick 著《迈锡尼时期希腊文献》(*Documents in Mycenaean Greek*,剑桥大学出版社 1956 年出版)。1956 年文特里斯车祸身亡后,1973 年由 John Chadwick 出版了修订第二版。作者以出土文书所在地前两个字母编号,如 Myxi 指迈锡尼出土的第 11 号;KN213 克洛索斯(Knosos)出土的,编号 213 号。PY172 指派罗斯(Pylos)出土的 172 号,等等。泥板文书仅有神名,祭司(We-te-re-u)、女祭司(Pa-ki-ja)以及祭品,主要是油、羊羔、牛、无花果、蜂蜜、酒、小麦等。当时还没有成文的祭文、颂词、祈祷文告等。可能与此相关,泥板文书中未出现系词。

　　公元前 12 世纪左右游牧民族多立斯人进入希腊半岛后,Linar B 中断。之后,大约公元前 9—前 10 世纪,希腊人引入腓尼基字母,而且区分了元音与辅音,创造了三大民族三个语支的希腊语。在这个时候的神谱和史诗中形成了记事体的叙述性句子,其中出现了系词 eimi 的各种人称、语态。公元前 6 世纪中叶雅典的僭主庇西斯特拉图,在民间传说的基础上倡导整理出文字记述的《荷马史诗》。晚期希腊的亚历山大里亚图书馆,又再度加工。现在人们看到的小写字母和标音符号,那是东罗马帝国时期的阿里斯多芬发明的。卡恩(Charle Kahn)在《古希腊语动词"to be"》中关于 eimi 用法的统计正是根据后来定型的近代版本。

系词 eimi 的使用频率显然同散文和叙述性史诗和神谱的形成密切相关。对照哲学产生之前与荷马、赫西俄德同时代的诗歌,在诗性语言中通常无须用系词。Loeb 希—英对照丛书第 259 号为《希腊抑扬格诗》(*Greek Iambic Poetry*),收录了公元前 7—前 5 世纪 10 位诗人的作品。其中,Archilochus(公元前 7 世纪)、Semonides(公元前 7 世纪中叶)的诗成于哲学产生之前。Loeb 丛书 258 号《希腊哀歌》(*Greek Elegiac Poetry*),第一卷收集了 14 位诗人作品,其中 Callenus(公元前 7 世纪中叶)、Tyrtaeus(公元前 7 世纪后半叶)、Minonermus(鼎盛年为公元前 632—前 629 年)等诗成于泰勒士之前。《希腊抒情诗》(*Greek Lyric*)共 5 卷。第 1 卷(Loeb,第 142 号)的 Sappho(生于公元前 620 年),Alcaeus(公元前 7 世纪后半叶)大约写于泰勒士时期。这些哀歌、抒情诗、抑扬格诗,我粗略翻了一下,它们不像叙述体文字,不用系词。

因此,人们在评论印欧语系词和哲学上的 Being 地位时,一定要有个史的观念。首先要历史地、系统地了解 eimi 出现于书写文字后的日常语用和词义。

希腊语系词的原生态 eimi 相当于英语"be"。若重音标在第二音节,词义相当于 go,源自古印欧语的词根"ei",而重音标在第一个音节的系词 eimi 的古印欧语词根是"es",二者的词根是不同的。不定式 einai 相当于 to be,分词相当于英语 being。但是希腊语的分词有现在式与过去式、主动语态与被动语态之分,还有阳性、中性、阴性的区分,即 on, on, ousa(阳性、中性一样),一般只列 on 与 ousa。希腊语中有无动名词,有不同看法。动词名词化,按希腊语名词的语法规则要加冠词。后面第三小节中我们要说到巴门尼德表述中"on"与"to on"的区别。他用的"eon"可能是动名词。现在我们先理清,在希腊哲学形成之前,eimi 在普通语言学意义上的日常用法和词义;然后说明,在巴门尼德自己和后巴门尼德的哲学文本中,既有哲学范畴的用法,又有日常语言的用法。若把日常语用上的词义全译为"是",那就违背普通语言学的日常常识,而且不可读了。

由于古印欧语系中系词"es"同时又有实义动词的意思,所以希腊语系

词 eimi 同时又有表示"有""在""存在"的意思。当然它不是主要的语用特
征。考虑到系词在拼音语系中的地位,又考虑到世界上有的语种无系词
"是",因之发生互读互译中的难题,所以全球名刊之一《语言基础》第 1 卷
(1965 年)发表了 Graham 的论文《语言与哲学的 Being 初探》时,论文首页
编者按说:"本文是不同语言中 Being 概念的初步探讨。关于不同语言中
'Being'的研究,我们准备以'语言基础增刊系列丛书'的名称发表专题论
著。"这个系列论著的名称为"动词'to be'及其同类词—哲学的、语法的研
究",由 John W. M. Verharr 任主编,共六册。包括古汉语、阿萨巴斯加语
(Athapaskan)、蒙达语(Mundari)、爱斯基摩语、印地语、祖尼语、现代希腊
语、德拉维语、库鲁赫语(Kunukh)、日本语、克什米尔语、亚美尼亚语、匈牙
利语、苏美尔语、修纳语(Shona)、契维语(TWI)、现代汉语、阿拉伯语、乌尔
都语、土耳其语(突厥语)、孟加拉语、阿哈拉语(Amharic)、印尼语、泰卢固
语(Telugu)、爱沙利亚语、古希腊语等 24 种古今语言。卡恩(Charles Kahn)
所著的《古希腊语动词"to be"》就是其中一册。卡恩的论文《希腊动词 to
be 与 Being 概念》于 1966 年发表于《语言基础》第 2 卷。2008 年发表他的
《关于 Being 问题的论集》时,收录为第一篇,而且标出原刊页码。

　　卡恩探索了 40 年,令人敬佩,而且十分严谨。40 年一直在修正、充实
自己的思想。我们应该按卡恩自己的论述去评价他的学术贡献。2009 年
卡恩发表了《关于 Being 问题的论集》,他在 2008 年 3 月写的序中总结了他
40 年的研究,说:"这里重印的论文,跨度 40 年,反映了我对两个不同的,然
而又是直接相关的问题,即语言的历时性问题与哲学问题的从未间断的关
注";"这两个问题都牵连到我所说的不定式 einai 的断真用法。在我的早
期论文中,我把动词和'真'概念的关联当作希腊哲学中 Being 的中心。
我认为这是关键。但是现在我运用这一动词的更普遍的功能,即语义功能
(Semantic)来解释断真用法。它包含存在、持续和真三个意思。"卡恩接着
说:"断真用法不是我的新发现。希腊时期的学者早就认为 esti 意指'is
true'(是真的)或'is the case'(是如此)。"作者在此特地加脚注说明《希英
大辞典》eimi 条目,援引希罗多德和修昔底德的例句,说明"关于 be,the fact
or the case,学者们也注意到柏拉图文本的罕见的例外(见伯奈特评注《斐多
篇》65C3,66A3)"。卡恩接着说:"但是动词 eimi 与'真'观念的关系在哲学
上的重要性常常被忽视了。我认为这种忽视是由于传统上关于 eimi 动词
的设定(assumption)而产生的,它认为动词 eimi 或者是 copula(系词,连接
主谓语作用)或者是表存在的实义动词。由于这种区分,断真用法被隐去
了(anomaly)。"作者接着说明,因此 1973 年专著《古希腊语动词"to be"》

中,他提出用另一种分类法代替"系词—存在二分法"(本人曾在论文《卡恩论 eimi》中介绍过全书共 8 章的大意)。卡恩接着说:"现在我设想用 eimi 动词作为系词的句法(syntactic)作用与作为表述存在、持续(instantiation)和断真的语义功能或 extralingustic(超语言)功能的区分,取代 copula-existence 的二分法。"(导言,第 2—3 页)卡恩说:这是在本论集的第五篇,即《再论动词 be 和 Being 概念的理论》(2004 年)中提出的,现在导言中再加论述。

卡恩接着一段论述很值得研究。他总结 40 年的研究,对 2004 年新提出的方案做了说明。他认为 eimi 不论是作为句法的系词还是语义方面的功能,都包含断真、持续、存在三种含义。希腊语 eimi 延续古印欧语"es"的传统,主要的意义功能是断真,表示"是真的","是如此"。按照语言转换,不管是作为系词,还是语义功能的动词,表示"存在",自古印欧语以来有之;"在欧洲语言中,古老的印欧语系的'es'一直保留于'存在'的表述中。它用加上个处所副词的办法保持古老的 existential force(表存在的力度)。例如英语的 there is,意大利语的 ce,ci sono,德语的 dasein"(《关于 Being 问题的论集》,第 31 页)。也许是因为卡恩注意到他的论文可能被误读,所以他反复说明他的三种分类法都肯定 eimi 含表示"存在"的意义。关于 2004 年提出的句法作用与语义功能,他说是作为语言理论提出的,而不是 Being 概念的哲学说明。二者有关联,但又不同。对亚里士多德的哲学而言,Being 是本体、数量、关系等等,可分为十个范畴,从十个方面表述 Being。从语言的句法功能看"是什么""是多少""是什么性质""是在哪儿"等等,都是表语结构。但是"在普罗提诺学说中 Being(einai)与'太一'的基本原理无关。The One does not have Being('太一'无 Being 的关联)因为'太一'不可能有表语结构。主—谓结构会造成多元化,然而'太一'不承认多"。卡恩又说:"对于普罗提诺来说,如果'太一'不存在,就无物存在。""对亚里士多德而言,有多少范畴就有多少种的 Being;对普罗提诺而言,Being 与'太一'无关联,如果 Being 被理解为表语动词,而不是表述存在的话"。所以,作者接着说:"表语中 Being 的语言分析,仅是个系词而已;但是表语的哲学分析,自然就必须包括其他含义的作用。不仅仅表述存在,而且还表述持续和断真。"(导言,第 3 页)

也许是因为不同专业的关注点不同。主张都译为"是"的人只引用卡恩 1973 年的专著《古希腊语动词"to be"》中有关"断真"的词句,而不了解卡恩前后一系列论文著作中的观点及后来的修正与解释,所以,误以为卡恩也认为只能作"是"解。卡恩是对于希腊语 eimi 最有研究、富有创见的学

者。因此,本书这一节中着重介绍他 40 年研究的概况,说明我们必须区分
eimi 的普通语言学的含义与哲学范畴的含义。巴门尼德、柏拉图、亚里士多
德即使是在专门研究 Being 与"相"(理念)或本体的论著中,也有许多是在
日常词义上使用 eimi 的各种形式,不可无视 eimi 的表述"存在""持续"和
"能够"的含义。在 2001、2003 年讨论希腊语 Being 的会议上,我曾在辩论
中举过几个典型例子。

范例 1:针对"《形而上学》一书中的 Being 都必须译为'是'"的见解,我
举第四卷开首第一句"estin episteme"为例,所有译本都译为"有一门学科,
它研究 Being as Being 及其自身所固有的属性"。这里的 estin 就是个日常
语用学的词语,相当于英语的 there is。

范例 2:智者运动中有股疑神论思潮。四卷本《希腊哲学史》第二卷第
一编第 3 章第 3 节举了普罗迪柯和欧里庇得斯山羊剧《西绪弗斯》几个材
料,那里的 einai,estin 及其他形式,都是日常语义。如《柏勒洛丰》:"谁说
天上有神? 不,没有! 如果有人说有,就告诉他不要傻乎乎地相信那些古老
的故事了,"(残篇,886)。《伯里克利传》:"关于神,只是一种推断而已,我
们谁也没有见过"(第 6 节)。这里的 estin,einai 相当于英语的 there is。都
译为"是",就读不懂了。①

范例 3:20 世纪以来,希腊语教材通常有两种类型,一是结合文学,以荷
马史诗为主。二是结合哲学,引用哲学类文本加以分析。通常都要讲到希
腊文 to be 的一种习惯用法。Dative(名词第三格)+to be 指称"所有关系",
如"te Basileia(第三格)hen(eimi 的主动语态过去式)machaira",英译为 the
queen had a sabre(皇后有一把剑),这里的 eimi"强调"拥有这一事实。第二
格+to be 则强调归属,英译是"the sabre belonged to the queen",中译"这把
剑属于皇后"。汉译中可以按句子转换规则变成:"这把剑是属于皇后的"。
若不译为"有"和"属于",而一律用"是"就变成"皇后是一把剑","剑是皇
后了"。那可真是读不懂的希腊文了②。

范例 4:在后巴门尼德的柏拉图、亚里士多德等的文本中,eimi 的各种
形式,有的是哲学含义,有的就是日常词义。例如《智者篇》中讨论秽物和
梦有无 eidos,这里若译"是或不是",就说不通。又如亚氏《物理学》讨论
"空间之外,是否还有虚空",这里的句型就是 Is there a Vacuum(有虚空吗?

---

① 参见汪子嵩等:《希腊哲学史》第 1 卷,人民出版社 2014 年版,第 161—164 页。
② 参见 Francis Hobes, *Philosophical Greek:An Introduction*(《哲学希腊语入门》),Chicago U.P,
1957,pp.23-24。

虚空是否存在?)?

　　凡此种种,不胜枚举。特别是到了晚期希腊和早期基督教,eimi 表达"存在","有"日趋普遍。因此,在讨论哲学上的 Being 的含义及其中译时,首先要说清两个问题。第一,"es"在古印欧语有一个形成过程。eimi 出现之后,主要也是指称可感的、变动的、有生灭的现象"是真的""是如此"等等;第二,eimi 的日常语义以断真为主,即古印欧语中"es",指"xx 是真的""是如此",同时还有表示"持续在那""有""存在""能"。即使是后巴门尼德的哲学文本,也少不了日常词义的用法。切不可因关于 Being 的某种哲学上的不同看法,祸及日常词义的用法。

第三节　巴门尼德:形而上学标志的三对范畴

　　在希腊哲学的二阶开端中,我们介绍过爱利亚学派创始人巴门尼德的形而上学思想。他在哲学史上最早提出研究学问的"途径"(hodos),即方法论的问题。这两条道路(途径)由三对六个范畴构成,Being-No Being, noema-aisthesis, aletheia-doxa。译为中文,"思想""感觉""意见(看法)"三个词没有什么分歧。Aletheia 以往译为"真理"。王路认为应译为"真",这在逻辑和日常常识中可以成立,而且在逻辑中还非得译为"真"不可。但是在巴门尼德这里,指的是经由理性(思想)而获得的关于 Being 的,以 logos(言辞和理性)表述的"真知"("知识",episteme),"真"之"理",当然应译为真理。按逻辑和常识,感性世界所获的"是真的""是如此",用词同样是aletheia 或 alethos(真实的),然而巴门尼德却认为这些是因人、因时而异的,各自的意见(看法、见解),算不得"真知"。所以,这里若译为"真",反倒背离了巴门尼德的本意。真正的难题是 Being 的含义和中译。四卷本《希腊哲学史》第一卷第四编"爱利亚学派"从语源入手作了详细介绍和分析。2001 年济南召开的西方哲学史年会上,来自上海社会科学院哲学所的俞孟宣研究员的看法有代表性:"我同意这里作的语源学上的分析,但不同意译为'存在'。"这卷写于 1983—1985 年,1986 年 5 月定稿。结合近些年的讨论和国内外新的研究资料和成果,在此做些新的补充。

一、一个方法论问题

　　第一章说过人体解剖是认识猿体的钥匙。认识黑格尔的"绝对观念"有助于理解亚里士多德关于第一哲学与神学的论述。认识柏拉图的 idea,亚里士多德的 Being as Being 和 Ousia,有助于理解巴门尼德关于Being 的论述。认识史上常有这种情况。有远见卓识的先辈常常敏锐地觉察到某种新问题，但当下还没有清晰的认识，若干年后哲人或科学家才明晰地阐明了。巴门尼德是继往开来的开创性人物。没有前一段的自然哲学的认识成果，就没有巴门尼德。巴门尼德又是哲学形而上学的开创者。作为开创者他的思想一定是新的萌芽，而且也仅仅是萌芽。犹如一棵大树，大树起于胚芽，然而胚芽毕竟不是大树，连小树也还不够格。从认识史考察，颇像黑格尔的逻辑学开端的第一个范畴 Sein。我们解剖"现代人"，为的是找到"现代人"的萌芽，新的质素，而不是把古代人现代化，将一些后来才有的思想和概念加到前人身上。针对近 20 年关于 Being 问题的讨论，我们第一要肯定巴门尼德作为形而上学的开端，同时又要注意，他所说的"on"，不管是译为"是"或"存在""纯有"，除了巴门尼德说的几个"标志"（不可分、无生灭、不变动）外无任何质的规定性。第二，从巴门尼德开始，系词 eimi 才向哲学范畴过渡，具有哲学范畴的性质，因而在词形上、语用上同日常用法还难以分开。他仅用过 estin，einai，eon 表述 Being。他还未用过 to on hei on（Being as Being）。有些文章说巴门尼德提出 to on，这是后人用后来的术语去转述。巴氏自己仅用 eon。第三，巴门尼德时代，希腊文 eimi 处于形成期，也无小写字母和音符。系词 eimi，正如卡恩所说："在欧洲语言中，古老的印欧语系的 es 一直保留在存在的表述中。"[1]那时还未像后来语法学家说的句法与词义的明晰区分。"断真"中有"存在"意思；在表述存在和处所时也意指"is true"，"is case"。第四，形式逻辑萌芽于智者运动时期，亚里士多德赋予学科的形态。处于早期哲学范畴时代的巴门尼德尚无后来的逻辑规范。巴门尼德在"求真之路"意义上说的 aletheia（truth）就是"真理"的意思，因为它是通过 noema（理性思维）而获得的，用 logos 表述的知识，根本不是形式逻辑意义上的"真"。巴门尼德的残篇二说的"Being 就是 Being，不能是 No Being；No Being 就是 No Being，不能是 Being"。按形式逻辑就是无意义的同语反复，可是对于巴门尼德来说，却是哲学形而上学的第一个命题。

二、巴门尼德关于 Being 的三种表述

巴门尼德用系词 eimi 的现在直陈式主动语态第三人称单数 estin（或

---

[1]　卡恩:《希腊动词 to be 与 Being 概念》（"The Greek Verb 'to be' and the Concept of Being"），in Charles H. Kahn, *Essays on Being*（《关于 Being 问题的论集》），Oxford U.P.，2012，p.31。原文"The Verb 'Be' and its Synonyms in the supplementary"发表在《语言基础》（*Foundations of Language*），Vol.2，1966，p.257。

esti）、主动语态的不定式 einai、分词 on 表述 Being 范畴,否定式则用否定词
"me"或"ouk"表示 Not Being。这三个词,在他的残篇中同时又有日常语用
的功能,所以如何判定此处是作为专门术语,他处是日常语用,历来就是个
难题。巴门尼德时代希腊语尚未有小写字母和重音的符号,准确地区分,更
是难上难。第尔斯、克郎兹在辑录和汇编所收集到的 25 则残篇时,他认为
其中 19 则,共 154 行比较可靠。第尔斯、克郎兹试图用 estin 重音的标法区
分哲学范畴意义上的 Being 与日常语用的语义。基尔克、拉文在诠释中也
力图做些区分。四卷本《希腊哲学史》(第一卷第七章)做了介绍,并且统计
了 eimi 各种形式出现的次数和所指。这些工作都是很细致的、很实在的。
不管是译为"是",抑或是"存在""有""实事",若不区分哲学与日常语义就
很难理解和翻译。如残篇二,是巴氏全部立论的前提。若都译为"存在",
那就是:"一条路:存在是存在的,它不可能不存在;另一条路:存在是不存
在的,非存在必然存在"。若都译为"是",那就是:"是是是,是不可能不是;
是是非是,不是必然是",即使打上引号,"是"是"是",读者也是无法理解。
其实,主语中的 estin 指的是哲学范畴 Being 或 No Being,连接主谓关系的
"是",纯粹就是系词(capula)。表语中的"it is""it is not"就是日常语用,表
征有无,存在或不存在相当于 there is,there is not。整个意思是关于 Being
有两条相反的道路,一是认为 there is a Being(有 Being,或 Being 是真实存
在的),它不可能没有,不可能不存在。另一条则相反,认为"没有 Being"
(there is not Being)即 Being 是不存在的,而 No Being 倒是存在的。后者就
是先哲们的自然哲学之路,而他坚信唯一的不可分的无生灭的 Being 是有
的,"真正信心的力量决不允许在 Being 之外还有 No Being"(残篇八,第 13
行),这里必须把握几个关键:第一,希腊文 eimi 是个多功能的系词,内含断
真、存在一处所、持续在那和有内在能力"能如此"等四个词义。同时又是
一个散文和叙事体产生以来广泛使用的系词,巴门尼德正是看重这点,用来
表达他在哲学史上有转折意义的思想:在无数的"x 是 y"中必定有一个真
实地、持续地又有内在能力支撑的 eon(Being)。但是这个 Being 是什么?
他未能认识到,所以后巴门尼德有几种说法。第二,eon 是名词化的"这
个",集真、在、恒久、能于一体,切不可为了译为"是"或"存在"就无视它的
四合一含义。后来的种子、原子、相、本体都深化了 eon 所内含的四合一词
义,即"种子""原子""相""本体"都是有内在活动力的(有动变之源的),恒
久存在的东西;不仅是一层意思。第三,不是因有系词 eimi 才有 ontology
(本体论),而是哲学发展到一定阶段产生了对"形而上学"之"道"的认识
的追求,然后产生了寻求表述内容的词语。

三、正确评估印欧语系中系词 es 同哲学形而上学的关系

对于希腊语系词影响下的西方哲学,不了解系词为载体的 Being,的确就难以理解其形而上学的奥妙道理,但切忌说过头话,好像没有 Being 就没有哲学形而上学。前面提到《语言基础》增刊 6 册,研讨了 24 种语言,像古汉语根本无系词,但不能说先秦哲学无形而上学。老庄学说就是标准的形而上学。这就是说,并非所有的哲学形而上学都要以系词为载体。古汉语用另一种文字表述了古代"玄学"的奥妙哲理。这是第一。第二,除了印欧语系外,其他几种拼音文字也有系词,也有断真和存在与处所的语义,例如非洲方言 Ewe(there is,exist),土耳其语 Var(there is),yok(there is not),阿拉伯语 il ya (there is,exist)。但是,却无以系词为载体的 Being 形而上学。第三,即使同为印欧语系,其中波斯—印度语支,有希腊语 eimi 的三个用法和词义,如梵文中的 as。但是佛经有丰富的形而上学思想,却不是以系词为载体而成立的 Being 学说。第四,即使是印欧语系的古希腊语、拉丁语,也并非都以 Being 为基础、为载体建立其形而上学体系。因为 Being 自身就潜伏着"多",即使是巴门尼德自己,他的"球形"比喻、他的"连续的一"的说法,就潜藏着"多"。晚期希腊的普罗提诺就拒绝把"太一"说成 Being。他反对用 Being 或 Being as Being 来诠释"One"(太一),认为"太一"就像太阳,它光芒四射,不能用任何的 Being 或 Ousia 来解释。同一时期的教父学,对 Being 也持保留态度。因为,按照亚里士多德的本体论,圣父、圣子、圣灵就是三个"Being as Being"。希腊教父认为圣父、圣子、圣灵是远高于 Being 的一个本性(本质)的 persona(面具、表现),不能用主谓结构的系词来表述。若说"圣父是 Being""圣子是 Being""圣灵是 Being",就陷入希腊人的 Being 的泥坑了。关于这个问题,本章第五节有详述。

四、准确把握 eon 的含义

关于巴门尼德的 Being 首先要准确把握当时语境和哲学背景下的含义,然后考虑汉语如何表述和翻译。严群于 1947—1948 年讲稿中创造了一个英文词汇 isness,指出巴门尼德注意到在众多的"x 是 y"表述中,有一个 x 是 y 的"是性"。巴门尼德问"是"之本性(isness)到底是什么? 他不满足于前人只研究生成事物之所"是"的"是性"。"x 是气","x 是火"。火灭,气散之后就什么也不是了。赫拉克利特称之为"既是又不是",有此"是性"吗? 火的燃烧过程,有火的稳定的"是性"吗? 因而能够作为万物之本原者,一定是某种固定不变的东西,而不是某个具体的水、气、火,或数。这个

看不见摸不着的东西,既不是水、火、气一样的东西,也不是对象的数量关系,而是一种更高、更稳定的,无生灭的东西。这就是说,早期自然哲学的成就与缺陷,为巴门尼德的哲学思考提供了两个方面的条件。其一是哲学思维的成果,用哲学的思维方式和思维成果(即概念和论证),去回答人类求知过程中最深奥的问题。其二是,早期的自然哲学暴露了自身的缺陷,即用一种具体物的形态(水、气、火)去解释万物之生成的毛病;或用对象的数量和比例解释不同物的性质和关系的弊端,因而他不重蹈“意见之路”的覆辙,要另寻出路。“聪慧的马儿”拉着“有学识的人”乘坐太阳车,由“太阳的女儿们”引路,Dike 女神迎候这位年轻人到来。Dike 女神指点他,“这远不是一般人走过的道路。走上这条路你就可以学到一切东西,既有不可动摇的圆满的真理,又有不包含真实信念的凡人的意见”。序诗中这几句话很重要。巴门尼德借正义女神之名告诉别人这是一条从未走过的道路,然而它又是正义女神把门审核过的公平正义之大道。在这条路上“可以学到一切”,其中包括真理之路,还包括“意见之路”。为什么说“无论如何你也应该学习这些凡人的意见”? 因为“只有通过彻底的考察,才能判明那些似乎是存在的东西(似是而非的东西)”(DK28B1)。

因此,要把握巴门尼德的 Being,首先要了解它的学说形成的语境(认识论,基础),才能明白为什么同样拥有系词“es”(或 as)的其他民族却未能从系词中找到哲学思想的语言陈述。巴门尼德之前的自然哲学家已经从“arche”(本原)开始,沿着个别与一般的抽象思维之路,启发后人寻求更一般更普遍的理论和范畴。而且,赫拉克利特的“既存在又不存在”(“既是又不是”)启发了他在 eimi 中寻求新路。同时,一生在南意大利和西西里活动的色诺芬尼已经提出神是一;神是不动的、无生灭的;神以其思想左右一切;我们对神的认识只有各种 doxa 而无真知。其次,要体会序诗的寓意,巴门尼德意识到他是第一个探路人,要对比考察两条求知之路。“非是”(“非存在”)不等于虚无,指的是自然哲学家们所考察的运动的、有生灭的、非连续的“杂多”的东西。反之,“on”或 eitin、einai(是、存在)指的就是靠思想把握的不动的、无生灭的、连续不可分的,然而又不是色诺芬尼说的“一神”而是纯哲学的范畴。请注意,巴门尼德原文仅用过三个词来表达它:estin,eon,einai。原文中未出现过“on”,“to on”。巴门尼德残篇中从未出现过 on 或 to on 这一中性分词形式。这是后巴门尼德才出现的。在巴门尼德现有残篇中出现过 15 处各种名词变格形式的 eon 即:Fr.2,7;Fr.7,1;Fr.6,1;Fr.4,2;Fr.8,3,7,12,19,25,32,33,35,37,47(47 行出现两次)。现在的中文论文中,主张译为“是”的人,可能未细查原文。原文中的 eon 有学者认为是动名词,也有的认为是分词。但不管怎么说,原文中的 eon 已名词化,所以有单复数与变格。这就是说,系词"是"在名词化过程中已进入哲学范畴领域,向"这个"(本体化)转化了。但是在巴门尼德那里,这个 eon 或不定式 einai,除了不动的、无生灭的、不可分的"一"之外,无任何质的规定性。黑格尔将它看作逻辑学起点的第一个范畴 sein(纯"是",纯有)是有根据的。因为苏格拉底、柏拉图才用定义法去寻求共性是什么。因此,不管中文译为"是",还是"存在""实是""纯有",摆在第一位的是首先认准这个 estin,einai,eon 的本义。既不要把后人才有的思想加到前人身上,也不要贬低其在哲学认识史上的地位。同时我们应以探索者的姿态,把自己置于当下探求者之一的地位,认识到还有许多未知领域摆在我们面前。

这里顺便介绍 2009 年出版的 John Palmer 的《巴门尼德和前苏格拉底哲学》(牛津大学出版社 2009 年精装本、2012 年平装本)。本人手边仅有 2012 年的平装本,作者未说明有何修正,想必两种版本内容一样。Palmer 的意思是,在巴门尼德时代人们根本不知道什么语义、语用、语法的区分,后人把巴门尼德残篇中的各种形式的 eimi 区分为表示哲学上的 Being 与普通的语用的系词"是",其实巴门尼德自己并没作这样的区分。想在他们使用的 eimi 各形式中找出哪些是语用的系词,那些是表示哲学上的 Being,那是因为后人有了 Being 了,就以为他已有了形而上的 Being 概念了。作者提出另一种解释模式。巴门尼德区分必定是,必定非是或不可能,短暂性的"是"(necessary being,necessary nonbeing or impossibility,contingent being)。在这三种运用 eimi 的模式中,第一种模式"必定是"指的就是是什么,不可能不是(what is and cannot not be);第二种是不是者必定不是(what is not and must not be);第三种为是又不是(what is and is not)。第三种指的就是赫拉克利特的模式,把对象都表述为短暂的是(是"火",又不是"火")。第二种指早期自然哲学家。他们不承认不是者必定不是(非是必定是非是),总想凭感觉在"非是"中找到某种"是",如在非"水"非"气"中找到水、气之"是",自然就不可能获得真知,充其量只有各自的意见或见解。唯有第一条路,坚信"是"必定存在,不可能又不是。沿着这条路,依靠思想就一定能找到"是什么"这个"命运女神"牢牢抓住的核心。它是不变的、无生灭的、连续的;它不像感性的,有生灭的、动变的东西。例如,热的又变成冷的了;在那儿又不在那儿了。因为它是不变的、无生灭的,待续存在的,所以可以靠理性,用言辞来表达。但是,这种必定存在的不变的东西是什么? 巴门尼德说不出来。他只是说,有"necessary being"的 eon(Being)。这个 eon 是什么? 麦里梭说是一个个不动、不变、不可分的东西。阿拿克萨戈拉说是"种子",恩培多克勒说是"四根",德谟克利特说是原子。无论是"种子""四根""原子"都具备"必定是、不可能不是"的"是性"。它们都是无生灭的、不变的 eon(Being)。所以巴门尼德仅仅是开启了形而上学的大门,为之奠定了语言表述的基础。这些自然哲学家的种子论、四根论、原子论才是回答"必定是、不可能不是"的第一种模式的形而上学理论。尔后才有柏拉图、亚里士多德从精神领域找"必定是,不可能不是"的 Being,即 idea 和 Ousia。

这就是 Palmer 提出的新的解释模式。他批评卡恩区分什么断真用法、存在用法、系词用法(参见《巴门尼德和前苏格拉底哲学》,第 94—96 页)。Palmer 的解释模式的特点是不纠缠于区分系词的用法。我认为他的解释模式有一定道理。这就是,关于巴门尼德的"是"或"存在""纯有"是什么意思,我们应把研究重点放在人类认识史上,一旦人们认识到,前巴门尼德的自然哲学家的理论缺少一个形而上学的支撑,总会有人把重点转向形而上之"道",寻求一个比水、气、火等"本原"更高的原理,也总会寻求某种语言的表述。不管是他所使用的是有系词的拼音文字,还是像汉语一样的无系词的非拼音文字,人们都能找到某种语言表述和词语,将心中想到的形而上之道倾诉出来。如果没有这种人类认识史上的哲学形态的知识,那么它就只能用宗教或神话来表述,像佛教、犹太教。如果已经形成理论思维的哲学思维方式,那么人们就能从多用途、多语义的、多种语形的 eimi 中找到同新的哲学思维相适应的语言载体,也就是历史的必然了。本人从 20 世纪90 年代就坚持一个见解,认为人类认识的根本矛盾就是人类认识使命的无限性与认识个体的身心的有限性和历史的局限性的矛盾。为科学知识的具体理论提供一个形而上学的最高的、深层次的理论支撑,这是要依靠全人类的认识史才能逐步实现而又无止境的。然而为之努力的个体一方面有自己的身体和知识的局限,还有时代的局限,他再伟大也不可能超越历史为人类提供绝对真理。巴门尼德作为哲学形而上学开端的第一人,他做到的就是:必定有一个无生灭的、不变动的,靠理性来认识,用语言的逻各斯来表述的"必定是如此"的"东西"。沿着"真理之路",必能找到那个"必定是、不可能不是"的"东西"。其实汉语中"东西"这个最抽象的概念倒很适合于诠释人类认识史上初始阶段的认知(智慧果)。巴门尼德的 eon,已远高于阿拿克西曼德否定"水"是本原后提出的 aperon。Eon 不仅具有负概念的否定性认识的功能,即否定了早期自然哲学家们的"本原+生成原理"之路;更重要的是,它指出应该如何寻求"必定是、不可能不是"的形而上学的道路。在巴门尼德时代,自然哲学思潮还占主导地位。智者运动起于公元前 5 世纪中叶,他们开始转向城邦与公民教育,对自然哲学所研究的万物起源与演变根本不感兴趣。所以，首先回应巴门尼德问题的人是阿拿克萨戈拉、恩培多克勒和原子论。因此，Palmer 著作的后三章就转向研究他们了。他们所给出的答案正好证明巴门尼德所提出的"必定是，不可能不是"的东西，已经本体化了，已经远远超出系词"是"的语用、语义了。同是操印欧语系，特别是欧洲希腊语系、拉丁语系的学者，不管是古代还是近代，都不难理解巴门尼德的 eon 和亚里士多德的 Ousia，转换成汉语，就产生了下面说的理解和汉译的难题了。

五、巴门尼德术语的汉译问题

海德格尔在《形而上学导论》第 2 章第 2 节"Being 的语源"中，介绍了印欧语系系词 es 的本义："依靠自己的活力能运动、生活和存在"的东西，显现（呈现）出来了（解蔽了）。它同另一个词"bhu""bheu"很接近，也是"依靠自身的力量，能自然而然地生长、涌现、出现"。从词源上说，"es"（梵文 as，希腊文 eimi）本来就是表述动变之物，指称在某处有什么东西。其前提一定是"有此物"，"有此样"的东西，本来它就是"is true""is case"的内涵。这就是说，其前提是"有""存在""能呈现"。所以，在后来衍生的希腊语中，集"是""有""在""能"四功能于一体的 eimi 就是再适合不过了。国际语言与哲学刊物《语言基础》编辑的 6 册增刊系列丛书中介绍了 24 种语言（实际上是 22 种，其中 4 种分别是古汉语与现代汉语、古希腊语与现代希腊语）。书中说道：在古汉语、阿拉伯语及其他少数语种，如阿萨巴斯加语、蒙达语、土耳其语中，是分别用两个词表述系词"是"和"有"与"存在"的。因为这些语支没有一个兼有这几个语义的词汇。这就决定了汉语翻译中必然出现一个问题：不论译为"是"还是"存在"，或类似译法，都会产生"偏读"①的问题。在翻译上首先碰到这个问题的是公元 10—12 世纪的阿拉伯学者。他们往往用阿拉伯文 kana 表示作为"存在""有""在那儿"的 eimi；用"A（名词第一格）Kuwa B（第一格）"或加介词 inna，即"InnaA（第四格）B（第一格）"表述作为"是"的 eimi。也有的人（如公元 910—911 年逝世的《范畴篇》译注者 Ishag Ibn Hunayn），用"Kana AB""A kuwa B"来翻译不定式 einai 中的不同含义。今天我们将重演历史。原创文化研究注重"以史为鉴"。借助这面历史之镜，可以照出，一律译为"是"或一律译为"存在"肯定都是

---

① 这是我因景而生，创造的一个术语，"偏读"不等于"误读"，它是在翻译或读解中发生的现象。由于语言方面的差异而经常发生的，偏向于一个意思，而不顾及另一义，这不同于认识上或思维方法上的"片面性"。

片面的。汉语的"是""存在"都不具有 eimi 的四合一功能。所以,无论持何种主张,话都不要说得太绝。如今我们拥有的古希腊语 eimi 知识,很难说就超越了公元 10—12 世纪的阿拉伯学者。

主张一律译为"是"者中,有人甚至连个别地方译为"存在"也反对。其中一条理由是希腊文中无"存在"范畴,拉丁文中后来才有 existentia(存在)。希腊文中确实无一个普通名词 exist(存在)。原因是在古希腊语中 eimi 就有这个功能,现代印欧语中都用加个副词的办法来指称"存在",如英语 there is,意大利语 c'e(单数)、Ci sono(复数)、俄语 y 等等。语言是随原始人类的发展而发展的。在群体的社会活动,主要是生产活动、生活活动中,首先碰到的就是生存环境问题。用声音或符号传递信息"这里有 x","这是 x",有什么"在那",这是生产、生活中第一要义。差别就是语言表述上如何传递表达存在的意思。人类语言起始,只用单个词语指称"是""有""在那"。发展到句子形式时才产生在语言上如何表述 A 与 B 之间的关系,于是才有所谓 capura(系词)。我们在本章第一节已说过从线形文字 B 到城邦制初期系词 eimi 的形成史。古汉语中无系词"是",走的是另一条路。例如,用下列词语、句式表述类似 eimi 的意思:

"有朋自远方来。"《论语·学而》

"有鲧在下曰虞舜。"《尚书·尧典》

"有牵牛而过堂下者。"《孟子·梁惠王》

"不好犯上而好作乱者未之有也。"《论语·学而》

"关关雎鸠,在河之洲。"《诗经·周南》

"子在,回何敢死。"《论语·先进》

"见龙在田。"《易经·乾卦》

"其人存,则其政举。"《礼记·中庸》

"笾豆之事,则有司存。"《论语·泰伯》

"有天地,然后万物生焉。"《易经·序卦》

知名梵文研究专家金克木先生《试论梵语中的"有""存在"》(《哲学研究》1980 年第 7 期)是一篇研究梵文 as 的杰出论文。这里摘录的是他列举古汉语中表述"有—存在"的例句。近代汉语受西方现代语言的影响,形成一样格式的"x 是 y"的系词表述。然而由于语言体系的差异,汉语中"是"无"存在""有""能"的意思。因此,我本人一贯主张根据巴门尼德时代的语境,凡是日常语言学上的 eimi 各形态,就按语法、句法通例,以日常词义"是"或"有""存在""能"表述之。凡是哲学范畴含义的 estin、einai、eon 则用符合汉语的方式,译为"存在"("是"),或"是"("存在")表示。考虑到

estin，einai，eon 等在有的命题中明显是哲学范畴意义，那么，与其译为汉语中说不通的"是"，还不如译为"存在"或"实是""纯有"，表示尚未有质的规定性的"这个"。到了柏拉图、亚里士多德那里，这个"存在"已展示为"相""形式"，本体+九个属性范畴，那就用他们自己的语言来表述。例如巴门尼德的残篇三"to gar auto noeinestinte kai einai"。中文译为"因为思想与存在是同一的"就很清楚。句中的 estin 就是句法理论的系词，日常词义就是"是"。而后一个不定式 einia（to be），显然不是句法理论的系词"是"，而是指具有无生灭的、不动的、不可分的"是性"（isness）的那个形而上学"东西"，然而又未有进一步的质的规定（像后人说的"种子""原子""相""本体"），所以译为既有本体性规定因素而又未有后来的质的规定性的"存在"，反倒比译为"是"准确。如译为"是"不仅体现不了由系词"是"向哲学范畴的转化，而且在汉语中连句子的日常语义也不通，谁也理解不了"因为思想与是是同一的"的意思。译为"思想与存在是同一的"就好理解，这个命题发展到柏拉图就变成"思想与理念（相）是同一的"。到了亚里士多德就变成《形而上学》第十二卷所说的"思想与永恒不动的本体是同一的"，因为"永恒不动的本体"是无质料的"纯形式""纯思""永恒的现实"。"存在"一词在当代被有的教科书说成是"物质"，是"存在与思维"中的第一性"存在"，那是当代有的人误读了马克思主义。恩格斯在《反杜林论》第一编第一章批评杜林时就明确说过，"存在"是一个先于物质与精神的最抽象的范畴，它在不同哲学中可以指"物质"，也可以指"精神"①。我们不能因为当代有人误用了"存在"，就判定它是不能用的词语。若如此，那么当今大部分词语在哲学上就不能用了。

第四节　从"探源"转向"归宿"过程中 Being 之演化

前面第二章说过，古代诸文化系，从一个视角考察可以把它们分为三种。其一是重在"探源"，以古希腊早期哲学为代表，承继古代民族的"史诗""神谱"的传统；其二是关注人生归宿和来世，以佛教为代表；其三是专注今生今世的为人处世之道，求得现实生活的安乐和社会的安定，达到"大和""中和""人和"的理想境界，以我国古代的《大学》《中庸》及儒家为代表。希腊哲学从形成到公元 529 年最后一个学派被东罗马帝国皇帝下令解散，经历了从"探源"到关注今人今世的城邦与公民，最后追求精神治疗、心

---

①　参见《马克思恩格斯选集》第 3 卷，人民出版社 1995 年版，第 383—384 页。

理安慰和人生归宿的全过程，而且都是以哲学形态出现，到最后融入基督教义之中。按时间段划分，大体上是公元前 5 世纪中叶，以智者运动和苏格拉底的转向为标志，从关注万物的本原和生成转向关注城邦与公民生活。最早指出这一转换的人是亚里士多德："这个时期人们放弃了对自然的研究，哲学家们把注意力转向政治科学和有益于人类的美德问题。"①第二个是西塞罗：苏格拉底"将哲学从天上召回来，使它进入城邦和人们的家庭中"②。近代哲学史家大体上同意这个转向的说法。文德尔班说，以智者为标志，希腊哲学和科学"走上了人学的道路，或者说走上了主体性的道路，研究人们的内心活动，研究人们的观念和意志力。"③格思里在《希腊哲学史》导言中认为，从智者和苏格拉底开始，哲学研究的兴趣"从宇宙转向人，从宇宙论和本体论的有吸引力的理性问题转向更迫切的人生事务和行为的问题"④。

　　文德尔班和格思里用现代语言表述的两句话特别值得玩味："研究人们的内心活动，研究人们的观念和意志力"；那些抽象的"理性问题"已激发不起人们的兴趣，已经"转向更迫切的人生事务和行为的问题"。因此，在研究古希腊语 to be 和哲学上的 Being 问题时，切勿离开当时的哲学热点和思潮转换。希腊哲学史并非一直绕着 Being 这个轴心转。相反，Being 随各时期的哲学语境而演化，或者被拒斥，或者被后人作新的解释。我们今天认为在希腊、拉丁和当代语系中，系词如何重要，古人可不一定认同。本章之后三节简略地介绍在希腊哲学的全过程中 Being 的遭遇和演化。

一、缺乏"至善"维度的 Being 的不幸

　　我们在自己编著的《希腊哲学史》第二卷绪论中介绍了公元前 5 世纪中叶希腊社会和思潮的转换。将第一、二卷对照起来读，可以发现一个认识史发展的逻辑。正因为有早期自然哲学才有后来的巴门尼德及后巴门尼德的自然哲学（见第一卷）。也正因为有关于社会与人的感性的、经验型的认识（智者运动），才有苏格拉底的"校正"，然后从社会哲学上升到柏拉图的"社会哲学的形而上学"（以至善为最高点的"相论"体系，见第二卷）。从智者到柏拉图，相当于从米利都学派到巴门尼德。自然哲学家的活动主要在希腊的殖民城邦，以小亚东岸和南意大利、西西里岛为主。而转向后的社会哲学则集中到雅典这个地中海世界演化中共同搭建的历史舞台。希波战

---

① 　亚里士多德：《论动物的构成》（De Partibus Animalium），642a28-29。

② 　西塞罗：《图斯库兰的谈话》（Tusculan Disputations），5，4，10；Loeb，No.，141，p.435。

③ 　［德］文德尔班：《哲学史教程》上卷，罗达仁译，商务印书馆 1987 年版，第 97 页。

④ 　W.K.L.Guthrie,The History of Greek Philosophy,Vol.1,Cambridge U.P.2001,p.8.

争后期以来的雅典,成了地中海世界的活动中心,而当时的雅典民主制也最有利于人们探讨社会与人的问题。

社会与自然界的一个根本差别是,社会活动的主体(人)都抱着一定的个人动机参与社会活动,追求个人的预先设定的目标。"目的"取代了"探源"。万物如何形成,被淡化了。处于阶级对立、民族差异、社会分层条件下的人,分为不同的阶级、阶层、集团或社会群体,个人的动机和行为千差万别。在社会交往和社会活动中,有的人的动机经社会的校正后实现,大部分却不能。犹如恩格斯所说,无数的力的平行四边形,最后形成一个历史的合力,体现为历史事件和社会活动的结果。① 面对这个同个人行为动机和追求目标全然两样的"事件"(事情,events),人们就形成了不同于早期自然哲学与形而上学的不同"观感",进而就经由"智者"提升、概括为不同的哲学见解。

首先是淡化"是什么",关心"为了什么""有无利益和好处"。在辩驳双方,控告与反诉双方中,摆在首位的是胜利,而不是认知我自己是什么。谁也不认为我自己是错的、不对的、无能的,而对方是"是其所是""是真"。上升到理论,就是普罗泰戈拉的名言:"人是万物的尺度"。是否如此? 是否为真? 以我的感受为标准。同一阵风吹来,你觉得冷,我觉得舒服,二者都是真的。权衡的标准不是"是什么",不是真或假,而是好坏与利弊。因此,在社会利益的权衡面前,巴门尼德的超世间的永恒不变的真假标准根本就不存在,高尔吉亚三句话就把它全盘否定了(无物存在;即使存在也无法认识;认识了也无法转告别人)。在社会问题上,出现了事实判断与价值判断的分离,真假与好恶的分离。这是巴门尼德始料未及的。他的标准是无生灭的、不动的、不可分的"一",他想不到还要有个"至善"维度。

与此相关,在社会需求上人们迫切需要的是应对城邦生活的新知识,即实用性的、有利于提升自己参与城邦公共事务能力的修辞、辩驳、诉讼、演说的才能与相关知识。学习制鞋技艺,为了制鞋;学习造船知识,为了造船。你学习太阳和月亮如何形成的知识,为了造太阳和月亮? 柏拉图对话中出现的这些对话,很可能就来自街头巷尾。在实用与功利面前,自然哲学,更不用说巴门尼德的"违反"常识的奇谈怪论的"下场",只能是边缘化(靠边站)。

---

① 1890 年 9 月 21 日恩格斯致布洛赫的信,有一段很精彩的话:"历史是这样创造的,最终的结果总是从许多单个的意志的相互冲突中产生出来的,……这样就有无数互相交错的力量,有无数个力的平行四边形,由此就产生出一个合力,即历史结果。"(《马克思恩格斯选集》第 4 卷,人民出版社 2012 年版,第 697 页)

因此,关于社会问题,在人的认识的初始阶段,当认识主体(人)与认识客体(人与城邦社会)发生利害关系时,必然出现许多自然哲学家和形上学者们从未碰到的问题。智者们以自己的感觉主义和相对主义为指导,回答了当时出现的所有问题,《希腊哲学史》第二卷第一编作了详细介绍。

二、从苏格拉底到柏拉图:"善""至善"的哲学本体化

苏格拉底正是不满于"智术之师"们的这些答案和收费授徒的做法,而探求关于社会与人的问题的新答案。他不是沿着巴门尼德的道路去求解社会问题的答案。苏格拉底并不否认智者们关心城邦和公民教育,他只是否认智者们的"智术",认为反倒败坏青年,破坏了城邦。他要为城邦政制和公民美德和教育,寻找共同的稳定的准则,即各种美德(arete)和至善。苏格拉底并未将美德和善同巴门尼德的 Being 联系起来。麦加拉学派创始人欧基里德本来就信奉爱利亚学派,上章说过,正是他把至善奉为巴门尼德的Being。无论是苏格拉底本人还是居勒尼、昔尼克学派,他们把自己信奉的道德伦理观念上升为最高原理,但不是为了回答巴门尼德的 Being 问题。他们都把巴门尼德为首的爱利亚学派,看作早期自然哲学之一。即使到了亚里士多德,他在《形而上学》第一卷、《物理学》第二卷论自然,第五卷论运动时仍把爱利亚看作研究四因中的一个派别。他处理巴门尼德就这么几行字,所给予的关注还不如后巴门尼德自然哲学三巨头(恩培多克勒、阿拿克萨戈拉、德谟克利特)。从苏格拉底到小苏格拉底三派,他们是从道德伦理观念出发找一个共性的普遍观念。柏拉图也未离开这条思路,他按社会学说自身之路,把社会知识提升到社会哲学高度,为这个"共同性质"命名为idea,eidos,认定相论就是社会领域的形而上学。换句话说,柏拉图相当于社会领域的巴门尼德。巴门尼德以先前的自然哲学为反思对象,柏拉图以智者和苏格拉底的答案为反思对象。巴门尼德全盘否定早期自然哲学,柏拉图则全盘否定智者的答案,深化和提升苏格拉底的答案。苏格拉底思考过的问题,他都重新思考。除了三个涉及巴门尼德学派的对话《巴门尼德篇》《智者篇》《政治家篇》外,柏拉图的 20 多个对话,每个对话都以社会伦理、教育与认知为主题。对话的引领者也大都设定为苏格拉底。柏拉图学习过自然哲学,他知道巴门尼德的思想。显然对他有启发,但他不是沿着巴门尼德之路走。一旦他把自己的"相"或理念定性为巴门尼德的 Being 时,他就面临许多新问题,首先是来自社会领域的新问题,什么是 Being,No Being? 虔诚、勇敢、节制等等理念是 Being,分有或模仿相关理念的社会行为就不算美德,就同渎神、鲁莽、纵欲一样是 No Being? 可感的"床""房子"是

Being 抑或是 No Being? 床与床的画,人与人之梦境都是 No Being 的话,它们之间又如何区分? 从《巴门尼德篇》《智者篇》看,这些问题没有得到满意的解答,连来自爱利亚的客人也承认感到困惑了。

以往关于苏格拉底和柏拉图的研究有三个难以解释的问题。第一个是苏格拉底为什么提出"认识你自己","自知其无知"。通常的解释是反对智者的狂妄,以销售知识的"智术"自居。命题无疑有这一层意思,但是最根本的原因是社会领域的知识与自然不同。在这里认知的对象也就是认识主体(人)自身。智者的回答都不尽人意,若像智者所教诲的,那么在城邦与人的领域就无所谓善恶、公正与秩序可言了。在这个领域,应该是什么? 苏格拉底也回答不了,德尔斐神庙的神灵也从未启迪过。阿波罗神只是给了个"告诫":"认识你自己"。如果说米利都学派开启的自然哲学的第一条认识原理是,水是万物的本原而不是混沌之神;那么社会哲学的第一条认知原理就是"认识你自己","自知其无知"。且不说古代,就是当代,人们对于人自身,对于人自己所结成的社会群体,又有多少真知? 康德说,他的三大批判,说的就是三个主题:人是什么,人不是什么(指不是神,也不是动物);人能做什么,不能做什么(指人的认识的边界);人应该做什么,不应该做什么(道德义务论,不该以行善向社会索取功利)。比较而言,三个难题中还是知己难。一旦要以自己为认知对象时就被社会的表象(甚至假象)所迷惑了,才有智者们那么多的粗浅答案。

第二个问题是本书前面也提到的苏格拉底与柏拉图思想的划界问题。今人讲究知识产权,还计较个人名望。古人古风纯朴,重在"一家之言"而不是"一人之言"。从认识史和认识的内在逻辑考虑,如同黑格尔所说可以忽略个人间界线。重要的是,他们两人都不是为了回应巴门尼德的 Being 问题,而是回应以智者运动为开端的社会问题。当这些社会问题未有圆满答案之前,必然就会有一批人讨论和研究这些课题。一旦获得了满意答案或者是因某种原因转移了视线,人们自然就转向了。当苏格拉底用归纳和定义法,确定存在"共同性质"和稳定的标准却又讲不清"是什么"时,即使没有一个叫柏拉图的人,也会有别的人继续下去,为之找一个答案。所以,有稳定的"共性",以及如何用归纳法得出"共性"是苏格拉底的"知识产权";道出"是什么",是属于柏拉图的。二者可能共存于某个对话中,所以不能简单地以"对话"来划分。

第三个问题是,柏拉图的主要贡献和哲学思想是"相论",然而他未有一篇是专门讨论 idea 或 eidos,绝大部分的对话主题都是智者运动中提出的社会伦理、城邦法律和教育以及辩论中的难题。如果你把柏拉图看作是回应巴门尼德的难题,致力于 Being 是什么,那就难以理解他的对话主题与专注对象的分离。如果你如实地认识智者运动以来的历史,把柏拉图如实看作是从社会问题的 doxa 上升到社会哲学领域的形而上学的"巴门尼德",就不难理解他必须从这些共同社会问题的 doxa 出发,上升到抽象的"相"论。而且他自己也有一个认识深化过程,所以才会出现关于 idea 与个别事物的关系,关于知识和灵魂(认知能力)的关系,关于认识过程的隐喻(洞穴说、蜡板说、鸟笼说、通种论)等的不同说法。"相论""理念论",那是后人的概括和综述。正因为这都是人类认识之树上的阶段性成果,所以一旦有人把自然哲学中从"意见"到形而上的"知识"(巴门尼德),与社会认知领域从智者运动时代的"意见"到柏拉图的形而上的总结,二者综合起来探究时,就产生亚里士多德哲学体系了。

三、以"终极因"为导向的、"是什么"与"为了什么"　　相统一的 Being 学说

当亚里士多德登上哲学大雅之堂时,早期自然哲学—巴门尼德—后巴门尼德的"论自然"与智者运动—苏格拉底—柏拉图的社会学说,二者都积累了相当的认识成果,也提出了许多问题。此时的亚里士多德已有条件综合前人的自然哲学与社会哲学的成果,建立从理论到实践的百科全书式学说体系。这个庞大的学说体系的特点是以巴门尼德提出的 Being 问题为起点,以作为终极因的目的论为导向。从此,抽象的巴门尼德式的 Being 成了集"是什么"与"为了什么"于一体的最高本体。永恒不动的本体不仅是无生灭的、不动的、不可分的,而且是"纯思",是"至善",是集真、善、美于一体的"哲学神"。亚里士多德如何从《范畴篇》关于 Being 的研究出发,走向《形而上学》中关于 Being as Being,我们在上一章中已论述过。引领他的思想走向的目的论人们往往重视不足。目的论在希腊哲学从"探源"转向晚期哲学的"归宿"之途,起到哲学转向的引路人作用。进入社会问题研究,"为了什么"就凸显出来。人们注意到"是"与"好"(善),事实判断与价值判断,求真与追求价值取向是不同的两回事。以"求真求是"为高尚目标的智慧的爱好者(philos sophos)可以把个人功利追求,"收费授徒"的"智术之师"(知识销售者)看作有辱"哲学"称号的"小商贩"。可是,为人与城邦制定道德规范,维护城邦秩序的"至善"之理念的人,难道就无"目的"驱动吗?柏拉图三赴西西里,亚里士多德自己离开学园后的西亚—马其顿之行,不也是"目的"驱动吗?体现"第一哲学"的最高本体,如果仅是体现"真知"的"是什么",而无真善美合一的,值得凡人们一生向往的至善圆满的精神境

界,那么就像普罗戈泰拉、高尔吉亚说的,有何用场? 难道凡人们学习它是要去制造那个神秘的 Being 吗? 所以亚里士多德要创立一种理论,让人们认识到那个永恒不动的本体是关系人生与城邦秩序的最高境界,这个理论就是他的 telos(end,purpose)或 to houheneka(for the sake of,为了什么)。

亚里士多德的论证很巧妙。他从人们的日常经历开始,从万物生长和运动的"四因"之一谈起:"再一个原因就是目的因,例如散步的目的是健康。因为,若问为什么散步? 答曰为了健康。这样说的时候,我们认为已经指出了原因。所有达到目的的手段和中介措施,例如消瘦法、清泻法、药物和器械等,都是为了健康。"(1013a3—13,参见 194b33—195a2)。类似的话多次出现在《形而上学》《物理学》著作中。看来,亚里士多德已懂得为健康而减肥了。亚里士多德从日常生活技艺制品都内含所追求的目的因,推广到所谓"自然生成物"。他说,"这一点在人之外的其他动物里看得最清楚。他们做着各种事,既不是由于技艺,也不是出自思索或研究"。蜘蛛、蚂蚁并不是由于"努斯"而活动,但都追求一定的目标。"如果我们继续仔细观察,我们就可以发现连植物也是由于某种目的而生成的,如叶子长出来是为了保护果实。"(199a21—30)推而广之,在他的动物学著作,特别是动物之构成与机能的研究中,他得出结论:"自然就是一个最聪慧的工匠"。

亚里士多德正是在动物的构成、机能与运动的观察和研究中实现了关于"是什么"与"为了什么",即关于"是"与"善"关系的重大突破。大自然造就的目的性,将动物的"三级构成"整合成为一个体现各类动物"是什么",有什么属性和功能,如何是(活动方式)的 Being。他在《动物的构成》第二卷中提出动物的构成可分三个层次(级别):"三级的第一级之组成出于所谓'元素',即土、气、水、火。也许较佳的说法是出于'基本性能'……因为所有组合物体的原材料都是液体与固体,热物与冷物;至于其他性能,如重与轻、稠与稀、粗糙与光滑,以及物体的其他所能有的类此诸禀赋的差异,皆从属于这些基本性能。组成的第二级是动物们的'同质(匀和)诸部分',同质诸部分如骨骼、肌肉,以及相似的其他事物都是由基本质料制作的。组成的末级,即第三级,是由同质诸部分所制作的异质(不匀和)诸复合,有如脸面、手和其他。"(646a13—24)

亚里士多德关于"元素"(stoicheion)的理论散见于《论天》第三、四卷,《论生灭》第二卷,《论天象》第一卷第 2、3 章;第四卷第 1、4 章;以及这段引文出处的《动物的构成》第二卷。《形而上学》第五卷有"元素"这一词语的解释。在原子论已经提出而且希波克拉底的《医典》已问世的科学语境下,四元素论无疑是一个显得过时的理论。除天体星星是第五元素构成之外,其余自然物,包括风、雨、雾等天象都是四元素组成,而四元素按他的说法也仅有冷热与干湿四种性质的四种组合:热—干,热—湿,冷—干,冷—湿。四元素和这里说的"基本性能"(即四种性质和四组合)怎么能构成众多纲目的动物和机能呢? 亚里士多德靠的就是所谓"大自然就是一个最聪慧的工匠",它按目的性原则构成"同质(匀和)诸部分"主要是骨骼和肌肉。亚氏又称之为"单纯的部分"或"匀和的部分",加以分割,其部分仍然是骨或肌肉。"异质部分"又称"复合部分",如脸面,分割了就不称其为面部了。动物的血液、体液、唾液、精液等等都是异质的部分。大自然这位"最聪慧的工匠"按合乎目的性安排各类动物的结构。鱼类为什么体上无肢?"这是相符于他们原属游水动物的本性的。自然永不做任何无谓的事情,也不构制任何无用的事物"(695b16),因为鱼要在水中游,而不是在陆上走,所以自然就"以鱼鳍代肢实现鱼的本性"(695b17—12)。蛇也无肢,为什么会在陆地上爬? 亚氏说,由于蛇的身体很长,又是有血动物,不可能有多足,你给予四只脚,它也不能行走。所以自然把它的同质、异质部分安排成适合爬行。自然"为每一个体尽可能求其至善,保存每一动物的各自的本质和他所本有的习性"(708a10)。为了能在天空飞,所以大自然就把同质和异质部分组合为翅膀。野兽能在地上走,就组合成四肢。在《动物的行进》和《动物志》中,他大量引入目的论解释不同动物的结构与功能。"自然总是如其所能为诸动物作最优良的安排"(687a18);"自然的所有这些作为正像一位智慧的工匠"(730b25)。

　　亚里士多德不懂得进化论,不知自然淘汰与自然选择。他在《动物志》详尽记载几百种动物的结构和机能是如何精致、巧妙,适合各种动物的生存、运动、繁殖和相处。实际上,他在这些记载中已有自然选择的进化论思想,然而在目的因的驱动下,他反倒利用动物构造的奇妙为动物的"是什么"(本性)、属性、功能等的合目的性作辩护。这样,他就借助目的论把"至善"作为导向,把动物这一有生灭的自然本体的 Being 与 Good(arete,善)统一起来了。进入社会领域时,他又进一步把 for a sake of(为了什么)和人的理性功能相统一,把人这一"城邦动物"的追求目标确定为城邦的定义,即"是什么":"城邦是全体公民为了追求最高利益和普遍幸福的共同体"。这就是说"城邦"这个 Being as Being,它的"是之所是"就是全体公民的"至善"。以最普遍、最基本的"好"(善)为 eidos,作为城邦区分其他 Koinonia(Community)的"属差"(本质,essence)。相应地,家庭、村落按他在《政治学》第一卷第 1、2 章的论证,是为了追求家庭、村落的利益的次一级共同体。

那么比"人"更高级别的,神一样的"永恒不动的本体"的 essence(本质)和目的又是什么关系呢? 亚里士多德对"四因"中的"目的因"做了新的诠释,他说"目的"不可能是无穷系列。甲为了乙,乙为了丙,丙为了丁……,必定有一个"终极因"(the final cause),否则将导致"无穷倒退"。"事物的终极就是目的之目的。作为终极因,它不为别的,而是所有其他的事物都为了它。所以如果有终点,那么系列就不是无限的;如果没有终点,那么就没有终极因。"(994b9—13)。亚氏的答案当然是有终极因。终极因的存在,说明它是最圆满的,无所求却为他者所求。因而它也一定是不动的,因为"动"就有制动与被动的问题(参见 1072b3—5,1074a30)。所以唯有不可分的、不动的、永远现实的第一推动者才是终极因。它在自然哲学之上,属于第一哲学的研究对象(参见 1059a34—37)。对比巴门尼德关于 eon 是无生灭的、不动的、不可分的"一"的论证,不难看出亚里士多德是以目的论为指引来推导。正因为他把"为了什么"的"至善"引入形而上学的终端,这个永恒不动的本体就成了人们值得追求的境界了。创造这一套大道理的哲人,当然就是最接近这个境界的人了。他在《尼各马可伦理学》第 10 卷第 8 章结语中说:"这样的人是最为神所爱的,不难想象他们也是最幸福的。"(1179a30—31)不过,也正因为引入目的,以"至善"界定 Being,亚里士多德也就离开了纯哲学,向神学靠近了。

那么,这种 Being 的形而上学能作为哲学的最高理论支撑吗? 在社会领域,如此界定的"第一哲学"能否成为社会史观的支撑? 作为哲学最高范畴的 Being 是否一直拥有至高无上的地位呢? 下面一节将回应这些问题。

第五节 "后亚里士多德"时期 Being 的遭遇

亚里士多德建构了古希腊最完备的 Being 学说。他以本体论为理论基础,以目的论为导向综合了巴门尼德和柏拉图两种形态的 Being。Being as Being,"是之所是"的根基是 Ousia(本体),而本体又一分为三而不是巴门尼德的抽象的"一"。理论哲学又是实践哲学的形而上学根据。乍一看来,似乎一切都很圆满了。套用《旧约·创世记》第一章的说法,神对自己六天的劳作连连点头叫好了。然而,吊诡的是,这个最圆满最庞大的体系和学派,随着公元前 323 年亚里士多德的出逃,之后一蹶不振。柏拉图学园经历了早期、中期、后期,延续时间最长,直至东罗马帝国时期,于公元 529 年作为雅典的最后一个学派被封闭。毕泰戈拉学派在晚期希腊一直存在,还引申出新毕泰戈拉学派,甚至连小苏格拉底的居勒尼和犬儒,公元前 322 年后也比漫步学派(逍遥学派)兴旺。① 这绝不是因为亚里士多德同马其顿亚历山大的特殊关系,因而受牵连。公元前 323 年亚历山大逝世后的雅典,早先那几年也许对亚里士多德有影响。然而也只能说"也许",因为希腊化时代(公元前 332—前 30 年)的希腊,总的说是在后亚历山大三大国的控制之下。

导致亚里士多德哲学和漫步学派不为人所接受的根本原因来自两个方面,第一,他的实践哲学太背时,远离当时的社会实际。他的政治学的目标是建立"现实可能达到的理想政制"即以中等财产奴隶主为基础的,兼顾贫富两头的 Polity(中译"共和政体")。然而,德谟斯梯尼(Demosthenes,公元前384—前 322 年)主张联合波斯抵抗身边的马其顿,伊索克拉底(Isocrates,公元前 436—前 338 年)主张迎候马其顿抵抗波斯,意味着希腊人对自己引以为荣的城邦制已经失去信心了。在两极分化加剧,自由民破产,公民为增加一个俄勃的补贴"用脚投票"的时代,城邦公民美德即"中道"美德也早已被遗忘了。第二,以最高智慧为人生第一追求、最幸福圆满的理论哲学出现危机。在整个社会潮流转向人人只关注个体的身心安宁与精神慰藉的条件下,从巴门尼德至亚里士多德的以本体论为中心的 Being 哲学遭到了来自下列多方面的、全面的挑战。这就是这一节研究的重点。

一、Being 问题的边缘化:斯多亚与伊壁鸠鲁

晚期希腊各派都以伦理学为中心。斯多亚学派以蛋黄、蛋白、蛋壳比喻伦理学,自然哲学与逻辑学的关系。在这个比喻中,高于自然哲学的,关于Being 自身的研究不见了。自然哲学被边缘化,成为保护"蛋黄"的"蛋白"了,说明以研究"是什么"为中心的问题被边缘化了。当时的伦理学实际上是以追求身心安宁和灵魂升华为中心的"精神治疗学"。自然哲学处于二级地位,核心是为伦理学提供理论支撑。而逻辑学则成为斯多亚另一比喻的"篱笆"。以 Being 为中心的形而上学到哪里去了?伊壁鸠鲁沿袭德谟克利特,把 To on 变为"原子",不过给它增加了两个属性:偏离运动与重量。这就是说,所谓"形而上学"不一定是关于 Being 的超世性理论,它可以是某种哲学理论的最基本的、基础性的,或根源性的核心理论。对于伊壁鸠鲁来说,万物构成的最小单位,不可再分割的原子,以及原子的形状、大小、重量及其偏离运动原则,就是整个原子论的"形而上学"(有形物之上的"第一哲

---

① 关于漫步学派,参见汪子嵩等:《希腊哲学史》,人民出版社 2014 年版,第 3 卷第 25 章"早期漫步学派"。

学")。路克莱修《物性论》就是运用上述基本理论,批驳当时流行的迷信、方术和星相学,解释大自然的灾难(甚至地震、冰雹)的成因。对于斯多亚来说,他的个体性原则,自然的命运法则,宇宙"普纽玛"的生命原则和"宇宙火"(等于宇宙灵魂、宇宙理性),就是他的自然哲学、伦理学的基本原理,也就是它的"第一哲学"。原子论和斯多亚的伦理学和生存哲学都有一套道理,根本就不提 Being。他们认为用不着一定要用 Being 来构造超世间哲理。斯多亚用过 Being,但认为 Being 就是生命的个体(to ti),柏拉图的"相"不存在:"因为理型(相)就是被归类在概念之下的一类东西,比如人、马以及一般来说所有的动物和所有具有所谓理型的东西。斯多亚学派哲学家说不存在理型,我们所'分有'的概念,我们所'承受'的就是第五格(appellatives)所表述的状态。"①从亚里士多德到斯多亚,形式逻辑有重大进展。在巴门尼德、苏格拉底至柏拉图时代还没有"概念"。苏格拉底只说同类对象有"共同性质",而柏拉图却把它说成是独立存在的,真实存在的"相"(idea,eidos)。斯多亚学派说,其实就是类的概念。若说"分有"就是都"分有"概念,例如都是"人",都是"马"。除了概念,并无所谓"相"。塞涅卡说:"斯多亚学派想要在'存在'(Being'是')上面再加上一个更为原初的类"②,这个高于 Being 之上的更高的原理或者说"原初的类",就是他们说的具备物体性和个体性的 to ti(something),即他们所说的 something the first genus(原初的自然)。不具物体性、个体性的柏拉图的"相"(idea,eidos)却是最低一级的"存在"。值得注意的是,希腊语形式的 einai,to on,在斯多亚那里,已经具有更多的"存在"的意思。大概也就是这个原因,资料选编者 Long 和 Sedley 的英译,大都译为 existence,existent。③

斯多亚和伊壁鸠鲁把巴门尼德—亚里士多德的 Being 边缘化给我们的一个重要启发就是,哲学形而上学不一定以 Being 为核心构造一个超世性的"第一哲学"或神学。它可以赋予 Being 不同含义,而构思一套不同哲学学说的基本原理。亚里士多德的 Being as Being 的确潜藏着一个内在矛盾。

---

① 引文见 LS,30A。30A 摘自公元 5 世纪上半叶 Stobaius 的 *EKlogai*(Selection 选录)。他分第一哲学、自然哲学、伦理、家政、诗歌等不同主题,辑录前人的见解。这 6 段出自关于第一哲学的选录(136,20—137,6)。拉丁文的名词变格分六个格:nominative,genitive,dative,accusative,appellative,vocative。第五格又称"状态格,工具格"。在斯多亚这一编中,ontology(本体论)问题,包括第 27(存在与本体)至 30(普遍,共相,一般)。

② 引文见 LS,27A,即 Long 和 Sedley 汇编:《希腊化时期哲学家资料选编》,Seneca,Letters 58,13—15。

③ 参见 Long 和 Sedley 汇编《希腊化时期哲学家资料选编》,第一卷:"原页和评注",第 162—183 页关于 Ontology 的记录和诠释。

它可以有两个走向。其一是第一哲学就是"是之为是"（存在之为存在）的基本原理；其二是设定某种 to on，就是最高本体，最高 Being。但是最高本体所包含的"自身所固有的本性"的展示和论证，还是要靠哲学，这就是理论形态的最基本原理，否则就要靠宗教神学。亚里士多德、黑格尔都取哲学论证这一走向。斯多亚、伊壁鸠鲁可以说是另一个走向，寻求自己学术的最基本原理。①

二、"悬挂"Being：怀疑论者的口号和论题

塞克斯都·恩披里可是个医生，同时又是个怀疑主义思潮的集大成者。在整个古代的质疑、诘问，怀疑思潮的论著中，他的著作被幸运地保存了下来。路白丛书分为四卷，《皮罗学说概要》（Loeb 第 1 卷），相当于怀疑主义的目的、论证方式和涉猎范围概论，Loeb 后三卷分别质疑各学科的"独断论"和各种职业技艺中的所谓"智慧"。②

《皮罗学说概要》全书共三卷，包利民、章雪富主编的《两希文明哲学经典译丛》已将它译为中文。第 1 卷是包利民亲自译的，后两卷他也细校过，译文可靠。开宗明义，塞克斯都就将亚里士多德宣布为头号"独断论者"。他说："人们似乎可以合情合理地把哲学分成三种类型：独断论、学园派和怀疑论。其划分的标准是研究的自然结果，或者说对哲学所研究的对象的

---

① 伊壁鸠鲁学派和斯多亚学派关于 Being 问题的看法和使用，参见汪子嵩等：《希腊哲学史》第 4 卷，人民出版社 2014 年版，第 3 章第 1 节"原子与虚空：双本原"、第 6 章"斯多亚学派的'第一哲学'"。

② 塞克斯都·恩披里可的著作，有来自希腊和拉丁的五个不同版本。在 1933 年 Loeb 丛书出版的 R.G.Bury 译本之前有几种编纂名目，除了《皮罗学说概要》三卷之外，《反逻辑学家》《反自然哲学家》《反伦理学家》共 5 卷被合称为《反独断论》，又名 *Adversus Mathemations*（《反理论家》）。有人把 mathematicos 译为数学家，这不确切。塞克斯都用这个词有贬义，相当于汉语中的"口若悬河，滔滔不绝，自以为是，发表长篇议论的人"，《反理论家》或译《反数理学家》都是勉强为之。另六卷分别为《反语文学家》《反演说家》《反几何学家》《反算术家》《反占星术士》《反音乐家》，合成《反技艺师》。后来《反独断论》（即《反理论家》）和《反技艺师》又被合编为 *Against the professors*（《反博学家》，或《反职业家》），将《反技艺师》编为第 1 至 6 卷，将《反独断论》编为第 7—11 卷。在引文出处注释方面各人依据不同编译版本，令读者难以查阅。Loeb 丛书中，伯里把塞克斯都全部著作分为四卷，Loeb 丛书第一卷为《概要》，第二卷为《反逻辑学家》（含 2 卷），第三卷为《反自然哲学家》《反伦理学家》，第四卷为《反技艺师》。《希腊哲学史》修订版统一了先后四卷的注释，一律注篇名，卷，节，小节，而不用含糊的《反独断论》或《反理论家》《反技艺师》或包含二者的《反职业家》。关于不同名目编纂名称的来历，Loeb 丛书伯里写的导言仅仅略作些说明。Richard Bett 编的《剑桥古代怀疑论导读》（*The Cambridge Companion to Ancient Scepticism*，Ed.by Richard Bett，Cambridge，U.P，2010）第六篇 Pierre pellegrin 撰的"塞克斯都·恩披里可"有更多的说明，主要见第 121—122、135—139 页。

态度。独断论"宣称已经发现了真理";学园派"断言真理不可被把握"(注:指卡尔尼亚德等后期学园派);"怀疑论者则继续研究"。作者分别列出了代表人物:"那些宣称已经发现了真理的人是'独断论者',举例来说,尤其是亚里士多德,还有伊壁鸠鲁、斯多亚派以及其他某些人。"从《皮罗学说概要》和《反独断论》看,数量最多的"靶子"就是亚里士多德。在所有的涉猎对象中,后人所说的 Being 问题,并不占特殊重要的地位,仅在反自然哲学、反逻辑中作为一个论题出现过。在怀疑主义思潮历史中受到平等待遇,同别的理论一样,受到无情审判。在第尔斯、克郎兹的《前苏格拉底残篇》,或格雷厄姆编的《早期哲学文献》中,都大段引证塞克斯都《反逻辑学家》中关于高尔吉亚三个命题的论证。(DK82B3,即《反理论家》第 7 卷第 65 节以下)。

《反逻辑学家》显然是紧接《皮罗学说概要》的,把它编在《反职业家》的第七、八卷,置于《反技艺师》之后,这是无根据的。《反逻辑学家》开场就说,在《皮罗学说概要》之后"下一步就是要解释,我们如何将它运用于哲学的各个分科。不过,我们大可不必轻率地就这么直奔各分科,展示我们怀疑派自己的研究方法,或者是揭露独断论的矛盾。因为(玩)哲学是件很复杂的事。为了有序地、有步骤地研究哲学的各个部门,我们首先必须扼要地讨论其各部门'是什么'的问题。"(第 1 卷第 1、2 节)塞克斯都接着说,自古以来有不同主张,有的人认为哲学由一个部分构成,或认为是自然哲学,或认为是伦理学,或逻辑学。有的人认为由两个部分构成。那两个部分? 又有不同看法。有的人认为由自然哲学、伦理学、逻辑学三个部分组成。接着一句值得注意。他说:"主张仅由自然哲学(物理学)构成的人,有泰勒士、阿拿克西米尼、阿拿克西曼德、恩培多克勒、巴门尼德、赫拉克利特。"尽管对后三个人有不同看法,但是"不管怎么说,他们都属于自然哲学主流。"(第 5—8 节)。塞克斯都接着说,苏格拉底主张哲学就是伦理学一个部分。蒂孟也是这么看的,可是柏拉图却把苏格拉底打扮成哲学各个部门的先驱。在这里,作者对逻辑学、伦理学、自然哲学的对象,做了明确的界定。定义、划分、语源(etymology)属于逻辑学范围。美德、政制、法属于伦理学。"物理学就是对寰宇、动物的生成、灵魂的哲学思考。"(第 9、10 节)所以,在塞克斯都看来,巴门尼德当然属于自然哲学家。

塞克斯都列数几种主张的哲学家后说,不管持哪种意见,他们都认为自己找到了真理,所以必须研究真理的标准是什么? 是否他们真的发现真理了? 因为这个问题、这种研究属于逻辑学的研究对象,所以从第 27 节起,研究 Does a Criterion of Truth exist("存在真理的标准吗?"或"有真理的标准吗?")。他接着就说:"标准的问题,无处不是个备受争议的主题,不仅是因为人的本性是求真的动物,而且因为它是哲学对于最重要的事情所作出的最普遍的系统判断。如果不存在独断论所宣称的关于对象存在的断真标准,那么独断论者们的自夸也就必不可免地消失了。"(第 27 节)。从第 28节起,他首先讨论是否存在作为规则、范围、权衡和层次的外在的(客观的)标准。他先考察"标准"与"真理"两个方面。第 29—37 节考察"标准",第38 节起考察"真",之后综论"真"与"标准"。从第 46 节开始讨论不同人的不同观点。有意思的是,首先受关照的是普罗泰戈拉和高尔吉亚,特别是高尔吉亚,占了 22 节(第 65—87 节),之后才轮到巴门尼德。显然他对高尔吉亚特别感兴趣。高尔吉亚三大命题的论证资料正是他基本上完整地保留了下来。伪作《论麦里梭、色诺芬尼、高尔吉亚》基本上仿制塞克斯都的记述。关于这 22 节的资料读解,《希腊哲学史》第二卷第 5 章第 2 节作了详尽介绍。

作为"二律背反"的一方,反题高尔吉亚的三个命题与正题巴门尼德三命题同等可证、同等有效,从而破除了在这个问题上的"独断"。但是,塞克斯都的倾向性也很明显。在第 87 节他作了结论:"高尔吉亚所提出的疑难就如上述。如果我们循此前进,真理的标准就荡然无存了。因为根本不可能有什么关于 ontos('本是''存在')的标准,也不可能有是否认知的标准,当然也就不可能有什么向他人陈述的标准。"这正是作者所追求的目标。在塞克斯都《反独断论》的五卷中,从西方哲学史和形而上学兴衰史角度说,巴门尼德的 Being 学说应是排行第一的命题。可是在怀疑论思潮眼中,巴门尼德也不过是一个"自然哲学家",只是他高估理性标准而已。Being问题"根本不可能"有什么"真知"标准。"存在(是)""思想""真知"三者早已被高尔吉亚踩在脚下了。超世间的形而上学没有任何地位,他仅在"标准"问题概论中介绍了高尔吉亚三命题,而"二律背反"的正方巴门尼德却出现在第一卷稍后的第 111—115 节。在那里他全文引证了巴门尼德的"序诗"(这倒是他保存文献的又一个贡献),最后说:"从他的叙述可以看出,此人主张'认知理性'(epistemonikon,理性地认识之理性)是对象存在的标准,而无视感性,但是阿克拉伽的恩培多克勒却提供了感性方面真理的六个准则(爱与恨、水,火,土,气)"(第 114—115 节)。这就是在怀疑主义思潮那里,Being 与所有 Non-Being 同时被"悬置"的命运。

三、Being 不适用于"太一":普罗提诺论 Being 对"太一"的破坏

从《精神现象学》到《逻辑学》《小逻辑》《哲学史讲演录》,黑格尔一以贯之,反对抽象思维,主张真理是具体的,真理是个过程,是过程中诸环节的

对立统一。马克思、恩格斯和列宁的《哲学笔记》都充分肯定这个体现辩证思维的论断。马克思在《资本论》中如实地展示了资本的运动过程。可以说全三卷《资本论》加上《剩余价值学说史》就是对"资本"的具体的、历史的界定。我们对 Being 问题也应有这种辩证的历史观。只有具体考察了巴门尼德以降 Being 问题的全过程，充分把握哲学认识史各阶段的具体情况，然后才能作出一个一般性的结论。晚期希腊就不把形而上学看得那么高。构思形而上学体系，也不一定就要依托 Being。普罗提诺就认为 Being 会构成对"太一"的破坏。前面我们在介绍卡恩的《Being 论集》序言中略有提及，这里稍加解释。

《希腊哲学史》第四卷第四编第 14 章综述了海内外对普罗提诺《九章集》的研究，发表了自己对波菲利整理的这部"以非体系的方式写出的体系"的见解。透过原书由低至高的编目安排，逻辑地再现其由高至低的顺序：太一—纯思—普遍灵魂—世界—回归太一之路。在第 15 章"普罗提诺的一元多层哲学体系"中，详细展现了其"一元"（太一）多层，而不是"多元"的体系。作为"史"，而不是专题研究，第四卷中未就 Being 问题展开专论。然而书中却依原著精神，相当准确地转述了普罗提诺对 Being 问题的看法。在希腊哲学的系词与范畴 Being 的研究中普罗提诺有重要地位。这里侧重这一层面做个补充。

普罗提诺处于晚期希腊哲学和地中海文化语境的后期。此时两种人生归宿、精神诉求，或者说灵魂拯救之路已基本定型，一种是吸收希腊哲学成就，以希腊文为载体的新约和教父学为代表的基督教；另一种就是坚持哲学形态的人生哲学。普罗提诺正是后一种道路的总结。他们绝口不提基督教，然而以"太一"为核心、为最终归宿，由"太一"这个"太阳"发射出的多层一体与基督教的"三位一体"，在理论创新上高度吻合。面对希腊哲学传统的 Being，两种思路的创始人都意识到传统的 Being 观念和学说，对他们的学说和教义起到误导和破坏的作用。如同当代哲学，你可以赞同康德，也可能反对康德，但你都绕不开康德。普罗提诺和正在形成中的基督教义也一样。他们可以是反对用 Being 界定"太一"和唯一真神，但是都绕不过以巴门尼德和亚里士多德为代表的 Being。普罗提诺在第五卷对本是"不可言说的""太一"作了界定之后，在第六卷竟然写了五篇专论 Being。前三篇一论；二论、三论"是"的种类，后两篇论"是"与"一"。他的意思如下：

在"太一"、纯思和普遍灵魂三个 hypostasis（原则）中，"太一"（希腊文中性 hen 或阳性 heis：英文大写的 One）统摄一切。"太一"不可言说，是"太一"、纯思、普遍灵魂"三位一体"之本。人类无法用文字与言辞去把握它。

人类所有的文字,包括普氏本人的论述,仅仅是描述其"印迹"。我们人类是透过这些"印迹",领悟其伟力的。第二、第三层次的纯思和普遍灵魂可以用"实是"Being 去界定,然而,不可把它们界定为"本体"(ousia)否则就有三个本体了。仅当"太一"提供二、三级统一性时,纯思(nous)、普遍灵魂(universal soul)才有"实是"之所"是"。他说,"如果不是作为一个统一体,有什么东西配称'实是'呢?如果一物失去它原先拥有的统一性,也就失去了它自身"。普洛提诺举一支军队、一支合唱队、一幢房子、一条船为例后,说:"同样的情况也适用于动植物的形体:它们各是一个统一体。如果它们失去了自己的统一性而散裂为部件,它们便失去原先的本质(essence)了,……健康也只有在身体是一个有秩序的统一体时才有健康之实是。美也是仅当统一性原则(hypotasis)整合各部分时才出现。灵魂和谐统一时,才会有美德。"①

　　普罗提诺思想的特点是,认为"太一"不能用 Being 去描述它,因为它根本无 Being 之"印迹"。他认为太一、纯思、灵魂,各层次有各层次的规定。在下的规定不适于上移,作为在上者的规定之一。否则就会破坏在上者:"一切不是'一'的东西,都通过'一'本身而得以成为实是,从'一'获得自己的特有的统一性。如果某物未获得与其多样性相称的那种统一性,我们就无法肯定其存在(实是)。……但是那超出一切的,全然没有多样性者,就不是通过分有而获得统一性,它自身就是那统一性。它独立于一切。"(En. 5,3,15)如果用"太一是至善""是美""是最高本体"等来界定,那么,太一就变成也是"多",或者说"也含有多","也是多样性的统一"了。在普罗提诺看来,这正是亚里士多德"永恒不动本体"的毛病。为此,他专门写了上述五篇论述 eimi(Being)的文章。他说:"很早以前的哲学家就考察过'是'(eimi)的问题,有多少种'是',它们是什么。有的哲学家说只有一个'是'(注:指泰勒士、阿拿克西米尼等);有的说有一定数目的'是'(注:指恩培多克勒),还有的认为有无数的'是'(注:指阿拿克萨戈拉和原子论)"。接着他说,有的人将"是"分为十类(指亚里士多德),即使是其中之一的 Ousia(本体),又有好几类。有的还认为数量就是本体。斯多亚学派还将"是"分为几个等级。总之,"是"必定是杂多,只要说"x 是 y",就必然陷入"多"。"太一"是自身自足的,它无须用陈述式的"太一是什么"去描述它。"他说即使用'他是善'这样的句子来描述它也是不恰当的,因为这个句子意含着'是'。他的结论是不需要用'是',

---

① Plotinus, Vol.6, §1.(以下按通例,缩写为 En. 6,9,1,注于行文中)

免得生出其他事物。"(En.6,7,38)

按照正常的哲学理论思维方式,普罗提诺关于系词"是"构成的命题对"太一"起破坏作用,用上"是"就必然导致"多";而且"太一"还不能用思想去把握,对"太一"也无平常所说的"知识""理论"等等,这些说辞似乎难以理解。但是通读《九章集》,特别是第五、六卷后就不难理解:他已经把宗教上的"神",迎进了哲学圣殿,为"太一"披上哲学神的外衣了。面对"太一"只能"凝视""领会""称颂""顿悟"而出神。这就意味着公元前7世纪,米利都学派用哲学解构了原始宗教和神灵观念;公元后3世纪普罗提诺以他的哲学迎来了新神,创造了哲学神秘主义。这里连希腊哲学的最高成就,Being理论也被挡在哲学神秘主义之外了。这固然是希腊哲学的悲剧,不过对 Being 问题的研究者而言,颇像是泼了一盆冷水,认识到切勿离开Being 的历史过程空泛地下结论。当我们接着"盘点"罗马的折中主义和基督教的"三一论"对 Being 的挑战后,Being 在希腊哲学时期的全过程,也就更加清晰了。

四、Being 的"哭诉":折中主义潮流中 Being 的 No Being 化

恩格斯说,哲学史在黑格尔那里才真正成为一门学科。[1] 承继黑格尔的史的观念的爱德华·蔡勒,以三大卷七册的规模,第一个写完希腊哲学全过程。研究晚期希腊的一卷他取名为"折中主义哲学"[2],他认为同亚里士多德及亚氏之前的哲学相比较,后期都带有折中主义的特征。

折中主义(eclecticism),原意是不拘泥于一家之言,选取不同来源之见解,构成一个调和的适合于现实中众人口味的思想体系,或者说"观点混成体"。寻其踪迹,应该说这是罗马族群文人的"业绩",也是罗马帝国时代文化的特点。罗马有没有自家特色的文化? 学术界普遍认为罗马时代的文化就是希腊文化的延续,除了法律,特别是民法(私法)外,没有什么独创。若有什么新的质素,那就是折中主义。不仅是哲学,而且在史学和文艺各领域,都有这一印迹。波利比乌斯崇尚修昔底德的修史准则,以及亚里士多德

---

① 恩格斯 1891 年 11 月 1 日致施米特的信中说:《哲学史讲演录》是"最天才的著作之一"。(见《马克思恩格斯选集》第 4 卷,人民出版社 2012 年版,第 712—713 页)

② 蔡勒(1814—1908 年)德文原版《希腊哲学发展史》,分三大卷。第一卷上下册为前苏格拉底哲学,第二卷上册为苏格拉底,小苏格拉底、柏拉图及老学园。下册为亚里士多德及其学派。第三卷上册第一编"公元前 3—前 2 世纪的希腊哲学:斯多亚、伊壁鸠鲁和怀疑论",上册第二编为"折中主义、中期怀疑论和早期新柏拉图主义",第三卷下册为"纪元后的折衷主义,怀疑论和新柏拉图主义"。英译本这一册未出版。(注:2006 年德语重印本目录)

的"现实可以达到的最佳政制"理论,认为罗马人的"共和政制"就符合这个标准。① 折中主义的代表人物西塞罗和瓦罗都取各家所长。即使是这个时代的伽仑(医学)、普列尼(博物志,自然史)、普卢塔克(传记史),以及像第欧根尼·拉尔修等一批传记、汇编(stromateis)、要述(placita)、师承关系录(diadoxa)、方志、地方风貌(periegeseus)、文献介绍(biblioteca),以及本书第五章第一节提到的这个时代的诠释家也都有这个特点。关于这些细节,请参见察勒的第三卷上下两册②。这里主要说明持折中主义观点者对 Being 问题的态度。

站在今人的立场去研究古希腊,人们会说系词 eimi 与 Being 多么重要,但是古希腊、古罗马人未必如此看。面对地中海世界那么多神灵,罗马人用修建"万神殿"方法,征服一地就把该地信奉的神灵请进万神殿。到了理论家西塞罗那里,他看重的不是诸神的 ousia(本体),而是神之本性是什么?所以他写《论神性》。罗马时期,那么多崇拜团体,个个都像是"本体",西塞罗关注的是界定什么是宗教? 什么是迷信? 他的演说词充塞折中主义色彩。在折中主义这里无所谓神圣的 Being 与不值一顾的 No Being,一切都以现实的需要为准则。以史为鉴,古今中外所有的折中主义概莫能外,在这里无所谓"最高原则""最高本体""神圣原理",一切都是可以摘其要而取之、从之,这就是形而上学的 Being 在折中主义者面前的遭遇。

五、改造哲学家们的 Being:三个本体与"三位格一本性"争论的结局

当耶稣的门徒保罗、彼得等将基督教传向当时的希腊罗马世界时,发生了历史上一场空前规模的,而且富有代表性的"两希文化"的碰撞与融合。总结这段历史,对于今日研究跨文化传播与文化间、宗教间关系都很有意义。尽管公元前后这 100 多年有斐洛和亚历山大里亚学派,用柏拉图主义

---

① 西塞罗:《国家篇》(Cicero, on The Republic), Bk.2, § 15-71 (Loeb, No.213, pp.43-107)。西塞罗在讨论最好政治的标准时,赞赏波利比乌斯(Polybius)的观点。他认为罗马的政制是君主制、贵族制和民主制的调和。

② 蔡勒的希腊哲学史英译本,将第 3 卷上册分两编独立成书,第 2 分册取名"折中主义史",分 13 章,分别为:折中主义的起源和特征,公元前 2、前 1 世纪的折中主义:伊壁鸠鲁主义者和阿斯克勒彼亚得,斯多亚的波埃修斯、波西多纽,公元前 1 世纪的学园柏拉图主义者斐洛,公元前 1 世纪的漫步学派,西塞罗、瓦罗,塞克斯都学派的 Qusntus,公元前 1 世纪初的塞涅卡,斯多亚续(爱比克泰德、奥勒留),帝国时代犬儒学派的复兴,公元前 1 世纪初的漫步学派,公元前 1 世纪初的柏拉图学园,学派外的折中主义者 DioChrysoston 琉善、伽仑。从这个目录可以看出晚期希腊和罗马转折期的折中主义思潮。蔡勒的第三卷下册,为"纪元后的折中主义、怀疑论和新柏拉图主义"。罗马帝国时代折中主义仍然盛行。

调和二者关系,但是希腊哲学,特别是亚里士多德学说的影响在地中海域还是不可小视的。按照亚里士多德关于 ousia(本体)的界定,那么圣父、圣灵、圣子就是三个本体。这就从根本上动摇了基督教。所以如何利用、改造亚里士多德传承下来的本体论,创造一套新的说明三者关系的理论,就落在了希腊教父和拉丁教父,特别是希腊教父们的身上。《希腊哲学史》第四卷最后一编,即第五编"希腊哲学与早期基督教",重点研究希腊教父们如何利用和改造希腊哲学,创造"三位一体"和基督教神学与教义。其中第 30 章"三位一体神学",专门研究卡帕多细亚三神父如何处理 ousia(本体)与 physis(本性)、hypostasis(位格)的关系,最后创立了"三位格,一本体"的理论初型,从此希腊哲学中的 Being 学说宣告终结,同时开始了基督教义和基督教神学中关于 Being 的研究与争论。

前面提到普罗提诺以"太一"为本,为统一性根源,统一了太一、纯思、普遍灵魂三者间的关系。在那里,太一高于作为 Being 的纯思、普遍灵魂。纯思、普遍灵魂依靠"太一"这个"太阳"取得了"实是"(Being)的资格。这个模式不适合于处理圣父、圣灵、圣子之间的关系,这里不存在"一个太阳,三层级"的关系。《希腊哲学史》第四卷第 20 章详细论述了教父学中关于 Being 与圣父、圣灵、圣子关系争论的过程,先后经历了 300 年,直至公元 325 年尼西亚会议才基本定型。这里,我们仅就 Being 的改造作些补述。从亚里士多德的三种本体到普罗提诺的一元多层次本体,Being 都有"多"和分层的特征。公元 2 世纪晚期的奥利金(origen)发挥了殉道者查士丁(martyr,Justin)的思想,奠定了三位一体的基础和方案,但是他仍受 Being 和分层的影响认为圣子、圣灵低于圣父,三者在神性上不等同,亚里士多德三种本体的幽灵不散。之后的阿里乌主义甚至认为圣子不是永恒的神,是介于圣父与人类之间的特殊存在(实是,Being),在地位上高于人,却低于神,颇像亚里士多德的永恒运动的本体(星球),介于最高本体与自然本体之间,因而后来被定为"异端"。

生活在尼西亚会议之后的卡帕多西亚三神父巴西尔(Basil,公元 329/330—370 年)、拿先斯的格列高利(Gregory of Nazianus,公元 329/330—379 年)、尼撒的格列高利(Gregory of Nyssa,公元 335—395 年)引入希腊文范畴 physis(本性)解决三位格一体性的问题,认为三位格本质同一。但是 physis 的多义性又给"一体"带来新的问题。而且"一体"与"三位格"什么关系?如何把二者统一起来?hypostasiss 本来就是原理、原则的意思,同 ousia 一样,也有个体性"这个"的词义。以奥古斯丁的《论三位一体》为代表,逐渐协调这个由"三"而"一"与由"一"而"三"的关系。通过几百年的研究和争论,基督教神学逐步摆脱了希腊哲学的阴影,形成了自己的 Being 理论。在基督教那里形成了以拉丁文 ens 为词根的 essence。由于我们现代人也常用 essence 表述希腊时代的"本质",这就造成了一种假象,以为希腊文中有这个词。其实它来自教父学,它比希腊文的 physis,或亚里士多德用定义法所界定的"属差"(eidos)更能准确表述"三位一体"中的一个"本质"(essence)。它排除了使用 physis 可能产生的误读。因为 physis 作"本性"讲,其中包含非本质的许多属性。而 essence 指的就是本体性的单一本质,而这个本质是圣父、圣子、圣灵共有的,平等拥有的神性。而且,Being 的"存在"含义比以往突出,因而也才有中世纪关于上帝存在的五个证明。可以说,这也是希腊哲学中 Being 在晚期希腊罗马时期的一个走向。弄清 Being 演变中的这个道理很重要。例如,好几篇文章都举《圣经》中"I am who am I",将它译为"我是我本是",借此证明 eimi 必须一律译为"是";在基督教哲学以至近代哲学中也应该都译为"是"。其实,这句出自《旧约·出埃及记》,原文是古希伯来文。在希伯来古代文化和语境中,没有经历过希腊式的系词的哲学范畴化过程。译为英文,这里的"am"也只是日常语用学的系词词义"是",而无涉及什么高深的哲学上的 eimi 或 ousia。这一类型的句式和用法,也就是日常常用的句子。意思就是指摘摩西"怎么? 你不认得我就是万能的主吗?""和合本"中文翻译是对的。把它哲学化成为什么希腊哲学的"是"范畴,反倒是误读《圣经》了。了解前面说的,Being 在基督教教义学和哲学中的演变就不难理解,教父们恰恰是用自创的,来自拉丁文 ens 的 essence,避开希腊文 ousia 与 physis 所造成的混乱。

公元前 146 年,希腊正式被拼入罗马版图,成了它的一个行省。公元 476 年西罗马灭亡,从此希腊成为东罗马帝国的一部分。公元 529 年东罗马帝国皇帝下令封闭了雅典最后一个学园,希腊哲学走到了尽头。创造古典希腊文化的主人们做梦也想不到这个国家遭遇如此悲惨命运,14 世纪后还成为突厥民族为主的奥斯曼帝国的部分,直至 19 世纪才重新成为一个独立的国家。在这个时间段内除了搬不动的神庙、卫城、戏台、竞技场等等,只要能带走的东西都进了别国的博物馆,以至不仅是我们,即使是希腊本国学者,发表的论著都不得不引用别人编纂和诠释的资料。幸亏,以哲学、宗教、文艺为主的文化,不像经济、政治和法律,具有高度的相对独立性。而且学术研究是项严肃的、客观的科学活动,即使某个历史阶段某个人以假乱真,但是随着研究的深入,科技手段的进步,也逐一被揭露。即使是有天大本事的共济会威尼斯商人也不可能返回到古代,到希腊本土去伪造奥运竞技会,德尔斐神庙,雅典卫城,叙拉古希隆古迹;再返回到古埃及去掩埋纸草文书。"每种文明都有其独特魅力和深厚底蕴,都是人类的精神瑰宝。不同文明要取长补短、共同进步,让文明交流互鉴成为推动人类社会进步的动力、维护世界和平的纽带。"①中希两大文明古国的文化源远流长。我国学者关于希腊文化的研究起步迟、队伍小。积 100 多年的学术研究史可以看出,总的趋势是逐渐摆脱外来的(包括西方的和 20 世纪中叶的教条主义)影响,形成具有中国特色的独立研究,以自己的研究成果(包括翻译,翻译也是一项创造性的、研究性的学术劳作)参与世界文明间的对话,促进中外文化交流,增进彼此间的相互尊重和理解,携手共建适应现代世界发展走向的世界先进文化。可以说,这也是研究中国文化与外国文化,研究不同学科形态中外文化的共同基础。

本书也是在当代这个大背景下撰写的。古代地中海世界的考古发掘和研究,"地中海世界""地中海语境""古代地中海文化圈"概念的形成,文化、语源、宗教、神话各领域、各学科的成熟,我国关于古希腊文化研究的前期成果,原创文化研究十年的探讨,以及中外文化交流中对理论创新的需求等等,各种因素综合在一起,使得希腊原创文化研究成为可能。正是在这样的条件下,本人在几十年希腊哲学研究的基础上扩展研究范围,作此新的尝试。所欲求的目标是三个:第一,探讨希腊文化与地中海世界文化的关系,既肯定西亚、埃及对希腊的影响,又界定希腊文化方面的独创;反对两个极端、两种片面性;第二,把希腊哲学看作希腊文化的部分,探求它与其他文化形态的关系,从而也"补正"希腊哲学的研究;第三,在剖析某种文化的实践过程中,发现"原创文化研究"原先设想的不足,进而在研究实践中推进原创文化研究取得积极成果,提高人们对传统与原创,立足"本来"与吸收"外来","以史为鉴"与创造未来等关系的认识。本人多次说过,人类认识的根本矛盾是,认识使命的无限性与认知个体身心的有限性、历史的局限性的矛盾。个人只是认识长河中一分子,主观确认的目标与实际结果存在不可避免的差距,甚至可能是重大的差距。跳进河流中游泳的人方知水深、暗礁和险境。在不同水域游得越多的人,认识也就越深。本人"筑巢"于古希腊,客串于古今宗教,后又"闯入"茫茫无际的古地中海,幻想在跨文化研究中游弋,深知其艰险。然而对"生命就在于运动;学术生命就在于学术活动"却有更为深刻的体认和欲求。这种学术生命的冲动,促使自己每到一个

---

① 《习近平谈治国理政》第二卷,外文出版社 2017 年版,第 544 页。

"凉亭",稍许歇脚,便又踏上新的征途。所以,即使这本小书在后生看来有些背时与迂腐,我想也会谅解和宽恕离不开学术活动的老朽。——当然,这不是什么"发余热"。现在全球变暖,岂敢发什么"余热"!

参 考 书 目

说明:书目仅列主要参阅过的图书。外文资料按拉丁字母姓氏排列;中文按汉语拼音顺序排列。

一、古 代 原 典

1. Abusch,Tzvi and Schwemer,Daniel:*Corpus of Mesopotamian Anti-Witcheraft Rituals*,Brill,2011(T.阿布什、D.史尉黙尔:米索不达米亚抗魔力礼仪遗篇),荷兰莱登 Brill 出版社,2011 年,本卷前 482 页为原典的原文与英文对照,注释和参考书目、对照表等,后部分 100 多页为影印楔形文字和编目)。

2. Aristotle,*The Complete Works of Aristotle*,2 Vols.,the Revised Oxford Translation,ed. by J.Barnes,1985(《亚里士多德全集》,两卷本,牛津修订版,J.巴恩斯主编,1985 年)。

3. Austin,M.M.,*The Hellenistic World from Alexander to the Roman Conquest*,*A Selection of Ancient Sources in Translation*,Cambridge University Press,Rev.,2006(M.M.,奥斯汀:《从亚历山大到罗马征服时期的希腊化世界原始资料译文选》,剑桥大学出版社,2006 年修订第二版)。

4. Diels.,H.andKranz,W.,*Die Fragmente der Vorsokratiker*,Griechisch und Deutsch,Weidmann,1974,der 6 Auflage(H.第尔斯、W.克兰茨:《前苏格拉底残篇》.希德对照本,魏德曼出版社,1974 年第六版重印)。

5. Laks Andre,Most Glern(Ed.and tran.)*Early Greek Philosophy*,Loeb,No. 524,525,526,527,Harvord U.P.2016(安德烈·拉克斯、格林·英斯特编译:《早期希腊哲学》路白丛书编目,第 524—527 号新增希英对照本,2016 年)。

6. LS:Long,A.A.and Sedley,D.N.,*The Hellenistic Philosophers*,Volume 1,*Translations of the PrincipalSources*,*with Philosophical Commentary*,Cambridge U.P.,1987(A.郎格、D.N.雪莱编:《希腊化时期哲学家资料选编》第一卷:《英译和评注》,牛津大学出版社,1987 年)。(第二卷为原文,后出版)

7. Plato,*The Collected Diologues of Plato*,*Including the Letters*,Ed. by H.Hamilton H. Cairns,Princedon University Press,1985(H.汉密尔顿和 H.凯恩斯编:《柏拉图对话集:含书信》,普林斯顿大学出版社,1985 年)。

8. Sorabji,Richard:*Ancient Commentators on Aristotle*,Bloomsbury,2014(查理德·索拉比:《古代关于亚里士多德著作的评注》,布伦斯伯里出版集团,2014 年)。这 101 册的评注分别为:Simplicius(辛普里丘):《物理学》10 册,《论天》9 册,《论灵魂》4 册,《范畴篇》4 册,另附《论伊壁鸠鲁》2 册,全注《时间与空间》一册,以上共 30 册。Philoponus

（菲洛旁努斯）:《后分析篇》5 册;《物理学》9 册（其中第 8 册另一半左右篇幅为辛普里丘《论虚空》,第 9 册除《论空间与虚空》外,附有辛普里丘反驳普罗克洛的《论世界的永恒性》）,《论生灭》3 册,《气象学》2 册,《论灵魂》6 册（其中第六册附有 Stephanus 论《解释篇》）,《动物学》中《论 Intellect》1 册,《反普罗克洛〈论世界的永恒性〉》5 册,共 31 册。阿芙罗狄西亚的亚历山大:《前分析》5 册,《论题篇》1 册,《论亚里士多德的〈形而上学〉》5 册（其中第 5 册为第五卷的 30 个词语）,《问题集》（存疑）2 册,《认灵魂》及补充 2 册,《论气象》1 册,《论感官知觉》1 册,《论生灭》2 册,《伦理学问题》1 册,共 20 册。Themistius（塞米斯图斯）:《物理学》3 册,《论灵魂》1 册,共 4 册。Ammonius（阿莫尼乌斯）:《范畴篇》1 册,《解释篇》2 册,其中第 2 册包括波埃修斯注《解释学》的部分,共 3 册。Porphyry（波菲利）:《关于胚胎蕴涵灵魂的原因及其能力之所是的说明》1 册,《论免于杀害动物的禁食》1 册;《论〈范畴篇〉》1 册,共 3 册。Dexippus（德西浦斯）论《范畴篇》1 册。Syriannus（叙里安努斯）论亚里士多德的《形而上学》第 3、4 卷 1 册,第 13、14 卷 1 册,共 2 册。普罗克洛论恶的存在,1 册;论柏拉图的《克拉底鲁》1 册,《论天意》1 册,关于《天意的诸问题》1 册,共 4 册。Aspasius（阿斯巴修）论《尼各马可伦理学》第 8 卷,无名氏论《尼各马可伦理学》第 8、9 卷,爱菲斯的 Michael（米切尔）论《尼各马可伦理学》第 8、9 卷,共 1 册;阿斯巴修论《尼各马可伦理学》第 1—4、7—8 卷 1 册,以上共 2 册。Aeneas of Gaza（喀什的艾尼亚斯）评塞奥弗拉斯特,米提尼的 Zacharias（扎哈利亚）评阿莫尼乌斯的注释,共 1 册。以上共 101 册。

9. The Loeb Classical Library（Greek-English）\（路白古典丛书,希—英对照系列）

Aeschylus, H.Weri Smith, 2 Vols.（《埃斯库罗斯》,H.W.斯密译,两集）

Apollodorus, Sir Games G.Frazer, 2 Vols.（《阿波罗多洛》,G.弗莱切译,两集）

Aristophanes, 3Vols., tran by B.B.Rogers, 1982.（《阿里斯多芬喜剧集》,B.B.罗杰斯译,三集,1982 年版）

Aristotle, ed.by G.P.Goold, 23 Vols. 1999.（《亚里士多德全集》,23 集,G.P.Goold 主编,多位译者,1999 年修订版）

Bausanias, *Description of Greek*, 3 Vols.（鲍桑尼亚:《希腊志》,三集）

Clement of Alexandria, Rev.G.W.Butterworth.（《亚历山大里亚的克莱门》,Butterworth 修订本）

Euripides, 4 Vols.（《欧里彼得斯》,四集）

Greek Anthology, 5 Vols.（《希腊诗选》,五集）

Greek Lyric, 3 Vols.（《希腊抒情诗》,三集）

GreekIamblic, 2 Vols.（《希腊田园诗》,两集）

Homer: *Iliad*, 2 Vols.（荷马史诗:《伊利亚特》,二集）

Herodotes, A.D.Godley, 4 Vols.（希罗多德:《历史》,四集,A.D.Godley 英译本）

Hesiod and The Homer Hymns.（赫西俄德:《神谱》《天工农时》及荷马名下残篇,两集）

Pindar, *Olympic Odes*.（品达:《奥林匹克颂诗》）

Plato,12 Vols.(《柏拉图对话集》,共 12 集)

Sextus,*Empericus*,4 Vols.(塞克斯都·恩披里可,四集)

Sophocles,F.Storr,2 Vols.(索福克勒斯,F.Storr 英译本,两集)

Strabo,Geography.(史特拉波:《地理志》)

Thucydides,G.F.Smith,4 Vols.(修昔底德:《伯罗奔尼撒战争史》,史密斯英译本,四集)

Xenophon,Hellenica,2 Vols.(色诺芬:《希腊史》,两集)

二、中译原著

1. 包利民、章雪富主编:《两希文明哲学经典译丛》(第一系列 10 部),中国社会科学出版社 2004—2005 年。

2. 柏拉图:《巴曼尼得斯篇》,陈康译注,商务印书馆 1982 年。

3. 亚里士多德:《诗学》,陈中梅译注,商务印书馆 1996 年。

4. 路克莱修:《物性论》,方书春译,生活·读书·新知三联书店出版社,1958 年。

5. 苗力田主编:《亚里士多德全集》,10 卷,中国人民大学出版社,1990—1997 年。

6. 修昔底德:《伯罗奔尼撒战争史》,谢德风译,商务印书馆,1961 年初,1985 年修订本。

7. 希罗多德:《历史:希腊波斯战争史》,王以铸译,商务印书馆,1997 年。

8.《柏拉图全集》(四卷本),王晓朝译,人民出版社,2002—2004 年初,2018 年修订。

9.《西塞罗全集·演说词卷》上下册,王晓朝译,人民出版社,2008 年。

10. 亚里士多德:《动物志》《动物四篇》,吴寿彭译,商务印书馆,1972、1985 年。

11. 柏拉图:《泰阿泰德、智术之师》,严群译,商务印书馆,1961 年。

12. 亚里士多德:《物理学》,张竹明译,商务印书馆,1982 年。

三、工具书

1. Budge, E. A. Wallis: *Annals of the King of Assyria: The Cuneiform Texts With Translations and Transliterations from the Original Documents*, Routledge, First issued in Paperback 2014 (E.A.W.布吉尔:《亚述国王编年纪:楔形文字原典及其翻译和解读》,Routledge 出版集团,2014 年平装版)。

2. Coulter, Charles Russell and Turner, *Patricia: Encyolopedia of Ancient Deities*, Vol. 2. Mcfarland Company, Inc., Publishers, 2000 (C.R.考尔特、P.托奈尔:《古代神祇百科》两卷本,Mcfarland 出版有限公司,2000 年)。

3. *Greek-English Lexicon*, ed.by Lidell-Scott, Revised by H.S.Jonus, Clenendon Press Oxford, 1996(利德尔—司谷脱编,H.S.琼斯扩充和修订版《希英大辞典》,牛津,1996 年)。

4. *Latin Dictionary*, Revised, Enlarged and in Great Part Rewritten by C.T.Lewis, Oxford, 1987(C.T.路易斯修订、扩充和大部分改写版《拉丁大辞典》,牛津,1987 年)。

5. Leick, *Gwendolyn: A Dictionary of Ancient Near Eastern Mythology*, Routledge, 1991

（G.莱克：《古代近东神话辞典》，Routledge 出版集团，1991 年初版，1996、1998、1999 年重印。）

6. *The Oxford Classical Dictionary*，Third Edition，Ed.by S.Hornblower and A.Spawforth，Oxford，U.P.1996（S.Hornblower、A.Spawford 编：《牛津古典辞典》第三版，牛津大学出版社，1996 年）

四、近现代海外学者的研究性著作

1. Allen，R. E. and Furley，D. J. Ed.，*Studies in Presocratic Philosophy*，Vol. 1：*The Beginnings of Philosophy*；VoL,2：*The Eleatics and Pluralists*，Routledge，2017（R.E.阿郎、D.J.弗莱编：《前苏格拉底研究论集》第 1 卷《哲学之开端》，第 2 卷：《爱利亚和多元论》，路透出版集团，2017 年）。

2. Beere，Jonathan：*Doing and Being*：*An Interpretation of Aristotle's Metaphysics Theta*，Oxford U.P.2009（J.毕瑞：《做与是：亚里士多德〈形而上学〉第 9 卷诠释》，牛津大学出版社，2009 年初版，2012 年平装本）。

3. Blondell，Ruby：*Hellen of Troy*：*Beauty*，*Myth*，*Devastation*，Oxford U.P.2015（R，布伦德：《特洛伊的海伦：漂亮、神话与灾难》，牛津大学出版社，2015 年）。

4. Bowden，Hugh：*Classical Athens and the Delphic Oracle*：*Divination and Democracy*，Cambridge U.P.2005（H.鲍定：《古典雅典与德尔斐神谕：占卜与民主》，剑桥大学出版社，2005 年）。

5. Brace，Trevor：*Ancient Syria*：*A Three Thousand Year History*，Oxford U.P.2014（T.布雷斯：《古代叙利亚三千年史》，牛津大学出版社，2014 年）。

6. Brace，Trevor：*The Kingdom of the Hittites*（new edition），Oxford U.P.2005（T.布雷斯：《赫梯王国》，牛津大学出版社，2005 年）。

7. Bryce，Trevor：*Trojan's and the Their Neighbours*，Routledge，2006（T.布雷斯：《特洛伊人及其诸邻居》，路透出版集团，2006 年）。

8. Broker，Roger，Hodkinson，Stephen Ed.，*Alternatives to Athens*：*Varieties of Political Organization and Community in Ancient Greece*，Oxford U.P.2002（R.布洛克尔、S.霍肯森等：《古希腊异于雅典的各种政制和共同体》，牛津大学出版社，2002 年）。

9. Bulkeley，Kelly，Ed.，*Soul*，*Psyche*，*Brain*：*New Direction in Study of Religion and Brain Mind Science*，2005（K.布克莱编：《灵魂、生命、大脑：宗教与心灵科学研究新趋势》，2005 年）。

10. Burns，Bryan，*Mycenean Greece*，*Mediterranean Commerce*，*and The Formation of Identity*，Cambridge U.P.2010（B.波恩斯：《迈锡尼希腊、地中海商业与身份认同的形成》，剑桥大学出版社，2010、2011 年重印，2012 年平装本）。

11. Castelli，Laura，*Aristotle Metaphysics Book zeta*，Oxford U.P. 2018（L.卡斯忒里：《亚里士多德〈形而上学〉第七卷：翻译、导论和评注》牛津大学出版社，2018 年）

12. Clackson，James，*Indo-European Linguistics*：*An Introduction*，*Cambridge Textbooks in*

Lingustics,Cambridge University Press,2007(J.克拉松:《印欧语入门》,剑桥语言学教材系列之一,剑桥大学出版社,2007 年)。

13. Cline,Eric,*The Trojan War*:*A Very Short Introduction*,Oxford U.P.2013(E.克林尼:《特洛伊战争简史》,牛津大学出版社,2013 年)。

14. Crivelli,Paolo;Aristotle on Truth,Cambridge U.P. 2004(P.克里维利:《亚里士多德论"真"》,剑桥大学出版社,2004 年)。

15. Dewald,Carolyn and Marincola John,Eds.,*The Cambridge Companion to Herodotes*,Cambridge U.P.2006(K.德瓦、J.马林柯瓦主编:《剑桥希罗多德导读》,剑桥大学出版社,2006 年)。

16. Donleavy,Pamela and Shearer,Ann:*From Ancient Myth to Modern Healing*:*Themis*:*Goddess of Heart-Soul*,*Justice and Reconciliation*,Routledge,2008(P.董列维、A.席日尔:《从古代神话到现代的复原:作为心灵女神、正义与再修复的忒弥斯》,路透出版集团,2008 年)。

17. Farrell,Joseph,*Latin Language and Latin Culture*:*From Ancient to Modern Times*,Cambridge U.P.2001(J.法雷尔:《古今拉丁语与拉丁文化》,剑桥大学出版社,2001 年)。

18. Freeman,Charles,*Egypt*,*Greece&Rome*:*Civilizations of the Ancient Mediterranean*,Third Edition,Oxford U.P.2014(C.弗里曼《埃及、希腊与罗马:古代地中海文明》,2014 年第三版,牛津大学出版社)。

19. Guthrie,W.K.G,*A History of Greek Philosophy*,6 Vols.,Cambridge U.P.,1971,1965,1969,1978,1983 (格思里:《希腊哲学史》,六卷本,剑桥大学出版社,1965—1983 年分别出版)。

20. Hughes,J.Donald,*Environmental Problems of the Greeks and Romans*:*Ecology in the Ancient Mediterranean*,2 Edition,Johns Hopkins U.P.2014(J.D.忽吉史:《古希腊人、罗马人的环境问题:古地中海生态学研究》,霍普金斯大学出版社,2014 年第二版,1994 年第一版)。

21. Kahn,Charles H.,*The Verb*'*be*' *in Ancient Greek*,Hackett Publishing Company,Inc,2003(C.H.卡恩:《古希腊语动词 Be》,哈克出版有限公司,2003 修订本,1973 年初版)。

22. Kahn,Charles H.,*Essays on Being*,Oxford University Press,2009,2012(paperback)(C.H.卡恩:《Being 论集》,牛津大学出版社,2009 年精装本,2012 年平装本)。

23. Keith,William M & Lundberg,Christian O.,*The Essential Guide to Rhetoric*,Bedford/St.Martin's,2008(W.M.凯丝、C.O.隆伯格:《修辞学要义》,伯福·马丁出版集团,2008 年)。

24. Kowalzig,Barbara,*Singing for the Gods*:*Performances of Myth and Ritual in Archaic and Classical Greece*,Oxford U.P.2007(B.考瓦奇希:《颂神:上古、古典希腊神话与礼仪的成型》,牛津大学出版社,2007 年)。

25. Lewis,John David,*Solon The Thinker*:*Political Thought in Archaic Athens*,Gerald Duckworth,2006(J.D.路易斯:《思想家梭伦:上古雅典的政治思想》,Gerald Duckworth 出

版有限公司,2006 年)。

26. Marc Van De Mieroop, *Philosophy Before The Greeks*: *The Pursuit of Truth in Ancient Babylonia*, Princeton University Press, 2017(M.马尔克:《前希腊古巴伦尼亚的求真哲学》, 普林斯顿大学出版社,2017 年)。

27. Molas, Wendy, *The Development of the Greek Language*, Second Edition, Brastal Classical Press, 2004(W.莫拉斯:《希腊语言之演变》第二版,Brastal 古典出版社,2004 年)。

28. Morgan, Kathryn, *Myth & Philosophy*: *From the Presocratics to Plato*, Cambridge U.P. 2006(K.摩尔根:《神话与哲学:从前苏格拉底到柏拉图》,剑桥大学出版社,2006 年修订本)。

29. Morford, Mark P. O. Lenardon, Rorbert J., Sham, Michael: *Classical Mythology*, Internatianal Tenth Edition Oxford U.P.2015(M.P.O.摩尔福德、R.J.林纳尔顿、M.沙姆:《古典神话学》,国际版第十版,牛津大学出版社,2015 年)。

30. Parker, Robert, *Athenian Myths and Festivals*: *Aglauros*, *Erechtheus*, *Prytaneia Panathenaia*, *Dionysia*, Oxford U.P.2011(R.帕克:《雅典神话与节庆:阿喀劳罗斯,艾瑞赫修斯、普利特利亚,泛雅典节,酒神节》,牛津大学出版社,2011 年)。

31. Palmer, John, *Parmenides & Presocratic Philosophy*, Oxford University, 2009, 2012 (Paperback)(J.巴尔玛:《巴门尼德和前苏格拉底哲学》,牛津大学出版社,2009 年精装本,2012 年平装本)。

32. Pelletier, Francis Jeffry, *Parmenides*, *Plato and the Smantics of Not-Being*, Chicago U. P.1990(F.J.匹力蒂尔:《巴门尼德、柏拉图及 Not Being 的语义》,芝加哥大学出版社,1990 年)。

33. Penney, J.H.W., Ed., *Indo-European Perspectives*: *Studies in Honour of Anna Morpurgo Daves*, Oxford U.P.2004(J.H.W.彭尼编:《印欧语面面观:纪念 A.M.达维斯论集》,牛津大学出版社,2004 年)。

34. Pollock, Susan, *Ancient Mesopotamia*, Cambridge U.P.2001(S.波洛克:《古代米索不达米亚》,剑桥大学出版社,1999 年初版,2000、2001 年再版)。

35. Rietbergne, Peter, *Europe*: *A Cultural History*, Second Elition, Routledge, 2006(P.里伯尔涅:《欧洲文化史》,路透出版集团,2006 年,第二版)。

36. Rochberg, Francesca, *The Heavenly Writing*: *Divination*, *Horoscopy and Astronomy in Mesopotamia Culture*, Cambridge U.P.2004(F.罗赫伯格:《米索不达米亚文化中关于占卜、星相学、天文学的作品》,剑桥大学出版社,2004 年)。

37. Rohde, Edwin, *Psyche*: *The Cult of Soul and the Belief in Immortality among the Greek*, *Routledge*, 2010(E.罗德:《希腊人中的灵魂崇拜和灵魂不朽信念》,1925 年初版,2000、2001 年再版,2010 年平装本,路透出版集团)。

38. Rossi, Pietro Ed., *The Boundary of Europe*: *From the Fall of the Ancient world to the Age of Decolonization*, De Gruyter Akademie Forschung, 2015(P.罗丝编:《欧洲的边界:从古代世界衰弱至后殖民时代》,De Gruyter 出版社,2015 年)。

39. Samons, Loren J. Ed., *The Cambridge Companion to Age of Pericles*, Cambridge U. P. 2007(L.J.沙蒙编:《剑桥伯里克时代导读》,剑桥大学出版社,2007 年)。

40. Schofield, Malcolm & Nussbaum, Martha (Ed.)*Language & Logos: Studies in Ancient Greek Philosophy*, Cambridge U.P.1982(M.索菲尔特、M.纳斯堡编:《语言与逻各斯:古希腊哲学研究》,剑桥大学出版社,1982 年)。

41. Shanske, Darien, *Thucydides and the Philosophical Origins of History*, Cambridge U. P. 2007(D.莱·桑史克:《修昔底德与历史哲学的起源》,剑桥大学出版社,2007 年)。

42. Shipp.G.P., *Studies in The Language of Homer*, Second Edition, Cambridge U.P.2007 (G.P.休泊:《荷马语言研究》,剑桥大学出版社,1953 年第一版,1972 年第二版,2007 年重印)。

43. Snell, Daniel C. Ed., *A Companion to the Ancient Near East*, Blackwell Publishing, 2005(D.史奈尔主编:《古代近东导读》,Blackwell 出版社,2005 年)

44. Stafford, Emma, *Gods and Heroes of the Ancient world: Herakles*, Routledge, 2012(E. 史达福:《赫拉克莱斯》,古代世界的神灵与英雄系列丛书之一,路透出版集团,2012 年)。

45. *The Cambridge Ancient History*, New Edition, 14Vols., Cambridge U. P. 1970–2005 (《剑桥古代史》,14 卷 19 册,1970 年至 2005 年陆续出版)。

46. Wachterhauser, Brice R., *Beyond Being: Gadamers Post-Platonic Hermeneutical Ontology*, Northwestern U.P.Illinois, 1999(B.R.瓦赫特豪舍:《超越 Being 之上:伽达默尔的后柏拉图解释学本体论》,伊利诺依州:西北大学出版社,1999 年)。

47. Ward, Ann, *Herodotas and The Philosophy of Empire*, Baylor U.P.2008(A.瓦德:《希罗多德与帝国哲学》,伯劳大学出版社,2008 年)。

48. Whitley, James, *The Archaeology of Ancient Greek*, Cambridge U.P.2001(J.怀特莱:《古希腊考古学》,剑桥大学出版社,2001 年)。

49. Woodard, Roger D.Ed., *The Cambridge Companion to Greek Mythology*, Cambridge U. P.2007(R.D.悟达德编:《剑桥希腊神话学导读》,剑桥大学出版社,2007 年)。

50. Wricht, M.R., *Cosmology in Ancient*, Routledge, 1955(M.R.利希特:《古代宇宙论》,路透出版公司,1995 年)。

51. Yoffee, Norman, *Myths of the Archaic State: Evolution of the Earliest Cities*, State and Civilization, Cambridge U.P.2001(N.约菲:《上古国家之神话:最早时期城市、国家和文明的进化》,剑桥大学出版社,2001 年)。

五、中文类研究性著作

1. 包利民:《生命与逻各斯:希腊伦理思想史论》,北京:东方出版社,1996 年。

2. 陈康:《论希腊哲学》,汪子嵩、王太庆编,商务印书馆,1990 年。

3. 陈洪文、水建馥选编:《古希腊三大悲剧家研究》,中国社会科学出版社,1986 年。

4. 楚图南译,斯威布著:《希腊的神话和传说》(上下册),人民文学出版社,1978 年。

5. 贺麟译,黑格尔著:《哲学史讲演录》,第一、二卷,生活·读书·新知三联书店,

1956、1962 年。

　　6. 贺麟译,黑格尔著:《小逻辑》,商务印书馆,修订第二版。

　　7.《列宁全集》,第 38 卷(哲学笔记),人民出版社,1959 年。

　　8. 汪子嵩:《亚里士多德关于本体的学说》,生活·读书·新知三联书店,1982 年。

　　9. 汪子嵩等:《希腊哲学史》全四卷,人民出版社,1988,1993,2003,2010 年;2014 年修订版。

　　10. 王晓朝:《希腊宗教概论》,上海人民出版社,1997 年。

　　11. 王晓朝:《跨文化视野下的希腊形上学反思》,人民出版社,2014 年。

　　12. 王路:《“是”与“真”——形而上学的基石》(修订版),人民出版社,2013 年。

　　13. 王晖:《商周文化比较研究》,人民出版社,2000 年。

　　14. 王世安译:(英)渥德尔著:《印度佛教史》,商务印书馆,1995 年。

　　15. 杨适主编:《原创文化研究》(1—4 辑),中国社会科学出版社,2002,2004,2006,2009 年。

　　16. 晏绍祥:《荷马史诗社会研究》,上海三联书店,2006 年。

　　17. 章雪富:《希腊哲学的 Being 和早期基督教的上帝观》,中国社会科学出版社,2005 年。

　　18. 张小勇译,维柯著:《论意大利最古老的智慧》,上海三联书店,2006 年。

　　19. 朱龙华:《罗马文化》,上海社会科学院出版社,2003 年。

译 名 对 照

一、人名、神名对照

Achilles 阿喀琉斯

Aedesius 艾底修斯

Aegeus 埃勾斯（雅典柏修斯之父，爱琴海名称的来历）

Aeneas 艾尼亚斯

Aenesidemus 埃涅西德姆

Aetius 埃提乌

Agamemnon 阿伽门农

Agenor 阿革诺耳

Agrippa 阿格里巴

Aias 埃阿斯

Alecneme 阿历克涅墨

Alcestis 阿尔刻提斯

Alexander Great 亚历山大大帝

Anaxagoras 阿拿克萨库

Anaxarchus 阿那克萨尔刻

Anaximandes 阿拿克西曼德

Anaximenes 阿拿克西美尼

Antaius 安泰俄斯

Antigone 安提贡涅

Antiochus 安提俄库

Antipater of Tyre 推罗的安提帕特

Antisthenes 安提斯泰尼

Aphrates 阿弗拉特斯

Aphrodite 阿佛洛狄忒

Apollodorus of Athen 雅典的阿波罗多洛

Apolonias 罗得岛的阿波罗尼亚

Apollo 阿波罗神

Appian 阿庇安

Appolonius 阿波罗尼乌斯

Arcesilaus 阿尔凯西劳

Archelaus 阿凯劳斯

Archimedes 阿基米德

Ares 阿瑞斯

Argos 阿耳戈斯

Argus 阿尔喀

Aristarchus 阿里斯达库

Aristides 阿里斯忒得

Aristophanes 阿里斯多芬

Aristotle 亚里士多德

Arrian 阿里安

Artemis 阿耳忒弥斯

Asclepias 阿斯克勒庇俄斯

Aspasius 阿斯帕西乌

Atalanta 阿塔兰忒

Athanasius 阿塔那修

Athenagoras 阿塞那哥拉

Athenaeus 阿赛奈乌斯

Athene 雅典娜

Atlas 阿特拉斯

Augustine 奥古斯丁

Augustus 奥古斯特

Bacchus 巴克科斯

Basil 巴西尔

Bausanias 鲍桑尼亚

Bia 比亚

Bessus 柏修斯

Boethius 波埃修斯

Cadmus 卡德摩斯

Caius Pliny Secundus(老)普林尼

Callicles 卡利克勒斯

Cappadocia Fathers 卡帕多西亚教父

Carneades 卡尔尼亚德

Cassandra 卡珊德拉

Cato 卡图

Cerberus 刻耳柏洛斯(三头狗)

Chrysippus of Soli 索里的克律西波

Chiron 喀戎

Cicero 西塞罗

Cleanthes of Assos 阿索斯的克里安提斯(克莱安赛斯)

Clement Alexandria 亚历山大里亚的克莱门

Clement of Rome 罗马的克莱门

Clytaemnestra 克吕泰涅斯特拉

Constantius 康士坦提乌

Craterus 克拉底鲁

Creon 克瑞翁

Cronos 克洛诺斯

Daedalus 代达罗斯

Damascius 达马修斯

Danae 丹诺

Damasias 达马西阿斯

Demeter 得墨忒耳

Demetrius 狄米特里乌

Democritus 德谟克里特

Delacus 德拉古

Demosthenes 德谟斯梯尼

Deucalion 丢卡利翁

Diagoras 弥罗斯的狄亚戈拉

Diodorus 狄奥多罗

Diodosius 狄奥多修一世

Diogenes Laertius 第欧根尼·拉尔修

Diogenes of Apollonia 阿波罗尼亚的第欧根尼

Diogenes of Babylon 巴比伦的第欧根尼

Diogenes of Sinope 辛诺普的第欧根尼

Diomedes 狄奥墨得斯

Dionysius 狄奥尼修

Dionysos 狄奥尼索斯

Dorus 多洛斯(多立斯人祖先)

Echion 厄喀翁

Eleusis 厄琉息斯

Empedocles 恩培多克勒

Epaphos 厄帕福斯

Ephialtes 艾菲尔忒斯

Epicharmus 爱比查姆斯

Epictetus 爱比克泰德

Epicurus 伊壁鸠鲁

Epimetheus 厄庇墨透斯

Enebus 厄勒布士

Erennius 爱留尼乌斯

Erigena 尤里金纳

Eris 厄里斯

Eros 爱罗斯(爱洛斯)

Eubulides 欧布里德

Euclid(Eucleides)欧几里得(几何原理作者)

Euclides 欧克里德(麦加拉学派)

Euripides 欧里庇得斯

Europa 欧罗巴

Eurystheus 欧律斯透斯

Eusebius 尤息比乌

Gaea 该亚

Galen 伽伦

Glaucon 格劳孔

Gnostic 诺斯替派

Gregory the Great 大格列高利

Hades 哈得斯

Hecate 赫卡忒

Hecto 赫克托耳

Hammurabi 汉谟拉比

Helen 海伦

Hellen 希伦(希腊三个民族始祖)

Hephaistos 赫淮斯托斯

Hera 赫拉

Heraclides of Tarsus 塔索斯的赫拉克利德

Heraclites 赫拉克利特

Heracles 赫拉克莱斯

Hermes 赫耳墨斯

Hermogenes 赫谟根尼

Herodotus 希罗多德

Hesiod 赫西俄德

Hestia 赫斯提亚

Hippachia 希帕奇娅

Homer 荷马

Hyllas 许拉斯

Hypatia 希帕提娅

Iapetus 伊阿泊托士(提坦之子,普罗米修斯之父)

Icarus 伊卡洛斯

Inachus 伊那科斯(Ion 之父)

Ion 伊翁

Iris 伊里斯

Isocrates 伊索克拉底

Jason 伊阿宋

Jerome 哲罗姆(杰罗姆)

Julian 朱利安

Juno 朱诺(女神)

Justin Martyr 殉道者查士丁

Kuretes 库里特(卫士之意)

Lactantius 拉克唐修

Lacydes of Cyrene 居勒尼的拉西德斯

Lampsacus 兰普萨库斯

Leda 丽达

Leto 勒托

Livy 李维

Lucretius 卢克莱修

Lyco 吕科

Lycurgus 莱喀古斯

Manethos 曼涅托斯（埃及祭司）

Marcus Aurelius 马可·奥勒留

Marduk 马尔杜克

Maximus the Cynic 犬儒玛克西姆

Medea 美狄亚

Medusa 墨杜萨

Menodotus 梅诺多图

Metrodorus 梅特罗多洛

Minos 米诺斯（弥诺斯）

Nabu 纳布（西亚刻印业神）

Neith 奈斯（埃及女神）

Nicomachus 尼可马基

Niobe 尼俄柏（忒拜女王）

Numphus 林弗斯（森林女神）

Octavian 屋大维

Oedipus 俄狄浦斯

Oeneus 俄纽斯

Olympias 奥林比娅

Olympius 奥林皮乌斯

Olymthus 奥林修斯

Origen 奥利金

Orpheus 奥尔菲斯

Panatius 巴那修（帕那修斯）

Pandora 潘多拉

Pallas 帕拉斯

Paris 帕立斯

Parmenides 巴门尼德

Patroclus 帕特洛克罗斯

Paul 保罗

Paulinus 保利努

Pentheus 彭透斯

Pherekydes 斐瑞库得斯

Pelops 伯罗普斯

Pericles 伯里克利

Persaeus 培尔赛乌(斯多亚)

Perseus 柏修斯

Philip II 腓力二世

Philipps 腓力普斯

Philo Alexandria 亚历山大里亚的斐洛

Photius 福修斯

Plato 柏拉图

Pliny 普林尼

Plotinus 普罗提诺

Plutarch 普罗塔克

Polemo of Athen 雅典的波勒谟

Polybius 波利比乌斯

Pontus 本都

Pontus 蓬托斯(海洋神)

Porphyry 波菲利

Poseidon 波塞冬

Polydeuces 波吕丢刻斯

Posidonius of Syria 叙利亚的波西多纽

Priscian 普里西安

Proclus 普罗克洛

Prodicus 普罗迪柯

Prometheus 普罗米修斯

Protagras 普罗泰戈拉

Ptolemy 托勒密

Pythagoras 毕泰戈拉(毕达哥拉斯)

Pyrrho 皮罗

Rhea 瑞亚

Salmoneus 萨尔摩纽斯(埃利斯国王)

Sargon 萨尔贡

Seneca 塞涅卡

Sextus Empiricus 塞克斯都·思披里柯

Simplicius 辛普里丘

Siren 塞壬

Sisyphus 西绪弗斯

Socrates 苏格拉底

Sophocles 索福克勒斯

Sotion 索提翁

Speusippus 斯彪西波

Sphinx 斯芬克斯

Stilpo 斯提尔波

Stobaeus(Stobaios)斯托拜乌

Strabo of Pontus 旁图斯的斯特拉波

Strato(Straton of Peripatetie)漫步学派的斯特拉托

Tantalus 坦塔罗斯

Tartarus 跶跶罗斯

Tertullian 德尔图良

Theodore 狄奥多勒

Themistocles 塞米斯托克利

Theodorus 迪奥多罗

Theseus 塞修斯(忒修斯)

Timon 蒂蒙

Timothy 提摩太

Titans 提坦

Tityus 狄提俄斯

Uranos 乌剌诺斯

Valentinas 瓦伦提诺

Varro 瓦罗

Venus 维纳斯

Vigil 维吉尔

Vicentius Victor 维辛提乌·维克多

Xenocrater 色诺克拉底

Xenophon 色诺芬

Xenophones 塞诺芬尼

Zeno of Elea 爱利亚学派的芝诺

Zeno of Citium of Cyprus 塞浦路斯的西提乌姆的芝诺

二、地名、族名和语种名

Achaian 亚该亚人

Aegea 伊齐那

Aeolis 埃俄利斯

Akkad 阿卡德

Alexanderia 亚历山大里亚

Amorites 阿摩尼人

Amphipolis 安菲波利斯

Antioch（in Syria）安提柯（位于叙利亚）

Antioch（in Asia Minor）安提柯（位于小亚 Pisidia 附近）

Apollonia 阿波罗尼亚

Aresus 艾雷修斯

Argos 阿哥斯

Assyria 亚述

Athen 雅典

Attica 阿提卡

Aulis 奥里斯

Babylon 巴比伦

Bactria 巴克特利亚

Badarian 巴达里文化（古埃及）

Caesarea 凯撒利亚

Caria 加利亚

Carthage 迦太基

Ceos 开俄斯

Chadic 查德语

Chaeronea 克洛尼亚

Chaldean 迦勒底

Chalcidian 卡尔西迪人

Chios 开俄斯

Cilicia 西里西亚

Corinthus 科林斯

Cretan 克里顿

Cyllene 居勒涅（山洞）

Cyrene 居勒尼

Delphi 德尔菲

Didymus 狄地谟

Egypt 埃及

Elis 埃利斯

Eleusis 厄琉息斯

Ephesus 爱非索（以弗所）

Epirus 埃皮鲁斯

Ethiopia 埃塞俄比亚

Etruscan 伊特拉斯坎

Gaghage 迦太基

Gaza 伽什

Gaul 高卢

Gordium 戈迪翁

Gushitis 古希底语

Gutian 扎格罗斯山民（野蛮人）

Hamita Semite 哈米特——塞姆语系

Harys 哈里斯河

Hausa 豪撒语

Hebrew 希伯来（人、文）

Hecate 赫卡忒

Hellespont 赫勒斯滂

Heraclea 赫拉克莱亚

Hittite 赫梯

Horys（Horos）荷鲁斯

Hurrians 胡里安人

Ida 伊达山

India 印度

Iris 伊利斯河

Issauria 以扫利亚

Issus 伊苏斯

Jemder Nasr 詹德特·纳什

Jhelum 捷陇

Kassite 卡西特人

Khyber 喀布尔

Laconia 拉哥尼亚

Lacedaemonian 拉栖代蒙人

Lampsacus 兰普萨库斯

Laodicea of Syria 叙利亚的劳迪奇亚

Larisa 拉利萨

Lyconia 吕哥尼亚

Lycia(lykia) 吕基亚

Lydia 吕底亚

Macedonia 马其顿

Media 米地亚

Melos 麦洛斯

Memphis 孟菲斯

Mytylene 米提尼

Nagada 纳加达文化(古埃及)

Nimud 尼穆

Nineveh 尼尼微

Orpheus 奥尔斐斯

Orphism 奥尔斐教(秘仪)

Olynthus 奥林索斯

Paeonia 帕俄尼亚

Pamphylia 旁菲里亚

Pan-Mesopotamia 泛米索不达米亚

Pelasgia 佩拉司吉

Pella 培拉

Peloponnesians 伯罗奔尼撒人

Pergamus 帕伽马

Peiraeus（Piraeus）拜里厄斯港

Persis 波斯

Phocis 福基斯

Phoenicia 腓尼基

Phrygia 弗里吉亚

Piso 皮索

Ponticus 彭梯库斯

Pontus 本都

Punjab 旁遮普

Saitic 赛提卡（埃及）

Scythia 斯基提亚

Sicily 西西里

Sicyon 西库翁

Sidon 西顿

Siwab 喜瓦

Smyrna 士麦拿

Soli 索里

Spain 西班牙

Sparta 斯巴达

Stobi 斯托比

Thera 铁拉人

Thessalian 帖撒利（人）

Warka 瓦卡

Zagros 札格罗斯山

索 引

（除专业术语外，选录若干人们不太熟悉的西亚、埃及神名、地名、民族名称，按拉丁化字母顺序）

aer(气) 125-7,188

agathon(γαθόν 善) 55,104,130,136,148,156,228

aisthesis(感觉) 213,239

akkad(阿卡德) 10,26

aletheia(真,真理) 8,104,141-6,190,232,239,240

ananke(νάγκη 命运,必然性) 2,158,159,160-8

Anatolia(安纳托利亚) 25

antithesis(ἀντίθεσις 反题) 196,261

arche(端,本原,原理) 12,90,117,188,193,212,217,221,229,243

arete(好,本体性功能,美德) 34,70,104,148-9,157,251,255

aristocratia(ἀριστοκρατία 贵族政制,贤人政制) 172,293,310

Assyria(亚述) 28,272,286

atomos(不可分的,原子) 126,164,193-4,217,223,257-8

Badarian 巴达里(古埃及) 286

Chaos(混沌,混沌之神) 37,54,55,142,188,299

cultura(文化,耕耘,灵魂之培育) 1,2,12,49,124

Demiourgos(工匠,创造主) 70,130,146,224,254,255

democratia(民主政制) 33,38,102,115,118,119,120,122,123,195,293,294

dialektikos(辩证法,对话法) 189,200,212,224,226

dike(正义,公义) 2,117,120,121,149,167-175,243,298,300

doxa(意见,看法,见解) 111—113,142,190,208,213,239,243,253

drama(戏剧) 65,81—84,94,107,119,150,182

dynamis(动能,动力,潜能) 225

Europa(欧罗巴) 25,57,68,281,

Europe(欧洲) 20,25,68,134,234,273,275,

eidos(相,理型,形式) 90-1,113,157,190,200,202-8,213,224-6,251,255,258,267

eimi(εἰμί 是,存在)"见下 einai"

einai(εἶναι "是"的不定式,"是性",存在,实存) 229-39,241-269

esti/estin(ἐστί/ἐστίν 是,存在)"见上 einai"

eon(ἐόν "是"的动名词)"见上 einai" 242

episteme(知识,学科) 1,6,102,111-114,219,238,239

ethos(ἦθος/ἔθος 习惯,习俗) 33-4,105,124,147

ethica(伦理学) 6,34,124,147,149

genos(γένος 种,通种) 213-4

gnosis(γνῶσις 研究,认识,知道) 113

Hammurabi(汉谟拉比) 27,281

Hellespont(赫勒斯滂)　287

Hittite(赫梯)　27,56,78,273,287

Hurrian(胡里安人)　287

hypothesis(体,前提性原则)　162,206,
241,246

hypokeimenon(ὑποκείμενον质料,基质)
13,44,59,60,89 - 91,113,130,131,
179,192,193,204,213,217,220,
225—228,248,254

idea(相,理念,形式)　91,113,124,130,
136,175,200,202 - 207,211—215,
224—225,239,245,251—254,258

isonomia(ἰσονομία平等)　117,121,122,
152,154,167,170,173-4

kategoria(范畴)　12,15,20,62,124,141,
144,188,203,208,211

Kassite(卡西特人)　35,287

koinonia(κοινωνία共同体)　143,156,
157,255,310

komoidia(κωμῳδία喜剧)　33,48,54—
57,65,67,81—83,86,174,271

logos(逻各斯,言辞)　48,113,137—146,
156,158,190,202,224,239—240,310

Lycia,lykia(吕西亚,吕基亚)　36,58,288

Lydia(吕底亚)　96,288

Manethos 曼涅托斯(埃及祭司)　28,283

mania(迷狂)　59,81,109,110,112,140,
222,232,

mysteri(μυστήριον神秘,秘仪)　52,98,
126,137-140,143,144,146

mythos(μῦθος虚构的,神话)　48,65,
110,134-135,137-143,202-203,207,
232

Nabu 纳布(西亚刻印业神)　47,283,

Naith 奈斯(埃及文字神)　59

Nineveh(尼尼微)　59,283

noema(思想)　81,136,144,207,213,
240,283,

nomos(风俗,人为约定的)　43,105,121,
129,131,132,146-161,169,170

nous(心灵)　113,135,144,190,212,
224,226,263

oligarchia(寡头政制)　87,122,172,202

original culture(原创文化)　64,80,88,
92,116,128,133,146,176,183-4,188,
230,246,268

paideia(教育,心灵培育)　2,4-6,12,
34,49,124,157

philia(热爱,追求)　111,253

philosophia(追求智慧,哲学)　2,109,
112,206,212,227

phronesis(φρόνησις实践智慧,实践理
性)　34,81,92,157,163

physis(φύσις自然,天然,本性)　81,
105,121,129—132,143,146—159,169,
170,266,267,298,

poiesis(ποίησις创作,诗)　90

poietes(ποιητής诗人)　81

politeia(πολιτεία政体,公民权)　14,75,
118,122,15-7,257

polites(公民)　93,115—124,294

proairesis(προαίρεσις选择)　159—166

psyche(ψυχή生命,气息,灵魂)　20,34,
133—136,273,275

religio(religare；to bind, religion 崇拜团
体,宗教)　5,7,16,52,54,273,310

Scythia(斯基提亚)　289

sophia(智慧)　2,6,92,102,109,110—
114,139,142,169,206,208,212,222,
227,232

stoicheion(元素)　130,135,169,193—
195,213,254-5

techne(τέχνη技艺,技术)　6,65,70,81,
90,92,95,142,146,147,211

telos(τέλος目的)　111,254,253-6,

theoria(沉思理性)　142-5,192,212,228

to me on(τὸ μὴ ὄν非是,非存在)"见上
　　einai"

thymos(激情)　134

Traditional culture(传统文化)　8—10,

13,33,49,77,176

tragoidia(τραγῳδία悲剧)　144—150,
　　159,161,177,180

tyrannos(τύραννος僭主)　83,99,
　　101-2,118,147,202

Zagros(扎格罗斯山)　26,29

附录　伪“修昔底德陷阱”考

　　《注定一战：中美能避免修昔底德陷阱吗?》（以下简称《注定一战》或《陷阱论》）是近两年全球影响力最大、最畅销的图书。中国台湾包淳亮译本，2018 年 9 月出版，翌年 6 月第 9 次重印。① 大陆陈定定、傅强译本 2019年 1 月出版，一个月重印两次②。艾利森在《注定一战》中说，他跟随拉班教授学了两年希腊文和《伯罗奔尼撒战争史》，想必知道关于第 1 卷第 23 节在史学界的争论。2007 年剑桥大学出版社，同时出版了《剑桥伯里克利时代导读》和《修昔底德与历史哲学的起源》。两本书都有关于第 23 节及战争根源的论述，还详细介绍了希腊原文及几种不同解读③。《注定一战》多处同史实不符。本文的目的，是依据古希腊的史实，主要是希罗多德、修昔底德的原著，证明它同《伪普鲁塔克》《托名狄奥尼修斯》《托名阿里斯忒》（Aristeas）④等一样，是假托古代名人名言的伪造。晚期希腊的注释家们称

---

① 原作分精装、平装两种，几个地方出版，未注明印刷日期和重印次数。包淳亮泽本由台湾八旗文化、远足文化事业股份有限公司出版发行。本文简称“包译本”。

② 按传统习惯，原著、译著必须注明修订本或是重印本及其年代。像英国牛津、剑桥等出版公司，还注明精装本与平装本出版年代。《注定一战》的原著及译本只能依国际标准书号（ISBN）去查找。陈定定、傅强译本（简称“陈译本”）“本书赞誉”共 15 则，本人新购原著（ISBN：978—1—328—91538—2）为 40 则，置于全书之首。注释分章列数，附有索引。各版本正文都一致。因论辩之需要，本文引陈译本，个别地方加括号，注明所依据的原著页码。

③ 参见 Samons，Loren 合编论集：*The Cambridge Companion to Age of pericles*（2007）的最后一篇“雅典与斯巴达及伯罗奔尼撒战争的到来”（耶鲁大学 J.E.Lendon 著）。作者认为，“斯巴达害怕雅典的势力不是战争的终极原因。害怕仅是斯巴达方面的 by product（次生原因、副产品、连带结果）”（p.276）。Darien Shanske 著的 *Thucydides and the Philosophical Origens of History*（Cambridge U.P.，2007）对第 1 卷第 23 节的几个关键词作了解读，并介绍了几种观点，见原书第 38—40 页及附录一（第 155—168 页）。本人认为修昔底德的见解和评论，若离开公元前 5 世纪后半叶的智者运动及苏格拉底和喜剧作家阿里斯多芬的哲学、文学语境，则可能发生误读或不解。本人在撰写《希腊哲学史》第二卷第一编“智者运动”中已有陈述。

④ Pseudo 之类的托名伪作不同于学术造假。查阅历史文献，有的还被收录于古代文献之中，只是标明了，如《伪普鲁塔克》，说明此文不是《希腊罗马名人对比列传》作者普罗塔克（Plutarch）的著作，但是它代表某个时期出现的一种观点、一种理论，在这个意义上有它特殊的学术参考价值。“修昔底德陷阱”也属于此类伪造，它代表当代作者本人关于中美关系的理论及其指向或意图。所以从“史”的视角看，它代表“应用史学”中一种倾向、观点；从国际关系研究视角看，它代表当今该行当政界、学界一种理论和追求。所以同以往被列为有水平的 pseudo 作品一样，《注定一战》有其特殊意义，值得一读。其中不少见解和警示不愧是超常的高论。本人绝非简单地看待这么一部名著，特此声明。

之为 pseudo,意思是后人将自己的著作或见解,假托古人,伪装为古圣之作、之言。

一、雅典与斯巴达不是崛起国与守成国的关系,
"陷阱论"缺乏史实根据

　　雅典与斯巴达是公元前 8 世纪左右城邦制形成时代,同时产生的希腊两种政制、两条发展道路的代表。巴尔干半岛南端,原来的居民是西亚移民和当地土著。公元前 2 千纪开始,印欧语系的雅利安人(亚该亚人、多立斯人),先后进入半岛南端,他们以神话传说中的 Hellen 为始祖,故后来命名为"希腊半岛""希腊人"。公元前 12 世纪左右进入希腊半岛的游牧民族多立斯人,主要居住在后来命名的伯罗奔尼撒半岛,其中一支演变为"拉栖代蒙人"(Lacedaemon)即斯巴达人。他们在拉哥尼亚(Laconia)和美赛尼利(Messenia)肥沃草原地区建立以农牧为主、耕战合一的城邦国家。当地的居民被赶到边界,成为"边民",其中被赶到希洛(Herots)的边民暴动,失败后全部变为奴隶。① 经过公元前 7 世纪以莱喀古斯(Lycurgus)为代表的立法和改革,建立了二王执政、长老院掌权,9 千份地公民为基础的贵族政制城邦。被多立斯人赶到沿海和岛屿的亚该亚人,以神话传说中的"伊翁"(Ion)为祖先,史称"伊奥尼亚人"(Ionian),其中一支迁居于阿堤卡,在雅典娜神到来的地方建立雅典城邦。阿堤卡贫瘠丘陵地不适宜耕作和畜牧,却是葡萄、橄榄的优生地,又有天然陶土和花岗岩,以及后来发现的纯度居地中海世界之首的银矿。他们以海洋生活为主,从事手工业生产和海上贸易。在迁徙和战乱中本来就弱化了的以血缘为根基的部落制,在工商经济和海上贸易为主体的开放型经济面前逐步被瓦解。原始部落的民众大会被改造为城邦的公民大会,部落首领被有本事、有扩展能力的执政官所取代。经过公元前 7—前 6 世纪的德拉古改革、梭伦改革,至伯里克利时代建立了古代最完善的民主制度。介于雅典与斯巴达之间的是同一时代由部落或部落联盟演变而成的大小不等的城邦。"城邦"希腊文为 Polis,"城邦人"叫 Polistes,中文译为"公民"。这是所有希腊城邦的"共性",都是奴隶制时代

---

① 这是斯巴达城邦致命的一个弊端。因为原住民已经不是原来意义上的被征服的部落"土人"或西亚移民,而是经过多个世纪融合而成的定居点居民。雅典等城邦的奴隶来源于异族人,或贩卖的外域"土人"。"希洛人"是一整个族群反抗失败后被变为奴隶,用亚里士多德的话说,不属于"天然的","本性使然的奴隶"。"希洛人"和其他"边民"(皮里阿西)延绵几百年的反抗是制约斯巴达的一个重要因素。对内,斯巴达不得不强化军事统治;对外,至少有两次影响它的决策,其中一次不得不取消进攻阿提卡方案。

的,以卫城为中心,统辖周围若干村落的小国。城邦之内通常都有民主派与贵族派两种势力①。以这两种势力为主,加上各自传统上和现实条件上的差异,形式不同色调的城邦政制。这是城邦之间的差异,由此又派生出各城邦之间的不同关系、不同矛盾。这就形成了希腊城邦制时代,城邦内两派两党矛盾与城邦间相同体制与不同体制间的盟邦关系。民主派执政的城邦支持或同情城邦中同党同派者,贵族派城邦支持其他城邦中的贵族派。在公元前6世纪雅典和斯巴达未成为希腊城邦的主导势力之前,就已经存在以底比斯、科林斯、阿戈斯及爱琴海东岸米利都、爱菲斯等为强势的城邦以及如上所述的矛盾关系。雅典与斯巴达的矛盾关系是以往就有的这种城邦内、城邦间关系的继续。所以崛起国与守城国的关系在理论上不成立。矛盾性质、诸矛盾性质间关系的界定与分析是这项研究工作的基础。

　　雅典和斯巴达各自经历了内部几次改革和关系的调整。公元前6世纪后半叶逐步取代其他城邦的地位,成为代表两种体制的两大强势城邦国家②。所以,希罗多德在《希波战争史》中说:"希腊城邦中最强大的,在多立斯人中是斯巴达,而在伊奥尼亚人那里则是雅典人。"(第1卷第56节)雅典势力的发展方向是海上,而斯巴达是陆上。在公元前7—前6世纪,斯巴达所面临的主要矛盾、主要问题是同在一个地区的陆上城邦,如斯巴达与阿戈斯、科林斯。而雅典的敌人也是海上。那时,即使是同体制的城邦、殖民城邦也因商队的纠纷,经常发生争执,何况还有异邦人如腓尼基商队的竞争。所以雅典与斯巴达间通常是"井水不犯河水",仅当分别支持对方反对党时才出现矛盾,如公元前6世纪庇西斯特拉图"僭主"时代。只有这种客观的、如实的,诸矛盾关系发展史的科学分析才能导向正确结论。面对波斯对希腊城邦的侵犯,希腊各邦联合一致对外,推举陆战实力最强的斯巴达为联军统帅。面对共同敌人,雅典与斯巴达联手抵御外敌入侵,同时又有各自的盘算。斯巴达乘机大力发展自己的重装战车和轻装兵,扩大战前成立的伯罗奔尼撒联盟,支持民主制度城邦中的反对派,如雅典以喀蒙为代表的贵族派。雅典假借德尔斐神庙的神谕("木墙"拯救城邦),大力发展海军和三层桨战舰。公元前480年萨拉米海战重创波斯舰队。公元前479年斯巴达雅典联军在普拉蒂亚取得陆战的决定性胜利。从此波斯一蹶不振,再也无力发动大规模的入侵。但是波斯的盟国如腓尼基还拥有强大舰队,波斯自己的实力也不可小视,还控制沿海地区。远离沿海的内陆国家斯巴达,可以

---

① 这是理解古希腊史和雅典、斯巴达关系史的一个关键。
② 关于早期希腊主要城邦,参见《伯罗奔尼撒战争史》第1卷,第145—149节。

说已解除了外患威胁。雅典于公元前 477 年,即联军大胜波斯后的第二年,在提洛岛成立"提洛海军同盟",与"伯罗奔尼撒联盟"相抗衡。两霸相争,不相上下,各有胜负。公元前 455 年双方签订"三十年休战和约"。这个史实说明,双方不是什么崛起国与守成国的关系,颇像第二次世界大战后的美苏两霸关系。

史家同政治与国际关系学者不同。史学家严格根据史实作结论。所谓"应用史学",前提是以史实为依据。格罗特花了 13 年(1843—1856 年)写了首部高水准的《希腊史》,他当时就发现希罗多德的《希波战争史》写到公元前 478 年雅典攻陷塞斯托斯为止,而修昔底德的伯罗奔尼撒战争史,从公元前 435/434 年开始,中间 43 年缺少详尽史料,仅有色诺芬、修昔底德、亚里士多德及后人的零星记述。格罗特在《希腊史》第 45 章中根据所收集到的资料补述了这 43 年历史。① 他考察希罗多德和修昔底德关于"盟主""霸主"和"帝国"的用法,认为雅典从盟主过渡到帝国肯定是逐步完成的,谁也无法准确地规定前者终结和后者开始的日期。格罗特认为,从公元前 455 年"30 年休战和约"起,肯定是雅典帝国时期。相对而言,雅典留下的"痕迹"比较多。对外:公元前 466 年雅典击败地中海域逞强的腓尼基舰队,公元前 455 年击败伯罗奔尼撒半岛——爱琴海域的伊齐那(Aegina)舰队,对"提洛同盟"内部,在平等名义之下,规定各加盟城邦交纳贡赋,提交兵员和武装供雅典指挥。雅典的财政收入一半来自"提洛同盟"。雅典还动用同盟金库修建连接拜里厄斯海港的卫戍大道,激起盟国反抗。公元前 466 年围攻盟邦那克索斯,公元前 465 年镇压塔索斯,公元前 440—前 439 年讨伐萨莫斯。斯巴达同时也加固和扩大自己在希腊本岛和沿海,特别是在南意大利和西西里岛的地位,支持雅典盟邦的反叛。双方争夺的重点则是地处雅典所在地阿堤卡与伯罗奔尼撒半岛的"咽喉"科林斯海腰。科林斯、麦加拉两城邦是双方争取的对象。公元前 455 年雅典支持麦加拉脱离斯巴达,加入"提洛同盟"。可是科林斯的海军舰队与雅典争夺海上势力。出于自身利益,担心雅典的挤压,科林斯支持毗邻的麦加拉离开雅典,加入伯罗奔

---

① 格罗特的《希腊史》共 12 卷,从早期希腊至马其顿的亚历山大,于 1846—1856 年陆续发表,后人戏称"马拉松"式著作。1907 年 J.M.Michell 和 M.O.B.Caspari 把它重编和凝缩,出版最有价值的部分,2001 年 Paul Cortledge 根据后格罗特的史料,对有的章节做了补充或修正,并增加了"编者注"(标明"Ed")或原注中增加了标明【】符号的重要说明。新编目共 35 章,凡增加了补充或导读的章目,目录中标上星号"※"。因为是从 30 章开始,所以文中提到的第 45 章,新版为第 15 章(每章开头有标注)。尽管迄今又有不少希腊史著作,但是格罗特的《希腊史》还是最可信赖的。本篇引文用 2001 年一卷本。

尼撒同盟。斯巴达借伊齐那欲报公元前455年败于雅典之仇,又把伊齐那拉入"伯罗奔尼撒同盟"。

由于雅典依托开放型的手工业——商业经济,有无可匹敌的广阔地中海市场,又有"提洛同盟"这笔"战争财",所以总体上说这43年雅典势力的发展势头大于斯巴达,但是斯巴达并未成为被动的居于守势的"守成国"。

其实,所谓"崛起国"与"守城国"是艾利森的发明。修昔底德从来没说过,从来没将两国关系定义为崛起国与守城国的关系。修昔底德的叙述与前面提到的其他人的说法是一致的。他在第一卷回顾希腊历史时说,雅典人是最早建城,同"野蛮人"告别的(谢译本,第5页)。斯巴达人是多立斯人的一支,"占有伯罗奔尼撒半岛五分之二的土地……而且在半岛以外许多同盟国中占着重要地位。"(谢译本,第7页)。在殖民时代,雅典人向爱琴海两岸发展,斯巴达人向南意大利和西西里扩张(谢译本,第11页)。修昔底德说,那时"几乎所有的城邦都有党派的斗争"(谢译本,第11页)。当时他们还不是最强的城邦。科林斯最早建三层浆舰船,"第一次海战是科林斯与科西拉(Corcyra),那时无任何结盟"(谢译本,第12页)。从第1卷第18节(谢译本,第15页)开始,作者介绍斯巴达和雅典经过改革后的发展。莱喀古斯改革后的斯巴达"四百多年以来,他们的政制没有变更,这点不仅是它内部力量的源泉,并且使它能够干涉其他城邦的事务"(谢译本,第15页)。公元前492年希波战争开始,他们联合抗敌,"共同努力把外族的入侵击退。但是不久之后,希腊人分裂为两个集团:一个集团以雅典为领袖,一个集团以斯巴达为领袖。……一个在陆地上称雄,一个在海上称霸。在一个短时期内,战时的同盟还继续存在;但不久后,争端即起"。接着几句很重要:"自从波斯战争终结至伯罗奔尼撒战争开始,一个时期和平,一个时期彼此开战,或镇压自己盟邦的暴乱。这两个强国都在准备战争,而且通过训练和实战冒险,变得更有作战经验了。"(谢译本,第15—16页。最后几句按Loeb本重译,原文和英译是making peace at one time,at one ther time...)

这就是修昔底德对开战前两大强国、两大盟邦关系的概述。第一卷第20—22节,也就是谢译本第一卷第一章后几节论述"伯战"的影响及其撰史原则。这23节中看不到什么"崛起国"与"守成国"的关系,用词都是"两个强国""两个集团","一个在陆地称雄,一个在海上称霸"。所用词汇全书多用"盟主"或"霸主"(hegemonia),即英语的hegemony。修昔底德在叙述"伯战"的起因和导火线后,用一大篇幅(谢译本第七、八章,Loeb英希对照本第89—117、149—195节),回顾雅典势力的恢复和发展。下面一段话可以说是作者本意的概括:"现在我将叙述,从波斯战争终结到伯罗奔尼撒战争开始中间一段时间内,雅典人在战争方面和一般事务的管理方面所作的事情。在这些行动中,有些是对付波斯人的;有些是当他们的同盟国暴动时,对付自己的同盟国的;有些是对付伯罗奔尼撒诸国的,他们在各种事项中,常常和伯罗奔尼撒诸国发生纠纷。我离开我的主要叙述而追述这段历史的原因,是因为前人没有谈到这段历史,他们的主题不是波斯战争以前的希腊史,就是波斯战争本身。……同时,这些事件的叙述可以说明雅典帝国(arche)是怎样形成的。"(谢译本,第 69 页;Loeb,§ 97,p.165)这是作者自己的完整概括。用现代的言辞来表述,那就是:雅典与斯巴达原来是"一个在陆地上称雄,一个在海上称霸",利益交叉关系甚少。希波战争第二阶段即公元前 479 年之后,双方的矛盾开始激化,利益交叉关系、重叠关系增多。然而这些利益矛盾并非核心利益,不影响该城邦存亡,可以调节,所以有 30 年和约。公元前 435—前 432 年,由于修昔底德第一卷第 24—146 节所论述的两个事件,终于双方撕毁协定,诉诸武力。

二、所谓"注定一战"

修昔底德生卒年不详,但有一点是确切可靠的。伯罗奔尼撒战争伊始,他在雅典。他说他也染上公元前 430—前 429 年的瘟疫。① 战争期间(公元前 424 年)他任将军,按雅典政制,必须年满 30 岁以上才有资格。当年他指挥 7 条战舰,驻扎在塔索斯(Taxos),受诬告救援安菲波里不力,被放逐于色雷斯、马其顿一带 20 年,公元前 404 年战争结束前不久才回到雅典。② 艾利森说"终结雅典之时,他早已辞世"③与史实不符。按可靠的记述推算,假设他 30 岁就担任将军,那么他的出生年应在公元前 454 年以前。就是说,他成长于公元前 5 世纪后半叶的希腊启蒙运动即智者运动时期。修昔底德和悲剧作家索福克勒斯、欧里彼得斯是智者运动在史学和文艺方面的代表。比较荷马史诗、希罗多德的《希波战争史》和修昔底德的《伯战史》,不难看出:荷马史诗是神灵为主角,人为神灵斗争工具的一场神话式战争。希波战

---

① 参见谢译本,第 138 页。

② 作者追述:"战争已经延续了 27 年,……我亲自记得,许多人都估计战争自始至终将延续到三个九年。我一直在战争中生活着,……我专心研究事实的真相。我在指挥安菲波里的军事以后,曾被放逐而离开本国 20 年。"他被放逐的地方主要在色雷斯一带。他说:"我流亡在外,闲暇的时间给了我特殊的便利,使我能够深入研究一切。"(谢译本,第 373—374 页)但是现存稿仅写到公元前 411 年。原因不详,传说是被暗杀了。

③ 艾利森《注定一战》陈译本,第 22 页;原文,导论,XV。有意思的是,台湾包译本为之圆场,改为"他并活到……"(包译本,导论,第 20 页)。

争是以人为主角的一场真实的战争,但是原书名 historia,还保留有浓厚的"传说"遗迹,作者将许多神话式的离奇故事也写入历史。修昔底德不赞成。他一再声明,historia 以真实为本。① 以普罗泰戈拉为代表的智者运动,颠覆了以神为中心,提出"人是万物的尺度"。在修昔底德的著作中,尽管还少不了灾难异象和征兆,以及德尔斐神庙的神谕,但是无论是城邦中两派,城邦间两大集团的行为都是人的行为,人人都要为自己的行为负责。他侧重记述每次重大行动前各方在决策阶段的思虑、盘算,各种可能的设想,双方优劣的对比分析,可行方案的制定,以及战略、战术上的考量。诸如"人是第一重要的,其他一切都是人的劳动成果"(第 103 页);"建立城邦的是人,而不是那些没有人的城墙和船舰"是作者的思想(中译本,第 556页)。智者运动中提出的关于是非与善恶(事实判断与价值判断)的问题,人的本性问题,何谓"正义"(dike,justice,正义,公平)的问题,physis(自然而然的、天性的)与 nomos(人为约定的、协议、法律、道德规范)的关系,修辞、演说与辩论和诉讼的技艺问题等等,②修昔底德都一一运用于他的著作中,后面我们还会提到。当我们讨论书中关于雅典与斯巴达的关系,关于战争的原因及是否可以避免的问题,并评论艾利森的论断时,首先一定要了解希腊政制和思潮转折期中修昔底德在史学领域的苏格拉底式的角色担当和他的超常思想。对此,还可参考晚期希腊和罗马时期史学家波利比乌斯、传记和道德评论家普鲁塔克的论述③。交代认知《伯战史》的前提性条件后,我们再审视艾利森是怎么说的。

首先是艾利森著作的正标题"注定一战"(Destined for war)。

Destined,相当于希腊文 aranke 原初的语义。aranke 从词源说来自命运女神 Aranke,其本义就是"命运"。早期人类受所处条件的限制,都有类似的"命运女神"或"天意"的观念。在希腊的神话中"命运女神"是作弄人、摆布人的"异类"。在远古社会,人类无可奈何他。在公元前 5 世纪后半叶

① 参见谢译本第 1 卷第 1 章(第 17—18 页):"关于战争事件的叙述,我确定了一个原则。……我所描述的事件,不是我亲自看见的,就是我从那些亲自看见这些事情的人那里听到后,经过我仔细考核过了的。"
② 关于智者运动及其所探求的这些课题及其影响,参见汪子嵩等《希腊哲学史》第 2 卷,人民出版社 2014 年版,第一编"智者运动"。
③ 波利比乌(Polybius,公元约前 208—前 126 年)。他很赞赏修昔底德。所著《历史》记述公元前 264—前 146 年希腊本土历史和罗马征服迦太基的历史。他的记述讲究准确性、思想性、公正性,注重对事件原因、习惯、制度及人的品性考察。共 40 卷,Loeb 分六卷刊载残存的六卷多内容。普罗塔克的《希腊罗马对比名人传》有多部记述雅典和斯巴达人物的传记。

智者运动中,以索福克勒斯的悲剧《俄狄浦斯》为代表,高扬人与命运搏斗的精神。即使是德尔斐的神谕,欧狄浦斯注定要杀父娶母,他也要与命运搏斗。由 Ananke 女神所引申出来的词语 ananke,如同天神(Uranos)与"天"(uranos),时间之神(Cronos)与"时间"(cronos),混沌之神(Chaos)与"混沌"(chaos)一样,其词义随日常语用的进步而变化,其词义相当于汉语的"必须""不得不""逼迫",英语的 force,necessity,constraint。① 哲学与科学形成之后,ananke 又引申为专业术语"必然性"与逻辑学上的"必然"。②

　　修昔底德生活在索福克勒斯、阿里斯多芬和苏格拉底同时代。在他的著作中,多处使用名词、动词、分词等各种形式的 ananke。他没有远古时代的"命运女神"观念,从未有雅典与斯巴达"注定一战"的说法。当然也没有柏拉图、亚里士多德时代的必然性与规律的思想,更没有晚期希腊斯多亚的"命运"与规律合一、规律支配命运的思想("愿意的人,命运领着你走;不愿意的人,命运拉着你走");也没有伊壁鸠鲁式的原子偏离运动的哲学思想。修昔底德著作的众多英译本中,公认 Loeb 希—英古典丛书中的英译忠实于原文。作者多次使用以 aranke 为词干的名词、动词、分词各种变格、变位形式,以及动词、分词的主动与被动语态形式,其词义都是"被逼""不得不"的意思。其中有的可译为"不可避免",但要注意古希腊人关于"不可避免"的两种观念、两种含义。其一是以"命运女神"和后来的哲学科学术语"必然性"为代表,指的是本性使然,人力无法改变。其二是本来可以避免、逃避,却由于人类的过错等原因而发生了。第二义与另一个希腊文 pheugo 的否定式相近,英译为 flee,avoid,escape,加否定词等于"未能逃脱""未能避免"。修昔底德原意说的是延绵 27 年的"伯战",本来可以避免,但是由于本文后面所阐述的原因和深层次根源,还是暴发了。我认为,任何一部历史名著的解读,必须遵循三条原则。一是"史"的观念,切忌将现代人的观念、意图强加于古人,为己所用。二是作者和著作的语境(context)。前面说过修昔底德是智者运动和苏格拉底所代表的启蒙思潮在史学领域的代表。不了解这个时期的哲学思潮,就不了解修昔底德著作中几乎占 1/4 的演说词以及他的许多关于事件和人物的评论。三是他所处的文化背景和文化传统

---

① 参见《希英大辞典》第 101 页词条"ananke"。

② 见亚里士多德《形而上学》第 6 卷第 2 章:"在实存的事物中,有些总是同一状态,有些是必然如此(eksanankes,由于必然),它不是被逼如此,而是指除此之外无别的可能性。另外有些既不是总是如此,或必然如此,而是偶然如此(1026b27—33)。"参见《物理学》199b 一大段。在《形而上学》第 11 卷第 8 章,亚里士多德又重述了必然性与偶然性的区别(见1064b10—1065a25)。所有这些也都用 ananke 表示必然。

（从某种意义上说，也属于语境）。在希腊神话和《神谱》中，"命运女神"是
"恶意的不和女神"所生。他"生了痛苦的劳役之神、遗忘之神、饥荒之神、
多泪的忧伤之神、争斗之神、战斗之神、谋杀之神、屠戮之神、争吵之神、谎言
之神、争端之神、违法之神和毁灭之神，所有这些神灵本性一样"①。所有希
腊城邦都是希伦（Hellen）的三个儿子的后裔。城邦的正义和秩序是宙斯授
予的，以正义女神（Dike）为中保的。柏拉图在《理想国》中说，城邦之间有
纷争，但不许有战争（469B—471D）。所以，城邦间"注定一战"在祖训和宗
教信仰中就被排除在外，修昔底德根本不可能在这个意义上说什么"雅典
与斯巴达的战争不可避免"；不可能说什么"注定一战"。

　　据中译本"推荐序"说，译者同艾利森交流时，对方说是出版社为了广
告效应，吸引读者而加上的标题。但愿如此！不过这可不是小事，一是误读
了《伯战史》一书；二是误导了读者，制造了一种恐怖气氛。而且诱发人们
怀疑作者的意图，因为著作行文中确有"无一例外"（陈译本，第6页），"悲
剧无法避免"（陈译本，第7页）等提法。此外，按照模态逻辑，作者的正副
标题违反了逻辑常识。按模态词"必然"与"可能"推论，"S必然P"与"S可
能非P"二者不能同真。若"注定一战"为真，则"可能避免一战"为假；反之
亦然。如按A.E.I.O.直接推理规则，崛起国与守成国注定一战，"无一例
外"；那么，所有的S是P（全称肯定判断），特称否定就是不成立的。按照
波普的证伪理论，一个特称否定判断就证伪了一个全称肯定判断。所以，倘
若真的是为了吸引眼球而增加一个正标题"注定一战"的话，那么这个代价
实在是太大了；倘若这是一个口实，实际上真有此意的话，那么"陷阱论"所
追求的目标又令人可疑了。正标题肯定式，副标题疑问式，奥妙就在这里，
让世人在恐怖中盼望"守成国"为不听话的"崛起国"留一个"安全通道"，
千万不要堵塞大楼角上这个"exit"，也期待（甚至要求）"崛起国"走这个预
留的exit，走出"注定一战"，"共同"创造第5个范例。

三、所谓"结构性压力"

　　同希罗多德一样，修昔底德的原著仅有historia一个标题，说明此作不
属史诗、悲剧、神话，而是记述真实发生的事件。从出土的残卷看是刻写在
羊皮制作的"纸"上。谢译本采用"企鹅古典丛书"雷克斯·华尔纳（Rex
Warner）的英译本，艾利森所用的是Strassler的译本，作者自己作了些改动
（见原著，第2章注2；陈译本，注84），二者比较一致。正如谢德风"译者

---

① 赫西俄德：《神谱》，第201—230行。

序"所说,"斯密司的译本是希腊文和英文对照,译文最为忠实。华尔纳的译本在用字、造句、分段各方面常与其他译本不同"。作为学术研究,我采用 Loeb 丛书希英对照的斯密司(C.F.Smith)译本。当我们用希英对照本核实其引文时就发现其中的一些重要差异,有些是《陷阱论》作者的意思,而在原作中是没有的。这里我们侧重分析"真正原因"和"结构性压力"的几段话。

艾利森在该书引言(introduction)中,引了三句警示,接着就以 1962 年古巴"导弹危机"破题,引导世人回顾这一超级风险的一幕,让修昔底德在这一情景中出场:"修昔底德告诉我们,比战争导火索更为重要的是奠定战争基础的结构性因素"(structural factors that lay its foundations)。这就是作为"陷阱"依据的这句名言:"使战争不可避免的真正原因是雅典势力的增长以及由此而引起的斯巴达的恐惧。"艾利森的解释是:"当一个崛起国威胁取代现有守成国时,由此产生的结构性压力就会导致暴力冲突,无一例外。"他在"修昔底德陷阱"这一小节末段又说:"修昔底德陷阱指的是,当一个崛起国威胁取代现有守成国时,自然会出现不可避免的混乱(discombobulation)……今天,它更是已经将世界上两个最大的国家置于一条无人想要的,通往灾难的道路上,但最终它们可能会证明悲剧无法避免。"(原著,导论,XVI;陈译本,第 7 页)艾利森首先用古希腊一场战争的解读,让世人陷入恐惧之中。原来当代的"雅典"挑战维系当代世界秩序的"斯巴达",后果如此严重,出路就在于遏制"雅典",只有沿着他所设定的途径才有可能逃避"修昔底德陷阱"。这就是艾利森亲自解释的"陷阱论"的含义与"应用价值"。对照修昔底德的原文,不难发现二者间的区别。

首先,"威胁取代现有守成国"显然是艾利森附加的。无论是修昔底德还是同时代人,从来没说过雅典要取代斯巴达。建议不同看法的人都读读修昔底德同时代人色诺芬(Xenophon)写的《雅典的收入》和《经济论》。波斯战争后的雅典,注意力在海上。它的船队和海外贸易到达整个地中海域和黑海及整个阿拉伯半岛。雅典铸造的银币,颇像现今的美元,色诺芬尼说纯度最高,各地商人都喜欢雅典铸币。斯巴达排斥商品生产,仅有简单的铁片作为交换媒介。普鲁塔克带有嘲讽口吻说,斯巴达人在普拉蒂亚决战(公元前 479 年)时缴获大量波斯人的金银财宝,此时才第一次品尝到货币的滋味。希腊还有许多更落后的内地小城邦,仅仅是因为涉及某项历史事件时才被提及。雅典人对商业、贸易达不到的地方,并不感兴趣。

"陷阱论"之所以广为流行,不易识破,同当代人不了解古希腊有关。公元前 800 年—前 500 年古希腊本土有 100 多个城邦。此外,还有 140 多

个殖民城邦。① 所谓"国家",那是后人的概念。希腊人就叫 Polis,史上叫
"城邦制国家"(参见亚里士多德:《政治学》第一、二卷)。希腊本土这些城
邦国家都是彼此独立的,是原来的部落或部落联盟。希腊人的观念、习俗、
传统是可以搞联盟,但不吞并另一国作为其一个行政区。四百年来,从未发
现一个城邦吞并另一个城邦。修昔底德的《伯战史》就有多个例子。雅典
对背叛的盟国,如塔索斯、那克索斯、波提狄亚,可以讨伐,拆毁其卫城,但不
吞并为雅典的一个行政区。即使是对背盟的密提林(Mytilene),雅典杀死
了全部参加暴动的男丁,也只是重新移民,将它变为新殖民城邦。斯巴达也
一样。② 参见希腊本土和殖民城邦将近 300 个,仅当战争波及那里,雅典人
或斯巴达人才知道,像科西拉、波提狄亚、密提林等等,他们又有自己的殖民
城邦。此外还有中希腊,北希腊许多同斯巴达、雅典不来往的城邦。即使到
了公元前 4 世纪城邦制危机阶段,陆续发生了斯巴达与科林斯联盟的战争,
底比斯联盟、第二次雅典同盟,但是双方都无统一希腊的观念。马其顿人的
观念就不同。一旦强大了,就往外扩张,统一全希腊。即使如此,马其顿人
还是深受希腊影响。对比一下,上古时代西亚的赫梯帝国、亚述帝国及中亚
波斯帝国,就不难发现这个差别。马其顿的腓立还是维持希腊各邦的独立
性。亚历山大征服了西亚、北非、中亚,直抵印度河广大地域,却不懂得如何
管理、如何统治,所到之处,仍仿造希腊建立以亚历山大命名的城邦,迄今留
有遗迹的就有十来个,甚至把雅典的一套城邦设施和管理都搬到那里去。
后来的罗马学会了些办法,将埃及、希腊都变成它的行省。

　　所谓"结构性压力"是涉及现代哲学和政治哲学的一个专业性术语。
结构性压力的前提是结构性矛盾。一旦涉及结构性压力、结构性矛盾,就无
法回避《陷阱论》一书所提到的 16 个范例的矛盾性质和具体内涵。雅典与
斯巴达都是奴隶制城邦国家。从结构的分层考察,在这个层面二者是一致
的,无人想改变城邦制,这是第一。

　　第二,雅典与斯巴达是实行民主制与贵族制的两种不同类型的城邦国
家。在这个层面的确存在"结构性矛盾",对这次战争确有影响。不过,这
是几百年来就始终存在的基本矛盾,不是导致这次战争的原因。③ 修昔底

---

① 参见《剑桥古代史》第 3 卷,1982 年新版,第 3 分册第 37 章附录"公元前 800—前 500 年建
　　立的希腊殖民城邦"目录(第 160—162 页)。
② 参见谢译本,第 69—72、203—216 页。
③ 基本矛盾存在于过程的始终,所以在"伯战"阶段当然起作用。"伯战"中也始终存在城邦
　　内两派、城邦间两种政制的矛盾。但是,基本矛盾不一定是某个阶段的主要矛盾。在后期
　　希腊,党派利益高于一切,与不同政制城邦结盟是常有的事。

德也不认为是两种政制导致这次大规模的、长达 27 年的战争;而且公元前
431 年爆发战争之前,多次发生因边界纠纷或利益关系,实行贵族制的城邦
加入雅典同盟,如《伯战史》一书中提到的麦加拉、科西拉、波提狄亚。自公
元前 7 世纪左右莱喀古士改革以来,斯巴达的体制稳定了四百年,可以说是
唯一一个无内部民主派与贵族派党争的城邦国家。雅典人也从未有过改变
斯巴达政制的记录。无论是希腊古典时代的柏拉图、亚里士多德、色诺芬、
希罗多德、修昔底德,还是晚期希腊的记述,都认为斯巴达是最隐固,也是最
保守的。它的危机正是"伯战"后"九千分地"体制的瓦解,因而公元前 400
年通过"厄庇塔得乌法令",承认贫富分化,废除"九千分地"体制。所以,雅
典势力的发展与斯巴达的"恐惧",无这一层面的"结构性压力"。

　　那么这个奇妙的"结构性压力"究竟是什么呢? 该书第二章"雅典与斯
巴达"可见端倪。艾利森认为,"严重的结构性压力"(the severe structural
stress)是"崛起国"对"守成国"的威胁至极(to upent)时产生的。① 他将"结
构性压力"归结为利益、恐惧和荣誉。作者接着解释这三个驱动力时说,
"恐惧"是关于结构性实体(about structural realities)的要素之一,但不是全
部故事②。可见,他是把这三者当作"结构性压力"(准确地说,应是"结构
性压力之源")。在社会现象中,不同政制、不同社会关系(主要是经济关
系)所构成的社会共同体,蕴含由之产生的不同利益、不同荣誉感及不同的
危机意识。艾利森可能是为了给自己的"陷阱论"增添些理论色彩,引进了
或者创造了"结构性压力"概念,最终事与愿违,给自己带来麻烦。第一,结
构性矛盾、结构性压力,一定是双向的、互动的。所以就必须承认斯巴达给
雅典带来的"结构性压力"和"恐慌"以及利益和荣誉的伤害。实际上正是
如此,《伯战史》中不乏其例③。第二,在他所列的 16 个案例中,所谓结构性
矛盾和结构性压力是本质不同的。比如中美关系,可以从不同矛盾性质、不
同层次来分别界定其关系,既是不同社会制度、不同社会结构的关系,不同
文明价值观的关系,又是唯一的霸权国与现代化、多元化条件下众多发展中
国家间霸凌与反霸凌的关系,而中国仅是当今世界多个崛起国之一。在当
代全球经济关系中,又有共同利益与矛盾、竞争和互利的关系。抛开其他关
系,抽去不同"崛起国"与"守成国"关系的具体内涵,抽象地谈论二者间"陷

① 参见原著,p.29;陈译本,第 53 页。
② 陈译本未能将艾利森原著中"结构性实体"及"三个原初驱动力"及"动力因"(原动力)译
　 出来。从专业上说,涉及"结构性压力"就必须界定"结构性矛盾""结构体"。
③ 修昔底德在"恐慌""利益""荣誉"之下多次提到雅典及其他城邦。本文第四部分谈到
　 "伯战"的根本原因时会做进一步的分析。

阱"关系,而且把罪过归咎于"崛起国",显然就违背希腊人的"求真""求是"精神了。第三,作者在"引文"中定义"陷阱论"时说 intentions aside①(不考虑各种意图或目的),但是当他把利益、恐惧和荣誉列为"结构性压力"时,就已经把"意图"或"目的"放进去了。因此才有斯巴达决定宣战时,修昔底德说的这几句话:"企图以全力进攻,如果可能的话,他们想消灭雅典的势力。"(谢译本,第 81 页)"让我们进攻它,毁灭它,让我们将来能够安全地生活着;让我们解放那些已经被奴役了的希腊人!"(科林斯代表在同盟会上的发言,谢译本,第 86 页)。第四,艾利森说"修昔底德找到了导致战争的三大主因:利益、恐惧和荣誉。"(原著,p.36;陈译本,第 64 页)走到这一步,作者就推翻了自己前面说的"真正原因",承认背后有更深层的原因。《伯战史》后七卷关于战争的最终根源的分析中揭示了所谓利益和荣誉。一旦了解后几卷关于根源的分析,"陷阱论"的最后一根支柱就 clash(断裂、粉碎)了。

四、所谓"真正原因"

艾利森在《陷阱论》一书的第二章"雅典与斯巴达"中说,修昔底德是"专注于捕捉历史原貌的第一人";他发现战争的"真正原因"(the real reason)或者说"更为根本的原因"(more fundamental cause)"事件的核心"(the heart of the matter),就是"雅典势力的增长以及由此而引起的斯巴达的恐惧"。作者说,"这一现象我将之命名为修昔底德陷阱"②。从注释看,他引以为证的就是《伯战史》第一卷第 23 节最后一段(谢译本,第 19 页)。被译为"真正原因"的希腊原文是 alethestatenprophasin。Loeb 希英对照本,忠实于原文,译为 the truest explanation 即"最真实的解释"。译为"真正原因"是不确切的。第 23 节最后这几行(即谢译本第 19 页一段,共 7 行)是修昔底德在前 22 节说明写作本书的宗旨和原则后转向叙述原因的过渡段,是第 24—146 节关于破坏 30 年协议,决定宣战的原因的"引言"。"原因"原文是 aitia,阴性复数形式 aitiae。这七行中出现了四次。修昔底德的意思是关于破坏和约的原因,双方有各自的说法,所以首先要说明"他们破坏和约和相互争吵的缘由(aitiae)"。很显然,这里说的就是通常所说的"近

---

① 见原著导言,XV。陈译本译为"不考虑动机时",不甚确切。Intention 指的是依托理性思维而形成的"意图""目的"。艾利森的本意是借助于抽象与概括,抛弃各范例的具体内容,由此得出一个抽象的"崛起国"与"守成国"的陷阱论模式。包译本译为"不管意图为何"比较确切(包译本,p.20)。

② 原著 p.27、28、29;陈译本,第 52、53 页。

因"。接着一句话,谢译本译为"使每个人都毫无问题的知道引起这次希腊大战的原因"。译者弄错了,原文的这个从句是修饰主句中的"原因"(或译"缘由",reason),意思是,引起希腊人如此大规模战争的原因迄今也许无人研究过(that no one may ever have to inquire for what cause the Hellenes...)①。修昔底德接着说:"我相信(I believe),雅典势力的快速增长,斯巴达人的挥之不去的恐惧,逼使他们投入战斗(forced them to war),这才是最真实的解释。"这一段讲的是作战双方以及修昔底德关于原因的"说法"("陈述""表达""解读")。当事人双方是"公说公有理,婆说婆有理",而修昔底德认为,唯有他的解释才是"最真实的说明"。

为什么修昔底德要将原因与对原因的解读、叙述加以区别呢? 本文第一部分已说过修昔底德是智者运动在史学领域的代表。智者运动的领军人物之一,高尔吉亚针对巴门尼德三个命题提出相反的三论题:无物存在;即使存在也无法认识;认识了也无法用言辞陈述。他在第三个命题的论证中就提出言辞与陈述的对象有差距,谁能鉴定这一陈述与事实相符? 言辞还有歧义、多义,各个人对言辞的把握也不同。后来的柏拉图(公元前427—前437年)还提出"不可言说"理论(最深层的东西无法用言辞表述清楚)。处于这个时代的历史哲学奠基人修昔底德谨慎地提及,即使是"最真实的说明"也可能与实际原因有差距。② 因此,他主张用一系列的真实发生的事件来说明其原因,这就是第21、22 节说的写"史"的原则:"用最明显的证据,得到符合情理的正确结论"(谢译本,第17 页)。自从公元前7 世纪米利都学派提出万物生成的原因(aitia)以来,希腊人说的"原因"就是"根源",世间万物生成和变化的根基,它与佛教为背景的因果报应之"因"不同。高尔吉亚发表《海伦颂》,就提出,延绵十年的特洛伊战争就是因为一个美女海伦吗? 难道海伦要为这场血战负责任吗? 从此就有特洛伊战争原

---

① 参见 Loeb 丛书,Thucy. 1,23,原文及 Smith 的英译(p.43)。

② 希腊文"最真实的解释"后,还有一个同是比较级最高级的性、数、格一致的短语aphanesta'ten de logo 意思是"最真实的,然而却被 logos(言辞)所掩盖的(模糊不清的)关于真相的说明"。谢译本译为"常常被争执的言辞掩盖了"(艾利森也一样)。都不确切。"言辞"用的是第三格单数,不是指不同的言辞而是作为抽象名词的泛指。指的是凡言辞都可能"掩盖"或"模糊化"真相。关于"言辞""解释"与真相的关系,参见汪子嵩等:《希腊哲学史》第2 卷,人民出版社2014 年版,第1 编第2 章关于这个时期的修辞学、语言学与辩术的论述。重点参看高尔吉亚的修辞学范文《为帕拉墨得辩护》及《海伦颂》第6—21关于语言、修辞的力量(当代所谓"语言暴力"的古代形式,第103—106 页)。此外,参见《希英大辞典》,第286 页 aphan-ei 条目的形容词、分词解释,并参见第1915 页词根 phan 的动词、形容词(bring to light,plain,visible)。

因的三种说法、三种解释:特洛伊王子拐骗海伦;希腊与特洛伊争夺海上利益;得罪神灵,神灵惩罚特洛伊和希腊人。处于这一时代的修昔底德认识到历史事件的原因有三层次:近因、导火线(借口)、根本原因(即现代所说的深层次的原因)。近因或者说"直接原因"就是修昔底德的这个"最真实的解释"。接着就用"最明显的事实"来证明,这就是谢译本第 2、3、4 章介绍的伊庇丹努(Epidamnus)和波提狄亚这两事件。科西拉(Corcyra)是希腊西部一海岛,原为科林斯人所建的殖民城邦。后发展为次于雅典、科林斯的第三位海上强国(另一说法是第二海上强国)。它自己又在现阿尔巴尼亚地域建立伊庇丹努城邦。同希腊绝大多数城邦一样,两个城邦内部也分裂为贵族派与民主派。公元前 435/434 年党争中民主派赶走贵族派,后者联合当地蛮族反扑。伊邦内民主派向母邦科西拉求援遭拒后就转向科林斯,理由是他们本是科林斯的后裔。科林斯人怨恨科西拉强大了就不认母邦,不给母邦以特权。所以决定走陆路去支援伊庇丹努。科西拉知道后先后派两支舰队去威胁伊庇丹努,不仅要赶走科林斯人,而且提出允许贵族派回城。科林斯立即作出回应,联合他的盟邦,包括底比斯一起抗衡。这样,本来是一个无名小邦的内乱,却招来两个大邦的对抗。两大邦的对抗接着就把两大盟主拉进来了。

科西拉、科林斯原来都是亲近斯巴达的,都是贵族派占优势。此时因为利益之争闹开了。科西拉派使团去科林斯,同时带着斯巴达和西库翁(Sicyon,谢译本为"西息温")的代表去,当着斯巴达人的面告诉科林斯,他们必须退出,不然就请斯巴达仲裁,否则就与雅典结盟,请雅典支持(谢译本,第 23—24 页;Loeb,§ 28,p.51)。由于科林斯已经兵临科岛海域而且自认为胜券在握,予以拒绝。结果出乎意外,科林斯大败,人员被囚,而其盟邦的俘虏全被杀,而且科西拉不断报复其盟邦,如埃利斯(奥林匹克赛会所在城邦——引者注)。积怨的科林斯发誓报复,扩军备战,还重金招聘异邦水手,"引起科西拉恐慌"(谢译本,第 26 页;Loeb,§ 36,p.65)。全书多处类似说法,甲引起乙恐慌,乙的行动又引起甲恐慌)。于是他们决定出使雅典,与之结盟。科林斯闻讯也派使者赴雅典,劝说雅典勿介入。公元前 433 年,双方在雅典的公民大会上陈述其利弊。一个"两难"摆在雅典人面前:若与科西拉结盟就意味着与斯巴达、科林斯的"伯盟"为敌,斯巴达可能介入;若拒绝科西拉,他们已把话撂在这里了,他们别无选择只好倒向斯巴达。雅典害怕面对陆上一个强国加上两个海上强敌的联合,于是第二次公民大会改变初衷,选择与科西拉结盟。"雅典不希望科西拉的强大海军落在科林斯手里。同时它希望两国因互相争战而削弱。……此外,事实上科西拉在往意大利和西西里去的沿海道路中占着很便利的地位。因为这些缘故,雅典就和科西拉订立同盟了。"(谢译本,第 35 页;Loeb,§ 44,p.79)出于这个盘算,当科林斯及其盟友麦加拉、埃利斯等派 115 条战舰到科西拉海域,对付科西拉 110 条战舰时,雅典仅派出 10 条战舰,加入科阵的左翼助威。但是,当科西拉右翼败溃,而左翼也处于危险境地时,科林斯人和雅典人就不可避免地(anankes,compel,necessary)发生战斗了。"(谢译本,第 38 页;Loeb,§ 49,p.84,85)。按照 30 年和约就算雅典违背和约了。修昔底德认为,除了反抗波斯的萨拉米海战外,科林斯和科西拉海战是"两个希腊城邦间所发生的一次最大海战。"(谢译本,第 38 页;Loeb,§ 49,p.84,85)。正是这次海战把雅典拖进去了。科林斯人看到雅典又来了 20 条战舰,处于进攻地位的科林斯决定撤退。因为,"他们担心雅典人认为他们之间的条约已因最近的战争而解除了",因此中途截击他们(谢译本,第 38 页;Loeb,§ 49,p.84,85)。由于双方都怕落个破坏和约的罪名,所以雅典人放他们回家,免除了冲突。

由于"科林斯正在寻找报复的方法,而雅典也知道科林斯对它的仇恨",因而,"接着又发生了雅典和伯罗奔尼撒的另一个争端。这个争端也是引起这次战争爆发的原因(aitia)之一。"(谢译本,第 5 章首页,即第 41 页;Loeb § 56,pp.93 - 95),这就是公元前 332 年,发生在黑海——色雷斯——马其顿附近的波提狄亚(Potidaea)争端。波提狄亚本是科林斯的殖民城邦,却又迫于压力和内部民主派的影响加入雅典的提洛同盟。科林斯支持上马其顿国王柏第卡斯(Perdicas),而雅典支持其兄弟腓力(Philip)和得达斯(Derdas)。科林斯出面联络波提狄亚城邦及马其顿的柏第卡斯,色雷斯的卡尔西斯人(Chalcidian),还串联了周边几个同雅典面和心不合的小城邦,并得到斯巴达的承认和支持,借雅典要波提狄亚交付人质之机暴动(见 Loeb,§ 57,p.95;谢译本,第 42—43 页)。雅典派出 30 条战舰,并联络腓力兄弟支援,科林斯见状又增派志愿军和伯罗奔尼撒其他地方雇佣军,共重装兵 1600 人,轻装步兵 400 名。雅典获悉后也增派重装步兵和 40 条战舰,最后科林斯一方以失败告终。

于是就发生谢译本第六章双方在斯巴达的辩论。"雅典人和伯罗奔尼撒人都已经有了互相控诉的理由了"(谢译本,第 46 页)。科林斯人说,雅典围攻了他的殖民城邦波提狄亚;雅典人说"他们支持它的纳贡同盟城邦叛变。并且公开地和波提狄亚人联合起来和雅典作战"(谢译本,第 46 页),所以应负破坏协约的责任。接着修昔底德说了句很重要的话:"一切所发生的事情,到目前为止,还只是科林斯一方私自发动的。"(谢译本,第

47 页)问题的关键在于,科林斯在同盟会上鼓动斯巴达开战,而雅典使者在会上阐明正式宣战的严重后果后,斯巴达自身的态度。"聪明而温和"的国王阿基达马斯(Archidamas)说:"我曾参加过许多战争";这是"一个陆地强国和一个海上强国作战","不要被我们的同盟者的言辞所迷惑了。无论战争的好坏,对于战争的后果,将来负最大责任的是我们"(谢译本,第 57、59 页)。所以他主张一面准备,一面按协议同雅典人交涉,应雅典之求,请求仲裁。但是监察官斯提尼拉伊达(Sthenelaidas)反对。他说:雅典人"过去在反对波斯人的时候有很好的表现,如今对待我们的同盟时却很坏,……他们理应受到加倍的惩罚。……我们应当迅速地以全力援助我们的同盟者。……斯巴达人啊,表决吧! 为着斯巴达的光荣,为着战争,不要让雅典的势力更加强大了!"(谢译本,第 61—62 页;Loeb,§76—77,pp.145-147)。

结论性的第 88 节仅几句,却是修昔底德自己的评论:"斯巴达人作出和约已被破坏,必须宣战的决定,不是因为受盟邦发言的影响,而是因为他们害怕雅典人的势力变得更加强大。因为他们看到事实上希腊的大部分已经被雅典控制了。"(Loeb,§88,p.149;谢译本,第 62 页)"斯巴达人感觉到这种形势不能再容忍下去了,所以决定发动这次战争,企图以全力进攻,如果可能的话,他们想消灭雅典的势力。"(谢译本,第 81 页)在全盟代表大会一致通过宣战后,斯巴达就三次找出兵的借口,终于借底比斯与普拉提亚事件,大军直捣雅典城邦所在地阿提卡而开战了。

这是导致双方毁约开战的原因的"最真实的说明",而不是延续 27 年战争的原因的说明。后面七卷才回答"根本原因"的问题。读者只要按这里提供的线索阅读谢译本第一卷第 2—6、9 章(Loeb,§24—§88、§118—125)就不难看出,修昔底德坚持他在第 21—22 节(谢译本,第 17—18 页)中提出的撰史原则:"我所描写的事件,不是我亲自看见的,就是我从亲自看见这些事情的人那里听到后,经过我仔细考核过了的。即使如此,寻求事件的真相也是件辛苦的事(the endeavour to ascertain these facts was a laborious task,谢译本不准确)。因为,不同的目击者有不同的说法。他们或者偏袒一方,或者因记忆不完整而作出不同的描述。"(Loeb,§22,p.39;谢译本,第 17—18 页)这里,希腊原文 erga,graphein 就是"说法"和"描述"。修昔底德是公元前 423 年后不久才离开军队被流放的。他先倾听别人对原因的不同的"说法"或"描写",然后作出自己的"最真实的说明(解释)"。文中根本无什么"崛起国"与"守成国","结构性压力""注定一战""真正原因"等诸如此类的词语或意思。

那么,延续 27 年,造成如此大破坏性的战争根源究竟是什么呢? 修昔底德在第一卷说到撰写本书的目的时简略地说了一句"an thropinontoiouton kai paraplesionesesthai"①。意思是"无论是今后,因人之本性而可能发生的,或者是近来已经发生的战争",人们读读这本书都是有教育意义的。修昔底德认为无论是雅典发展自己的势力,还是斯巴达的"恐惧",抑或是城邦内的党争,对自己盟邦的背叛,科林斯的煽动和挑拨,都源自这些城邦首领和公民的贪欲、野心和堕变了的个人的,不顾城邦存亡的"荣誉"。这就是伯战 27 年的根本原因。由于篇幅的关系,这里仅仅引证作者对公元前 427 年科西拉灭亡原因的分析和评论。

公元前 427 年,科林斯收买了被俘的科西拉人,将他们放回去,串通一些人一起"想把科西拉拉到科林斯一边来,脱离雅典"(谢译本,第 231 页)。因此引发科西拉内部两派反复相互残杀。科林斯、斯巴达和雅典双方都派战舰声援,却不交战,各为一派壮胆,让他们相互消耗殆尽,残存者各自逃到海岛或内地山村。(见谢译本第三卷第 5 章末,第 240 页)。从此科西拉也就消失了。Loeb 译本第三卷第 84 节(谢译本,第 237—236 页)可能是后人所加。我们仅引第 82、83 节(谢译本,第 237—239 页)几段话:"后来事实上整个希腊世界都受到波动,因为每个国家都有敌对的党派,民主党的领袖们设法求助于雅典人,而贵族党的领袖们则设法求助于斯巴达人。……很自然地,凡是想要改变政制的人就会求助于外国(外邦)。在各城邦中,这种革命常常引起许多灾殃。只要人性不变,这种灾殃现在发生了,将来永远也会发生的,尽管残酷的程度或有不同。"②紧接着就说了一大段"战争是一个严厉的教师"。两霸、两党为各自利益的争夺,改变了人们习常的观念和准则:"为了适合事情的变化,常用词句的意义也跟着改变了,过去被看着'侵略行为'现在被党派看作'勇敢';谨慎被看作儒夫;'中道'(适中)成了软弱的外衣";"凡是主张激烈的人总是被信任;凡是反对他们的人,总是受到猜疑。阴谋成功是智慧的表示。……家族关系不如党派关系强固。……这些党派组织的目的不是为了享受现行法律的利益,而是推翻现行政制以夺取政权。这些党派的成员彼此相信,……是因为他们是犯罪的伙伴。……报复比自卫更为重要。如果两个党派订立互相保证的协定的话,这种协定的订立只是为了应付暂时的紧张关系。……违背信约的报复比公

---

① Loeb,§ 22,p.40;参见谢译本,第 18 页。希腊文指示代词、形容词 toioutos,-te,ton 相当于英语的 such as this,修饰前面的"人类",指"人自身(或人之本性)所有的"。谢译本译为"人性总是人性"。

② Loeb,第三卷,第 81—82 节;谢译本,第三卷第五章(第 23 页),"政府"改译"政制";"外国"指外邦。

开的进攻更为称心。……利用诡计取得胜利,使他们有一个'精明'的'美名'。真的,大多数的人宁愿称恶事为聪明,而不愿称纯正为正派。他们以第一种品质而自豪,而以第二种品质为耻辱。"①这里,修昔底德批评的是"两霸""两党"同样的本性驱动。

接着一段话,作者就直接点出了引发 27 年如此惨烈战争的根源(aitia):"由贪欲和个人野心所引起的统治欲是所有这些罪恶产生的原因(aitiai,阴性复数)。一旦党派斗争暴发的时候,激烈的疯狂情绪发生作用,这也是原因之一。许多城邦的党派领袖们有似乎可以让人佩服的政纲:一方主张民众在政治上的平等,另一方面主张安稳而健全的贵族政制。他们虽然自己冒充为公众利益服务,但事实上是为他们自己谋得利益。"在他们争取优势的斗争中,没有什么事可以阻拦他们;他们自己的行动已经够可怕了,但在报复的时候更为可怕。他们既不受正义的限制,也不受城邦利益的限制。他们唯一的标准是他们自己党派一时的任性,……结果,虽然双方都没有正义的动机,但是那些能够发表动人的言论,以证明他们一些可耻行为是正当的人,更受到赞扬。……这些革命的结果,在整个希腊世界中,品性普遍地堕落了。……人人都得到这样一个结论,认为得到一个永久的解决是不可能的。……通常那些最没有智慧的人表现得最有生存的力量。这样的人认识到他们自己的弱点和他们的敌人的智慧。他们害怕在辩论中失败,或者在阴谋诡计中为机警的敌人所战胜,所以,他们大胆地直接开始行动。"②

在后七卷(第八卷未完,突然中止)中,就数这几节的分析最深刻,言辞最犀利,揭露最彻底,而且最公正,毫无偏袒雅典或斯巴达的痕迹。也许是因为科西拉事件最典型,最发人深省,触目惊心。它原本是一个中立城邦,就因为有一支位居第三甚至第二的海军,地处从希腊本土到西西里的必经之路上,历史上又同母邦科林斯、殖民城邦伊庇丹努有亲缘上的关系,就这样,因公元前 434 年草率拒绝殖民城邦的求助最后卷进了旋涡之中,成了牺

① Leeb,第三卷,第 82 节;谢译本,第 237—238 页。希腊文 logos,本义是"捆扎的柴火",按一定规则选取若干语词,"捆扎"在一起,就成了一句话、一席话、一篇说教。"言辞"(logos)在修昔底德时代是一个常用语。名词 boule,动词 bouleo,本义是 plan(计划、策划)。修昔底德说,会策划等于会搞阴谋。这个词后来也有 plot(阴谋)的意思。"宗教"(religio)是罗马时代拉丁文才有的观念。古希腊仅有不同崇拜对象的信仰群体 koinonia(communion)。谢译本多处译"宗教""教友关系",似不妥。此外译文中的"社会""价值观""文明生活"也是古希腊没有的。查阅译者所依据的华尔纳英译本,无"宗教"一说。谢译本,第 240 页,原文 innocence(无辜、天真、纯正)却译为"宗教"。

② Leeb,第三卷,第 83 节;谢译本,第 238—239 页。

牲品(如有雅典或斯巴达的处事本领,派人调解,也许就躲过一劫了)。斯巴达、科林斯"害怕"(恐惧)科西拉与雅典结盟,而雅典自海战取胜波斯,组建提洛同盟以来就不许别人有强大的海上舰队,况且临阵倒戈之事屡有发生。这样,在两霸博弈的棋盘中,共同的结论就是让它消灭掉。科林斯几次都是成事不足,败事有余。它同雅典自公元前 6 世纪就结仇,又紧挨阿提卡,它有它的"恐惧"。"排忧解难"之良策就是把斯巴达拖下水,而且牢牢地拴在一起,就像它在盟会上说的,否则就倒向雅典了,这又给斯巴达造了个"恐惧"。公元前 6 世纪以来的历史证明,一个海上称雄,一个陆上称霸,本来他们因涉及纠纷时都是尽力谈判解决。但是科林斯既同雅典有世仇,又同斯巴达、麦加拉纷争不断。它的策略就是让两霸相斗,从中渔利。公元前 422 年雅典、斯巴达双方统帅皆战死在安菲波里后,双方缔结了"尼西阿斯五十年和约",接着又订立了互相支援,抵抗外敌的"同盟条约"(见谢译本,第 366—369、371—372 页)。双方盟邦也都签字。但是科林斯马上去伯罗奔尼撒找中立的城邦亚哥斯(Argos,又译为阿戈斯),另组同盟,拉原伯盟各邦入伙,而亚哥斯因为"是一个大城邦,是斯巴达的世仇","他们的中立地位使他们取得了不少利益","他们也想争取伯罗奔尼撒同盟的领导权"。(见谢译本,第 374—375 页)公元前 404 年伯战正式终结,过了 5 年就爆发了斯巴达与波斯的战争(公元前 399—394 年),科林斯趁斯巴达国力耗尽,于公元前 395 年就挑起与斯巴达的战争(公元前 395—前 387 年)。

这就是长达 27 年的伯罗奔尼撒战争的深层次的根源,用艾利森的词语,即"真正原因","更为根本的原因","事件的核心","根本原因"(陈译本,第 52—53 页)"战争根源的主要驱动力"(陈译本,第 5 页)。如若不信,建议再看看修昔底德对下列事件的记述和分析:

1. 公元前 427 年,斯巴达攻陷雅典盟邦普拉提亚后,杀死全部男丁,以此表示对底比斯的谢意。(见谢译本,第 3 卷第 4 章,第 230 页)。雅典也一样,公元前 416 年弥罗斯(Melos)战败投降后,杀光男丁,妇女、小孩变为奴隶。(谢译本,第 421 页)

2. 同年,密提林(Mytilene)城邦带领列斯堡地区另三个小邦叛变。当时许多平民百姓是反对的,但是雅典民主派领袖克里昂(Cleon,又译为克雷翁)强烈主张全部杀光,其理由竟是"洪洞县里无好人"。而密提林在斯巴达同盟会上表忠心的言辞却也道出了各方"恐惧"的真实内涵;"在战时,他们(指雅典——引者注)尽力对我们表示好感,因为他们害怕我们;而平时,我们努力对他们表示好感,也是因为我们害怕他们。……我们的同盟是由于畏惧。"(谢译本,第 190 页)密提林虽然一直是贵族政体,但斯巴达不信任,故意把盟会安排在奥林匹亚的宙斯庙。后来派去的援军舰队像是游山玩水,密提林惨败后才到达。

3. 前 427 年,雅典第一次派舰队起西西里,其"真正目的"是断斯巴达的粮道。斯巴达以牙还牙,在通往黑海的要道赫拉克里亚(Heraclea)建立据点,欲断雅典粮道,并威胁雅典"铁杆"优卑亚,"引起雅典很大的恐慌"(谢译本,第 245 页)。然而意料之外,邻近的帖撒利人虽然也是贵族制,却"害怕在他们边界上有一个强国",用不断侵掠的办法,把它削弱了(第 2、3 这两个例子也说明,不同体制间的"利益"远大于所谓"结构性压力")。

4. 公元前 422 年,雅典、斯巴达双方统帅双双战死在马其顿一色雷斯附近的安菲波里。修昔底德评论说:"这两个人是双方主战最卖力的人;伯拉西达主战,因为他个人的成功和荣誉都是从战争中得来的;克里昂主战,因为在和平安静的时期,人们会注意他的不良行为,会不相信他对别人的谗言"(谢译本,第 5 卷第 2 章,第 365 页)。伯拉西达屡建奇功,修昔底德说:"斯巴达的主要人物妒忌他",这次竟然见死不救。雅典的克里翁是第一个蛊惑家,"最卑劣的流氓","爱诽谤的家伙"。(阿里斯多芬:《骑士》)

5. 前面提到,公元前 421 年战后双方缔结了五十年和约,接着又订了一致对外的"盟约"。但是科林斯马上找同在伯罗奔尼撒的亚哥斯结盟,而且挖斯巴达的墙脚。

6. 公元前 421 年和约破坏的内因是双方的鹰派,外因是科林斯。"伯战"第二阶段的主角,雅典的亚西比得(Alcibiades,通译为阿尔基比亚)是个朝秦暮楚,野心勃勃,却又擅长雄辩,煽动仇恨的民主派首领。他煽动雅典远征西西里,大讲排场。修昔底德说:"耗费了雅典银库大批钱财,舰长、水手都发薪金",陆军每人都有很强烈的竞争心。"它好像是一次表现雅典力量和伟大的示威运动,而不像是一支出发进攻敌人的远征军",是"花钱最多,外观最美的希腊军队"。而且"士兵们和商人们为了做生意"还"随身带着货物"。(谢译本,第 6 卷第 2 章,第 445—446 页)"糊涂而任性的老头子"(阿里斯多芬:《骑士》,指雅典公民),竟然听信一个谣言(破坏家神),下令召回统帅受审。阿尔基比亚叛逃斯巴达,帮他策划,消灭了雅典远征军,扫荡了雅典本土。之后他又联络驻萨莫斯的雅典海军回师雅典,推翻寡头制的"四百人委员会",重作了雅典民主派领袖。后来因战事失利,又逃往色雷斯自己的领地,公元前 404 年逃往波斯被杀。

我们还可以再延续这个单子。读完后七卷就不难理解修昔底德第一卷说的是战争起因的解释。用现代的话说就是由于雅典势力的发展,斯巴达四百年不变的落后和固执,加上科林斯的挑动,斯巴达误判了局势,而决定主动发起战争。所以一而再,再而三地找开战借口。至于 27 年战争的根源,修昔底德受智者运动至苏格拉底时期思潮的影响,从人性、人的欲望和野心寻找战争的原因。这种历史观,深刻地影响了续写"伯战"后 8 年的色诺芬和晚期希腊、罗马帝国时期的史家,认为"伟人"的名利欲和权势欲是历史事件的根本原因,其他的只是发生某种具体事件的"直接原因"、导火线。修昔底德所说的,刻写本书的意图也就在于启迪后人认识名利欲、权势欲膨胀的危害性。如果《伯战史》的意义是什么"崛起国"与"守成国"关系,那么它的价值实在太小了。艾利森一个团队花了那么多精力,才找到16 个范例。幸亏找到了所谓第 17 例,而且这一例是前 12 例的延续,抑或是前 4 例的延续,让全球揪心。否则,全球有多少人知道修昔底德。——不过,作者的用意恰恰就在这里。现在我们也可以解开这个谜团了。

五、托名"修昔底德陷阱"的出口,"艾利森圈套"的入口

Trap 原本是同捕捉动物相关的词汇,既有中文"陷阱",又有中文"圈套""捕夹"的含义。托名"修昔底德陷阱"五大构件的第五个就是"安全出口",不过沿着地道逃脱"陷阱"的出口,正好就是艾利森全书布下的"圈套"的入口。只要按他的框架走,当你以为幸免掉入"陷阱"的时候,你就不知不觉地中计,进入"艾利森陷阱"了。且看下面的分析。

艾利森的"修昔底德陷阱"由五大构件组成:"崛起国"与"守成国","注定一战","结构性压力","真正原因"(或根本原因),"安全通道"。最后一个构件在论及第 16 个范例和中美关系时有明确表示,即按艾利森设计的 emergent exit(急用安全通道),就可免除注定一战。本文前面四部分已经论证过,在修昔底德那里根本没有这个意义上的五大构件。毫无疑义,那就是后人的 Pseudo(伪造)。我们只要找到这个"托名者",就明白谁是伪陷阱论的真正主人了。

有一种说法,在艾利森之前有人提出过"修昔底德陷阱"。本人不排除有这种可能,但是用上述五大构件组成的"修昔底德陷阱",肯定是出自《注定一战》。该书的引言和第二章有明确的表述,本文也已引证过。这里需要补述的是,像史上一切"托名者"一样,他必然要按自己的意图去做一番新编历史剧似的改编。这种"改编"或是伪造情节,或是曲解原意,或是选择性地引用史料让剧情按"托名者"需要的方向发展,以达到借古说今的目的。

首先他一定要新编一些情节,试举该书第二章"雅典与斯巴达"五例为证。

例1:"公元前490波斯入侵希腊之前,斯巴达在该地区的主导地位已经持续超过一个多世纪了"(原著,p.70;陈译本,第54页)。"该地区"指整个希腊。其实希罗多德已说过,(公元前6世纪中叶)吕底亚人来希腊寻找结盟,抵御波斯时就知道雅典与斯巴达为两大强国(见第1卷,第56节)。斯巴达的势力主要在伯罗奔尼撒半岛及其他若干贵族制城邦。在两种政制、两个地区之外,还有中希腊、北希腊、西西里岛,以及伯岛沿海西北相当一大片,两大盟邦外地区。

例2:"在波斯撤退之后,为了向天下昭告,斯巴达在希腊世界的绝对主导权,斯巴达掌权者要求雅典不得再修建自己的城墙"(原著,p.33;陈译本,第54页)。为树立"守成国"的良好形象这里冠上了"绝对主导权"。修昔底德在第一卷第89节(谢译本,第63页,即第7章首页)说,斯巴达在打败波斯(公元前480—前479)后就带着同盟军回国了,"而且不派盟军统帅了"(参见谢译本,第68页),并非艾利森说的雅典"夺取领导权"。雅典带领盟邦收回失地后,逃亡者纷纷回来,修建家园。这时斯巴达就不高兴了。获悉雅典也要修复被毁的城墙时斯巴达就派使者去阻止,说是"伯岛"可以作其大后方。修昔底德说:"他们隐藏了他们的真正用意和他们的真正恐惧。"(谢译本,第63—64页)别人修个家、安个门你就感到"恐惧",颇像当代人家在自己领土内搞点防御措施,万里之外的国家感到"担心""恐惧"一样。不指摘斯巴达的霸权逻辑,却指摘雅典。修昔底德没这个意思。

例3:"与雅典人不同,他们并不寻求其他城邦遵循自己的模式"(原著,p.32;陈译本,第57页)。这不仅与修昔底德的叙述不符,而且与同时代人的记载也不符。修昔底德在第一卷第18—19节叙述了斯巴达人在公元前6世纪末参与推翻雅典和其它城邦的僭主(谢译本,第15—16页)。谢译本第一卷第8章记载斯巴达镇压伊锡姆(Ithome)先后十年之久(第72—73页)。公元前457年又同佛西斯(Phocis,在中希腊,也是贵族制)开战,迫其议和。之后又停留在彼奥提亚,同雅典内贵族派密谋(谢译本,第75页)。直到公元前449年雅典贵族派首领客蒙离世,斯巴达一直支持他,试图改变雅典政制。公元前448—前447年左右,斯巴达通过所谓"神圣战争",占领德尔斐神庙(希腊人的崇拜中心地)。直到公元前446年双方订立三十年和约,都是因双方互相支持对方盟邦同党而发生纠纷,以致斯巴达国王亲率大军"入侵阿提卡,大肆蹂躏"(谢译本,第77—79页)。在前面提到的两大事件及斯巴达决定宣战的言辞中,都表明要改变对方政制。其实这是公元前8世纪城邦制形成时就一直存在的现象。不仅是雅典与斯巴达,其他城邦也一样。

例4:"他们(指雅典—引者注)反复说服中立国家(比如科西拉)加入联盟"(原著,p.33;陈译本,第57页),前面关于伊庇丹努事件中提到,当科西拉与科林斯代表都到雅典后,雅典的公民大会开了两次,在第一次会议上,一般的意见是赞成科林斯人的论点;但是在第二次会议中有了变动,"议决和科西拉人订立同盟"。即使出兵了,也是按伯里克利意见,象征性地派出10条船。在波提狄亚事件中,恰恰是在斯巴达允许下,科林斯策动波提狄亚政变,并拉拢上马其顿国王和周边小邦(见谢译本,第35、41—42页)。真是咄咄怪事,明明是科林斯在干坏事,招致事态扩大,而且连斯巴达国王也说:"不要被我们的同盟者的言辞所迷惑了。"(谢译本,第59页)修昔底德也说:"一切所发生的事情,到目前为止,还只是科林斯一方面私自发动的。"(谢译本,第43页),可是,2400多年后的《陷阱论》作者却作出相反判断。

例5:"科西拉刚开始看起来占据优势:在第一次对峙的时候,120艘战舰开到了科林斯。"(原著,p.35;陈译本,第59页)。科西拉在希腊半岛西部南意大利对面,现阿尔巴尼亚以南。科林斯在半岛东,爱琴海域。前面我已介绍过,第一次冲突在伊庇丹诺,第二、三次在科西拉岛附近。科西拉未曾有过战舰到科林斯附近。(见谢译本,第22—23、24—25、35—39页)顺便说一句,最大规模的第三次冲突也是在科西拉岛附近,不在科林斯。科林斯出动115艘,科西拉110艘。

我们还可以列举其他篇章中的伪造而延续这个清单。

例1:引言中说,"修昔底德曾作为士兵服役,他见证了雅典挑战当时居希腊统治地位的军事政权——斯巴达"(原著,引言,xv;陈译本,第52页)。修昔底德没说过斯巴达是the dominant power of the day(当时居希腊统治地位)。至于说"见证了雅典挑战",恰恰相反,他多次说是斯巴达、科林斯有意挑战。以至史学界有不少人认为,修昔底德袒护雅典,第一卷第23节的说法与后七卷的论述相矛盾。

例2:"斯巴达有权责问雅典,是谁给雅典的繁荣提供了安全的环境?"(原著,引言,xv;陈译本,第26页)事实是公元前490年波斯第一次大举进犯希腊本土时,雅典在"铁杆"普拉蒂亚配合下独自打败了波斯,取得了希波战争首次大捷。公元前480年薛西斯亲率水陆大军,二度进犯。北希腊、中希腊纷纷献出了"水和土"。斯巴达为首的"伯盟"主张在科林斯地峡筑城抵抗。正是雅典说服了斯巴达,并让斯巴达为盟主联合抵抗,才取得了战争的最终胜利。斯巴达的确在温泉关作出了突出贡献。但是当波斯取胜直捣雅典时,斯巴达又想退守科林斯地峡。这时又是雅典为主在公元前480

年萨拉米海战重创波斯,粉碎了波斯的海陆夹击计划,接着翌年希腊联军取得了普拉蒂亚陆战的决定性胜利。此后,斯巴达及其盟邦就收兵了。"他们不想再负担对波斯的战争了"。直至公元前432年宣战前夕,积极主战的斯巴达监察官还承认"无疑地,他们过去在反抗波斯人的时候有很好的成绩"(谢译本,第61页)。其实最有资格说话的人是希罗多德,他在《希波战争史》第七卷说:"实际上如果说雅典人乃是希腊的救主的话,这便是十分中肯的说法了。"(见第139节,王以铸中译本第517—518页)。

　　无须再多的例证,什么"修昔底德的主要议题就是修昔底德陷阱","长达600多页的《伯罗奔尼撒战争史》的每一页都呈现了最终导致这场毁灭性战争的曲折细节"(陈译本,第54页),"雅典人采取武力的方式彻底激怒了科林斯人"(陈译本,第60页)等,都是艾利森杜撰的。为了创造"修昔底德陷阱"作者还故意掩饰斯巴达、科林斯挑起战争的责任。他准确地指出公元前416年雅典攻陷弥罗斯后屠杀全体男丁,变妇女和儿童为奴,是"对于希腊已经遵循了数百年的战争规则"的"赤裸裸的违背"(陈译本,第63页),可是他却忘了之前11年即公元前427年斯巴达攻陷普拉提亚后同样的罪行。

　　把斯巴达的"恐惧"和战争的责任归因于雅典势力的增长,就像把今日美国莫名其妙的"恐慌"归因于中国一样。这是艾利森的又一个伪造。这里我们不得不抬出古人来教训当代人。亚里士多德在谈到斯巴达政制的弊端时说:"斯巴达的整个政制仅仅注意了一个方面,即战士的美德,以确保战争的胜利。所以只要战争还在继续,他们的威力还可以维持住,一旦获得了霸权地位便衰弱了,因为他们根本不懂得和平时期的生计。他们不会从事高于战争的其他事业。"①更为致命的是,这种体制延续四百年不变。这种超稳定的社会结构导致的结果就是停滞不前,保守怕变,且又妄自尊大。内部和周边一点风吹草动,它都感到恐慌。Phobon(恐惧、恐慌、害怕)是它的常态。与它同时期的雅典走上开放型的手工业—商业—海上贸易的道路。一方快速发展,另一方停滞不前;一方在使用银币,另一方只准用铁块计量进行物物交换。公元前479年普拉蒂亚决战,希腊联军取得决定性胜利,缴获大量金银财宝,将领们腐化了。修昔底德说,斯巴达之所以不再参加反波斯的战争的另一个原因是"他们担心他们的军官到了海外时,生活腐化"(谢译本,第68页)。

　　显然,斯巴达的许多"恐惧""害怕""担心"是他们自己的三百多年不

---

① 　亚里士多德:《政治学》,1271b3—6。

变的体制造成的。从修昔底德的记载可以看出,他们对伯罗奔尼撒半岛中的发达城邦伊齐那、亚哥斯等,对互有戒心的科林斯也有许多"担心"和"恐惧"。修昔底德说,雅典与斯巴达"发生第一次公开争执的原因"就是公元前466—前456年,同在半岛的斯巴达盟邦伊汤姆(Ithome)叛乱。斯巴达不善攻城,请雅典和盟邦出兵帮忙。雅典的统帅还是斯巴达的朋友——贵族派领袖喀蒙。但是斯巴达"担心"雅典滞留不归,途中令雅典返回。雅典认为这是奇耻大辱,因而宣布取消反波斯同盟(见第1卷,§103;谢译本,第73页)。然而,艾利森却不加区分将雅典的发展与斯巴达的恐惧之间说成是一个"因果链条"。

上面的分析证明,所谓"修昔底德陷阱",其实是艾利森托名修昔底德的伪造。专业的表述方式就是 Pseudo Thucydides's trap,中文翻译的正式称呼是"托名修昔底德陷阱"或"伪修昔底德陷阱"。其内涵是:作伪者利用并曲解修昔底德原著第1卷第23节中关于"伯战"起因的表述,将本来没有的"崛起国"与"守成国""注定一战""结构性压力""真正原因"和避免冲突的"安全通道"注入其中,然后将它泛化成为关于"崛起国"与"守成国"关系的一个普遍公式。按照艾利森的"稻草人"标准,显然第八个应该就是他的所谓"修昔底德陷阱"。怎么办?按前七例,点起火把,烧掉它!

策划编辑:方国根

文字编辑:武丛伟　钟金铃

图书在版编目(CIP)数据

希腊原创文化研究/陈村富 著. —北京:人民出版社,2022.10
(国家社科基金后期资助项目)
ISBN 978－7－01－024886－8

Ⅰ.①希⋯　Ⅱ.①陈⋯　Ⅲ.①文化史-研究-古希腊　Ⅳ.①K125

中国版本图书馆 CIP 数据核字(2022)第 119701 号

希腊原创文化研究
XILA YUANCHUANG WENHUA YANJIU

陈村富　著

人民出版社 出版发行
(100706　北京市东城区隆福寺街 99 号)

环球东方(北京)印务有限公司印刷　新华书店经销

2022 年 10 月第 1 版　2022 年 10 月北京第 1 次印刷
开本:710 毫米×1000 毫米 1/16　印张:20.75
字数:361 千字

ISBN 978－7－01－024886－8　定价:81.00 元

邮购地址 100706　北京市东城区隆福寺街 99 号
人民东方图书销售中心　电话 (010)65250042　65289539